인성교육의 기초

# 유아 품성 지도 [개정]

홍순정 · 강경희 · 박정자 · 전방실 · 정미자 · 조경선

창지사

# 머리말

근래, 사회적 제반 문제와 교육에서의 제반 문제들이 지적되면서 품성의 문제와 인성교육의 필요성이 우리 관심의 중심에 놓이고 있다. 품성교육하면 인성교육, 도덕교육 또는 성격발달 등이 연상될 것이다. 누구나 좋은 품성을 지닌 사람으로 성장하기를 바란다. 흔히 사람은 능력보다는 품성이 좋아야 한다고 말하기도 한다. 그간 인성교육은 교과와 지적 교육 영역 이외의 것을 다루는 것으로 막연하게 인식되어 왔다. 실제 인성교육 아래 행해지는 내용을 보면 그 범위와 방향도 매우 다양함을 볼 수 있다. 한편 교육의 일각에서는 인성교육을 중시하면 지적 영역의 교육이 소홀히 된다고 여겨지는 경향도 있었다.

학교교육의 주요 목적을 크게 대별해 본다면 인지적, 학문적 발달과 품성의 형성일 것이다. 인지적, 학문적 발달은 어린이의 지식과 지적 능력의 향상을 돕는다. 품성의 형성은 정직, 통합성, 존중, 책임감, 자기통제, 배려 등의 가치를 반영하는 태도와 행동을 형성하도록 돕는다. 이 둘은 대립하거나 선택되는 것이 아니며 오히려 교육의 효율성을 높이는 것에 서로 기여하게 되는 것으로 볼 수 있다. 품성교육에서는 가치와 행동을 다루게 되므로 어떤 가치를 중시할 것인가의 문제도 중요하지만 이와 함께 가정, 학교, 지역사회에서의 환경과 주변 성인들과의 상호작용과 모델링들이 크게 영향을 미치게 된다. 특히 품성의 기초는 어린 시기에 형성되므로 이 시기에 부모와 교사가 품성교육에 좀 더 관심을 가져야 한다. 아무리 좋은 실력을 갖추었다고 해도 좋은 품성을 지니지 못하면 자신의 능력을 충분히 발현하는 데 어려움을 겪을 수 있다. 품성교육은 모든 교육의 기본이면서 중요한 측면이라고 할 수 있다.

유·초등교육의 교육과정에서 추구하는 인간상에서도 도덕적인 사람, 자주적인 사람, 개성을 추구하는 사람, 전인적인 발달, 새로운 가치를 창조하는 사람, 공동체 발전에 공헌하는 사람, 민주시민 의식을 가진 사람 등으로 가치와 품성의 덕목에 대한 교육이 큰 부분을 차지하고 있음을 볼 수 있다. 그럼에도 불구하고 어떤 가치와 덕목이 보다 중요하게 다루어져야 하는지에 대해서는 다분히 유보적인 상태에 있는 것 같다. 또한 실제 이루어지고 있는 교육활동 역시 그 이론적 배경과 평가들이 체계적으로 이루어지지 못하고 있음을 부인하기 어렵다. 이제 21세기의 사회적 변화 속에서 교육에서 중요시되는 덕목과 가치에 대한 재조명이 필요하다고 본다. 본서에서는 품성교육의 개념과 가치, 교육의 타당성에 대한 이론적 탐구들을 바탕으로 품성교육에서 다루어야 할 주요 덕목들을 탐구하고자 하였다. 이와 함께 각 덕목의 본질과 특성, 덕목의 발달과 지도방안, 품성교육 프로그램, 가정과 교육실제에서 적용할 수 있는 활동 사례들이 연구되었다.

이론적 검토와 관련 연구자, 교사, 학부모들을 중심으로 일련의 품성교육 요구도 조사를 바탕으로, 일차적으로 9개의 덕목들이 선정되었다. 정직, 근면성, 신뢰감, 배려, 감성(우정과 사랑), 자율성, 책임감, 예의, 협동으로서, 가장 많은 공감을 얻은 덕목들이다. 각 덕목별로 개념과 발달, 교육방법, 부모와 교사의 역할과 지침, 지도원리, 활동 사례들이 탐구되었다. 이 외에도 많은 덕목이 연구되고 품성과 인성교육에 반영되어야 하리라고 본다. 또한 각 덕목에 대한 이해를 바탕으로 유아, 초등, 중등, 대학수준에서 다루어지는 교육내용과 방법들이 개발, 실천될 것이 요구된다. 체계적인 프로그램의 개발과 운영에 대한 논의도 앞으로 계속될 것으로 기대하고 있다.

본서는 총 2부 15장으로 구성되어 있으며, 1부에서는 인성교육의 이론적 기초로 품성교육과 인성교육의 개념과 내용에 대한 이론적 탐구를 담고 있다. 2부는 품성의 지도로 4장에서 15장까지 각 덕목별로 개념과 발달 특징, 지도 방안, 부모와 교사의 역할, 프로그램과 활동 사례 등을 다루고 있으며, 가정과 교육현장에서 활용할 수 있도록 활동 프로그램의 절차와 자료 등을 상세히 제시하고자 하였다.

본서의 제목인 『유아 품성 지도』가 시사하듯이 인성교육의 기초로서 품성의 발달과 지도에 우리의 관심과 노력을 집중해 왔다. 시간이 지날수록 이러한 생각은 더 많은 지지와 공감을 가져오고 있는 듯하다. 인성교육이 당위적인 입장에서 이것은 좋은 것이니까, 이래야 하니까, 사회가 요구하니까 등등의 이유로 내용이 결정되고 주어지는 상황에서는 피하고 싶은 반발이 생기기도 한다. 품성의 덕목이라는 용어가 조금은 무겁게 느껴질 수도 있으나 우리가 논의해 온 덕목들, 정직, 배려, 자율성, 신뢰감, 감성, 근면성 등등은 인간으로서 추구하고 싶은, 우리 마음속에 내재되어 있는 본성이라고 본다. 어떤 이유에서건 우리는 선한 일을 하고 싶고 다른 사람과 잘 지내고 싶고 서로 믿고 사랑하며 열심히 살고 싶은 것이 우리의 본마음이 아닐까 생각해 본다. 누구에 의한 강요가 아닌, 우리의 바람직한 본성을 스스로 펼쳐 가도록 도와주는 그러한 인성교육을 기대해 본다.

그간의 덕목에 대한 연구와 인성교육 전반에 대한 연구와 고찰을 바탕으로 이번 개정판에서는 덕목에 대한 좀 더 유연하고 실제적인 개념과 관점을 소개하고 있다. 또한 존중, 친절, 대인관계의 덕목이 추가되었다. 품성교육과 인성교육이 다분히 고정적이면서 도덕적·윤리적이고, 무조건 지켜야만 하는 강요의 입장에서 출발한다면 일련의 변화를 가져오는 데 한계가 있을 것이다. 우리의 욕구와 본성을 이해하면서 건강하고 충만한 삶을 추구하고 실현할 수 있도록 내면의 힘과 능력을 마련해 줄 수 있다면 우리 모두 인성교육의 무거운 짐을 좀 더 기쁘게 받아들일 수 있지 않을까 기대해 본다.

인성교육의 중요성에 대한 변함없는 믿음으로 계속 연구해 온 필자들에게 감사하며 좋은 책을 만들 수 있도록 격려하고 도와주신 창지사 여러분께 다시 한번 감사드린다.

2018년 7월
인성교육연구실에서
**홍 순 정**

# 차 례

## 제2부 | 품성의 지도

# 제1부

# 인성교육의 이론적 기초

제01장

# 인성교육의 개념과 동향

과학 기술의 발달과 함께 사회도 급속히 변화하면서 우리가 상상만 했던 일들이 현실에서 이루어지는 4차 산업혁명의 시대를 맞이하고 있다. 앞으로 AI(인공지능 로봇)와 공존하는 인간은 더 도덕적이고, 창의적이며, 인간다움을 갖추는 역량이 필요하다. 그동안 우리 사회는 인성보다는 지식이나 기술 습득을 강조하였다. 그 과정에서 인간성 상실, 가치관 혼란, 도덕성 결여 등과 관련된 사건이 심심찮게 발생하였고, 이에 따라 인성교육에 관한 관심이 더욱 커지게 되었다. 인간다움과 도덕성 함양, 개인과 공동체의 행복감을 증진하기 위해서는 특히 생애 초기의 영유아 시기, 아동기에 이루어져야 하는 인성교육은 매우 중요하다. 인성과 품성의 개념에 관한 논의로부터 품성과 인성교육에 관한 생각을 살펴보기로 한다.

## 1 인성과 품성에 대한 논의

인성(人性, personality)의 사전적 의미는 '사람의 본성 혹은 사람이 성품'이다. 자신만의 생활방식으로서 다른 사람들과 구분되는 지속적이고 일관된 독특한 심리 및 행동 양식이다. 인성은 사람을 총체적으로 파악하는 개념으로서 인격, 성격(personality), 품성(character), 인성 등이 함께 사용된다. 인격은 법률적이고 도덕적인 개념으로 이성적인 주체로서의 인간을 의미한다. 성격은 심리학적인 개념으로 한 개인이 보이는 비교적 일관된 행동특성이나 기질을 의미한다(홍순정, 2017).

품성(品性, moral character)은 개인이 지속적으로 유지하고 있는 자질(character)로 그가 가지고 있는 도덕적 가치이며 그가 어떤 사람인가를 의미하므로, 도덕적이고 올바른 삶을 존중하고 실천할 수 있는 개인적 특성이라고 할 수 있다. 다시 말하면, 인간으로서 지켜야 할 올바른 가치, 윤리적 가치, 도덕적 가치의 형성과 실천 능력을 뜻한다. 품성은 인간적 가치의 문제, 옳고 그름의 문제, 사회적 가치의 문제와 깊게 관련되어 있으므로, 좋은 품성을 이루는 덕목 요소를 발달시키는 것은 인성교육에서의 핵심 개념이라고 볼 수 있다.

도덕적인 원칙과 규범이 한 개인에게 얼마만큼 내재화되어 기질이나 습성 등으로 드러나는가를 통해 개인의 품성을 가늠할 수 있다. 즉, '덕(미덕)', 좋은 품행이나 습관 등을 갖추었는지의 여부가 개인의 품성을 평가하는 요소가 되는데, 공감, 용기, 참을성, 정직, 성실 등은 덕에 속하고, 이것이 결여된 상태를 악덕이라고 한다.

그러므로 인성은 일상생활을 유지하기 위한 개인의 방법을 특색 짓는 일련의 습관이라고 할 수 있으며, 인성의 기초에는 품성이 자리 잡고 있다. 품성은 인간으로서 지켜야 할 올바른 가치, 윤리적 가치, 도덕적 가치의 형성과 실천 능력을 담고 있다.

인성의 개념에는 먼저, 인간의 모든 특성, 즉 개인의 신체적 특성, 지적 특성, 기질적 특성, 흥미 등을 포함하고, 도덕적인 원칙과 규범을 내적으로 체화시킨 품성과 인간다운 삶을 지향하기 위하여 성취해야 하는 인간의 자질과 품격이 포함되어야 한다. 이를 발달시키기 위해 본보기가 되는 환경, 연습과 훈련을 통하여 내면화되고 습관으로 자리 잡게 된다. 또한, 인성의 수준과 격이 갖추어질 때 인격이 완성되어 간다.

이러한 인성을 기르기 위한 교육은 어떻게 시작해야 하는가? 인간성을 기르는 교육, 인격을 함양하는 교육, 사람을 사람답게 기르는 교육으로 한 인간으로서 기본적 자질과 태도, 품성을 배양시키는 교육이 되어야 한다. "세 살 버릇 여든까지 간다."라는 속담처럼 영유아 시기에 가정과 교육기관에서 기본생활습관, 예절, 동식물 기르기, 쓰레기 재활용하기 등과 같은 일상적인 교육에서부터 이루어질 수 있다. 유아기에는 사회의 규범을 준수하고 긍정적인 자아 개념과 자기조절력을 바탕으로 다른 사람과 더불어 생활하는 태도를 지님으로써 사회에 적응할 수 있는 인간을 육성하는 교육이 필요하다. 영유아의 발달적 과업과 더불어 인성교육이 통합적으로 이루어질 때, 도덕성, 사회성, 정서를 포함한 바람직한 인간으로서의 성품을 가질 수 있을 것이다.

이처럼 인성교육은 개념의 다양성과 함께 품성 발달의 측면에서, 도덕 교육과 가치 교육의 측면에서, 성격의 측면에서, 시민교육의 측면에서 논의되어 왔다. 이에 더해 사회적 관계 속에서의 실천적인 행동양식과 자기조절, 자기관리의 문제로 언급되고 있다. 또한, 인성이 개인의 특성이라는 점에서 개인의 특질과 기질, 정서, 행동양식이 관련되며, 인간으로서 지켜야 할 올바른 가치, 윤리적·도덕적 가치 준수와 실천과 깊게 관련된다. 인성교육의 개념은 다층적이고 복합적인 차원에서 논의될 수 있으나, 좋은 품성을 발달시키는 품성교육이 중심이 된다(홍순정, 2017).

본서에서는 인성교육의 시작이자 핵심인 품성의 지도, 즉 품성교육을 중심으로 인성교육을 논의하게 될 것이다.

## 2 품성교육의 개념과 필요성

품성교육이란 인성교육의 기본에 해당하는 덕목별 품성을 함양하기 위한 다양한 활동으로서의 교육적 접근을 뜻한다. 인간은 사랑받기를 원하고, 누구나 좋은 품성을 지닌 사람으로 성장하기를 바란다.

품성교육은 시대적, 사회문화적 변화에 대한 요구이며, 특히 영유아 시기에 반드시 필요한 교육이다. 기계화, 정보화, 문명화, 물질만능의 사회로 일컬어지는 현대사회에서 급증하고 있는 인간의 비도덕적, 비윤리적, 비인간적인 문제 상황을 극복하기 위한 대안으로 인성교육의 필요성이 대두되고 있다. 영유아기는 인성을 좌우하는 사회정서와 관련된 뇌기능이 발달하는 시기이기 때문에 안정된 정서를 토대로 다른 사람과 관계를 맺는 능력을 발달시키는 것이 중요하며, 이 시기에 형성된 태도와 습관은 평생 지속된다.

품성교육과 인성교육의 내용 영역에 포함되는 개념을 표시하면 다음과 같다.

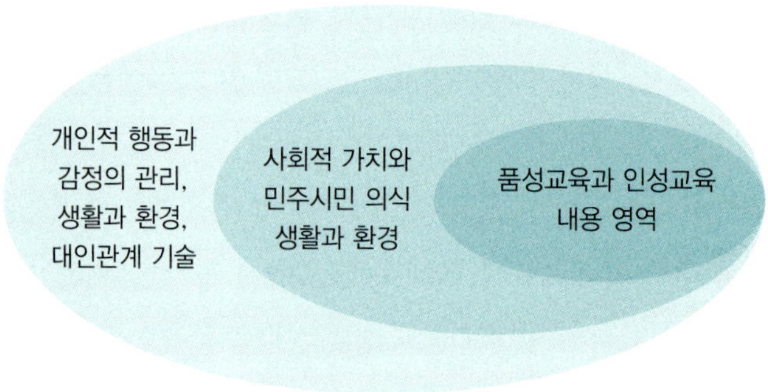


[그림 1-1] 품성교육과 인성교육 내용 영역

인성교육의 개념은 다층적이고 복합적인 차원에서 논의될 수 있으나, 좋은 품성을 발달시키는 품성교육이 기초가 된다. 학교의 인성교육에서는 학생이 삶의 도덕적, 윤리적 문제를 진지하게 다룰 수 있도록 준비시키며, 책임 있는 시민의식을 지니고 도덕적 행위를 할 수 있는 성숙한 인간으로서의 기초를 마련하고자 한다. 따라서 좋은 품성을 이루는 덕목요소는 무엇이며, 이들이 어떻게 서로 작용하는지 이해하는 것은 매우 중요한 일이다.

우리나라의 경우, 「인성교육진흥법」에 마련된 국가의 책무가 있는데, 「인성교육진흥법」 제4조에 따르면, 국가와 지방자치단체는 장기적이고 체계적인 정책을 수립하여 시행하여야 하고(제1항), 학생의 발달단계 및 단위 학교의 상황과 여건에 적합한 인성교육진흥에 필요한 시책을 마련하여야 한다(제2항). 또한, 학교를 중심으로 인성교육활동을 전개하고 인성친화적인 교육환경을 조성할 수 있도록 가정과 지역사회의 유기적인 연계망을 구축하도록 노력하여야 하며(제3항), 학교

인성교육의 진흥을 위하여 범국민 참여의 필요성을 홍보하도록 노력하여야 한다(제4항). 이에 국민은 지방자치단체가 추진하는 인성교육에 관한 정책에 적극적으로 참여하여야 한다(제5항). 제5조의 '인성교육의 기본방향'을 보면, 인성교육은 가정 및 학교와 사회에서 모두 장려되어야 하며, 인간의 전인적 발달을 고려하여 장기적 차원에서 계획되고 실시되어야 하며, 학교와 가정, 지역사회의 참여와 연대하에 다양한 사회적 기반을 활용하여 전국적으로 실시되어야 한다고 명시하고 있다. 「인성교육진흥법」에서 논의하는 인성의 의미는 "인간을 다른 종과 구분시켜 주는 특성이라는 최소한의 의미와 최대한의 도덕적 품성인 도덕적 인격이라는 최대의 의미를 포괄하는 것이며, 인성은 사적 가치와 공적 가치를 포괄하며, 인성의 계발과 행위의 비판적 실천 및 습관화를 지향하고 있다고 하며, 핵심 가치, 품성 덕목을 예, 효, 정직, 책임, 존중, 배려, 소통, 협동의 마음가짐이나 사람됨과 관련된 핵심 가치 · 덕목을 지정하고 있다. 핵심 역량이란 '핵심 가치 · 덕목을 적극적이고 능동적으로 실천 또는 실행하는 데 필요한 지식과 공감, 소통하는 의사소통 능력이나 갈등해결 등이 통합된 능력이라고 정의하였다.

이처럼 「인성교육진흥법」에 제시된 핵심 가치 · 덕목은 기존의 도덕, 인격, 품성 교육, SEL(사회정서학습) 등에서 거론하고 있는 가치로, 품성 덕목 교육에 중점을 두고 있다. 품성의 덕목에는 심리적, 윤리적 가치와 인간으로서 갖추어야 할 덕목, 사회적 · 환경적 요소, 관계와 자기관리의 요소로 묶어 볼 수 있다.

현대 품성교육 프로그램들은 초기 프로그램에서와 같이 덕목의 형성에 관심을 두고 있다. 품성은 바람직한 덕목의 품성 요인의 습득과 적극적 표현으로 규정된다. 리코나(Lickona, 1991)는 존중과 책임감을 강조하면서 이와 함께 정직, 열정, 공정, 용기, 자기조절, 도움, 관용, 협동, 자존감, 민주적 가치를 논의하고 있다. 또 다른 프로그램에서는 7개의 덕목인 존중, 신의, 정직, 사랑, 정의, 용기, 희망을 중시한다.

베넷(Bennett, 1993)은 열정, 책임감, 정직, 우정, 노동, 용기, 자기조절, 인내심, 신의, 신념을 중시한다. 품성교육 동반자 그룹(CEP)은 11개의 원칙을 제시하였다. 좋은 품성의 기초를 형성하는 중요한 핵심 윤리적 가치로서 자신과 타인을 위한 존중, 책임감, 공정성, 정직, 배려를 중시한다. Giraffe Heroes Program(Grahem, 1999)은 열정과 너그러움을 강조한다. 이 프로그램들이 충분히 공감은 가지만, 과연 '덕목은 가르칠 수 있는 것인가?' 하는 오래된 물음이 존재한다. 소크라테스(Socrates)는 플라톤(Plato)의 『메논(*Menon*)』에서 이 문제를 제기하였다. 그리고 덕목을 가르칠 수 없다면 어떻게 습득될 수 있는가에 관해 「대화편」인 프로타고라스(Protagoras)에서 소크라테스는 이는 학습되어야 하며 교육은 어떤 방식으로든 있어야 함을 인식하였지만, 이것이 어떻게 이루어지는지는 설명하지 않았다.

아리스토텔레스(Aristoteles)는 덕목을 첫째는 행동의 측면에서, 둘째는 감정의 측면에서, 셋째는 합리화의 측면에서 정의했다. 행동을 배워야 하며 나이가 들면 그러한 행동이 선한 것이기 때문에 행해야 하며 청년들은 덕목에 대한 합리적 근거를 마련하고 어떤 행동과 특성이 좋고 나쁨의 이유를 탐색하게 된다.

현대 대부분의 품성교육자는 올바른 행동에 대한 근거나 사고를 마련한다. 성인의 과제는 각 연령에 적합한 덕목을 결정하고 이를 어떻게 격려할 것인가를 정하는 일일 것이다.

덕목에 대한 직접 교육법을 사용하는 경우, 또 다른 요인을 고려해야 한다. 상황이 구체적이고 즉각적이며 설명이 주어져야 하는 것뿐 아니라 사전 조건도 맞아야 한다. 유아는 배려와 신뢰의 관계 속에 있는 성인의 말을 더 잘 듣는다는 점이다.

품성교육의 두 번째 주요한 특징은 지역사회의 의존이 크다는 점이다. 학교에서 주요 가치를 설명하나 이를 위해서는 지역사회에서의 의견일치가 있어야 하며 전통을 유지하고 잘 구성된 지역사회에서는 이러한 것이 훨씬 쉬울 것이다. 누구의 가치인가? 이 질문은 학교에서 품성교육에 대한 제안이 있을 때마다 언제나 제기된다.

세 번째 철학적·사회적 문제는 품성교육과 덕목의 변별에서, 윤리적인 측면에서 제기된다. 일반적으로 표준적 도덕 가치만을 다루고 있는 실정을 고려한다면 배려의 관점에서 제안되는 좋은 성격 특성, 존경할 만한 지적 특성, 매력적인 신체 특성들에 대한 무관심은 품성교육에서 부족한 점이라고 볼 수 있다. 덕목의 선정과 설명과 관련하여 2가지 문제가 제기된다. 예를 들어, '정직'이 중요한 덕목임을 우리 모두 동의하더라도 배려와 상황적 측면에서 선의의 거짓말과 같이 정직의 덕목을 희생해야 하는 때가 있다고 생각하는 사람이 많다. 이처럼 대부분의 덕목이 맥락 속에서 평가되고 순서를 매기게 된다.

유아가 성장하면서 덕목의 실천에 내재되어 있는 모호함을 다룰 필요가 있다. 맥락 안에서의 가치문제는 많은 품성교육자에게 환영받지 못했는데 그들이 상대주의를 거부했기 때문이다. 그러면 우리는 그들의 제안이 전 세계적으로 동일하다고 가정하는가? 그렇다면 누군가 다른 사람이 잘못이라는 불편한 감정을 가질 수밖에 없다. 도덕성이 지역사회를 기반으로 하고 있다면 오직 하나의 지역사회만 있어야 하는가? 맥락과 지역사회 모두에 적절한 가치를 형성하도록 도와야 할 것이다. 이 외에도 종교, 철학 등의 영향이 작용할 것이다. 품성교육 프로그램에서는 학교 내의 동조와 일관성이 강조되기도 하지만, 배려의 관점에서는 개인의 어려운 상황에 대한 민감성과 격려가 더 중요하다.

## 3 주요 품성 덕목의 이해

### 1) 품성 덕목에 대한 연구

미국의 파이 델타 카파(Phi Delta Kappa, Frymier et al., 1996)는 60년 전과 현대의 가치를 비교한 연구에서 젊은이가 배워야 할 가치라고 생각한 것들이 그때나 지금이나 거의 유사하다고 하였다. 교육자들은 가르치고 배워야 할 가치로서 민주주의, 정직, 책임감, 표현의 자유, 예의, 관용(개방성), 종교의 자유, 법 준수, 통합적 학교 등을 들고 있다.

미국의 여러 주에서는 학교에서의 인성교육 프로그램을 위해 핵심 가치를 제시하고 있다. 캘리포니아의 경우 기본적으로 공감하는 윤리적 · 시민적 가치는 ① 개인의 존엄성과 가치, ② 공정성과 공평성, ③ 정직, ④ 용기, ⑤ 자유와 자율성, ⑥

개인적 · 사회적 책임감, ⑦ 지역사회와 공통의 선, ⑧ 정의, ⑨ 기회의 평등이다.

뉴저지의 경우 인성교육은 아동 각 개인이 우리 사회의 공통적 중심 가치를 존중하고 발달하도록 하는 프로그램이다. 각 지역사회가 이러한 가치를 선정하며, 이 가치는 열정, 예의, 정직, 통합성, 책임감, 자기통제, 자기 존중, 관용의 가치를 포함하고 있다.

어네스트 보이어(Boyer, 1995)는 정직, 존중, 책임감, 열정, 자기통제, 인내심, 베품 등을 주요 가치를 제시하였다. 리코나(Lickona, 1991)는 정직, 존중, 책임감, 열정, 자기통제, 공정성, 도와주기, 협동, 용기를 제시하였다.

품성교육 기관에서의 사례를 보면 주요 가치로 용기, 충성, 정의, 존중, 정직, 사랑이 포함되어 있다. 또한, 배려, 타인 존중, 책임감, 공정성, 타인의 복지 배려, 정직이 제시되고 있다. 이와 함께 신뢰성, 책임감, 배려, 타인 존중, 공정성, 시민의식 등이 포함되어 있다.

위에서 다양하게 살펴본 바와 같이, 품성 덕목에 관한 연구는 활발하게 진행되고 있다.

종합하면, 미래사회에서 성공적으로 살기 위해 필요한 항목으로 다음과 같은 내용을 제시할 수 있다.

① 정직, 통합성, 공통의 판단기준을 이해하고 실천하기
② 노력의 가치 존중하기, 근면과 노동의 중요성 이해하기, 개인의 공헌과 자기통제의 필요성
③ 다양성의 존중: 나와 다른 사람들을 이해하고 존중하기
④ 팀원으로서 다른 사람과 일하는 능력
⑤ 자신의 행동에 대해 주어지는 책임감 받아들이기
⑥ 다른 사람과 권위의 존중
⑦ 가정생활, 개인생활, 지역사회에 대한 헌신
⑧ 국민으로서의 자긍심과 민주주의에서 개인의 책임에 대한 이해
⑨ 분쟁과 갈등을 합리적으로 해결하려는 의지

⑩ 교육자에 대한 인지와 존중

⑪ 삶에 대한 열정: 평생학습을 위한 목표달성(Diegrnuelier, 1996)

### 2) 도덕적 덕목과 실천적 덕목

아인슈타인은 인간의 가장 중요한 노력은 도덕성을 향한 노력이라고 말했다. 통합성, 정의감, 열정, 존중, 인간의 존엄성 등과 같은 윤리적 덕목은 일반적으로 중시되었는데, 다양한 연구결과에서 이러한 윤리적 덕목이 세계 공통임을 말해 주고 있다. 즉, 품성 덕목을 보는 관점이 점차 확대되고 있다. 그렇다면, 학교와 일상생활 속에서 학생들에게 어떻게 키워 줄 수 있을까? 먼저, 인간발달의 중요한 영역을 인식하도록 자신의 관점을 넓혀야 한다. 인간의 성숙은 사랑하는 능력과 일하는 능력을 포함한다. 감정이입, 공정성, 신뢰, 너그러움, 열정과 같은 덕목은 사랑하는 능력의 측면이며, 도덕적 측면을 만들어 준다. 이러한 능력은 우리가 관계나 시민 역할에서나 윤리적 자아로서 최선을 다하도록 해 준다. 반면, 노력, 주도성, 근면, 자기관리, 참을성과 같은 요소는 우리가 일할 수 있는 능력을 형성해 준다. 이들은 실천 덕목에 속한다. 수업이나 예체능, 직장 등의 실질적 상황과 주어진 지원 환경에서 우리의 가능성을 최대한 발휘하고 성취할 수 있도록 해 준다. 도덕적 덕목과 실천적 덕목으로 구분하는 것이 품성의 개념을 분리된 심리적 요소로 구분하려는 의도는 아니다. 개념적으로 품성의 두 측면을 이해하는 데 도움을 주고자 함이다.

도덕적, 실천적 품성 덕목 모두 중요하다. 도덕적 덕목은 학교를 안전하고 배려하는 환경을 만드는 중심 역할을 한다. 또래 간의 폭력을 방지하고 부적응 행동 문제를 줄여 주며 부정행위가 감소하고 사회적 · 정서적 기술을 키워 주는 중심 역할을 한다. 실천 덕목은 학생의 학업성취 향상과 수월성을 지향하고, 자신 있고 책임 있는 직업 능력을 준비시키고, 청소년이 생산적이고 충만한 삶을 이끌어 가는 데 필요한 기술을 갖게 하고, 보편적 선을 향하게 한다. 도덕적, 실천적 덕목 모두 인성교육에서 중요하게 다루어져야 할 것이다.

실천 덕목 관련 연구들을 살펴보면, 인간발달과 성취는 실천 덕목의 영향을 많이 받고 있음을 보여 준다. 연구들은 욕구지연을 할 줄 알고 기다렸던 아이들이 계획을 잘 이끌고 어려움을 인내하고 보다 자기 주도적이며 스트레스에도 더 잘 적응하며 과제에 더 잘 집중하고 학업성취도 더 좋았다고 보고하였다. 평균적으로 대학입학 시험에서도 100점은 더 높은 점수를 보였다. 충동조절은 중요한 심리적 능력의 발달에 영향을 주는 초능력이라고 논의되고 있다.

몇 가지 연구결과를 살펴보면, 피터슨과 셀리그만(Peterson & Seligman)은 창의성, 호기심, 학습선호, 인내심 등과 같은 실천적 덕목 품성 요인을 이론적, 경험적으로 지지하고 있다(in Character strength and Virtues: A Handbook and Classification). 예술과 과학, 운동, 게임 등의 분야에서 전문적 성취에 대한 최근 연구들은 스타는 만들어지는 것이지 타고나는 것이 아니라는 것을 보여 준다. 뛰어난 성취는 오랫동안의 꾸준한 연습과 지도의 산물이며 높은 수준의 기술은 물론 실천적 덕목을 발달시켜 주는 훈련의 결과이다. 또한, 연구들은 품성의 도덕적 측면과 실천적 측면이 어떻게 상호작용하는지 보여 주는데, 콜비와 데이먼(Colby & Damon)의 연구(Some Do Care: Contemporary Lives of Moral Commitment)는 실천적 덕목(의지, 관리, 창의성)과 도덕적 덕목(정의감, 통합성, 겸손)이 시민운동, 교육, 사업, 인류애, 환경, 종교와 같이 다양한 분야에서의 성취를 위해 상호 보완적으로 작용함을 보여 주며, 학생들 스스로도 이들의 상호 보완적 역할을 보여 준다. 중학교 학생에게 교사가 학생을 배려하는 것을 어떻게 아는지 물었을 때 교사의 두 행동패턴을 지적하였다. 잘 가르치는 교사(학습에 흥미를 유발하고 과제에 집중함)와 잘 대우하는 교사(존중, 친절, 공평함)였다. 다시 말해, 배려하는 교사는 실천적 덕목과 도덕적 덕목 모두를 보여 준다는 것이다.

학교교육의 목적은 학생들을 지혜롭고 선하게 되도록 돕는 것이다. 윤리적으로 사회 정의, 공동체 생활, 직업을 위해 도덕적 덕목이 요구되며, 도덕적 원리와 학교, 생활에서의 성공을 위해 실천적 덕목이 요구된다. 이를 덕목별로 구분하면 다음과 같다.

### (1) 기본 가치 덕목(도덕적 덕목)

좋은 품성의 기본 가치 덕목은 다음과 같다. 이러한 덕목의 형성과 발달은 영유아기부터 시작하는 것이 바람직하다고 본다.

| | | |
|---|---|---|
| • 존중 | • 배려 | • 정직 |
| • 정의(공정) | • 책임감 | |

### (2) 실천적 덕목

실천적 덕목으로서 중시되는 덕목은 다음과 같다.

| | | | |
|---|---|---|---|
| • 친절 | • 예의 | • 근면 · 성실 | • 인내와 관용 |
| • 자기관리 | • 대인관계 | • 열정 | |

그동안 실천적 덕목은 도덕적 기본 덕목에 비해 품성교육에서 관심을 받지 못했으나, 2008년 이후 품성교육파트너(CEP: character education partnership)를 중심으로 어떻게 실천 덕목을 발달시킬 것인가에 대한 여러 가지 실천원리를 제안하고 있다. 예를 들어, CEP는 실천적 덕목을 발달시키기 위해 학교의 인성교육에 적용할 수 있는 10가지 원리를 다음과 같이 제안하였다.

① 안전하고 지원적인 학습공동체 형성
② 수월성을 위해 노력하는 문화 형성
③ 노력의 중요성을 강조하는 성장 마인드 갖기
④ 학교공동체 모든 구성원의 사고 성향 발달시키기
⑤ 관심 있는 일을 할 수 있도록 배정하기, 의미, 도전, 내적 동기 중시하기
⑥ 수월성의 모델 제공하기
⑦ 피드백과 수정 · 보완, 격려의 문화 발전시키기
⑧ 학생들이 그들의 작업을 발표하도록 준비시키기
⑨ 학습에 책임감을 갖도록 도와주기
⑩ 완전학습 격려하기

품성교육은 2개의 큰 목적을 가지고 있다. 첫째는 학생들이 지혜롭게 되는 것, 둘째는 선하게 되도록 돕는 것이며, 이를 위해 품성 덕목이 요구된다. 윤리적 행동, 사회 정의를 추구하는 공동체적 삶과 자신이 가지고 있는 직업에 충실하기 위한 노력으로 도덕적 덕목이 기본 덕목으로 필요하다. 또한, 도덕적 원리의 이해와 자신이 몸담고 있는 학교, 주변 생활에서의 성공을 위해서는 실천적 덕목이 요구된다.

좋은 품성의 기본 가치 덕목은 존중, 배려, 정직, 책임감을 중심으로 하며, 영유아기부터 형성하여 좋은 습관으로 발달되는 것이 바람직하다고 본다.

실천적 덕목으로 중시되는 덕목은 친절, 예의, 근면, 성실, 인내, 관용, 자기관리, 대인관계, 열정 등이다.

이처럼 품성의 덕목에는 심리적·윤리적 가치와 인간으로서 갖추어야 할 덕목, 사회적·환경적 요소, 관계와 자기관리의 요소로 묶어 볼 수 있다. 기본 도덕적 덕목으로서 존중, 배려, 정직, 책임감 등이 언급되며 실천 덕목으로서 신뢰감, 감성(열정), 자율성(인내/자기관리), 예의, 친절, 근면성, 협동, 대인관계 등이 언급되고 있음을 볼 수 있다.

## 4 품성지도와 인성교육의 동향

인성교육에서 다루어지는 품성 덕목은 좋은 품성의 특징을 중심으로 오랫동안 많은 논의가 이루어졌다. 심리적, 윤리적 가치와 인간으로서 갖추어야 할 덕목, 사회적·환경적 요소, 관계와 자기관리의 요소가 포함되어 있다. 덕목은 좋은 품성을 정의하는 기준을 제공한다. 그러한 기준 없이는 품성의 개념은 주관적이 되기 쉽다. 품성과 덕목은 심리적 요소의 측면에서 규정되어야 한다. 선을 알고 희망하고 실천하는 과정이다. 예를 들어, 정의의 덕목을 갖기 위해서는 먼저 정의를 이해하고(상황에서 무엇을 해야 하는지—품성의 인지적 측면), 그다음 정의에 대해 관심을 두고 정의로운 사람이 되기를 원하고, 다른 사람을 공정하게 대하고자 하며 이런 기준에 미치지 못할 때는 죄책감을 느껴야 한다. 또한, 부정의 앞에서 정의적, 도덕적 분노를 느낄 수 있는 능력을 갖는다(품성의 정의적 측면). 마지막으로, 정의의 실천이다. 대인관계에서 정의롭게 행동하며 보다 정의로운 사회와 세계를 만들기 위해 시민으로서 노력해야 한다.

그렇다면 인성교육이란 무엇인가? 품성 덕목을 인지적, 정의적, 행동적 측면에서 육성하도록 지속적으로 노력하는 것이다. 이는 학교생활 모든 면에서 의도적으로 이루어져야 한다. 교사가 규칙과 훈육을 다루는 방법부터 교육과정의 내용을 지도하는 방법, 생활지도 등의 제반 활동에 이르기까지 지도하여야 한다.

리코나(Lickona, 1991)는 주요 품성 덕목으로 존중과 책임감을 강조하면서 이와 함께 정직, 열정, 공정, 용기, 자기조절, 도움, 관용, 협동, 자존감, 민주적 가치를 논의하였다. 하트우드 연구소(Heartwood Institute)에서 개발된 프로그램은 7개의 덕목인 존중, 신의, 정직, 사랑, 정의, 용기, 희망을 중시한다. 베넷(Bennett, 1993)은 열정, 책임감, 정직, 우정, 노동, 용기, 자기조절, 인내심, 신의, 신념을 중시한다. 좋은 품성의 기초를 형성하는 중요한 핵심 윤리적 가치로서 자신과 타인을 위한 존중, 책임감, 공정성, 정직, 배려를 중시한다. 열정과 너그러움을 강조하는 프로그램도 있다(Grahem, 1999). 한편 우리 전통사상을 바탕으로 하는 덕목 연구에서는 유교의 충효사상을 중심으로 추상적이고 복합적인 행동요소가 제시되기도 하였다.

우리나라는 전통적으로 인성교육이 교육의 가장 비중 있는 영역이었다. 그러나 학교교육에서의 강조점이 변화함에 따라 인성교육의 모습도 달라졌다. 근래 우리 사회에서 학교폭력 등 청소년들의 비행이 사회적으로 심각한 문제로 대두되면서 인성교육의 강화에 대한 요구가 새롭게 높아지고 있다. 정부가 2012년 2월 학교폭력근절 종합대책을 발표하는 것을 계기로 인성교육에 대한 주의가 환기된 이후, 종합적인 정책연구를 통해 인성교육의 기본적인 틀이 구축되고 다양한 전략이 모색되고 있다. 또한, 「인성교육진흥법」이 2015년 1월 20일 제정, 2015년 7월 12일부터 시행되면서 인성교육이 의무화되었다. 특히 인성교육 정책에 관한 중요한 연구들에서 인성교육을 통해 전수되어야 할 덕목이 설정 · 제시됨으로써, 미국의 경우와 유사하게 품성 덕목 중심 교육의 비중이 커지고 있다.

미국의 인성교육에 대한 동향을 간략히 살펴보자.

첫째, 인성 개념이 폭넓게 해석된다. 인성 덕목을 '도덕적(moral)'인 것과 '수행, 실천적(performance)'인 것으로 분류하고 전자에 공정성, 관용, 공감, 박애 등의 윤리적 가치를 그리고 후자에 근면, 노력, 절제, 인내 등의 수행가치를 포함시킨다(홍순정 외, 2016; 이성호, 2014).

실천적 가치의 경우 윤리적 가치이기보다는 삶에 대한 자세나 태도로, 윤리적 가치와는 달리 가치중립적이다. 인성교육의 목적은 단순히 '옳은 일을 하는 것'을 넘어서 삶에 있어서 '최선을 다하는 것'까지 포괄하고 있다. 또한, 미국의 학교에 활발하게 적용되고 있는 인성교육 프로그램들은 책임감, 의사소통, 배려 등을 중시하는 사회적, 정서적 학습 프로그램과도 중복된다. 사회적, 정서적 학습은 5가지 핵심 역량(자기인식, 자기관리, 사회적 인식, 인간관계 기술, 책임 있는 의사결정)의 함양을 통해 성공적이고 효율적인 개인의 삶과 감성적으로 성숙한 공동체 생활을 도모한다. 이러한 사회적, 정서적 학습의 교육적 기대효과는 지적이고 자신감 있으며 타인을 배려하고 사회적 책임감이 강한 인간의 육성으로, 미국의 인성교육은 개인적 삶의 효능감과 사회적 기술을 동시에 강조함으로써 개인과 사회 간의 조화와 균형을 추구한다고 볼 수 있다(염철현, 2012).

둘째, 교사 역할이 증대되고 있다. 교사들에 의한 '직접적 지시(direct instruction)'가 현재 인성교육의 두드러진 경향인데, 직접적 지시란 교사가 가치나 규범 등을 제시함으로써 학생을 교화하는 것을 의미한다. '이야기 들려주기' 등의 직접적 지시방법은 특히 초등학교 수준에서 널리 사용된다. 그 이유는 이야기 들려주기가 학생들의 주의집중, 개념적 이해, 상상력 증진, 기억 등에 효과적이기 때문이다. 또한, 이야기 들려주기는 정서적인 자극을 유발함으로써 학습을 보다 능동적인 경험으로 전환시키는 장점을 가지고 있다. 직접적 지시에 의한 인성교육의 방법은 다양하며, 교화 또한 교사의 일방적인 지시나 훈계 혹은 덕목의 무비판적인 주입이 아니다. 직접적 지시에 의한 인성교육의 의의는 그것이 교사 주도적이고 적극적인 역할을 강조한다는 점이다. 교사의 역할 증대와 더불어 인성교육에 관한 교사들의 전문적 훈련 역시 미국 인성교육의 주목할 만한 추세로 대학의 교직양성 과정과 각종 현직 연수를 통해 체계적으로 제공된다. 그리고 구체적이고 다양한 훈련 프로그램이 인성교육 전문기관과 대학은 물론 개별 학교에 의해 개발되고 있다. 실제로 인성교육에 대한 교사교육은 교육의 효과를 증대하는 가장 중요한 요인의 하나로 들고 있다(이성호, 2014).

1990년대부터 부활된 미국의 인성교육은 문제해결을 위한 일시적인 방편이 아닌 매우 광범위한 교육개혁운동으로 본다(Sojourmer, 2012). 인성교육을 바라보는 관점의 전환이 필요하다. 장기적이고 일관성 있는 정책의 추진이 이루어져야 한다는 움직임과 더불어 최근 사회의 다양한 도덕성 해이와 인성교육 부재에 의한 다양한 사건을 통해 아동존중 및 권리, 인권존중 및 권리에 대한 관심이 집중되고 있는 시점이다.

인성교육은 인성 형성의 결정적 시기인 유아기부터 자신에 대한 이해를 바탕으로 남을 배려하고 존중하면서 서로 협력해 나갈 수 있는 기초적 능력을 함양할 수 있는 방향으로 나아가야 한다. 그러나 실제 유아교육현장에서는 인성교육을 실시하는 데 있어 여러 가지 문제점이 대두되는 실정이다(계영애 · 강정원, 2001; 김영옥 · 장명림 · 유희정, 2009; 이경민 · 이정화 · 이경선, 2006; 이원영 · 박찬옥 · 노영희, 1992; Berkowitz & Grych, 2000). 좀 더 자세히 살펴보면, 교사들의 인성교육에 대한 신념과 교수 – 학습 방법 및 정보의 부족, 인성교육에 대한 다양한 정의 및 교육내용으로 인한 혼선, 중요 인성 덕목의 교육적 수행 미비, 유아 인성 개발을 위한 구체적 실천 전략 부족과 현장 유아인성교육의 토대 구축을 위한 경험 부족 등이 문제점으로 지적되고 있다. 그러므로 인성 덕목에 대한 명확한 개념을 확립하고 유아들과 다룰 구체적인 교수자료의 개발이 다양하게 시도되고 유아교육현장에서 활발하게 적용되어야 한다.

유아인성교육 프로그램의 인성교육 덕목의 연구는 협력, 배려, 존중, 나눔, 질서, 효 순으로 주로 이루어졌다. 유아 인성교육 프로그램의 효과성에 대한 연구동향은 유아를 주변인으로 하여 친사회성, 리더십, 정서조절, 자기조절 등의 순으로 나타났다.

관련 연구들은 유아기가 기본생활습관과 인성 형성의 중요한 시기임을 말해 준다. 영유아의 인성 형성에 영향을 주는 부모와 교사의 중요성 또한 강조하고 있다. 구체적인 덕목을 실현하기 위한 방법으로 본보기, 덕목과 관련된 정의 등의 지시적이고 체계적인 방법, 그림책의 활용이나 토의활동을 활용한 다양한 교수방법의 적용과 이를 체계화한 프로그램의 개발의 필요성 또한 강조하고 있다.

유아교육현장에서도 인성교육이 기본생활습관과 통합되어 일상적으로 영유아의 생활지도로 간접적으로 이루어지는 경우가 많다. 인성의 덕목을 중심으로 덕목의 내면화를 도와줄 수 있는 좀 더 체계적인 교수방법이 필요할 것이다(홍순정 외, 2016).

## 5 품성발달과 사회적, 교육적 요인

### 1) 변화하는 사회

우리 사회가 안고 있는 심각한 문제로 많은 사람은 가치관의 혼란과 부재를 지적한다. 물론 사람마다 관심 분야와 각자의 경험에 비추어서 다양한 문제를 제기할 것이다. 정치권과 사회 전반에 만연한 부정부패, 증가하는 범죄율, 높은 실업률, 위축된 경제 상황, 교통난, 교통사고 세계 1위, 공교육의 붕괴, 학교폭력과 왕따 현상, 높기만 한 대학입시 경쟁률, 이혼율의 증가, 허례허식, 컴퓨터 중독, 각종 무질서와 무례함 등등. 그러나 이러한 문제를 야기하는 기본적 원인으로 우리 사회의 가치체계의 혼돈을 지목하지 않을 수 없다. 오랫동안 전통적으로 지켜 온 우리의 정신문화와 가치관, 행동규범이 더 이상 사람들의 공감대를 끌어내지 못하고 있다. 유교문화의 근간을 이루고 있는 수직적 체계의 위계질서를 지탱해 온 권위주의, 경로사상, 충효사상, 인의예지신의 가치는 이미 흐려진 지 오래이며, 남아 있는 관습은 자유 민주주의와 풍요로운 경제발전의 사회와 정보화 사회에서 추구되는 가치와 충돌을 일으키고 있다. 산업사회를 근간으로 하는 기존의 가치체계가 붕괴되면서 새로운 사회의 가치가 미처 형성되지 못하고 있는 와중에 우리의 사회 곳곳에는 무례함과 무질서의 행동이 만연하고 있는 상황이다. 아주 가깝게 주변에서 흔히 목격할 수 있는 예로 공공장소에서 어린이들의 무질서함을 들 수 있다. 많은 사람이 모인 식당이나 지하철에서 뛰어다니고 소란스럽게 굴어도 부모는 말리기는커녕 즐거운 표정으로 아랑곳하지 않는 경우가 많다. 아주 기본적이고도 기초적인 생활 질서가 지켜지지 못하고 있는 것에 대한 우려의 목소리가 높아지면서 가정과 교육에 새로운 역할이 요구되고 있다. 이에 더해 지금 우리가 살고 있는 이 시기는 또 다른 가치가 요구되는 세상으로 진입하고 있는 것이다. 산업사회의 가치인 효율성, 대량생산, 집단화, 위계적 질서를 뒤로 하고 평등화, 다양성, 개방성, 개인의 자율성과 창의성이 강조되는 정보화 사회의 가치체계가 요구되고 있는 것이다.

우리 사회를 이처럼 무질서하게 만드는 가치로 물질만능주의, 성공지상주의, 자기중심주의 등이 지적되고 있다. 이와 함께 배타적 가족이기주의, 지나친 경쟁, 공교육의 기능 상실, 가정의 붕괴 등이 언급되고 있다. 이러한 상황에서 현재와 미래 사회에 바람직한 새로운 가치체계를 만들어 가고 실천하는 일이 그리 쉬운 일만은 아닐 것이다.

### 2) 품성발달과 가정환경

가정은 사회의 가장 기본적인 단위이자 생활의 장으로서 변화하는 사회의 특성과 가치가 일차적으로 반영되는 곳이다. 전통사회에서 볼 수 있었던 확대 직계가족이나 결합가족의 형태가 없어지고 핵가족화된 지는 이미 오래 전의 일이다.

전통사회의 대가족제도에서는 가족 구성원과의 공동생활을 통해, 연령이 다르고 역할이 다른 여러 사람과 접촉하게 되면서 다양한 인간관계를 접하게 된다. 이러한 관계와 사회화 과정 속에서 유아는 어른과 어린 사람을 대하는 태도와 언어를 배우게 된다. 다양한 인간적 접촉과 학습 환경 속에서 문화적 전통과 가치관을 자연스럽게 이어 받게 되며, 부모 이외에도 조부·조모, 친척들도 유아의 양육과 교육에 크게 작용한다. 부모가 자녀에게 사랑을 베푸는 것과 같이 자녀는 부모, 조부모를 존경하고 효도하도록 교육받는다. 이처럼 다양한 학습 환경이 주어지지만 교육의 방법은 다소 일방적이며 수직적, 위계적이고 보다 엄격한 규율에 기초한 교육이 이루어지게 된다. 이러한 확대가족에서 핵가족으로의 변화는 가족형태와 크기, 관계, 기능까지 모두 변화시켰다. 부부가 중심이 되는 핵가족에서는 광범위한 친족관계는 유지되지 않으며 친족으로서의 의무나 권리, 상호 협조, 책임 등이 약화된다. 가정에서의 가부장적 지위나 권위도 퇴보하고 교육의 기능 역시 약화되고 있다. 또한, 가족 구성원의 수가 극히 줄어듦으로써 가족이기주의가 만연하게 되며, 아파트의 주거 형태 등은 개인주의를 당연시하게 만들고 있다. 핵가족에서의 인간관계는 단순하고 대화나 인간적 접촉도 적고 가족 간의 갈등과 충돌을 완화시켜 줄 사람들이 없어서 긴장과 불안이 계속되기 쉽다. 가족 간의 고립화 현상도 야기되고 있다. 핵가족의 특성으로 인한 가정교육 기능의 약화 이외에도 여성 취업의 증가, 가정 밖의 각종 교육기관과 기회의 확대 등으로 가정의 교육적 기능이 교육과 사회기관이나 집단으로 옮겨가고 있다. 많은 부모들이 가정 내에서의 교육보다는 가정 밖의 전문적인 교육기관을 많이 이용하게 되고, 아동들이 가정보다는 학교나 밖에서 보내는 시간이 훨씬 증가하게 됨으로써 결국 가정에서의 교육과 사회화 기능은 점차 약화될 수밖에 없는 실정이다(김지자 외, 1992).

우리의 가정생활이 예측하기 어려울 만큼 빠르게 변화해 가고 있는 시점에서 우리는 자녀들의 정서와 사고, 행동을 이해할 필요가 있다. 특히 가정에서 부모와 자녀가 관계 맺는 방식이 달라지고 의사소통의 방법, 권위의 상하관계, 역할기대, 사회화 과정 등이 기존의 형태와는 다른 모습을 나타내고 있다. 자녀들의 대화 대상과 소속집단은 이제 부모나 가정이 아니라, 인터넷을 통해 의사소통하는 사이버 집단이다. 인터넷은 그들의 대화 수단이며 정보의 원천이다. 인터넷을 통해 공부하고 친구를 사귀고 취미생활을 하고 오락과 휴식을 취하고 상품을 구매한다. 또한, 이들에게는 인터넷 게시판에 의견을 올리는 것이 일상적인 일이기 때문에 자신의 의견을 주장하는 데 주저하지 않는다. 인터넷상에서의 대화들은 익명으로 이루어지기 때문에 더욱 자유롭고 거침없다. 이에 따른 부작용도 많다. 다른 사람에 대한 예의를 생각지 않고 부적절한 언어표현을 쓰기도 한다. 이러한 의사소통의 형태는 가정에서 부모 – 자녀 간에서도 적용된다. 부모나 어른의 말을 존중하고 따르기보다는 같은 입장에서 동등하게 행동한다. 이와 함께 인터넷의 개방성은 자녀의 성향에도 영향을 미치고 있다. 앞에서 논의했듯이 부모와 자녀가 함께하는 시간이 거의 없는 상황에서 그나마 집에 있는 시간에도 컴퓨터를 통해 다른 세계로 가게 된다. 대화가 필요하고 정서적인 지원이 필요할 때 부모를 찾기보다는 인터넷의 대화방으로 간다. 자녀의 삶에서 부모의 비중과 역할이 줄어들 수밖에 없다. 인터넷 세대 자녀의 사고와 정서, 행동특성과 의사소통 방식을 이해하고 부모 – 자녀 관계의 회복을 위한 노력이 절실한 시점이다. 자녀와 부모의 관계 회복을 위해서는 무엇보다도 그들의 의사소통 코드를 이해하는 것이 중요하다고 지적되고 있다(이미나, 2002). 자녀들의 소통 코드가 달라졌으며 부모도 달라진 자녀에 맞게 가정교육을 해야 한다.

아름다운 인간관계를 지켜 나가는 심성과 관계 맺는 기술, 서로 존중하며 함께 살아갈 수 있는 능력, 공동체 속에서 지켜 나가야 할 기본적인 질서의식의 습득은 그것이 디지털 방식이건, 아날로그 방식이건 우리의 가정과 매일의 일상생활 속에서 배우고 전달되고 내면화되어야 할 것이다. 그것은 일차적으로 부모의 책임이며, 가정에서 먼저 시작해야 할 작업임에 틀림없다. 또한, 가정의 역할을 함께하게 된 유아교육기관에서도 관심과 책임을 가져야 할 부분일 것이다(홍순정, 2017).

### 3) 품성발달에 영향을 주는 교육적 요인

인성 형성에 영향을 주는 요인으로 유전, 임신 중 태내 환경, 생물학적 요인, 사회문화적 요인, 전통풍속, 종교, 법률, 개인적 학습과 교육, 가정과 가족, 경험 등으로 분류해 볼 수 있다.

이러한 요인들 중에서 인성교육과 좀 더 직접적인 관계에 있는 교육과 가정, 개인적 학습과 경험 요인이 중요할 것이다. 유아가 어떻게 배워 가는지는 많은 학습이론들이 설명해 주고 있다. 무엇보다도 주변 사람을 통해 보고 듣고 배우게 된다. 말하는 것, 식습관, 표정, 사람 대하는 태도 등등을 모방하며 배운다. 영유아기에는 많은 시간을 같이 보내는 부모와 교사의 영향이 가장 크다.

인성발달에 영향을 주는 가정과 가족의 문제와 관련하여 김재은(2010)은 가정과 가족의 정상적 기능으로 다음의 측면을 들고 있다.

- 경제적 기능: 먹고 사는 일
- 성, 생식의 기능: 성생활, 종족 보존
- 자녀양육과 교육의 기능
- 성격, 인성, 정서의 안정화 기능: 따뜻하고 안정된 삶
- 보호, 휴식, 건강보존 기능: 위험에서 보호
- 문제해결, 개인적 생활 기능 발달: 직업

이런 기능을 제대로 못하면 아이들의 인성교육은 어렵다.

이와 함께 가정에서의 인성교육에 장애가 되는 가족문제를 살펴보면 다음과 같다(김재은, 2009).

- 가족붕괴(가족의 기능 상실, 가족원의 역할수행 실패)
  예 생별(이혼, 행불), 사별, 실직, 범죄, 고립, 생활고, 질병, 정신장애 등
- 가족해체(가족의 집단적 통일성 상실, 지위, 역할, 갈등 대립, 유대감 약화)
  예 미혼모를 가진 가정, 혼외자녀, 배우자의 가족 이탈, 이혼·별거, 유기, 가출, 모자가정, 조손가족 등
- 가족위기(심리적 일체감 상실, 공통된 생활목표 상실, 역할분단 혼란, 가족원의 자기중심적 삶 영위)
  예 부모의 부양책임 회피, 부부의 만성적 불화, 육아·교육을 둘러싼 갈등, 수험전쟁, 가정 내 폭력, 가사의 외주화, 전업주부의 부엌증후군, 중독문제,

노인양호 문제 등

세계 각국에서 가정교육과 초기교육의 중요성이 강조되고 있다. 특히 이스라엘 유태인의 가정교육은 그 철저함이 연구를 통해 잘 알려졌다. 이스라엘 가정교육의 특징을 오성삼(2000)은 다음과 같이 정리하고 있다.

- 유태민족의 정체성을 강조하는 정체성 교육
- 전통을 소중히 여기는 뿌리교육
- 협동과 공동체 교육의 강조
- 조기교육의 강조
- 창의력 계발을 위한 토론식 교육
- 실생활과의 연계와 평생학습교육

자녀교육은 아기가 말뜻을 알아듣기 시작함과 동시에 본격화된다. 자녀에게 성경 구절을 암기하도록 반복해서 가르치기 시작하고, 중요한 가치를 깨닫고 규례를 지켜 나가는 습관을 기르게 한다. 또한, 학교에서의 학업과 일상생활에서의 가르침이 구별되지 않는, 학교와 실생활이 연계된 교육을 구현해 나가고 있다. 모두가 삶 속에서 가르치고 교육받는 방식이다. 학습이란 생활과 동떨어진 별개의 것이 아니라 생활 자체로 본다. '교육은 가정에서부터'라는 믿음을 실천하고 있다. 우리의 경우 많은 부모가 가정교육에 대해 자신감을 잃고 방치하거나 외부의 다른 어떤 곳에 위임해 버리거나, 극단적으로 포기하고 있음을 볼 수 있다. 이는 사회 구성원으로서의 책임은 물론 부모로서의 책임과 의무를 외면하는 것이다. 유태인의 가정교육은 우리에게 일련의 방법적인 원리를 시사해 주고 있다. 그들은 모든 기회를 이용하여 자녀에게 그들의 전통과 가치를 교육한다. 명절, 예식, 행사, 프로그램, 함께 즐기는 시간 등 모든 기회를 자신의 가치를 교육하고 경험하는 것으로 활용하고 있다. 그러나 우리의 경우, 자녀가 공부해야 한다는 이유로 모든 가족행사는 물론 생활 속의 작은 책임마저 면제해 준다.

또한, 보여 주면서 교육을 한다. 품성과 가치 또는 태도의 경우 어려서부터 보고 자란 부모의 실천적 모범이 가장 강력하다. 부모가 교통법규를 마구 어기면서 자녀에게는 다음에 그렇게 하지 말 것을 이야기한다면, 자녀가 무엇을 배우게 될 것인가를 한번 생각해 보아야 할 것이다. 우리의 옛말에 "몸으로 가르치니 따라 하고, 입으로 가르치니 반항한다."라는 말이 있다. 자녀교육은 입으로만 해서는 안 되며 부모가 몸소 실천하는 교육이어야 한다. 나를 본받으라고 말할 수 있어야 할 것이다. 이와 함께 일관성 있게 교육하는 것도 중요하다 하겠다.

가정과 학교와 사회가 함께 움직이는 것이 무엇보다도 중요하다. 가정과 교육은 사회와 분리될 수 없으며, 개인의 행동 역시 사회와 분리하여 설명될 수 없기 때문이다. 가정이 다시 사회의 기본 단위의 역할을 할 수 있기 위해서는 가정의 구성원인 부모와 자녀는 물론, 교육적 · 사회적 차원에서의 공동 노력이 필요하다.

# 제02장
# 품성교육의 내용과 운영

## 1 품성교육의 내용

품성교육에서 다루는 다양한 내용을 주요 덕목과 특징, 강조점 등을 중심으로 살펴보기로 한다.

① 파이 델타 카파(Phi Delta Kappa, Frymier et al, 1996)는 가르치고 배워야 할 가치로서 민주주의, 정직, 책임감, 표현의 자유, 예의, 관용(개방성), 종교의 자유, 법 준수, 통합적 학교 등을 들고 있다. 이와 함께 다음의 사항이 강조되고 있다.

- 가정이 청소년의 가치를 발달시키는 기본적인 요인이지만 학교와 교회도 중요한 역할을 한다.
- 범죄의 증가는 기본적으로 가정의 문제로부터 온다.
- 청소년의 가치는 완벽하지 않지만 교사가 생각하는 것보다는 건전하다.
- 학교에서 가르친다고 말하는 실제 가치와 가르쳐야 할 것에는 큰 차이가 있다.
- 학교에서는 대부분의 교사가 가르쳐야 한다고 생각하는 가치를 거의 가르치지 않고 있다.

② 품성교육기관 중 3가지 사례를 보면, 하트우드 윤리 교육과정(Heartwood Ethics Curriculum)의 가치 목록에는 용기, 충성, 정의, 존중, 정직, 사랑이 포함되어 있다. 조셉슨 윤리연구소(The Character Education Partnership)에서는 배려, 타인 존중, 책임감, 공정성, 타인의 복지 배려, 정직을 제시하였다. 품성교육 제퍼슨 센터(The Jefferson Center for Character Education)의 가치 목록에는 6개의 중심 덕목으로 신뢰성, 책임감, 배려, 타인 존중, 공정성, 시민의식이 포함되어 있다. 교육 조직의 예를 보면, ASCD(Association for Supervision and Curriculum Development)와 AASA(American Association of School Administrators)의 도덕 교육에 대한 논의(ASCD, 1988)에서는 도덕적 생활을 위한 기술로서 다음의 내용을 제안하고 있다.

- 예의 있게 다른 의견을 제시할 것
- 도덕적 문제해결
- 현명하게 선택하기
- 감정이입의 발달
- '아니요'라고 말하기

③ AASA는 새로운 세기에서 성공적으로 살기 위해 필요한 항목을 제시하였다.

- 정직, 통합성, 공통의 판단기준을 이해하고 실천하기
- 노력의 가치 존중하기, 근면과 노동의 중요성 이해하기, 개인의 공헌과 자기통제의 필요성
- 다양성의 존중: 나와 다른 사람들을 이해하고 존중하기
- 팀원으로서 다른 사람과 일하는 능력
- 자신의 행동에 대해 많아지는 책임감 받아들이기
- 다른 사람과 권위의 존중
- 가정생활, 개인생활, 지역사회에 대한 헌신
- 국민으로서의 자긍심과 민주주의에서 개인의 책임에 대한 이해
- 분쟁과 갈등을 합리적으로 해결하려는 의지

- 교육자에 대한 인지와 존중
- 삶에 대한 열정: 평생학습을 위한 목표달성(Diegrnuelier, 1996)

이들 예를 보면 개인적 품성 능력과 함께 시민적 요소를 포함하고 있다.

이상의 조직과 연구자들이 제시한 것은 학교와 지역사회에서 품성교육의 기초가 되고 있다(E.F. DeRoche).

## 2 영유아기 품성지도 덕목

교육은 유아의 전인적 발달을 도모하고, 그들을 사회와 국가가 필요로 하는 인재로 육성시키는 데 목적을 두고 있다. 그러므로 유아에게 지식만 가르치는 것은 바람직하지 않다. 특히 품성의 기초는 어린 시기에 형성되므로 유아교육에서 품성교육에 좀 더 관심을 가져야 한다. "도덕과 가치 교육이 없는 교육은 사회악을 만든다."라는 말과 같이 아무리 좋은 실력을 갖추었다고 해도 좋은 품성을 지니지 못하면 사회에 기여할 수 없고, 올바르게 적용할 수 있는 지혜를 갖기 힘들다. 품성교육은 모든 교육의 기본이면서 중요한 측면이라고 할 수 있다. 어릴 때부터 배워 가야 할 많은 덕목과 가치가 언급되어 왔다.

### 1) 미국

미국의 유아교육에서 주로 강조되어 온 품성 덕목 중 기본적인 것을 중심으로 간략히 살펴보면 다음과 같다.

### (1) 열린 마음

열린 마음(open-mind)은 내 것을 고집하지 않고 남의 것을 받아들이는 마음이다. 세계 여러 나라의 문화와 인종의 차이를 편견 없이 수용하고, 가치를 존중하며, 공정하게 대하는 태도를 말한다.

### (2) 관용

관용(tolerance)은 사람 간의 차이를 받아들이는 태도를 말한다. 즉, 다른 사람에게서 볼 수 있는 다른 점을 인정하는 것이다. 가족 간에도 엄마가 좋아하는 것과 아빠가 좋아하는 것, 형제자매가 좋아하는 것이 각각 다르다는 것, 친구 간에도 친구가 좋아하는 것과 내가 좋아하는 것이 다르다는 것을 이해하고 불만을 갖지 않는 태도이다.

### (3) 자아존중감

자아존중감(self-respect)은 스스로의 가치를 믿는 것이다. 자신이 생각하는 최고의 사람이 될 수 있도록 노력하는 것이며, 자신의 신체와 정신을 돌보는 것을 말한다. 자아존중감을 가진 사람은 스스로 목표를 세운다. 유아는 자아존중감을 가졌을 때 스스로 자랑스럽게 생각하며, 자기 생각과 감정을 존중하는 법을 알게 된다.

### (4) 책임감

책임감(responsibility)은 스스로 하겠다고 말한 것을 하는 것이다. 책임감이 있는 사람은 자신이 한 약속을 지키기 위해 열심히 노력한다. 이런 사람은 자신의 말이나 행동의 결과를 받아들이며 규칙을 따른다. 책임감 있는 사람은 신뢰를 받는다. 책임감 있는 사람은 정직하고 다른 사람의 실수에 대해 비난하지 않으며 자신의 행동에 책임을 진다.

### (5) 평온

평온(peacefulness)은 마음의 고요함에서 온다. 평온한 유아는 타인에게 친절하게 대하고 협동하며, 이야기로 문제를 해결하고 일상에서 좋은 점을 발견한다.

평온한 유아는 내적으로 고요하고 행복한 아이이다. 다른 사람을 통제할 수 없다는 것을 알며, 다른 사람이 자신을 놀려도 그 말에 상처받지 않는다.

### (6) 정직

정직(honesty)은 진실해지는 것이다. 정직한 유아는 거짓말하거나 속이지 않으며, 바른 행동을 한다. 때때로 유아는 자신의 잘못으로 인해 두렵고 무서운 마음이 들더라도 부모에게 솔직히 말해야 한다. 정직하게 말하면 부모가 유아를 신뢰하고, 도와줄 수 있기 때문이다.

### (7) 우정

우정(friendliness)은 다정함으로, 친절하고 도움이 되는 행동을 의미한다. 다정한 사람은 항상 웃고, 다른 친구들과 생각과 느낌을 공유하고 함께 게임을 하고 장난감을 나눠 쓸 수 있다.

### (8) 배려

배려(caring)는 다른 사람의 욕구를 생각해 주는 것이다. 배려를 실천하는 유아는 친절하고 다른 사람들을 중요하게 여기고 도와주려고 노력하며, 그들의 안부를 물어보고 친구의 말을 들어 준다. 자신의 욕구보다 타인의 욕구를 먼저 생각한다.

### (9) 공손함

공손함(politeness)은 다른 사람들에 대한 관심을 표현하는 것이다. 다른 사람에게 친절하게 대하고 존중하며, 그들의 감정과 욕구를 생각하고 있다는 것을 그들에게 보여 주는 것이다. 누군가에게 문을 열어 주는 행동도 공손한 것이다.

#### (10) 사려 깊음

사려 깊음(consideration)은 다른 사람들의 욕구와 감정을 생각해 주는 것을 의미한다. 진실되고 이해심 있는 마음으로 친절하고, 다른 사람의 권리를 존중하며 도와준다. 아빠가 쉬실 때는 TV 소리를 줄이고 동생의 등원 준비를 도와준다. 내가 하고 싶은 놀이보다는 친구가 하고 싶어 하는 놀이를 선택하고, 친구에게 연필을 빌려주고, 교실에서 다른 친구들을 위해 조용히 한다.

### 2) 대한민국

국내의 연구에서는 유아기 품성지도에서 중시되는 덕목으로 신뢰, 존중, 예의, 협동, 자율성(주도성), 근면, 배려, 책임, 정직, 친절, 사랑, 열정과 감성 등을 제시하고 있다(홍순정 외, 2011). 이들 덕목의 개념을 살펴보기로 한다.

#### (1) 신뢰

이 시기에 영아는 자신을 돌봐 주는 양육자(주로 어머니)와 신뢰감을 형성한다. 어머니가 영아의 신체적·심리적인 기본 요구에 잘 반응해 주면, 즉 배가 고플 때 젖을 주거나 기저귀가 젖었을 때 갈아 주는 것 등으로 적절하게 반응해 주면 영아는 어머니에 대한 신뢰감(trust)을 형성하게 된다. 반대로 어머니가 영아의 필요와 요구에 잘 응해 주지 않고 일관성 있는 관계를 지속하지 못할 경우 영아는 어머니에 대한 불신감(mistrust)을 형성하게 된다.

#### (2) 존중

존중(尊重, respect)은 모든 인간의 행동과 사고의 기본 가치이다. 모든 생명체가 귀한 존재임을 알고 행동하는 것을 존중이라고 할 수 있다. 리코나(Lockona, 2006)는 존중이란 인간이 스스로에게 갖추어야 할 자신에 대한 존중부터 타인과 모든 사람의 권리나 그 존엄성에 대한 존중, 여기서 그치지 않고 사람과 밀접한 관계 속에 존재하는 환경에 대한 존중, 이를 포함하는 생명에 대한 존중 등 다양한 형식으로 제시될 수 있다고 하였다.

존중은 가장 근원적 도덕 가치를 갖는다. 관계를 유지하기 위한 가장 밑바탕이며, 남을 높여 귀중하게 여기는 것이다. 남을 무시하지 않는 것, 남을 아무렇게나 대하지 않는 마음가짐을 의미한다. 또한, 웃어른께 예의 바르게 대하는 것, 부모님을 공경하고 선생님 말씀을 잘 따르는 것도 해당된다.

### (3) 예의

예의 혹은 예절은 일정 문화권에서 오랜 생활습관을 통해 하나의 공통된 생활방법으로 정립되어 관습적으로 행해지는 사회적인 생활규범이다. 예절의 목표는 상대방을 존경하며 사랑하고 위하는 마음이 행동에 자연스럽게 나타나도록 하는 데에 있다.

### (4) 협동

협동(cooperation)이란 '마음과 힘을 하나로 합하여 서로 돕는 것'으로 마음을 합하는 것이다. 즉, 공동과제를 산출하는 것과 힘을 합하는 것, 구성원 간에 서로 조언 및 조력을 요청하고 제공하는 것으로 구분하여 말할 수 있다.

### (5) 자율

자율(autonomy)이란 외부의 간섭이나 관여 없이, 자기 혼자의 힘으로 행동하며, 그 행동에 대하여 자기규제, 제어를 한다는 2가지 의미가 내포되어 있다. 즉, 외부의 어떤 권위나 제재의 개입 없이 자기결정에 의하여 생각하거나 행동하는 것을 말한다. 말하자면, 자신의 행위를 지배하는 규범, 규칙을 자신이 선택·결정하여 실행하는 자유를 곧 자율성이라고 한다.

### (6) 근면

부지런하고 매일 꾸준히 반복하는 생활습관은 출생 후 영유아기의 일상생활의 경험을 통해 후천적으로 형성된다. 근면한 태도는 일단 형성되면 유아기가 지나도 좀처럼 변하지 않으므로 이 시기에 어떤 생활습관이 형성되는지에 따라 장래의 근면한 생활의 중요한 기초가 된다.

### (7) 배려(대인관계)

현대교육은 학업 성취를 위주로 이루어지는 경향이 있다. 그러나 교육은 지적 측면만이 아니라 인성적인 측면도 중요하다. 타인과 관계성의 질적 수준을 고양할 수 있는 배려 교육을 통해서 아이들은 건강하고 행복한 존재로 성장할 수 있을 것이다.

### (8) 책임

책임감은 자신의 행동에 대한 책임감과 자신의 욕구를 충족시킬 수 있는 능력으로 구분할 수 있다. 즉, '자신에게 주어진 역할을 충실히 해내는 것'과 '다른 사람의 욕구 충족의 기회를 방해하지 않는 범위 내에서 자신의 욕구를 충족시킬 수 있는 능력'으로 정의할 수 있다.

### (9) 정직

정직(正直, honesty)이란 마음을 곧고 바르게 가짐으로써 말과 행동에 거짓과 꾸밈이 없는 것을 뜻한다. 정직에 대한 인식이 없으면 사람으로서 마땅히 지녀야 할 바르고 착한 마음과 사물의 옳고 그름을 판단하고 다스리는 능력을 잃게 된다. 정직은 개인의 인격을 결정하는 중요한 요인인 동시에 사회가 건전하게 유지되고 발전하는 데 기본이 된다.

### (10) 친절

친절(kindness)이란 다른 사람의 기분 상태나 만족도에 관심을 가지고 상대방이 최적의 행복에 이르도록 베푸는 덕목이며, 친절은 남의 행복과 감정에 대한 자신의 관심을 표현하도록 도와주며, 유아가 친절을 배우게 되면 다른 사람의 욕구에 대해 좀 더 많이 생각하고 관심을 보이며 곤란한 처지에 있는 사람들에게 도움을 주고 고통받는 사람들에게는 감동을 준다고 하였다(Borba, 2001).

### (11) 감성(사랑과 열정)

감성(emotion)은 라틴어 'emotere'의 감성적 동적(動的) 성질을 말해 주며 행동으로 이어 주는 뉘앙스를 함축하고 있다(David, 1968). 감성은 자극이 없어지면 새로운 자극에 의해 새 감정이 유발되는 감성, 자극이 없더라도 개인이 항상 지니는 감성, 지향하는 가치에 따라 진리를 탐구하려는 과학적 감성, 선을 구하는 도덕적 감성, 예술적 느낌을 추구하는 미적(예술적) 감성, 그리고 신앙적 영역에서 누리는 종교적 감성 등으로 구분된다.

품성교육에서 다루어지는 주요 덕목과 사례들을 살펴보았다. 다음 장들에서 논의되는 덕목은 이론적 검토와 관련 연구자, 교사, 학부모들을 중심으로 연구가 진행 중인 품성교육 요구도 조사의 예비조사를 바탕으로 일차적으로 선정된 것들이다. 정직, 근면성, 신뢰감, 배려, 감성(우정과 사랑), 자율성, 책임감, 예의, 협동으로 가장 많은 공감을 얻은 덕목이다. 덕목별로 개념과 발달, 교육방법, 부모와 교사의 역할과 지침, 지도원리, 활동 사례가 탐구되고 있다. 이외에도 많은 덕목이 연구되고 품성과 인성교육에 반영되어야 하리라고 본다. 또한, 각 덕목에 대한 이해를 바탕으로 유아, 초등, 중등, 대학 수준에서 다루어지는 교육내용과 방법이 개발, 실천되어야 할 것이다.

## 3 품성교육 프로그램의 운영 사례

### 1) 미국의 인성교육

미국은 지방자치 원칙이 중시되므로 교육은 특히 주정부와 그 아래의 지방정부에 일임되어 있다. 인성교육 프로그램도 전국적으로 획일화되어 있는 것은 없지만 대체로 2가지 유형의 프로그램이 있다. 하나는 교육구청(school district)의 주도하에 개발되는 인성교육 프로그램이고, 다른 하나는 민간(대학교수나 기타 시민단체)에 의해서 개발된 인성교육 프로그램이 학교에 적용되는 것이다. 미국에서는 후자의 경우가 주조를 이룬다. 즉, 대학이나 시민단체에 의해서 개발된 인성교육 프로그램이 유치원, 초·중·고, 대학에 적용되는 것이다. 미국 전역에서 주목을 받고 있는 인성교육 프로그램을 5가지 유형으로 분류해 볼 수 있다.

첫째, CDP 인성교육 프로그램이다. 이것은 '아동발달계획(Child Development Project)'으로서, 목표로 하는 인성교육의 특성은 다음 5가지이다. 이러한 목표를 통해 어떠한 품성 덕목이 중요시되는지 알 수 있다.

- 협동 학습
- 공감 능력과 타인이해 능력
- 친사회적 행동의 학습
- 대인관계의 능력
- 도덕 추론과 자기통제 능력

둘째, '역사적 교훈을 통한 인성교육(Facing History and Ourselves)' 프로그램이다. 인간성에 내재된 편견(prejudice)과 희생양(scapegoating)을 불식시키고자 하는 것으로 나치시대의 학살을 통한 교육이 인상적인 프로그램이다.

셋째, '법의식 교육(Law in a Free Society)'으로, 캘리포니아주의 변호사협회가 주관하고 지원하는 인성교육 프로그램이다. 권위, 정의, 사적 권리, 책임, 자유, 다양성, 소유, 참여를 주요 덕목으로 가르친다.

넷째, '정의 공동체 교육(Just Community Approach)'으로, 하버드 대학교 교수였던 콜버그(Kohlberg)가 주도했던 도덕 및 인성교육 프로그램이다. 학교만이 아니라, 형무소나 여러 집단생활 장소에서 활용되고 있다.

다섯째, 'VLF'로 하버드 대학교의 로버트 셀만(Selman)에 의해서 개발된 '사랑과 자유를 위한 이야기(Voices for Love and Freedom)'이다. 동화의 이야기를 어린이와 청소년에게 들려주고, 토론하고 이야기하게 함으로써 도덕성과 인성을 함양하고자 하는 목표를 갖고 있다(문용린, 2005).

### (1) 하트우드 프로그램(The Heartwood Program)

Program(교육과정): 문학을 기반으로 한 이 윤리학 과목은 유치원 어린이들에게 6단계로 나누어 7가지 기본 인성(용기, 충성심, 정의, 존중, 희망, 정직, 사랑)을 키우도록 고안되었다. 교사교육 요소와 교사용 지침서로 구성된 이 프로그램은 14권의 책(인성마다 2권), 활동카드, 전 세계 다양한 전통문화를 담은 동화로 표시된 세계지도, 교사용 자료집을 하나의 세트로 활용하여 매달 한 가지 기본 인성을 다루도록 고안되었다.

Results(결과): 피츠버그 공립학교의 연구평가 코디네이터(Research and Evaluation Coordinator on the Pittsburgh Public Schools)인 마리나 피스콜리쉬(M. Piscolish)가 7개 학교에서 수행한 1990~1991년 보고서에 따르면, 교사들은 이 교육과정과 교재, 과정의 자유로움과 유연함에 대해 매우 긍정적으로 보았다. 학생들과 교사들은 이 교육과정이 동급생 및 관계에 영향을 미치는 것으로 보인다고 언급했다. 학생들의 반응은 기본 인성의 개인적 지식과 이해와 그 적용을 간접적으로 보여 주었다.

### (2) 학교현장에서의 가치교육 과정 사례(School-Site Values Curriculum: PS31)

뉴욕시 사우스 브롱크스에 있는 윌리엄 로이드 개리슨(William Lloyd Garrison) 학교의 초등과정 교사 모임이 발전시킨 PS31(프로그램)이다. 인성교육 프로그램의 계획 및 준비를 위해 학교에서 취해야 하는 단계별 내용은 다음과 같다.

〈표 2-1〉 가치교육과정의 단계별 내용

| 구분 | 단계별 내용 |
|---|---|
| 1단계 | 학교와 지역사회는 학교에서 발전시킬 가치에 대해 동의한다. 수많은 공통 가치가 존재하므로 (주요 가치) 항목을 뽑아서 가치를 정의하고, 신학기 시작에 맞춰 주간 가치(교육) 프로그램을 시작한다. 체계적인 프로그램 설정이 성공의 핵심 요소가 된다. |
| 2단계 | 대학의 인성교육 전문가가 연수 일정에 초빙되어 인성교육을 위한 지역 및 국가적 중요 사항을 공유하고, 프로그램의 전개와 진행을 지도하는 데 쓰이는 학습지도 특성 체계를 작성하도록 교사들을 돕는다. 또한, 전문가들은 교육내용과 인성의 관련성을 높이도록 돕기도 한다. |
| 3단계 | 교사들과 교육 전문가들은 교장과 함께 교사 모임에서 작성한 기존 필수 교안내용, 교육재료, 교과서, 과거 단위학습계획의 점검을 시작한다. 이들의 목적은 합의(한) 가치가 (교육과정 내에) 이미 제대로 접목되어 있는지와 다른 부분에 더 잘 통합될 수 있는지 살펴본다. |
| 4단계 | 3단계의 결과로, 교사 모임은 새로운 개별 단위학습계획이 국가와 지역의 필수 교육과정에 합의 가치와 일체화되도록 만들어져 있는지를 결정한다. |
| 5단계 | 교육계획을 위한 교사 모임을 준비시키기 위한 회의가 소집된다. 교사 모임은 조사 그룹으로 실질적인 시작에 돌입한다. 주제별 (교육)단위, 교육과정의 통합, 상위 사고력 질문서, 인성교육 등 각 영역에서 참고 자료들이 취합 · 배포 · 교육 · 토의된다. |
| 6단계 | 학년별 교사 모임(1~2, 3~4, 5~6학년)들은 교과내용에 인성을 통합하기 위한 (세부) 작업에 들어간다.<br>• 사회 연구의 화제들은 학년별 단위(교육) 주제가 된다.<br>• 영어/언어 과목은 적절한 사회 연구주제들과 연관된다.<br>• 범교과적 쓰기 과제가 학습내용에 포함된다.<br>• 합의된 가치는 문학과 사회 연구주제로부터 부각되고 집중적으로 조명받게 된다.<br>• 교사들은 내용에 함의된 가치에 대한 학생들의 고려와 사고를 독려하는 질문을 만든다.<br>• 모든 단위와 표본학습계획들은 교사들이 몇 년간 사용해 오던 STAT 학습계획 접근 방식을 따른다.<br>• 상위 사고력 질문이 작성되어 교과 안내서에 대표적 표본으로 각 단계의 교육계획에 포함된다. 인성교육은 추가로 부과되는 것이 아니라 기존 교과목에 가능한 한 많이 통합되도록 한다. |

## 2) 독일의 인성교육

### (1) 가정교육: 자립심 교육

독일에서의 가정교육의 핵심은 아마도 자립심 교육이라고 본다. 질서, 청결, 책임, 개인주의 등이 포함된 개념이다. 유아가 말을 알아듣는 시기가 되면 일상생활에서부터 유아의 자립심 교육은 시작된다. 무엇이나(입고 - 먹고 - 자는 것 등) 유아 스스로 하도록 하며 부모는 옆에서 지켜보고 말로만 거들어 주며 격려해 준다. 아이가 혼자 앉을 수만 있게 되면 혼자 숟가락질을 하도록 지켜봐 준다. 길 가다가 넘어졌을 때 우리와는 대조적이다. 우리의 경우, 달려가 우는 아이를 일으켜 세우며 한술 더 떠 돌부리를 나무라며 아이를 위로한다. 독일에서는 아이 자신이 스스로 털고 일어날 때까지 기다리며, 누가 잘못한 것인지 묻는다. 어린이에게도 인간 존엄성을 부여하고 독립된 인격체로 여기는 민주적 활동을 가정 안에서 하고 있다. 그래서 부모는 자녀에게도 과격한 명령이나 무시하는 말은 삼간다.

### (2) 사회교육: 성년이 되면 집 떠나는 청소년들 – 자립심, 공동체 의식

가정 안에서 습득된 자립심, 자율성, 책임감을 자기 것으로 더욱 확고하게 키우기 위해서는 제2단계의 사건을 거쳐야만 한다. 그것이 바로 18세 생일을 맞는 성년식에서 선포된다. 18세면 '어른'이므로 부모의 의존을 벗어나 사회시민, 세계시민으로 책임과 자립을 배우기 위해 부모 집을 떠나야만 한다. 이때부터는 학업과 생활, 경제생활을 스스로 책임져야 하며, 인간으로, 사회인으로 커 버린다. 젊은이들의 '자기 삶을 자기 손으로 꾸려 보기' 실험이야말로 어떤 교육보다 더 빠르고 정확하며 깊고 넓은 교육법이라고 생각된다.

자기 삶을 자기가 책임져 보는 18세의 실험적 생활은 그들의 전 생애에 튼튼한 기틀이 되어 준다. 나 혼자서의 독립적 생활은 여기서 끝나는 것이 아니라 곧 우리 공동체 삶과 공동질서 지키기로 이어진다. 타인과 심하게 경쟁하지 않고도 자기 속에 있는 숨은 잠재력을 끌어내어 나를 개성 있게 발휘함으로써 풍요로운 공동체를 만드는 것, 그래서 나를 빛내고 타인을 즐겁게 하는 일이 무엇인가를 생각하게 된다. 공동체 의식은 무엇보다도 그들의 질서의식에서 잘 구현되어 있다(손덕수, 2005).

## 4 품성교육의 지도원리

그동안 인성교육은 교과와 지적 교육영역 이외의 것을 다루는 것으로 막연하게 인식되어 왔다. 실제 인성교육 아래 행해지는 내용도 매우 다양하여 그 방향을 가늠하기 어렵다. 또한, 인성교육을 중시하면 지적 영역의 교육이 소홀히 된다고 여기기도 한다. 진정 올바른 인성교육의 방향과 내용에 대한 연구와 실천이 필요할 것이다.

좋은 품성의 덕목은 모두 매력 있어 보이며 충분히 공감하나 이것의 지도에 대해 중요한 질문을 제기하지 않을 수 없다. 오랫동안 제기된 가장 어려운 문제인 '덕목은 가르쳐질 수 있는 것인가?'의 문제이다.

많은 연구자가 품고 있는 품성교육에 대한 불만은 품성교육이 지시적 수업을 기반으로 하고 있다는 것이며, 주입은 교육방법으로 바람직하지 않다는 것이다. 따라서 덕목이 가르칠 수 있는 것인가 하는 소크라테스의 질문으로 시작하는 비판은 2가지로 나타났다. 우리가 수학을 가르치듯이 덕목을 가르칠 수 있는지에 관한 논쟁을 솔직히 펴는 입장과 그때의 방법이 주입식이며 교육은 아니라는 점에 대한 비판이다. 어쨌든 대부분 부모는 최소한 몇몇 덕목은 직접적인 방법으로 가르치려고 시도한다. 예를 들어, '친절하게 대해라.', '동생을 때리면 안 돼. 다정하게 대해라.', '엄마에게 그렇게 이야기하면 안 돼. 존중감을 보여야지.' 등의 언급은 덕목의 행동을 직접 지시하는 것이다. 이렇게 하는 것이 잘못 교육하는 것인가? 이 접근의 지혜와 효율성에 대한 판단은 아동의 연령과 우리가 이러한 지시를 어떻게 계속 유지하는가에 달려 있다.

아주 어린 아동의 경우에도 대부분의 합리적인 부모는 지시와 함께 그에 관해 설명할 것이다. 때리거나 괴롭히는 것은 좋지 않다. 네가 그런 방식으로 말하는 건 엄마를 기분 나쁘게 하는 것이다. 물론 일부는 별 도움이 되지 않는 부적절한 지적을 하기도 한다. "내가 너에게 그렇게 한다면 어떻게 할래? 고양이가 널 물 거야. 너 같은 애는 없어" 등이다. 여기서 문제는 덕목을 어떻게 직접적으로 가르치려고 하느냐이다. 부모와 같이 교사들도 때로는 덕목을 주입하려는 그들의 의도에 따라 지적하거나 설명을 하게 된다. 여기에서 이러한 메시지들이 잘 전달되어 어린이들이 수치심이나 죄책감을 갖지 않도록 하는 것이 중요할 것이다.

인성교육 연구자와 교사들은 각 연령에 적합한 덕목을 결정하고 이를 어떻게 격려할 것인가를 정하는 일에 관심을 두게 된다. 덕목에 대한 직접 교육법을 사용하는 경우 또 다른 요인을 고려할 필요가 있다. 상황이 구체적이고, 즉각적이며 설명이 주어져야 하는 것뿐 아니라 사전 조건도 맞아야 한다. 어린이들은 배려와 신뢰의 관계 속에 있는 성인들의 말을 더 잘 듣는다. 또한, 아이들은 주변 사람들을 보고 듣고 배우게 된다는 점을 상기할 때 영유아 인성교육에서는 부모와 유아와의 관계, 교사와 유아와의 관계, 부모와 교사의 행동이 가장 중요한 요소가 될 것이다. 또한, 배려와 도덕 교육에서 중시되는 다음의 요소를 보면 인성교육의 지도방법에 대해 시사를 받을 수 있다.

- 본보기가 되는 성인이 배려의 관점을 가지고 있을 것
- 반성적 사고
- 개방적 대화: 도덕 교육에서 대화는 매우 중요하다. 정보를 제공하며 더 깊은 사고와 숙고 속에서의 관계를 지원한다. 의사소통을 촉진한다.
- 실천: 함께 활동하며 다른 사람의 필요를 이해하게 된다. 배려 능력을 기르기 위해서는 배려와 베풂의 활동을 해 보는 것이 중요하다. 예를 들어, 지역사회 봉사나 활동, 각자의 실천에 대해 이야기해 보는 활동 등이다.

- 확신: 확신은 내적 기초를 단단히 해 준다. 이것은 비판이나 종교교육에서 볼 수 있는 권위 - 복종, 규제 등의 행위와는 다른 것이다.

성인의 본보기, 반성적 사고, 개방적 대화, 실천경험, 내면화를 통한 확신 등이 방법적 요소로 제안되고 있음을 볼 수 있다. 또한, 품성교육을 실천할 때는 일반적으로 다음의 사항이 고려될 것이 기대된다.

- 배워야 할 가치를 어린이와 청소년에게 교육하는 데 학교와 지역사회가 함께 노력하는 것이다.
- 가정에서부터 시작한다.
- 어린이는 주변의 성인과 또래가 행하는 중심 가치를 보고 모방한다.
- 지역사회와 학교에서 계속되어야 한다.
- 어린이들이 학교 환경과 교육과정과 프로그램을 통해 덕목을 알도록 한다.
- 덕목은 실천하도록 지도될 때 향상된다.

중요한 품성 요소로 논의했던 덕목을 보다 구체적으로 어떻게 지도할 것인가? 이 문제는 학생들이 그러한 덕목에 접하고 인지하고, 이해하고 실천할 수 있는 능력을 어떻게 발달시킬 수 있을 것인가의 문제이다. 즉, 덕목을 어떻게 내면화할 것인가의 문제이다. 덕목에 대한 인지, 이해, 실천, 선택과 행동에 대한 반영적 사고와 반성의 과정을 통해 바람직한 가치와 덕목을 내면화하고 실천하는 능력을 발달시킬 수 있을 것이다. 덕목의 형성은 우리가 잘 선택하고 행동할 수 있도록 해 주는 마음과 감성, 행동의 좋은 습관들로 이루어진다. 덕목은 인성교육의 중심이며, 학생들은 덕목을 기름으로써 충만한 삶을 살게 될 것이다. 덕목의 내면화는 단지 일련의 습관을 습득하는 것을 넘어서 점차 지혜를 얻어 가는 과정이다. 행동하고, 우리가 한 일을 반성하고, 우리의 잘못으로부터 배우면서 열정, 존중, 정직과 같은 덕목으로 이루어진 삶을 어떻게 살아야 할지 더 깊게 이해하게 되는 것이다.

이러한 내면화 과정과 함께 영유아기의 인성교육에서는 교육의 자료와 소재도 매우 중요하다. 그중 그림책과 인물 연구를 통한 지도가 제안되고 있는데, 인성교육 지도의 자료로서 덕목과 관련된 이야기를 통해 덕목에 대해 생각하고 느끼고 행동으로 내재화될 수 있도록 이끄는 것이다. 아동이 좋아하는 많은 동화와 그림책들이 모두 좋은 인성교육의 지도 자료가 될 것이다. 교육에서 흥미와 감동은 무엇보다도 중요하다. 감동이 없다면 교육도 없다. 마음이 열리고 움직이는 감동의 그 순간이야말로 교육이 일어나는 순간이 될 것이다. 이와 함께 품성 요소를 실천한 인물들의 이야기를 통해 품성 덕목의 중요함과 실천에 관심을 갖고 이를 내면화할 수 있도록 도와줄 수 있다. 이야기를 통해 감동을 전하는 것이 중요하다(홍순정 외, 2016).

제03장

# 품성지도의 발달적 기초

## 1 자아 개념의 발달

영유아기는 인간의 발달과정에서 자아가 형성되는 시기다. 자아 개념은 신체적 특징, 개인적 기술, 특성, 가치관, 희망, 역할, 사회적 신분 등을 포함한 '나'는 누구이며 무엇인가를 깨닫는 것이다. 존재에 대해 인지적으로 형성된 것이 자아 개념이며, 자기 존재에 대한 느낌은 자존감이다. 자아 개념의 발달을 살펴보도록 한다.

### 1) 영아기: 자아의 인식

자아 개념의 가장 기초적인 단계로 존재적 자아인식이 형성되는 시기이다. 이는 자신을 타인과 구별하여 독립적으로 보는 것으로, 영아들은 자신의 몸이 자기를 돌봐 주는 사람의 신체와 다르다는 것을 인식하기 시작하면서 존재적 자아 개념이 싹트고, 어머니의 몸이 자신의 몸이 아님을 알게 된다.

### 2) 유아기(2~6세): 자아의 형성

이 시기는 분류적 자아 개념이 형성되는 시기로 유아의 연령에 따라 차이가 나는데 대개 3~4세경의 유아들은 자신에 대한 이미지를 성, 나이, 키, 몸집 등으로 분류할 수 있게 된다. 유아기에 들어오면서 기본적인 범주를 연령과 성으로 분류하며 범주적 자아를 인식하고 독립심과 자발성이 형성되며 가작화 활동을 통해 자신의 능력의 범위를 알아보고 자기 발견의 기회로 삼기도 한다. 그리고 '내 장난감', '내 인형', '내 신발' 등의 표현을 자주 쓰는데, 이것은 사물에 대한 소유 개념을 발달시켜 자신에게 속한 물건이나 사람에 대한 자아 개념을 더욱 확장시키는 표현이다.

### 3) 아동기: 자아존중감의 발달

초등학생 시기인 학령기가 되면 아동의 범주적 자아는 더욱 발달되어 자신을 전체적인 차원에서 기술할 수 있고, 같은 차원에 의거하여 자신을 다른 아동과 비교할 수 있게 된다.

아동기를 지나면서 아동의 자아 개념은 더 복잡하고 정교해지며 외적인 특성보다 내적인 특성에 더 집중하게 된다. 예를 들어, '나는 누구일까요?'라는 질문에 대해 9세인 어린 아동은 자신을 설명하기 위하여 주로 외적인 속성을 사용하였고, 11세 소녀는 자신의 외적인 특성만을 설명하기보다는 자신의 신념, 다른 사람과의 관계, 성격적 특성을 강조하였다. 이처럼 아동은 학령기를 거치면서 자아에 대한 정의가 더 복잡해지고 외모보다는 감정 및 생각에 초점을 맞춘다.

### 4) 청년기: 자아정체성의 확립

자신에 대해 점차 추상적으로 정의 내린다. 신체적 속성에 따르기보다는 추상적인 개념이나 관념에 따라 자신을 규정한다. 이와 같이 아동이 점차 관념에 몰두하는 것은 에릭슨이 기술한 사춘기의 중요한 과업인 정체감 대 역할 혼미를 반영한다. 10대가 되면 자신에 대해 어릴 때의 생각과는 다른 생각을 가지는데, 그 이유는 여러 가지 사춘기의 변화와 함께 가족과 사회의 기대가 변화되기 때문이다. 사춘기에 생기는 자아 개념의 변화는 더 많은 인지적 추상성뿐 아니라 자아에 대한 새로운 이해를 구한다는 사실도 반영한다. 특히, 사춘기 소년, 소녀는 직업적 정체감(성인이 되면 어떤 직업을 가질 것인가), 관념적 정체감(나는 무엇을 믿는가), 성적 정체감(어떤 성적 역할이 바람직한가)을 발전시켜야 한다.

### 5) 성인기: 자아 개념의 변화와 재해석

청년기에서 성인기로의 이행은 자아 개념에 큰 변화를 가져온다. 개인적으로는 삶의 중심이 가족과 또래집단에서 친밀한 이성과의 관계로 전이되고 그 결과 부모가 되며 사회적으로는 학교에서 직장 등으로 변화한다. 이는 새로운 정체감이 형성되는 동시에 다른 정체감이 약화되는 것을 의미한다. 그후 퇴직과 함께 노년기에 이르면 자신의 사회적 역할과 무관하게 자아에 대해 재해석해야 하며, 인생 전반에 걸친 재평가가 이루어지게 된다.

## 2 가치와 태도의 발달

모든 사회는 그 사회만의 독특한 가치를 갖는다. 가치란 한 문화와 관련되는 것으로 한 세대에서 다른 세대로 전달되며 집단이나 구성원 개개인이 따르는 행동의 규약이 된다. 태도는 대상에 대한 평가를 나타내며 정서와 개인적 신념을 의미한다.

### 1) 가치와 태도 교육

가치란 우리가 설정한 기준에 근거해 어떤 것의 값어치를 결정하는 것이다. 따라서 가치는 한 문화와 관련되며 사회집단과의 접촉과 참여를 통하여 배우게 된다. 가치는 한 집단에 특별한 정체성을 부여한다. 한 세대에서 다음 세대로 전달되며 집단이나 구성원 개개인이 따르는 행동의 규약이 된다. 이러한 가치에는 교육적, 도덕적, 종교적, 정치적, 민주적, 미적 가치 등 다양한 종류가 있다. 그렇다면 가치를 어떻게 가르칠 것인가의 문제는 태도나 가치를 무엇으로 보는가에서 나온다. 가치는 그것 자체로 존재하는 것이 아니고, 사물이 아니다. 개인이 만드는 판단이나 주장을 반영하는 것이다. 가치와 태도는 정서와 개인적 신념을 다루므로, 대부분 이를 가정에서부터 배워 나가며, 다양한 교육 프로그램에서 태도와 가치의 전파가 이루어진다. 매일 교육기관에서 이루어지는 활동은 사회의 가치와 태도에 관련되며, 또 영향을 받는다.

### 2) 태도의 형성과 변화

우리는 다른 사람에 관한 것뿐만 아니라 사회적 행동, 사건, 집단, 제도 등에 관해 태도와 의견을 가진다. 이러한 우리의 생각은 우리의 행동에 영향을 미친다. 태도는 다른 사람, 사물, 조직이나 사건 등에 대한 긍정적 또는 부정적 반응의 기초 성향으로서 신념과 정서가 혼합된 것이다. 태도는 대상에 대한 평가를 말하며, 이러한 태도는 실제로 신념, 정서, 행동 측면에서 표현된다. 신념의 측면은 개인이 그 대상에 대해 믿고 있는 것이며, 정서적 측면은 그 대상에 대한 감정적 요소로 싫다, 좋다, 못마땅하다, 피하고 싶다 등이다.

### 3) 가치와 태도 형성의 접근 방법

교육자들은 유아에게 태도와 가치를 가르치기 위하여 강화이론을 사용한 주입식 방법을 사용하기도 하였으나, 1970~1980년대를 지나면서 가치는 주입식 방법으로 가르칠 것이 아니라 유아가 자신의 행동에 관한 결과를 반영해 보거나 자신의 감정과 행동 간의 일관성을 탐색하면서 태도와 가치를 명료화하도록 가르쳐야 한다고 주장하였다.

주입식 방법에서는 주로 반복 · 연습 · 암기함으로써 습득시키는 방법으로 아이가 무엇이 옳은 가치이며 무엇이 좋은 행동인가를 알려 준다. 이를 학습한 아이들은 말로는 이야기할 수 있지만, 알게 된 가치를 바르게 이해하거나 실천하기는 어렵다. 가치명료화 방법에 대해 레스(Less, 1978)는 "개인의 가치는 선택되며, 가치에 따라 행동한다."라고 보았다. 먼저 유아가 자유롭게 선택하도록 격려하고 유아에게 정보를 주어 대안을 찾아 검토할 수 있도록 돕는다. 유아에게 대안에 대해 사려 깊게 평가할 수 있도록 묻고 소중히 여기는 것에 대해 생각해 보도록 한다. 유아가 자신의 신념에 따라 행동하고 자기 생각을 표현하고 자신의 삶에서 반복되는 행동이나 형태를 발달시킬 기회를 갖도록 돕는 것이다. 이처럼 가치명료화는 유아에게 한 개인으로서 존엄성을 부여하면서 동시에 더욱 일관성 있고 성숙하게 자신의 감정과 태도, 가치를 다룰 수 있게 한다.

가치와 태도 형성의 또 하나의 방법은 가치 분석이다. 가치 분석은 인지적 전략으로 이 과정은 문제나 논제의 확인으로 시작하여 문제해결 과정을 거치는 것으로 듀이(Dewey)의 사고와 문제해결 전략과 유사하다. 교사는 도덕이나 가치에 대한 의문점을 합리적인 과정을 사용하여 가르치면서 유아가 합리적이고 논리적으로 도덕적 판단을 옹호할 수 있는 능력을 발달시키도록 한다.

## 3 사회 · 도덕성 발달

도덕성 발달은 주로 3가지 측면에서 살펴보게 되는데, 첫째, 어떤 행동의 옳고 그름에 대한 평가인 도덕적 판단, 둘째, 사고나 행동에 대한 정서적 반응(죄책감 등)인 도덕적 감정, 셋째, 어떤 행동이 옳은지 알고 있다고 해서 반드시 그렇게 행동하는 것은 아니므로 실제로 어떻게 행동하느냐 하는 도덕적 행동 등이다. 도덕성 발달에 관한 연구는 3가지 측면 중 하나에 초점을 맞추는 경향이 있다. 예를 들면, 학습이론가들은 아동의 도덕적 행동에 영향을 미치는 요인에 관심을 가지고 학습이론의 원칙이나 개념을 적용하여 아동이 자기통제를 할 수 있는 능력이나 유혹에 저항할 수 있는 힘 등에 관해 연구한다. 이에 반해 정신분석가들은 죄책감, 불안, 후회 등에 더 많은 관심을 가지는데 도덕적 감정의 연구에서는 개인의 양심이나 초자아의 역할이 강조된다. 도덕성 발달의 또 다른 구성요소인 도덕적 판단은 주로 인지발달론자들에 의해 연구되는데, 피험자에게 가상적인 도덕적 갈등상황을 제시하고서 피험자가 어떤 반응을 나타내는가에 따라 그 사람의 도덕성 판단의 성숙 수준을 측정한다.

도덕성 발달이론에 대해 3가지 이론적 측면에서 살펴보고자 한다.

## 1) 인지발달이론

인지발달이론은 도덕성 발달을 설명하는 대표적인 이론으로 도덕적 판단을 중요하게 여긴다. 도덕성 발달의 인지적 측면은 피아제(Piaget)에 의해 최초로 제시되었으며, 피아제의 이론을 기초로 하여 콜버그(Kohlberg)는 도덕성 발달이론을 정립하였다.

### (1) 피아제의 이론

피아제(1965)는 아동의 도덕성 발달단계를 '타율적 도덕성'과 '자율적 도덕성'인 2단계로 구분하였다. 타율적 도덕성 단계의 아동(4~7세)은 규칙을 신이나 부모와 같은 권위적 존재에 의해서 만들어진 것으로 믿으며 신성하고 변경할 수 없는 것으로 여기고, 이를 위반하면 벌을 받아야 한다고 생각한다. 또 모든 도덕적 문제에는 '옳은' 쪽과 '나쁜' 쪽이 있으며 규칙을 따르는 것이 항상 '옳은' 쪽이라고 믿는다. 또한, 행위의 의도성에 대한 이해에서도 어떤 행동의 옳고 그름을 행위자의 의

도와는 상관없이 결과만 가지고 판단한다.

7세부터 10세까지는 과도기적인 단계로 타율적 도덕성과 자율적 도덕성이 함께 나타나는 시기이다. 대부분의 아동은 10세경에 두 번째 단계인 자율적 도덕성 단계에 도달하게 된다.

피아제는 타율적 도덕성 단계에서 자율적 도덕성 단계로 발달하기 위해서는 인지적 성숙과 사회적 경험이 중요한 역할을 한다고 보았다. 인지적 요소로는 자기중심성의 감소와 역할수용 능력의 발달을 들 수 있는데, 도덕적 문제를 여러 가지 각도에서 조망해 볼 수 있게 해 준다. 그러므로 피아제가 중요하게 여기는 사회적 경험은 또래와의 대등한 위치에서의 상호작용이다. 아동이 또래와 사이좋게 놀고 공동의 목표를 달성하기 위해서는 다른 사람의 입장에 서 보아야 하며, 갈등이 있을 때 어떻게 해야 서로 이익이 되는 방식으로 해결할 수 있는지를 배우게 된다. 그러므로 대등한 위치에 있는 또래와의 접촉은 좀 더 융통성 있고 자율적인 도덕성 발달에 도움을 준다.

### (2) 콜버그의 이론

콜버그는 1956년부터 10~16세 사이의 아동과 청소년 75명을 대상으로 도덕성 발달을 연구하기 시작하였는데, 이 연구는 30년 이상 계속되었다. 콜버그는 피험자들에게 가상적인 도덕적 갈등상황을 제시하고서 그들이 어떤 반응을 나타내는가에 따라 6단계로 도덕성 발달의 수준을 구분하였다. 콜버그 이론의 핵심은 인지발달이다. 역할수용 능력이나 형식적 조작적 사고는 도덕적 성장에 있어서 필요조건이지만 충분조건은 아니다.

〈표 3-1〉 콜버그의 도덕성 발달단계

<table>
<tr><td rowspan="2">전인습적 수준<br>(Preconventional Level)<br>• 9세 이전 아동이나 일부 청소년과 성인<br>• 사회규범이나 기대를 잘 이해하지 못하고 매우 자기중심적이어서 다른 사람의 입장을 이해하지 못하고 자신의 욕구 충족에만 관심이 있다.</td><td>1단계: 벌과 복종 지향의 도덕<br>이 단계의 아동은 결과만 가지고 행동을 판단한다. 즉, 보상을 받는 행동은 좋은 것이고, 벌 받는 행동은 나쁜 것이다. 이 단계의 아동은 벌을 피하기 위해 복종한다.</td></tr>
<tr><td>2단계: 목적과 상호 교환 지향의 도덕<br>자신의 흥미와 욕구를 만족시키기 위해 규범을 준수한다. 이 단계에서 아동은 다른 사람의 입장을 고려하기 시작하지만, 대부분 자신이 원하는 것을 얻기 위해서다.</td></tr>
<tr><td rowspan="2">인습적 수준<br>(Conventional Level)<br>• 대부분의 청년과 다수의 성인<br>• 이 수준에 있는 아동이나 청년은 다른 사람의 입장을 더 잘 이해하게 되고, 이제 도덕적 추론은 사회적 권위에 기초하며 더욱 내면화된다. 그리고 사회관습에 걸맞은 행동이 도덕적 행동이라 간주한다.</td><td>3단계: 착한 아이 지향의 도덕<br>다른 사람들의 기대와 다른 사람으로부터 인정을 받기 위해 착한 아이로 행동한다. 이 단계에서는 동기나 의도, 신뢰, 충성, 존경, 감사의 의미가 중요하다.</td></tr>
<tr><td>4단계: 법과 질서 지향의 도덕<br>추상적 사고 능력으로 인해 청년은 이제 자신을 사회의 일원으로 생각하게 되고, 사회 기준에 따라 행동을 평가하게 된다. 사회질서를 위해 법을 준수하는 것이 도덕적 행동이라고 생각한다.</td></tr>
<tr><td rowspan="3">후인습적 수준<br>(Postconentional Level)<br>• 일반적으로 20세 이상의 성인 중 소수만이 이 수준에 도달한다.<br>• 후인습적 수준에 있는 사람은 사회규범을 이해하고 기본적으로는 그것을 인정하지만 법이나 관습보다는 개인의 가치 기준에 우선을 둔다.</td><td>5단계: 사회계약 지향의 도덕<br>법과 사회계약이 '최대 다수의 최대 행복'이라는 전제하에 만들어졌다는 것을 이해하고, 모든 사람의 복지와 권리를 보호하기 위해 법을 준수한다.</td></tr>
<tr><td>6단계: 보편원리 지향의 도덕<br>법이나 사회계약은 일반적으로 보편적 윤리 기준에 입각한 것이기 때문에 정당하다고 믿는다. 따라서 만일 이러한 원칙에 위배될 때에는 관습이나 법보다 보편원리에 따라 행동한다. 보편원리란 인간의 존엄성, 인간의 평등성, 정의와 같은 것을 말한다.</td></tr>
<tr><td>7단계: 우주 지향의 도덕<br>콜버그(1988)가 작고하기 전에 출현한 개념으로, 동양의 자아초월 개념과 유사하며, 신학자 파울러(Fowler, 1981)의 신념발달이론에서 볼 수 있는 가장 성숙한 수준과 유사하다. 즉, 우주, 자연, 신과 일체감을 느끼는 것으로 한 개인의 행동은 모든 사람과 모든 사물에 영향을 미치고 그 결과는 다시 행위자인 자신에게로 되돌아온다는 것이다.</td></tr>
</table>

출처: 정옥분(2008). 사회정서발달(p. 309). 서울: 학지사.

도덕적 판단과 인지적 성숙이 관련은 있지만 전적으로 그런 것은 아니다. 사고가 아직 구체적 수준에 머물러 있는 사람은 후인습적 수준의 도덕적 판단을 할 수는 없다.

#### (3) 튜리얼(Turiel)의 영역 구분 이론

튜리얼은 도덕적 영역과 사회인습적 영역, 개인적 영역으로 구분하여 제시하였다. 도덕적 영역은 인간의 권리와 존엄성, 생명의 가치, 정의, 공정성 등과 같이 보다 근원적이고 본질적인 도덕적 인식과 판단내용을 포함한다. 따라서 도덕적 영역은 모든 시대, 모든 문화권에서 동일하게 통용되는 문화적 보편성을 지닌다. 사회인습적 영역은 식사 예절, 의복 예절, 관혼상제의 예법, 성역할 등과 같이 특정 문화권에서 그 구성원들의 합의에 의해 정립된 행동규범을 의미한다. 그러나 어떤 행동이 일단 인습적 규범으로 정립되면 그 성원들에게 강력한 제약을 가하게 되며 도덕적 성격을 띠게 되는 등 시대, 사회, 문화 등 상황적 맥락에 따라 달라지는 문화적 특수성을 지닌다. 개인적 영역은 도덕적 권위나 인습적 규범의 영향을 받지 않는 개인의 건강, 안전, 취향 등의 사생활에 관한 문제 영역이다. 개인적 영역은 자아를 확립하고 자율성을 유지하기 위한 주요 수단이 되지만, 사회인습적 규범과 갈등을 일으킬 가능성이 있다.

### 2) 사회학습이론

사회학습이론가들은 도덕적 행동 측면을 중요하게 생각하며, 도덕성 발달에 대한 관점도 다른 모든 행동과 마찬가지로 강화, 처벌, 모방으로 설명하고 있다. 법이나 사회관습에 일치하는 행동이 보상을 받으면 아동은 그 행동을 계속하게 되고, 도덕적으로 행동하는 모델에 노출되면 아동 또한 그러한 행동을 선택하여 행동한다. 그러나 비도덕적인 행동이나 바람직하지 못한 행동으로 벌을 받게 되면, 그러한 행동은 하지 않게 된다.

아동이 규칙을 준수할 것을 배웠다면 규칙을 위반하고자 하는 유혹에 직면했을 때 그 유혹을 이겨낼 수 있어야 하는데, 이러한 사회화의 주목적은 외적인 감독이나 보상 또는 처벌로부터 자유로울 때조차 사회의 규칙들을 고수하려는 능력과 의욕을 아동들에게 심어 주는 것이다. 사회학습이론가들은 자기통제라는 용어로 표현하는데, 반두라(Bandura, 1977)는 아동에게 행위의 도덕적 기준이 학습과 모델링에 의해 설정되면, 개인은 자기 평가적 능력을 갖게 되는데, 이때 사회화가 제대로 이루어진 아동들은 자기 자신을 보상하며 그 기준에 미달할 때 자신을 벌한다는 주장을 하며, 이것이 자기통제의 과정이라고 하였다.

도덕적 행동의 습득 역시 아동이 경험하는 자극과 강화의 패턴에 의해 통제된다고 한다. 부모의 존재나 보살핌과 관련된 말이나 미소, 제스처 등은 유아에게 긍정적 영향을 미치지만, 꾸짖음이나 얼굴 찡그리기 애정 철회, 부모의 부재 등은 부정적인 영향을 미친다.

초기 행동의 사회화는 조작적 조건형성과 고전적 조건형성을 통해 이루어진다. 상위 수준인 규칙과 규칙을 준수하는 행동을 실제로 학습함에 있어서 강화와 더불어 관찰학습, 대체행동의 발달 등과 같은 다양한 학습기제가 요구된다. 관찰학습은 아동이 다른 사람의 행동을 관찰하여 모방하는 것을 말한다. 대체행동은 바람직하지 못한 행동을 벌하는 대신 아동에게 수용 가능한 행동을 대체하도록 가르치는 것을 말한다. 사회학습이론은 이러한 다양한 행동의 제안과 강화 등으로 바람직한 도덕적 행동을 사회화해 가는 관점이다.

### 3) 정신분석이론

도덕적 감정에 초점을 맞추고 있는 정신분석이론은 인생의 초기단계에 아동이 부모의 기준이나 사회의 규범에 적응하게 되면서 도덕성 발달이 이루어진다고 보았다.

### (1) 프로이트(Freud)의 정신분석이론

프로이트(1933)는 인간의 성격구조는 원초아, 자아, 초자아로 구성되어 있으며, 인간의 행동은 이 세 요소 간의 상호작용 결과라고 설명하였다. 원초아는 생물학적으로 타고난 충동으로 구성되어 있다. 프로이트는 인간의 정신 에너지가 바로 이 원초아로부터 나온다고 믿었다. 특히 성격 형성의 에너지는 성적 욕구인 리비도(libido)가 중시된다고 보았다. 원초아는 충동에 따라 즉각적 만족을 요하는 쾌락원리에 따라 작용한다. 자아는 원초아로부터 발달한 것이지만, 현실세계와 접촉하여 성격의 통합을 가져오게 하는 성격의 구조이다. 자아는 즉각적인 만족을 추구하는 강력한 힘을 가진 원초아와 적합한 행동에 대한 기대와 기준을 가진 외부세계 사이를 중재한다. 자아는 현실원리에 따라 작용한다. 자아는 비교적 합리적이고 현실적이고 문제해결 지향적인 이차과정에 가담한다. 초자아는 자아로부터 분리된 것으로서 아동 초기에 부모와의 상호작용을 통해 획득된 사회 기준과 제약의 내재화된 표상이다. 아동은 어른으로부터 무엇이 좋고 무엇이 나쁜 행동인가를 배운다. 이 과정을 통해 아동은 많은 사회적 규준을 내재화시킨다. 아동은 내재화된 규준에 맞추어 살아야 한다는 압력을 스스로 받아 사회적인 가치에 위배되는 행동을 했을 때, '양심의 가책'을 느끼게 되는데 이것이 초자아의 역할로 3~5세에 자아로부터 출현한다. 사회의 기준에 반하여 행동할 때 초자아는 죄책감을 느끼지만, 한편으로 초자아는 개인이 되고 싶은 자아 이상향을 제시해 주기도 한다. 초자아가 너무 강한 경우, 도덕적 완전성에 대한 추구가 너무 지나치고 비합리적인 나머지 과도한 죄책감에 시달릴 수 있다. 성격의 세 구조 중 자아는 조정자 역할을 한다. 따라서 정신분석에서의 정신건강이란 자아가 얼마나 강한가에 의해 결정된다. 자아가 약하면 불안에 대하여 적절하게 방어할 수 없거니와 불안을 회피하기 위해 경직된 방식으로 행동할 수 있다. 도덕성 발달은 초자아의 발현을 통해서 이루어진다고 보았다.

도덕성의 내면화와 사회화는 부모의 동일시 과정의 결과로 설명된다. 동일시 과정에 영향을 주는 요인으로는 모방, 지각된 유사성, 의존성, 애착, 인정의 추구,

부모로부터의 도덕적 확인 등이 중요하게 다루어지고 있다. 이 요인은 모두 부모에 대한 태도와 관련되어 있다.

### (2) 에릭슨(Erikson)의 심리사회적 발달

에릭슨은 자아(ego)에 초점을 두고 인간발달에서 자아의 의미가 무엇인가에 대한 이론을 제시하였다. 그는 인간의 발달은 몇 단계로 이루어지며 각 단계는 중심이 되는 문제를 갖는다고 믿었다. 프로이트와 달리 에릭슨은 이 각 단계의 문제, 즉 위기를 심리성적인 것으로 보지 않고 심리사회적인 것으로 보았다. 그 각 단계의 위기를 내적 충동과 초자아의 욕구 간의 갈등으로 보지 않고 사회적 상호작용의 결과로 나타난 것이라고 설명한다.

에릭슨의 심리사회적 단계와 각 단계의 주요 과제 및 특성은 다음과 같다.

- 영아기: 기본 신뢰감과 기본 불신감
- 유아 초기: 자율성과 수치와 의심
- 놀이기: 주도성과 죄의식
- 학령기: 근면성과 열등감
- 청소년기: 동일시와 역할 갈등
- 청년기: 친밀감과 고립감
- 중년기: 생산력과 침체
- 노년기: 자아통합감과 절망

이들의 긍정적인 심리사회적 특성은 서로 관련되어 있다. 그러나 각각의 특성은 결정적 발달단계를 가지며, 이 8개의 단계는 적절한 위계를 갖는다. 유아가 정상적 행동을 발달시키려면 한 단계의 긍정적 속성이 다음 단계가 시작되기 이전에 만족되어야 한다. 영아가 기본신뢰감을 형성하는 것에서부터 노년이 되어 자아 통합감을 갖게 되는 것은 모든 단계가 성공적으로 통합된 결과이다.

## 4 사회인지의 발달

### 1) 타인의 감정에 대한 이해

다른 사람의 감정적 경험에 대한 이해는 곧 감정이입의 개념을 연상시키는데, 감정이입은 유아가 상황에 대한 묘사를 보거나 듣고 그 이야기 속의 상황이나 주인공의 정서를 규명하고 유사한 상황에서 자신이 어떻게 느꼈는지를 기억하며, 그럼으로써 같은 감정을 느끼게 되는 것이다. 유아는 익숙한 상황에서 감정의 이해와 변별도 쉽게 이루어져, 이 시기에는 다른 사람의 감정에 대한 이유를 자발적으로 설명하려는 경향도 보인다. 이러한 감정이입은 유아의 사회성과 도덕성을 이해는 데 중요한 개념으로 간주된다.

### 2) 타인의 사고에 대한 이해

타인의 생각에 대한 유아의 추론 능력은 의사소통 행동이나 게임 행동, 이야기 분석 등을 통해 연구되었다. 유아가 상대방에 맞추어서 다르게 설명한다는 것은 듣는 사람의 지식과 태도를 분석할 수 있음을 의미한다. 드 브리스(De Vries, 1979), 셀만(Selman, 1971), 페퍼(Feffer, 1959) 등도 여러 상황에서 유아의 역할이행 능력의 발달을 연구하였는데 연구결과를 종합해 보면, 일반적으로 6세경의 유아는 다른 사람의 생각을 추론함과 동시에 상대방도 자기 생각을 알아챌 수 있음을 추리할 수 있게 된다. 이러한 사고의 인지 능력은 청년 후기까지 계속 발달한다.

### 3) 타인의 의도에 대한 이해

의도성에 관한 대부분의 연구들은 도덕적 판단 능력의 영역에서 이루어지고 있다. 유아는 6세경이 되면, 어떤 행동이 가져온 결과에 관계없이 그 행동이 의도적이었는지, 우연한 것이었는지를 구별할 수 있다. 8~9세의 아동은 판단의 주요 준거로서 결과적 피해를 고려하며, 나이가 들어가면서 행위자의 의도를 바탕으로 판단한다. 의도적인 행동과 우연한 행동을 구별하는 능력, 또 의도적인 행동의 유형이 좋은 행동인지 아닌지를 변별하는 능력은 모두 발달과정을 통해 얻어지는 것이다. 성인은 다른 사람의 행동을 보면서 그 행동의 목적이 무엇인지 추론하게 된다. 즉, 다른 사람이 그 행동을 의식적으로 하는지 아니면 무의식적으로 하는지에 대한 추리이다.

## 5 성격의 발달

### 1) 성격의 개념

기본적인 성격은 비록 우리의 행동이 매일의 환경에 의해 영향을 받을지라도 다양한 조건 아래서 반복적으로 나타나는 특성인 것으로 여긴다. 독특성 또한 성격의 또 다른 핵심 개념이다. 나는 남과 비슷하기도 하지만 나만의 독특한 부분도 있다. 똑같이 어려운 상황에서도 어떤 사람은 느긋하게 대처하고 또 어떤 사람은 조바심을 내며 걱정한다. 따라서 성격의 개념은 왜 사람들이 같은 상황에서 모두 같은 방식으로 행동하지 않는가를 설명하는 데 사용된다. 즉 성격이란 시간과 상황을 넘어선 한 개인 행동의 안정성(일관성), 같은 상황에 대해 사람들이 반응하는 행동의 개인차(독특성)가 특징이라고 할 수 있다. 성격은 일관된 행동으로 구성된 개인의 독특한 반응양식의 조합이라고 정의할 수 있다. 이러한 성격 패턴은 타고난 기질, 환경의 요소들 사이에서 상호작용의 결과로 형성된다고 본다.

### 2) 성격의 형성

인간은 날 때부터 이미 특정한 성격을 가지고 태어나는 것인가? 아니면 똑같은 상태로 태어나서 경험에 의하여 독특한 성격으로 발전하는가? 이것은 유전과 환경의 문제이다. 성격은 기본적으로 유전이지만, 생물학적인 원인과 환경적 원인의 상호작용으로 이루어진다. 유전과 환경 중에서 어느 것이 더 중요하다거나 덜 중요하다고 말하기는 어렵다. 제2차 세계대전 이후에는 환경의 영향을 더 강조하였으나, 최근에는 생물학적인 구조를 더 중요하게 인식하고 있다. 그러나 개인의 특정한 성향에 따라, 환경의 지배 정도에 따라 또는 개인과 환경의 궁합 정도에 따라 영향을 받는 정도는 사람마다 다르다고 할 수 있다.

생리적인 조건은 환경에 반응할 수 있는 범위를 제공하는 것으로 때로는 장기적인 적응에 영향을 줄 수 있다. 유전적으로 타고난 성격 특질을 기질(temperament)이라고 한다. 어떤 아이는 날 때부터 환경에 까다롭게 반응하여 자주 울고 보채는가 하면, 어떤 아이는 보다 안정적이다. 이런 특정한 성향은 돌보는 이로 하여금 특정한 반응을 하는 데 영향을 줄 수 있다. 예를 들면, 까다로운 아이를 돌보는 이는 무력감을 느껴 아이에게 불편하게 반응할 수 있고, 보다 안정적인 아이에게는 만족하고 행복한 감정이 생겨 돌보는 데 자신감 있는 행동을 할 수 있다. 그러나 똑같은 성향을 가진 아이일지라도 환경에 따라 달리 보상을 받을 수 있다. 특정한 환경의 요구가 특정한 성격 스타일을 유지하거나 강화시키기도 한다. 성격에 강하게 영향을 주는 대표적인 환경으로는 가정, 군대생활 및 직업활동 등을 들 수 있다. 따라서 성격이란 환경과의 관계에서 끊임없이 상호작용하는 역동적인 체계라고 볼 수 있다.

### 3) 성격발달의 기본요소

#### (1) 타고난 기질

최근 많은 연구는 유아가 일련의 행동을 더 쉽게 배우게 되는 어떤 선천적인 기질의 많은 경향성이 성격의 영구적인 특성으로 지속된다고 하였다. 그 요소는 활동 수준, 먹고 자기, 깨어 있기 등의 규칙적 리듬, 아이의 행동을 중단시키는 데 필요한 자극의 양, 새로운 사람에 대한 반응, 변화에의 적응, 주의 범위, 새로운 자극에 반응하는 강도, 아이의 반응을 불러일으키기 위해 필요한 자극의 정도, 기분 등을 들고 있다.

#### (2) 신체적 외모

신체적 외모는 유아에 대한 다른 사람들의 인상과 태도에 영향을 주게 된다. TV는 광고와 프로그램을 통해 아름다운 것이 선하고, 추한 것은 나쁘다는 개념을 증진시키는 데 잠재적인 영향력을 가지고 있다. 또한, 문학에서도 왕자는 예쁜 신데렐라를 좋아한다는 고정관념을 심어 주고 있다. 선생님은 매력적인 아이들이 평범한 아이보다 더 똑똑하고 더 적응을 잘한다고 추정하곤 한다.

이 외모에 기초를 둔 수용과 거부는 유아에게 알게 모르게 주입되고, 자신의 감정과 가치에 반영되며, 그러한 감정의 효과는 일생 계속되기도 한다.

#### (3) 성 정체감

성 정체감에는 성 역할, 성차, 인종, 초기 경험 등이 관련되어 있다.

### 4) 성격이론

우리는 일상생활에서 성격이란 말을 많이 사용한다. 우리는 타인에 대하여 자신이 알고 있는 것을 기초로 이해 · 설명 · 예측 · 통제하려고 한다.

인간을 어떻게 보는가에 따라 인간을 이해 · 설명 · 예측 · 통제하는 방식이 달라질 수 있다. 인간 성격도 심리학의 다양한 학문적 접근에 따라 인간을 보는 관점이나 발달에 대한 견해가 달라진다. 앞에서 살펴본 사회화 과정의 주요 이론들을 바탕으로 성격 발달과 보다 관련이 깊은 내용을 중심으로 살펴보기로 한다.

### (1) 성격의 역동

정신분석이론에서 인간의 행동은 원초아, 자아, 초자아의 관계에 의한 결과라고 설명한다. 이 성격의 세 구조는 고정되어 있지 않고, 어느 것이 강해지면 다른 것이 약해진다. 원초아는 충동을 즉각적으로 만족시키기를 원하는 반면, 초자아는 항상 절대적으로 옳은 것만을 주장한다. 자아는 원초아의 요구를 초자아의 기준에 맞게 만족시키는 '조정자' 역할을 한다. 만일 성격의 세 구조 중 초자아가 상대적으로 너무 강력하면 자아는 원초아를 만족시키기 어렵거나 죄책감을 느낄 수밖에 없으며, 행동은 경직되고 정상적인 즐거움을 누리지 못하게 된다. 반대로 원초아가 지배적이면 자신이나 타인에게 위험할 정도로 충동적인 행동을 하게 된다. 결국 원초아와 초자아의 중간에서 조정자 또는 해결자의 역할을 하는 것이 자아의 일이고, 자아가 잘 기능해야 바람직한 적응을 이끌 수 있다.

살아가는 동안 이 성격의 세 구조 간 갈등은 끊임없이 발생하며, 이때마다 자아가 항상 효율적·합리적으로 임무를 수행하는 것은 아니다. 하루에도 여러 번 원초아는 호시탐탐 우리를 유혹하고, 초자아는 그때마다 제지한다.

일상생활에서 원초아가 더 지배적일 경우 그 개인은 현실에 잘 적응한다고 할 수 없다. 이러한 사람은 장기적인 만족을 얻는 것이 어려울 뿐 아니라 타인과의 관계가 원만하지 못할 수 있다. 그렇다고 초자아가 더 강력하면 개인의 원초아적 욕구가 떠오르는 즉시 무시당하여 삶의 재미를 느낄 수 없다.

그러므로 사람들은 가능한 한 어떤 식으로든 불안을 제거하려고 노력한다. 불안을 떨쳐 버리려는 노력 중 하나가 방어기제의 사용이다. 방어기제란 불안과 죄책감 같은 고통스러운 정서로부터 한 개인을 보호하는 자아의 무의식적인 반응이다. 자아는 방어기제를 동원하여 불편한 마음을 달랜다. 우리는 정도의 차이는 있지만 모두 방어기제를 사용하며, 이것이 각 개인 성격의 독특성을 결정짓는다.

아들러(A. Adler)는 프로이트의 입장과 달리, 자신의 성격이론인 개인심리학을 발전시키기 시작하였다. 아들러의 인간 본성에 대한 태도는 프로이트보다 훨씬 낙관적이다. 그는 인간의 본성으로 인간 종족의 타고난 유대감이나 소속감인 사회적 관심을 강조하고, 이러한 사회적 관심은 공동의 선을 위한 협동심의 원천이라고 하였다. 또한, 아들러의 성격이론은 그의 어린 시절 형들이 자기보다 강하고 건강했으며 자신은 작고 약했기 때문에 겪었던 것에 영향을 받았다. 그는 아동기의 독특한 경험에 따라 성격을 형성시키는 한 요인으로 출생 순위의 중요성을 처음으로 강조하였다.

아들러는 인간의 기본 동기는 성이 아니라 열등감에 기초한 우월성의 추구라고 주장하였다. 유아는 돌보는 이의 도움 없이는 그저 무력할 뿐이다. 어린 아동은 그보다 큰 아동이나 성인과 비교해 자신은 약하고 무력하다고 느끼며, 이것은 열등감의 근원이 된다. 이 초기의 열등감이 바로 개인으로 하여금 새로운 기술을 습득하고, 새로운 재주를 발전시키도록 동기화시킨다.

열등감은 개인을 발전시키는 데 중요한 재생에너지가 된다. 열등감의 보상은 자신의 능력을 발전시킴으로써 상상 또는 실재의 열등감을 극복하려는 노력이다.

아들러 역시 프로이트가 주장하는 초기 아동기의 중요성에 동의하였다.

### (2) 행동주의적 관점

행동주의는 과학적 심리학이 관찰할 수 있는 행동을 연구해야만 한다는 전제에 기초한 이론적 접근이다. 행동주의 접근에서는 프로이트의 원초아, 자아, 초자아 및 그와 유사한 내적 성격구성 개념에는 관심이 없다. 개인의 성격을 여러 자극 상황에 연결되어 있는 반응경향성의 집합으로 본다. 행동주의에서는 성격구조보다는 성격발달에 관심을 갖는다. 발달을 학습으로 설명한다. 아동이 학습에 의하여 환경에 대한 반응경향성, 즉 성격을 형성한다고 본다. 그리고 반응경향성은 개인의 내적 갈등이 아니고 환경적 조건에 크게 좌우되며, 경험으로 학습된다고 본다.

반두라는 사회적 상호작용을 통해 행동이 획득·유지되는 과정을 거쳐 인간의 성격이 형성된다고 보았기 때문에 관찰을 통한 학습 또는 사회학습 과정을 중요시하였다. 다시 말해, 인간의 학습은 직접 경험이 아니라 간접 경험을 통해 일어날 수 있다고 설명하였다. 관찰학습은 단순히 학습자에게 전개되는 환경만이 아니라 관찰자 자신의 인적 변인 또한 중요한 요소임을 강조하였다.

관찰학습은 우리가 친구의 행동에 주의를 기울이고, 결과를 이해하고, 그 정보를 기억 속에 저장하는 것을 필요로 한다. 이러한 주의, 이해, 정보, 기억과 같은 인지과정은 행동주의에서 관심을 받지 못했다.

관찰학습에서 모델의 역할은 성격발달에 매우 중요하다. 어떤 모델은 다른 모델보다 더 영향력이 있다. 사람들은 자신이 좋아하거나 존경하는 사람일 때, 매력적이거나 강력하다고 생각할 때, 그리고 자신과 비슷한 사람일 때 모방하려는 경향이 훨씬 높다. 아동은 이성 모델보다 동성 모델을 모방하려 하기 때문에 성역할을 습득하게 된다. 이러한 모델의 행동이 긍정적인 결과로 유도되는 것을 보면 그 행동을 쉽게 따라 하게 된다.

### (3) 인본주의적 관점

인본주의는 객관적 현실보다는 사람의 주관적 현실 세계가 더 중요하다는 입장을 갖는다. 매슬로는 정신적 건강과 같은 용어보다는 자기실현이란 용어를 사용하였다. 이것은 개인의 생물학적 경향성에 기초한 인간 잠재력의 완전한 발달을 의미한다. 매슬로는 자신이 되고자 하는 바의 자신이 되는 것을 자기실현이라고 요약하였다. 그는 사람이 자신의 재능을 충분히 사용할 수 없거나 자신의 진정한 관심을 추구할 수 없으면 좌절할 것이라고 보았다. 또한, 자신의 내적 잠재력을 무시하고 자신의 본성에 반대되는 쪽으로 갈 때 어려움을 갖게 된다고 하였다.

매슬로는 자기실현을 이루었다고 생각되는 사람들을 선정하여 그들의 성격 특성을 연구하였다. 제퍼슨, 링컨, 아인슈타인과 같이 존경받는 인물들과 자신이 잘 알고 지내는 우수한 적응을 보이는 사람들, 그리고 대학생 집단에서 자기실현자라고 선정한 사람들을 연구하였다.

자기실현자의 특징은 다음과 같다.

- 현실 파악이 정확하며, 자신에 대하여 평화롭다.
- 개방적 · 자발적이다.

- 세계에 대한 신선한 이해를 유지하고 있다.
- 다른 사람들의 요구에 민감하고, 대인적 관계보상을 즐긴다.
- 인정을 위해 다른 사람에게 의존하지 않으며 혼자임을 불편해하지도 않는다.
- 자기 일에 몰두하고 유머 감각을 즐긴다.
- '정상 경험(아주 정서적인 최고 경지)'을 즐긴다.
- 성격의 많은 양극단 사이에서 멋진 조화를 이룬다. 즉, 어린아이 같을 수 있으며 성숙할 수도 있다. 합리적이기도 하고 직관적이기도 하다. 동조적이면서도 때로 반항적이다.

### (4) 특질적 관점

우리는 자신이나 타인의 성격이라고 하는 것을 전체로서의 성격이 아닌 한 가지 또는 몇 가지 특질로 기술하는 경우가 많다. 특질이란 사람들이 서로 다르게 행동·사고하도록 하는 각 개인 내의 지속적 성향을 말한다. 지속적 성향이란 한 개인이 어떤 특질을 소유하면 그 사람은 다른 여러 상황에서 일관성 있게 행동할 것임을 보장해 준다. 특질이론가들은 성격의 주요 핵심을 특질의 조합이라고 정의하고, 인간의 특질 내용과 종류를 밝히는 일에 주력한다. 특질이론가들은 인간의 성격이 유전과 신경학적인 구조에 의해 결정되며 거의 변하지 않는다고 생각한다.

#### ① 올포트의 이론

올포트(Allport, 1937)는 시간과 상황에 걸친 성격의 일관성이 성격의 핵심이라고 주장하였다. 그 일관성이 생애 초기부터 시작하고, 아동이 성인으로 성장해 감에 따라 더욱 일관성을 갖는다고 보았다. 또한, 그는 환경에 대한 사람들의 일관성 있는 반응은 바로 개인 안에 있는 정신·생리적 체계로 구성된 역동적 구조에 의한 것이라고 주장하였다.

올포트는 특질이 성격에 얼마나 영향을 주는가에 따라 주특질(central traits), 중심특질(cardinal traits), 이차적 특질(secondary traits)로 분류하였다. 개인에게 가장 강력하게 영향을 주는 것이 주특질이고, 가장 영향력이 적은 것이 이차적 특질이다. 그리고 우리가 어떤 사람을 기술하기 위해 그때그때 자주 사용하는 용어가 중심특질이다. 특정 특질은 사람마다 다르다. 한 사람의 중심특질이 다른 사람에게는 이차적 특질이 될 수 있고, 어떤 사람의 이차적 특질이 다른 사람에게는 주특질이 될 수 있다. 그렇다면 특질을 어떻게 구분할 수 있을까?

중심특질은 여러 행동에 두루 영향을 주는 것으로, 우리가 자신이나 다른 사람의 성격을 요약하여 기술할 때 쓰는 '자신감 있는', '성실한', '겸소한'과 같은 형용사가 여기에 해당된다. 그러나 어떤 사람이 바둑을 둘 때만 자신감이 있고, 다른 상황에서는 그렇지 않다면 이 특질은 영향력이 그리 광범위하지 않기 때문에 중심특질이 될 수 없고, 이차적 특질이 된다.

이차적 특질은 일관적이기는 하지만 한 사람의 행동에 그다지 강력한 영향을 주지 않고 단지 국한된 상황에 대해서 적용되는 특질이다. 예를 들어, 개인적인 취향이나 태도이다. 개인적 취향은 일관성은 있지만 많은 행동에 영향을 주는 것은 아니다. 물론 어떤 사람에게는 이러한 개인적 취향이 주특질이 될 수도 있다.

주특질은 아주 강력하여 개인의 모든 행위를 지배한다. 대부분의 사람은 그렇게 강력한 단일 특질을 갖고 있지는 않고 극소수의 사람만이 주특질을 갖고 있다. 그러나 누군가가 일단 주특질을 갖게 되면, 이것은 강력한 동기와 열정을 갖고 그 사람의 전 일생을 지배한다.

#### ② 특질에 대한 요인분석이론: 카텔, 아이젠크의 5요인 모델

올포트를 포함한 특질이론가들에게는 인간이 가진 특질을 밝혀내는 것이 주요 관심사이다. 특질 차원을 찾아내는 방법으로 카텔(Cattell, 1941)은 요인분석 방법을 사용하였다. 그는 16개의 성격요인을 얻었고, 이것을 기초로 '16PF(personality factor) 검사'를 개발하였다. 이 검사를 받은 사람들에 대하여 16개 요인에서 성격 프로파일이 그려져 성격의 측정, 이해, 기술 및 예측이 가능해졌다. 이 검사는 후에 여러 직종에서의 인사선발용 검사로 사용되기도 하였다.

아이젠크(Eysenck, 1947) 또한 요인분석 방법을 사용하여 외향성, 신경증, 정신증의 세 차원을 가려내었다. 다음에서 보는 바와 같이 상위 특질은 각기 해당되는 하위 특질과 행동으로 기술된다.

그는 성격은 거의가 유전에 의해 결정된다고 주장한다. 이러한 주장은 뒤에 나오는 5요인 모델에서도 강조된다. 5요인 모델을 통해 광범위한 행동을 예측할 수 있다고 보며, 각 차원의 명칭과 해석은 다음과 같다(Costa & Widiger, 1994).

- 신경증 성향(N, neuroticism): 이 점수가 높으면 걱정과 근심이 많으며, 신경질적이고, 정서적으로 안정되지 못하고, 부적절하고 심기증적이다. 이 점수가 낮으면 평온하고, 이완되어 있으며, 감정에 치우치지 않고, 강건하고 자기만족적이다.
- 외향성(E, extraversion): 이 차원은 활동 수준이나 자극에 대한 요구 및 쾌의 추구 능력을 측정한다고 볼 수 있다. 이 점수가 높은 사람은 사회적 · 적극적이고, 말을 많이 하며, 낙관적이고 즐거운 것을 좋아하고, 정감이 있다고 볼 수 있다. 이 점수가 낮은 사람은 조용하고, 냉정하며, 기력이 없고, 무관심하고, 과제 중심적이며, 남을 회피하고 얌전하다.
- 개방성(O, openness to experience): 이 점수가 높은 사람은 호기심이 있고, 흥미가 많으며, 창의적 · 독창적 · 상상적 · 비인습적이다. 낮은 사람은 인습적 · 현실적이며 흥미가 적고, 비예술적 · 비분석적이다.
- 호의성(A, agreeableness): 이 점수가 높은 것은 마음이 부드럽거나 성품이 좋은 것으로 기술되며, 신뢰감 있고, 도움이 되며, 용서를 잘 해 주고, 쉽게 속으며 정직하다. 낮은 점수는 냉소적이고 거칠며, 의심하고, 비협조적이고, 무자비하며, 신경질적이고 속임수를 쓰는 것으로 기술된다.
- 양심성(C, conscientiousness): 이 차원은 게으르고 적당주의적인 사람과 믿음직하고 까다로운 사람을 비교한다. 높은 점수는 조직적이고 신뢰가 있으며, 열심히 일하고, 자기 수양적, 시간을 잘 지키는, 용의주도한, 말끔한, 야망적, 끈기 있는 것으로 기술된다. 낮은 점수는 목적이 없고, 타인에게서 신뢰받지 못하며, 게으르고, 부주의한, 느슨한, 태만한, 의지가 약한, 쾌락주의적인 것으로 기술된다.

# 제2부
# 품성의 지도

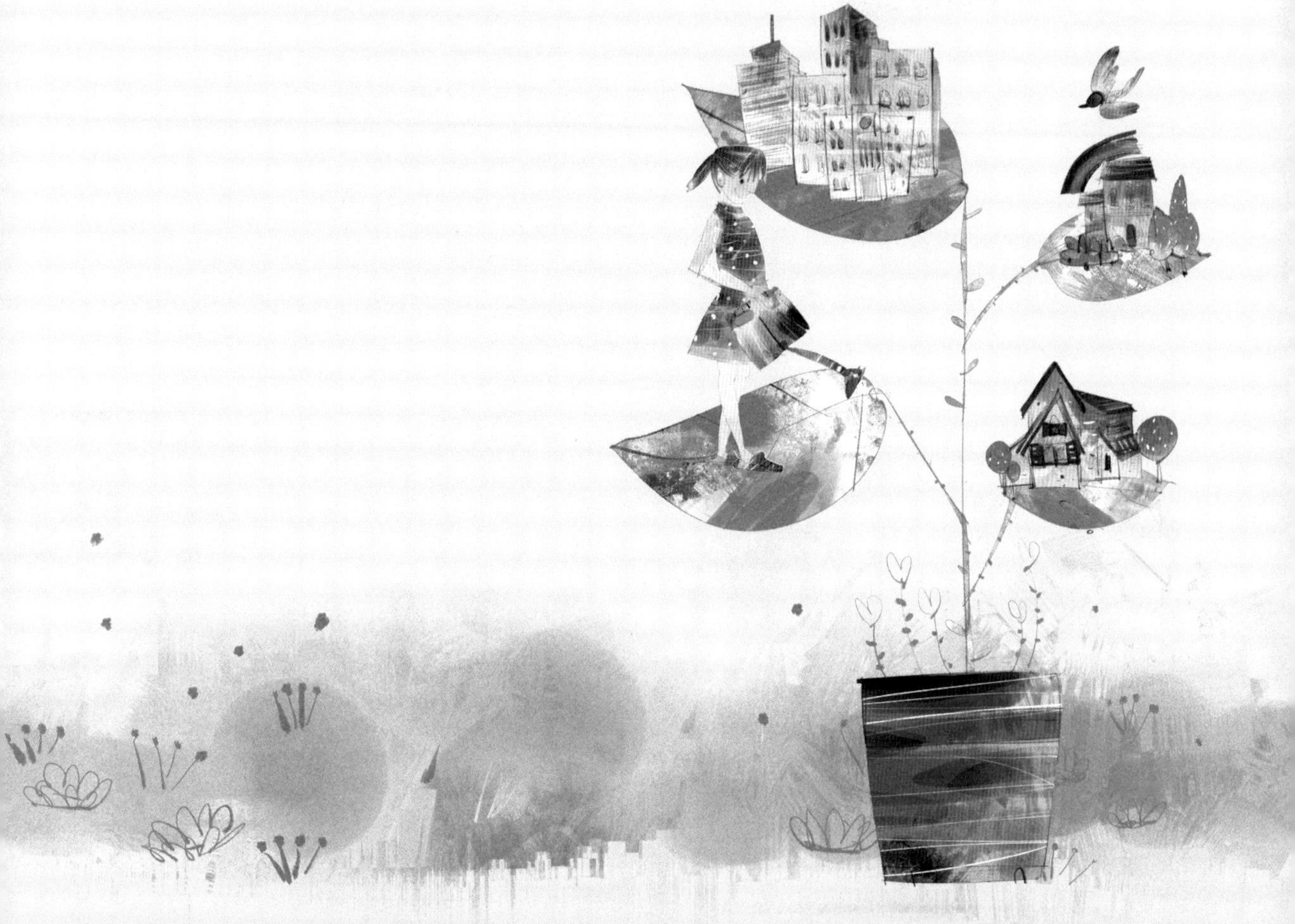

# 제04장

## 품성의 지도 존중

## 1 존중의 개념과 발달

### 1) 존중의 정의 및 개념

존중(尊重, respect)은 모든 인간의 행동과 사고의 기본가치이다. 모든 생명체가 귀한 존재임을 알고 행동하는 것이다. 존중의 사전적 의미를 살펴보면 '높이어 귀중하게 대함'으로 정의된다(표준국어대사전).

힐(Hill, 1998)은 존중이란 어떤 사람이라도 그 가치나 중요성이 인정되는 것이라고 정의한다. 즉, 존중은 대상에 임의로 가치를 부여하는 것이 아니라 대상이 이미 가진 가치를 인정한다는 것이다. 리코나(Lickona, 2006)는 존중이란 어떤 사람이나 사물의 중요성에 대하여 경의를 표하는 것이라고 정의하고, 인간이 스스로에게 갖추어야 할 자기에 대한 존중부터 타인과 모든 사람의 권리나 그 존엄성에 대한 존중, 여기서 그치지 않고 사람과 밀접한 관계 속에 존재하는 환경에 대한 존중, 이를 포함하는 생명에 대한 존중까지 포함하였다.

생명은 혼자서는 살아갈 수 없다. 따라서 인간도 혼자서 살아갈 수 없으며, 인간 종 역시 그들끼리만 살아갈 수 없다(최재천, 2014). 인간이 살기 위해 그를 둘러싼 지구의 동식물과 공기, 물, 흙 등이 필요하며, 지구가 있기 위해 우주가 필요하다. '나락 한 알 속의 우주'라는 말에는 한 생명을 살리기 위해 우주 만물이 돕는다는 의미를 갖고 있다. 그러므로 자신이 잘 살기 위해서는 다른 생명도 더불어 잘 살아야 한다. 예를 들어, 인간이 환경파괴를 한 행동이 결국 인간을 위협하는 결과를 낳는 것처럼 나를 소중히 여기듯 나를 둘러싼 모든 생명체와 환경을 존중해야 함을 인식하고 실천해야 한다. 우리 전통사회에서도 모든 살아 있는 생명을 존중하는 생명사상의 문화를 전수해 왔는데, 건국 신화인 단군신화에서부터 이러한 생명사상의 관점을 살펴볼 수 있다. 하늘과 땅, 인간이 조화와 균형을 이룬다는 관점을 토대로 하늘과 인간의 관계를 부자 관계로 상징함으로써 천, 지, 인에 내재한 생명들이 조화와 균형을 나타내는 것이며, 하늘을 통해 인간이 나고 그 인간이 또 다른 생명을 낳는다는 생명 존중관을 담고 있다(임홍남 · 김은주, 2018).

위의 내용을 종합해서 살펴보면, 존중은 우리 인간의 삶과 밀접한 관련을 맺고 있으며, 인간이 스스로를 존중하는 것에서부터 시작해서 나아가 모든 사람과 생명체, 사물의 가치를 인정하고 소중히 여기는 기본 윤리라고 할 수 있다.

### 2) 존중의 하위 내용

존중이란 사람이나 사물의 존재를 존중하고 그 가치를 소중히 여기는 것을 의미한다. 쉽게 설명하면, 남을 무시하지 않는 것, 남을 아무렇게나 대하지 않는 마음가짐에서부터 웃어른들께 예의 바르게 대하는 것, 부모님을 공경하고 선생님 말씀을 잘 따르는 것도 해당되며, 주변 환경의 동식물을 보호하고 소중히 여기는 것 등이 포함된다. 존중에 대한 하위 내용으로 인간이 스스로에게 갖추어야 할 자기에 대한 존중에서부터 타인과 모든 사람들의 권리나 그 존엄성에 대한 존중, 여기서 그치지 않고 사람과 밀접한 관계 속에 존재하는 문화와 환경에 대한 존중, 이를 포함한 생명에 대한 존중으로 확대할 수 있다. 하위 내용을 구체적으로 살펴보면 다음과 같다.

### (1) 자기 존중

아동은 자기 자신에 대한 개념을 형성하게 됨에 따라 자신의 속성에 대해 긍정적 또는 부정적 가치를 부여하게 된다. 자신에 대한 이러한 평가를 자아존중감이라고 한다. 즉, 자신의 존재에 대해 인지적으로 형성된 것이 자아 개념이고 자기 존재에 대한 느낌이 자아존중감이다. 자아 개념은 신체적 특징, 개인적 기술, 특성, 가치관, 희망, 역할, 사회적 신분 등을 포함한 '나'는 누구이고 어떤 사람인가를 깨닫는 것을 의미한다. 자아 개념은 아동에서 청년으로 성숙해 가면서 발달하는데, 형식적 조작기 사고의 특징인 추상적 사고가 자아 개념의 발달에 중요한 역할을 한다. 자아존중감은 인간이라는 존재에 존엄성을 부여하며 개인의 행·불행에 영향을 미치는 중요한 심리적 변인이다(정옥분, 2008). 자기 존중에 대한 인식과 관점을 긍정적으로 형성하기 위한 물리적인 환경과 인적 환경이 필요하다.

### (2) 타인 존중

인간의 두뇌 중 전전두엽의 거울신경세포는 타인의 감정을 공감하는 능력으로 타인과 관계를 맺을 수 있는 영역이다. 어린 영아들도 다른 영아가 울면 거울신경세포의 반응으로 곧 감정이입이 되어 따라 울게 된다. 인간의 타인 행동에 대한 이해와 존중감은 이미 갖추고 있고, 점차 성장하면서 사회적 관계를 이해하는 사회인지 능력이 발달하여 다른 사람의 감정, 생각, 의도, 사회적 행동을 이해하는 능력이 원활해진다. 모든 인간관계의 기본인 사회인지 능력을 발달시키며 다른 사람의 입장이 되어 그 기분을 이해하는 능력, 타인조망수용 능력이 형성되어, 내가 소중한 것처럼 타인도 존중해야 함을 알 수 있게 된다. 또한, 태도의 발달을 증진시키기 위한 교육적 노력이 필요하다. 존중에 대한 중요성은 점점 강조되어 「유엔아동권리협약」에서는 영유아의 권리 존중을 강조하고 있으며, 인권의 중요성도 강조하고 있다.

### (3) 생명 존중

현대사회에서 '나'와 '타인' 간의 인격과 권리에 대한 상호 존중의 관계 정립과 '동식물'을 포함한 '자연환경' 존중을 위한 관계 정립이라는 새로운 접근이 사회적, 교육적 측면에서 절실하게 요청되고 있다. 생명 존중의 관점은 이러한 시대적, 사회적 요청에 대응하며 최근 들어 강조되고 있는 관점이다. 아동은 자신의 생명을 온전하게 보호하고 증진하며 나아가 타인과 동식물을 포함한 자연환경의 생명도 똑같이 소중함을 느끼고, 인식하고, 행동으로 실천하는 생명 존중의 자세를 갖추어야 한다.

유네스코 21세기 국제교육위원회(2009)는 21세기를 준비하는 교육의 원리로서 4개의 기둥, '알기 위한 학습', '행동하기 위한 학습', '존재하기 위한 학습', '함께 살기 위한 학습'을 제시하며 특히 함께 살기 위한 학습의 원리를 가장 중요하게 제시하고 있다.

존중은 일방통행적 존중이 아니라 상호 인정적 존중을 강조하며, 존중은 타자에 대한 존중과 자신에 대한 존중이 반드시 결합되어야 한다. 또한, 존중은 존중의 대상에게 유익함을 줄 뿐만 아니라 존중하는 사람의 품성을 고양시켜야 한다. 이러한 논의를 통하여 존중은 가장 근원적 도덕 가치를 갖는다는 주장이 입증된다(박해용, 2013).

### (4) 환경 존중

인간 존중에서 나아가 생명 존중, 자연 존중, 생태계 환경에 대한 존중으로 패러다임을 이동해야 한다. 안녕, 평화, 지속가능성, 보살핌, 공생, 협력 등의 가치를 귀하게 여기는 삶이 소중하다. 비인간적 교육환경 속에서 평화에 이르게 하는 품성이란 아이들로 하여금 낯선 문화를 배려할 줄 알도록 하고, 자연과 우주에 겸손할 줄도 알도록 하는 것이다. 그 속에서 슬기롭게 자신의 정체성을 키워 가도록 도와야 한다. 우리가 만들고 지켜야 할 평화로운 세상의 이상은 전쟁과 폭력이 없는 세상, 모든 사람이 공평하게 먹을 것을 나누는 세상, 사람과 온 세상의 살아 있는 동식물이 조화롭게 사는 세상, 남녀가 서로 평화롭게 공존하는 세상, 흑인과 백인, 남과 북의 주민이 서로의 가치와 문화를 존중하는 세상일 것이다.

『논어』에는 인간중심, 인간 존중의 관점을 생명 존중, 환경 존중으로 실천할 뿐만 아니라, 모든 만물의 조화 속에 만물과 상호작용하며, 각 만물을 존중하고 예로서 대해야 함을 강조하고 있다(임홍남 · 김은주, 2018). 이처럼 생명과 직접 관계를 맺으며, 만물에 대한 사랑하는 마음이 샘솟을 수 있도록 교육적 접근이 필요하다.

존중과 관련된 하위 내용은 연계되고 확장되는 개념으로 자신의 소중함과 타인의 소중함을 알고 느껴야 생명을 가진 생명체의 귀함을 알 수 있으며, 이것이 지속가능하도록 환경을 보호하고 존중해야 한다. 이러한 존중의 태도는 인류의 지속가능한 발전을 위해 공존하는 방법을 알고 행해야 하며, 사람과 사람이 의견을 모아 소통하는 공동체 의식을 가질 때 가장 잘 실천될 수 있다.

### 3) 존중의 태도와 방향성

불확실성의 현대사회에서 인간 중심의 관점이 더욱 부각되면서, 인간에게만 국한된 것이 아니라 모든 존재의 생명 가치와 소중함에 주목하게 되었다(박현진, 2017; 박해용, 2013; 장경은 · 송승희, 2007).

존중의 도덕적 가치는 2가지 영역에서 논의되는데, 흄(Hume)의 감정적 정서로서의 존중과 칸트(Kant)의 이성적 규범성을 포함한 존중의 개념으로 나눌 수 있다(박해용, 2013). 흄에 의하면 존중 개념은 감각적으로 느껴져야 하며, 존중의 도덕적 가치를 정립하기 위해서는 감성적 존중(공감)이 있어야 한다. 칸트의 도덕적 필연적 법칙은 모든 사람 그 자체에 대한 존중, 즉 '목적 그 자체'로서의 사람에 대한 존중으로 엄격하게 말하면, 칸트에게 있어서 존중을 수반하지 않는 도덕적 행위는 있을 수가 없다고 하였다(박해용, 2013).

다시 말해, 존중의 태도와 마음가짐이 기반이 된 행동이 도덕적인 행위이고 타인을 위한 배려하는 행위로 인정받을 수 있다. 인간은 생각하는 대로 행동하게 된다. 모든 언어와 행동에서 그 인간의 됨됨이와 사유의 폭을 알 수 있다. 자기 존중을 비롯하여 타인과 세상에 존중하는 태도를 가지고 있는 사람은 타인으로부터도 존중받고 세상을 살아가는 데 안정감과 행복감을 느끼는 긍정적인 순환을 경험할 수 있다.

세상을 인식함에 있어 존중을 토대로 한 접근은 영유아기부터 시작되어야 한다. 세상의 모든 대상과 처음 접하며 관계 맺는 생애 가장 중요한 시기이므로, 영유아기부터 마주하는 모든 대상을 소중하고 귀히 여기는 태도를 지니는 것이 중요하다. 인간이라는 생명체는 자연에서 태어나 자연 속에서 살다가 수명이 다하면 다시 자연으로 돌아간다. 모든 생명은 서로 연결되어 있는 하나의 생명이다. 인간은 생명의 본성, 자연의 순리에 따라 스스로 살아가는 존재인 동시에 다른 생명체들과 더불어 살아가는 존재이다. 모든 생명은 본질적으로 우열 없이 평등하며 자생하면서 공생하고 공생하면서 자생하는 생명체이다(임재택 · 김은주 · 하정연 · 권미량 · 조채영, 2016).

따라서 존중의 태도를 기르고 발달시키기 위해서는 개인중심교육에서 공동체중심교육으로 나아가야 한다. 유아권리 존중 교육과 생명 존중 교육을 적극적으로 해야 한다. 유아가 자신의 의견을 자유롭게 표현할 수 있도록 격려하고 그 목소리를 경청하고 존중하며, 영유아의 의견이 실현될 수 있도록 함께 탐색해 가는 활동을 하는 것이다(서영숙 외, 2009). 유아는 가정에서 부모와의 상호작용을 통해 존중을 경험하고, 유아교육기관에서 교사와 또래 간의 경험을 통해 진정한 권리의 주체로서 권리를 존중하고 행사함으로써 비로소 권리의 주체로 성장할 수 있다(홍승애, 2004). 따라서 유아교육기관에서의 유아권리 존중 경험은 커다란 의미를 지닌다고 할 수 있다. 경험을 통해 자신의 권리도 누리고, 타인의 권리도 존중함으로써 사회 전체의 인권 수준을 높이는 기초가 되기 때문이다(김젤나 · 이재연, 2007). 더불어 생명 존중 공동체 교육의 관점으로 존중을 발달시켜야 한다.

인간이 혼자만의 고립된 존재가 아니라 모든 만물과 상호작용하면서 연결되어 있는 존재라는 것을 알고, 모든 생명은 부분이 유기적 전체이며, 전체이면서 부분이라는 것을 알게 된다면 내 아이만을 최고로 키우려 하지 않고 다른 아이도 돌보게 되며, 애써 타인을 이기려고 하지도 않을 것이며, 자연을 마구 파헤치지도 않을 것이다. 그러므로 존중의 교육은 사람과 사람이 더불어 살아가는 사람공동체, 개인과 가족이 함께 어우러지는 가족공동체, 사람과 사회가 함께 하는 사회공동체, 사람과 자연이 함께 하는 생명공동체의 교육으로 이루어져야 한다.

## 2 존중의 교육 및 지도방안

### 1) 존중의 교육내용

존중의 경우, 사람이나 사물을 그 존재만으로 존중할 가치가 있음을 인식하고, 그 가치에 대하여 소중히 여기는 것을 존중으로 정의한다면, 영아기, 유아기, 학령기 아동에게 어떻게 지도하는 것이 바람직할까? 최근에는 더 적극적으로 지도해야 하는 시대적 요구가 대두되고 있다.

공동체의 가치가 손실되어 가는 현대사회에서 급기야는 2015년 7월 21일 「인성교육진흥법」이 제정 · 시행되었다. 인간의 인성교육을 위한 인간의 도리에 관한 내용을 법으로 제정할 만큼 사람됨을 지키는 일이 어려워진 현실을 반영한 법안이어서 안타까운 일이다. 리코나(Lickona, 1998)는 인성적 경험은 유아가 어렸을 때는 어떠한 경험을 하든 큰 차이가 없지만, 이런 경험이 습관화되었을 때는 성장한 후에 큰 차이로 나타나게 된다고 하였다. 존중, 책임감, 양심, 자존감, 겸손, 감정이입, 선에 대한 사랑, 자기통제 등을 제시하면서 인성교육에서 가장 강조되어야 할 덕목은 존중(respect)과 개인적 책임감(responsibility)이라고 하였고, 교육과학기술부(2010)에서는 배려, 존중, 협력을 유아인성교육의 덕목으로 꼽았다.

영유아기부터 생명에 대한 관심을 일으키는 교육이 필요하다는 인식과 더불어 누리과정의 주요 구성 방향에서도 "지식정보화 시대에는 지식정보 능력을 넘어서서 시대적 문제인 인간소외 및 환경문제까지도 미래지향적으로 해결하고자 하는 가치관에 기초하는 것이 중요하다. 이에 유아기부터 사람과 자연을 존중하고 사랑하는 세계관을 길러 줄 필요가 있다. 우리가 살고 있는 지구를 보존하기 위해서는 인간과 자연이 함께 살아갈 수 있는 지혜가 요구된다(교육과학기술부 · 보건복지부, 2013: 15-16)."라고 제시하고 있다.

존중에서 다루어야 할 존중의 교육내용은 자기 존중, 전통문화 존중, 타인 존중, 타문화 존중, 생명 존중 및 사랑, 자연환경을 비롯한 주변 환경 존중, 존중을 기반으로 한 기초질서 지키기, 민주시민 의식, 공동체 의식으로까지 확장될 수 있다. 그 이유는 더불어 살아가는 방법의 기본적인 관점을 존중으로 두어야 하기 때문이다.

### 2) 존중 교육방법

교육과학기술부(2011)의 인성교육 프로그램 자료집에서 제시한 존중 덕목을 살펴보면, 자신과 전통문화에 대한 존중, 다른 사람들과 다른 문화에 대한 존중, 생명과 환경에 대한 존중을 다루면서 누리과정의 하위 영역과의 관계를 살피고 있다. 이를 다양한 교육활동에 적용하여 유아 및 학생들에게 의미 있는 경험이 될 수 있기를 기대하고 있다. 존중은 교육과정의 하위 범주에 기본적으로 적용되는 가치로, 누리과정의 하위 요인인 신체운동영역, 의사소통영역, 사회관계영역, 예술경험영역, 자연탐구영역에서 존중과 관련된 부분을 자세하게 살펴본 후 각 생활주제 활동과 연결지어 교육과정에 자연스럽게 함께 녹아들 수 있도록 교육하여야 한다.

존중감을 갖춘 인간으로 성장하기 위해서는 영유아 시기부터 자연스럽게 내재화되어야 한다. 세상과 만나는 방법과 느낌을 알아가는 생애 중요한 시기인 영아 초기에는 기본적인 신뢰감을 형성하게 된다. 이 시기에는 전적으로 돌봄을 시행하는 성인이 민감하고 사랑과 존중을 담은 손길로 영아를 안아 주고 돌봐 주어야 한다. 신체발달과 더불어 세상과 교감하면서 영아는 발달하기 시작하는데 이 시기에 영아가 만지는 물건, 보는 꽃과 동물 등의 첫인상을 소중히 다루어야 하고, 존중해야 함을 인식할 수 있도록 긍정적으로 안내하고 가르치는 것이 필요하다. 영아 시기에는 존중의 태도를 직접적으로 알려 주고 모델링을 보여 주며 지도하여야 한다. 예를 들어, 지식 정보책인 영아용 그림책은 간단한 명칭과 그림이 그려져 있는 그림책이 적절하며, 제시할 때는 '강아지야 안녕? 난 누구야. 넌 정말 귀엽구나. 다리가 4개구나.' 등으로 사물, 동물 등 개념에 대해 시각적이고 특징적인 면을 간단히 언급하며 존중해 주는 마음으로 읽어 주는 것이 바람직하다.

유아기는 또래와의 상호작용이 많아지며, 유아들끼리 의견을 나누고 의사소통하게 된다. 이때 경청하는 태도와 적절한 표현으로 전달할 수 있는 의사소통의 능력이 필요하다. 따라서 대화를 통해서 의사소통의 기술을 습득할 수 있도록 도와야 한다.

가정에서는 민주적인 양육태도로 자녀의 생각을 묻고 여러 선택사항 중 하나를 고르도록 하는 방법을 사용하며 존중의 태도를 체화하도록 해야 하며, 교육기관에서는 이야기 나누기, 동극 발표, 토의활동, 협동활동 등 다양한 방법의 활동을 제공하여 또래 친구들과 어울려 서로 존중하고 의견을 조율해 갈 수 있는 기회를 많이 제공하는 것이 바람직하다.

학령기 아동의 존중을 지도하기 위한 방법을 생각해 보면 다음과 같다.

첫째, 학교의 분위기가 따뜻하고 온정적으로 바뀌어야 한다. '지식중심', '반복학습'의 전통 교육법 대신 '수요자중심 교육'으로 열린 교육을 지향해야 한다. 열린 교육 교수방법은 아동의 학업 성취와 창의성(개방성, 유창성, 융통성, 독창성 등)을 증진시키는 데 효과가 있는 것으로 밝혀졌다(정옥분, 2016, 재인용).

둘째, 엄격한 교칙이나 학급규칙도 필요하다. 친구를 존중하지 않는 태도나 언어를 사용하였을 경우에는 존중하지 않고 도덕적이지 않은 행동을 하였으므로 타임아웃이나 벌칙이 필요하다. 학교에서 아동은 선생님에게 모두 관찰되기 어렵다. 스스로 친구를 사귀고 관계 맺기를 적극적으로 시도하며 시행착오를 겪는 시기이다. 그러므로 친사회적인 학교 분위기를 위한 다양한 활동으로 교사와 학생이 서로 존중하고 개성을 가진 여러 학생이 서로 존중하는 분위기를 형성해야 한다.

셋째, 다양한 활동을 적극적으로 전개해야 한다. 예를 들어, 모둠 활동이나 스카우트 활동, 텃밭 가꾸기, 산행 활동 등 적극적이며 도전적인 활동을 통해 서로 협력하는 기회를 제공하고, 나와 우리, 세상은 모두 순환의 고리로 연결되어 있음을 깨닫게 하는 활동을 하는 것이 좋다. 자연에서 공동체 활동을 통해 문제를 해결해 나가면 서로의 소중함과 소속감을 느끼며 존중심이 증진될 수 있으며, 개방적인 태도에 도움이 된다.

## 3 존중의 발달을 돕는 부모와 교사의 역할

상대를 존중하는 마음은 저절로 생기지 않는다. 이 역시 노력과 연습이 필요하다. 다른 사람을 존중하기 위해서는 그 사람을 있는 그대로 볼 수 있어야 한다. 또한, 그 사람의 장점을 보고 그것을 긍정적으로 평가할 수 있어야 한다. 우리가 존중받고자 한다면 먼저 상대방을 존중하는 법을 배워야 한다. 그러한 마음이 생기도록 늘 생각을 가다듬고 연습하여 우리의 삶 속에 존중심이 내재화되는 법을 익혀야 한다. '존중하는 마음'은 일차적으로 의사소통을 통해 전달되고, 존중심을 배운다는 것은 무엇보다 의사소통하는 법을 배운다는 뜻이다. 언어적 의사소통뿐만 아니라 비언어적 의사소통에서도 존중하는 마음은 표현될 수 있다. 내가 존중받으려면, 내가 먼저 상대를 존중해 주어야 한다. 예를 들면, 가장 가까운 주변에서부터 존중을 실천해야 한다. 주변의 친구들에게 친하다는 이유로 편하게 막말을 하지는 않는지, 주변 친구들을 함부로 깎아내리지는 않는지 등의 소소한 일에서 존중은 시작되어야 한다.

존중을 태도로 체화시키기 위해서는 부모와 교사 등 본보기가 되는 성인의 노력과 역할이 필요하다.

## 1) 부모의 역할

첫째, 부모 자신이 먼저 사랑과 존중으로 자녀를 대하고, 세상의 생명을 모두 소중히 여기는 태도를 실천하여야 한다.

태도와 가치를 지도하는 가장 기본적인 방안은 본보기와 모델링이다. 예를 들어, 4~5세 유아들의 역할놀이를 관찰해 보면, 부모가 자주 쓰는 단어와 표정을 그대로 표현하며 놀이하는 모습을 볼 수 있다. 부모의 모습이 그대로 자녀에게 거울처럼 비춰지는 것이다. 이는 부모가 세상에 대한 바른 가치관과 태도를 본보기로 보여야 하는 이유가 된다. 공공물건을 소중히 다루고 길가의 나무와 꽃을 함부로 꺾지 않으며, 일회용품을 적게 사용하는 모습 등을 보일 때 자녀들은 모든 생명의 소중함과 생태계 환경과 자신이 연결되어 있음을 알게 될 것이다.

둘째, 부모로서 권위를 가지고 자녀와 민주적인 의사소통을 해야 한다.

부모로서 권위를 갖는다는 것은 자녀에게 군림하라는 것이 아니다. 미성숙한 자녀는 부모의 양육과 가르침 안에서 자유로울 수 있는데, 일관된 한계와 범위를 정해 주는 것이 자녀가 행동의 범위를 결정하고 판단하는 데 효과적이다. 예를 들어, 부모에게 떼를 부리고 힘겨루기를 하는 유아를 존중하는 것이 쉬운 일은 아니다. 떼 부리는 상황을 감정적으로 그 상황에서만 판단하는 것이 아니라 그 상황을 조금 벗어나서 좀 더 위에서 크게 볼 필요가 있다. 아이가 떼를 부리며 울거나 화를 낼 경우 첫 마디는 아이의 욕구와 마음에 공감해 주고, 아이가 떼를 부리게 된 전후 상황을 분석적으로 보아야 한다. 문제의 원인, 해결방법, 앞으로 벌어질 일 등을 고려하며, 일관적으로 훈육해야 한다. 또한, 아이에게 선택할 기회도 주어야 한다. 떼 부리기가 일어났을 때 일관된 태도로 대처하면 아이는 두세 번 같은 떼를 부리다가 이내 안 되는 일임을 알게 될 것이다.

부모가 자녀에게 존중심을 보이고, 자녀의 의사와 생각을 묻는 민주적인 의사소통이 이루어져야 한다. 때로는 안 되는 이유를 설명해 주고, 협상을 하고, 실제로 해 보게 함으로써 아이가 판단할 수 있도록 해야 한다. 이를 위해 부모는 자녀가 지금 무슨 생각을 하는지, 하고 싶은 것은 무엇인지 등 자녀의 일상생활을 관찰하고 대화하면서 자주 공유해야 한다. 자녀를 가족 구성원의 하나로서 소속감을 느끼게 하여 스스로 가족에서의 역할을 부여하는 것도 좋은 방법이다.

셋째, 부모는 자녀에게 존중심을 갖도록 지도해야 한다.

부모가 먼저 앞장서서 존중하는 태도를 몸소 실천함과 동시에 자녀에게 존중심을 갖도록 지도해야 한다. 소중한 자신에 대한 존중감을 갖도록 일상생활에서 안내해 주고, 타인의 감정과 생각을 존중하며 귀하게 여겨야 함을 조언해 주어야 한다. 또한, 자연생태계와 자주 교감할 수 있도록 산과 바다, 강 등에서 볼 수 있는 식물과 동물을 자주 접하며 체험할 수 있도록 기회를 제공해야 한다.

예를 들어, "나는 누구랑 자란 말이야?" 하고 투정부리는 아이에게 "ㅇㅇ가 졸려서 엄마가 재워 줬으면 좋겠구나. 이럴 때는 '엄마, 졸려요. 재워 주세요.'라고 이야기해 주면 엄마가 도와줄 수 있어."라고 이야기해 주며, 정서적인 쾌·불쾌를 바르게 인식하고 표현할 수 있도록 도와야 한다. 유아는 자기 감정에 대한 이해와 함께 자신에 대한 평가가 긍정적이면, 긍정적인 자아존중감을 형성할 수 있고 이것은 타인을 긍정적으로 바라보는 시작점이 된다. 또한, 자연의 터에서 감각을 살리고 자연의 이치를 터득할 수 있도록 자연에서 자녀와 시간을 같이 보내는 것은 자연의 일부인 인간의 순리적인 삶과 존중의 태도를 형성하는 지름길이 될 것이다.

### 2) 교사의 역할

아동권리존중과 학생인권존중 등 최근 교육현장에서 학습자를 존중하고 수업에 참여할 수 있는 기회를 제공하는 등 적극적인 반영이 요구되고 있다. 화이트(White, 2011)는 "존중은 학생들이 가치 있는 활동에 전심전력으로 몰두할 수 있도록 그들의 관심과 주장에 귀를 기울이면서 실질적으로 돕는 것이다."라고 하였다. 김희봉(2013)은 "존중의 중요한 시사점은 아이들이 자신의 삶을 이끌어가는 핵심 주체이기 때문에 그들의 선택, 욕구, 해석이 존중되어야 한다."라고 하였다.

교사는 교육자로서의 전문성과 교직인성을 갖춘 본보기가 될 수 있는 존중과 배려의 태도를 갖추어야 한다. 학생에게 필요한 내용을 적시에 제공하며, 학생이 주체가 될 수 있도록 활동과 체험, 교과 학습방법을 다양하게 제공하는 것이 곧 학생을 존중하는 일이다.

존중을 돕기 위한 교사의 역할을 정리하면 다음과 같다.

첫째, 자기 존중, 타인 존중, 생명 존중 등의 태도를 갖도록 구체적인 전략과 기술을 안내해야 한다. 영유아, 아동 등 학습자들의 연령별 발달특징과 발달과업을 이해하고 보편적인 교수계획을 마련하고 실천하여야 한다. 예를 들면, 친사회적인 다양한 활동(교실 벽면에 칭찬나무 꾸미기, 나를 소개해요) 등을 주제별 활동과 학급 운영 방안에 포함시켜 장기적으로 운영하여 학급을 긍정적이고 친사회적인 분위기로 이끌면서 잠재적 교육과정을 전개한다.

둘째, 교육현장에서 아동들이 보이는 존중심의 정도와 수준 등을 객관적으로 관찰하고 아동마다 보이는 개별 사례에 따라 적절하게 개입하여 지도한다. 예를 들면, 서너 명이 그룹을 지어 한 친구를 따돌리는 상황이 발생하였다면, 교사가 적극적으로 개입하여 왜 그런 일이 일어났는지, 따돌림을 당한 친구는 어떤 기분이겠는지, 서로 존중하려면 어떻게 해야 하는지 등을 아동들과의 상담을 통해 행동지도를 해야 한다.

셋째, 교사주도적인 일방적으로 전달하는 수업방법이 아닌 토의학습, 모둠활동, 체험활동, 산책활동, 동식물 보살피기 활동 등 다양한 활동 중심과 핵심 주제를 탐구하는 수업방법을 고안하여 아동이 주체가 될 수 있도록 존중하는 수업이 되어야 한다. 예를 들어, 아동이 적극적으로 오감각을 이용하고 직접 부딪혀서 익히고 결과를 알아보는 프로젝트 활동이나 오랜 기간 정성과 돌봄으로 생명의 결과물을 얻을 수 있는 텃밭 가꾸기 등을 통해 아동은 몸과 마음이 조화롭게 커 나가게 될 것이다. 동물을 직접 사육해 보는 경험, 채소를 직접 가꾸고 수확하고 요리하여 먹어보는 경험은 생명의 소중함과 순환과정을 이해하는 데 도움이 된다.

다음 절에서는 존중 교육 프로그램의 간단한 활동 사례를 살펴보기로 한다.

## 4 존중 교육 프로그램과 활동 사례

### 활동 사례 1

**활동명** '사이좋게 지내기' 역할극하기

**대상 연령** 만 2세

**활동 목표**
- 친구들과 놀이 상황에서 어떤 말을 해야 사이좋게 지낼 수 있는지 생각해 본다.
- 놀이 상황에서 적절한 말과 문장을 사용하여 친구에게 표현해 본다.
- 서로의 입장이나 생각을 존중할 수 있는 태도를 가진다.

**활동 자료** 상황 그림카드

- 친구가 재미있는 놀잇감을 혼자 독차지하고 있을 때
- 친구가 놀이하고 있는 중간에 팔을 양옆으로 휘둘러 나를 방해할 때
- 친구와 내가 놀잇감 하나를 같이 쥐고 서로 가지고 싶어 할 때
- 친구들이 놀이하고 있을 때 같이 놀고 싶은데 끼어들지 못할 때

**활동 방법**

1. 언어영역에서 말하기 자료(친구들 막대인형 / 상황 그림카드)를 살펴보며 자연스럽게 이야기를 나누어 본다.
2. 영아들에게 상황 그림을 보며 "어떻게 이야기해 줄까?"라고 묻는다.
   - 다음의 내용을 참고하여 아이들과 또래들끼리 할 수 있는 말을 안내한다.

- 친구가 재미있는 놀잇감을 혼자 독차지하고 있을 때
  우리 같이 할래? / 나도 빌려줄래? / 나도 하고 싶어. 같이 놀자.
- 친구가 놀이하고 있는 중간에 팔을 양옆으로 휘둘러 나를 방해할 때
  하지마 불편해. 그렇게 팔을 휘두르면 나도 다치고 너도 다쳐. / 그러면 방해가 돼. 우리 같이 놀자. 같이 해 보자.

• 친구와 내가 놀잇감 하나를 같이 쥐고 서로 가지고 싶어 할 때
나도 이게 필요해. 너도 필요해? 몇 번하고 빌려줄래? / 나도 이게 필요해. 내가 다섯 번 하고 빌려줄게.

• 친구들이 놀이하고 있을 때 같이 놀고 싶은데 끼어들지 못할 때
뭐하고 놀고 있어? 나도 같이 하자. / 같은 놀잇감을 가지고 이거 필요해? 줄까? 나도 같이 하자.

3 친구들에게 왜 자세하게 설명해 주어야 하는지 이야기해 본다.
- 친구에게 놀잇감을 같이 가지고 놀자고 할 때 왜 이야기해 주어야 할까요?
- 내가 말하지 않으면 친구들은 잘 모를 수 있으니, 내 생각을 말로 이야기해 주어야 해요.
- 내가 소중한 것처럼 다른 친구들도 소중함을 알려 준다.

4 앞으로 나에게 이러한 일이 발생할 경우 어떻게 해야 할지 막대인형으로 서로 역할극을 해 본다.
- 자기 얼굴이 있는 막대인형을 이용하여 역할극을 해 보고 상황에 적절한 말을 해 본다. (예: "나도 빌려줄래?", "빌려주어서 고마워. 같이 놀아서 기분 좋아." 등등)

**확장 활동** ▫ 관련 그림책을 읽어 보고 비슷한 경험을 한 주인공과 동일시해 본다.

| 이런 책을 읽어 보세요 |
|---|
| • 나랑 놀아줘!(미래아이, 2008, 글/니코 드브렉 켈리어, 그림/로즈마리 드보스)<br>• 내 짝꿍 에이미(국민서관, 2002, 글 · 그림/스티븐 마이클 킹)<br>• 두두에게 친구가 생겼어요(중앙출판사, 2001, 글 · 그림/안네테 스보보다)<br>• 사라와 돌 아저씨(행복한아이들, 2003, 글/프랑수아즈 주, 그림/프레데릭 주)<br>• 우리, 같이 놀래?(비룡소, 2005, 글 · 그림/대니얼 그리포)<br>• 우리는 친구(웅진주니어, 2008, 글 · 그림/앤서니 브라운)<br>• 우리는 단짝 친구(푸른날개, 2009, 글 · 그림/데이비드 맥페일)<br>• 우리 친구하자(한림출판사, 2001, 글/쓰쓰이 요리코, 그림/하야시 아키코)<br>• 친구가 되어 줄게(주니어랜덤, 2007, 글/우치다 린타로, 그림/후리야 나나)<br>• 행복을 전하는 편지(시공주니어, 2006, 글/안소니 프랑크, 그림/티파니 비키) |

## 활동 사례 2

**활 동 명** 우리는 모두 대장

**대상 연령** 만 3세

**활동 목표**
- ▫ 자신의 장점에 대해 알아보고 표현하며 자존감을 느낀다.
- ▫ 친구의 장점을 말로 표현하고 타인을 존중하는 태도를 갖는다.

**활동 자료** 이야기 그림 자료

**『우리는 모두 대장』(글 · 그림/아이코리아 부속 치료교육 연구원)**

장애를 가진 예은이에 대해 평소에 불편하다고 생각하고 있던 친구들이 예은이가 가지고 있는 장점을 발견하게 된다는 이야기이다. 모든 사람은 특별함이나 장점을 가지고 있음을 이해하게 되고 친구들의 장점을 이야기하며 대장이라 부르는 게임을 하게 된다.

**활동 방법**

1. 토의할 수 있는 대형으로 동그랗게 원 모양으로 앉는다.
2. 『우리는 모두 대장』 동화 내용을 회상하며 이야기 나눈다.
   - 친구들은 예은이를 무슨 대장이라고 했나요?
   - 왜 그렇게 이야기했나요?
3. 왼쪽부터 특별한 모자(생일 케이크 모자, 마술사 모자 등 파티용품 모자)를 쓰고 자신의 장점과 잘하는 점을 이야기해 본다.
   - 내가 갖고 있는 좋은 점이나 잘하는 점에 대해 이야기해 본다. (예: "나는 춤을 잘 춰요.", "나는 달리기를 잘해요.", "나는 동물 흉내를 잘 내요." 등등)
4. 『우리는 모두 대장』 동화 내용을 회상하며 이야기 나눈다.
   - 내가 잘하는 것에 대장을 붙여 이야기해 본다. (예: 달리기 대장, 웃음대장, 춤추기 대장)

5 친구들의 장점과 잘하는 점에 대한 이야기를 들어 보고 모든 유아가 특별함과 장점을 가지고 있음을 이야기 나눈다.

- 내가 잘하는 것에 대장을 붙여 이야기해 본다. (예: "나는 그림을 잘 그리니까 그리기 대장이야.")
- 모든 유아가 특별함과 장점을 가지고 있음을 이야기 나눈다. (예: "○○는 정말 달리기를 잘하지. 달리기 대장이다.", "□□는 활짝 잘 웃어서 웃음대장이야.")

**확장 활동**

- 모양 종이에 '△△을 좋아하는 나는 ○○대장', '◇◇을 잘하는 나는 □□대장'으로 적어서 교실의 게시판이나 환경판에 '우리는 모두 대장'을 전시해 두며 나와 친구들의 좋은 점과 특별한 점을 이야기해 본다.
- 『너는 특별하단다』 그림책 또는 공연을 본 후 나의 특별한 점을 생각해 볼 기회와 다른 사람들도 특별함을 가지고 있음을 인식해 본다.

## 활동 사례 3

**활 동 명** EM(Effective Micro-organisms: 유용한 미생물) 만들기

**대상 연령** 만 4~5세

**활동 목표**

- EM 효소의 효능과 역할에 대해 이해한다.
- 환경을 존중하는 방법을 알고, EM 용액을 만드는 방법에 대해 안다.
- 환경을 존중하는 태도를 기른다.

**활동 자료** 페트병, EM 효소원액, 흑설탕, 천일염, 쌀뜨물

**활동 방법**

1 환경오염이 되는 사진을 살펴보며, 환경을 존중해야 함을 안다.

※ 쓰레기 산 사진, 대기오염 사진, 수질오염·토양오염 등 기사 사진을 살펴본다.

- 무슨 사진인가요?
- 사진을 보니 어떤 생각이 드나요?
- 이렇게 계속 두면 지구의 환경이 어떻게 될까요?
- 지구에 살고 있는 생명체에게는 어떤 영향을 미칠까요?
- 환경이 오염되고 생태계가 파괴되면 사람에게 어떤 일이 일어날까요?

**2** 지구환경을 존중하기 위한 방법에 대해 생각해 본다.

- 지구환경을 보호하고 존중하는 방법은 무엇이 있을까요? (예: "일회용품을 줄여요.", "화학약품을 적게 써요.")

**3** 환경을 존중하는 방법 중 하나인 EM 효소로 천연세제를 만들어 본다.

- 순서도를 살펴보고, 직접 천연세제를 만들어 보자.

**EM 만드는 순서**

① 천일염 1mL, 흑설탕 4mL를 숟가락으로 배합 그릇에 담는다.
② 쌀뜨물이 담겨 있는 500mL 페트병을 책상 위에 준비된 고정 페트병 용기 안에 넣는다(쌀뜨물 용기가 넘어져 쏟아지는 것을 방지하기 위함).
③ 쌀뜨물이 담겨 있는 500mL 페트병에 깔때기를 이용하여 준비된 ①과 EM 용액을 넣는다(쌀뜨물 500mL, 흑설탕 4mL, 천일염 1mL, EM 용액 8mL 배합).
④ 페트병에 만든 EM 용액의 뚜껑을 닫고 잘 흔든다.

- **EM이란?** 유용한 미생물이란 뜻으로 강한 항산화 작용을 하며 자연을 소생시키는 좋은 역할을 한다.
- EM은 청소 세제, 세탁세제로 활용되며 음식물 쓰레기 발효, 화단의 진딧물 방지, 악취 제거 등의 효과를 보인다.

**3** EM 만들기를 해 본 소감과 기대하는 바에 대해 이야기한다.

- 직접 천연세제를 만들어 보니 기분이 어떤가요?
- 천연세제인 EM을 사용할 수 있는 것은 무엇인가요?
- 왜 천연세제를 사용해야 할까요?

**확장 활동**

- EM을 활용해 보는 활동을 한다. (예: EM을 이용하여 화장실 청소하기, 청소 세제 사용하기)
- EM을 홍보하는 피켓과 포스터를 만든다. EM을 잘 모르는 사람을 위해 환경 존중 포스터를 만들어 게시한다.

## 활동 사례 4

**활 동 명** 세계의 다양한 결혼식

**대상 연령** 만 5세

**활동 목표**
- 세계 여러 나라의 결혼식 문화가 서로 다름을 이해하고 존중한다.
- 세계 여러 나라의 결혼식 축하방법을 알아본다.
- 결혼을 축하하는 마음은 나라가 달라도 모두 같음을 안다.

**활동 자료** 세계 여러 나라의 결혼식 사진 자료

**활동 방법**

1. 부모님께 부탁드려 부모님의 결혼식 사진을 받아 언어영역 벽면에 게시해 둔다.
   - 친구들에게 부모님의 결혼식 사진 모습을 소개한다.
   - 다른 친구의 부모님 결혼식 사진을 살펴보며 그 의미를 알아본다. (예: 결혼식, 폐백, 축하 피로연 등 사진으로 그 의미를 알아봄)
2. 우리나라의 결혼식에 대해서 이야기 나눈다.
   - 결혼식에 가 본 적이 있나요?
   - 결혼식에서 무엇을 보았나요?
   - 결혼식에 참석한 사람들은 어떤 마음일까요?
   - 결혼식에 온 사람들은 축하하는 마음을 어떻게 전할까요?
3. 그림 자료 및 동영상을 보면서 세계 여러 나라의 결혼축하 방법과 그 의미에 대해 이야기 나눈다.
   - 사람들은 결혼식장에 왜 가는 걸까요?
   - 결혼을 하는 신랑과 신부에게 어떻게 축하해 줄까요?
   - 신랑, 신부에게 무엇을 던지나요? (예: 우리나라는 밤과 대추, 영국과 독일은 쌀, 이탈리아에서는 쌀과 사탕, 인도에서는 꽃다발 등)
   - 영국 사람들은 왜 쌀을 던지는 걸까요?
   - 우리나라 사람들은 왜 밤, 대추를 던지는 걸까요? (예: "자식을 많이 낳으라고요.", "부유하게 살라고요." 등등)
4. 결혼을 축하하고 축하받는 사람들의 마음에 대해 이야기 나눈다.
   - 결혼을 축하해 주는 사람들의 마음은 어떨까요?

- 결혼을 축하받는 신랑, 신부의 마음은 어떨까요?
- 나라마다 결혼 축하 방법은 다르지만 모두 어떤 마음일까요?

5 결혼식 때 자신이 축하해 주고 싶은 방법에 대해 이야기 나눈다.

- 여러분은 결혼을 하는 신랑 신부를 어떻게 축하해 주고 싶나요?
- 어떤 마음으로 신랑, 신부의 결혼을 축하해 줄까요? (예: "행복하라고요.", "사랑하라고요.", "자식을 많이 낳으라고요.", "싸우지 말고 살라고요.", "사이좋게 살라고요." 등)

**확장 활동**

- 결혼식 관련 소품을 만들어 활용하여 친구들과 극놀이로 표현한다.
- 각 나라의 민속의상을 역할놀이에 준비해 두고 세계 여러 나라의 결혼식을 극놀이로 표현해 본다.
- 학급에 다문화 가정이 있는 경우 부모님을 초청하거나 결혼식 사진을 활용하여 다문화 가정의 부모님 나라의 결혼식 방법에 대해 알아보고 우리나라 결혼식과 비교해 보는 기회를 가질 수도 있다.

## 활동 사례 5

**활 동 명** 내가 가 본 박물관

**대상 연령** 만 10세 이상

**활동 목표**

- 우리나라의 전통문화에 대해 자긍심을 가지고 존중해야 함을 안다
- 다른 나라의 문화와 우리나라의 문화를 비교해 본다.
- 우리나라와 다른 나라의 전통 문화를 존중하는 태도를 기른다.

**활동 자료** 박물관 안내서, 전시장 지도, 사진(우리나라의 그릇과 다른 나라의 그릇 토기, 철기, 유리그릇, 도자기 등)

**활동 방법**

1 박물관에 가 본 경험에 대해 이야기 한다.

- 박물관에 가 본 경험이 있나요?
- 어떤 것을 보았나요?
- 옛날 사람들이 쓰던 물건의 쓰임에 대해 생각해 보자.

**2** 우리나라 옛날 물건들의 시대에 따라 다른 점을 직접 살펴본다.

- 시대에 따라 그릇을 빚어 내는 흙과 기법이 달라요. 왜 그렇게 만들게 되었을까요? 그 시대의 시대상을 유추해서 이야기해 볼까요?

**3** 다른 나라 문화 박물관을 이용하고 우리나라 옛 물건과의 생김새와 쓰임을 알아본다.

- 다른 나라의 그릇 모양은 어떨까요?
- 왜 그렇게 만들게 되었을까요?
- 우리나라의 것과 어떤 점이 다른가요?

**4** 다른 나라의 문화와 풍습을 익힌다.

- 다른 나라의 문화와 풍습 등을 존중하며 말해 본다.
- 다른 나라의 공통점과 차이점에 대해 이야기해 본다.
- 풍습이 갖는 의미를 존중하며 느낀 점을 이야기해 본다.

**확장 활동**

- 우리나라와 다른 나라의 의복 비교, 장신구 비교, 그릇(도자기) 비교 등 주제를 가지고 우리나라와 다른 나라의 문화를 살펴본다.
- 각 나라와 지역의 특색과 생활상을 유추하며 이야기해 본다.

**방문해 볼 만한 박물관**

| 박물관 | 주소 및 연락처 |
|---|---|
| 국립중앙박물관 | 서울시 용산구 용산동 6가 168-6<br>☎ 02) 2077-9000 http://www.museum.go.kr |
| 국립민속박물관 | 서울시 종로구 삼청로 37<br>☎ 02) 3704-3114 http://www.nfm.go.kr |
| 국립현대미술관 | 경기도 과천시 막계동 산 58-1<br>☎ 02) 2088-6000 http://www.moca.go.kr |
| 바탕골 예술관 | 경기도 양평군 강하면 운심 2리 368-2<br>☎ 031) 774-0745 http://www.batangol.co.kr |
| 지구촌 민속교육 박물관 | 서울특별시 중구 소월길 113 교육연구정보원 2~3층<br>☎ 02) 3111-210 http://www.serii.re.kr |
| 중남미문화원 | 경기도 고양시 고양동 302-1<br>☎ 031) 962-7171 http://www.latina.or.kr |
| 티벳박물관 | 서울시 종로구 소격동 115-2<br>☎ 02) 735-8149 http://www.tibetmuseum.co.k |

# 제05장

## 품성의 지도 배려

## 1 배려의 개념과 발달

### 1) 배려의 정의

배려의 사전적 의미는 첫째, 어떤 대상에 대해 부담을 느끼고, 걱정하며 고민스러워하는 마음의 상태이다. 둘째, 누군가(또는 무엇)에 대해 감정을 가지고 있으며, 마음이 기우는 것을 뜻한다. 셋째, 누군가를 보호하고 그 사람의 복지를 생각하며 유지하려고 하는 것을 뜻한다.

메이옵(M. Mayeroff)은 보살핌을 '다른 사람이 성장하고 자아 실현할 수 있도록 도와주는 것'이라고 기술하였다.

나딩스는 관계적 관점에서 배려하는 사람과 배려받는 사람의 관계를 규정하기 위한 기초로서 배려를 정의하였다. 배려는 타인에 대해서 감정적·도덕적으로 전념하고, 정신적으로 부담을 갖는 상태로서 사물에 대하여 염려하거나 근심하는 것을 의미한다. 나딩스의 관점에서 볼 때 배려한다는 것은 어떤 대상에 대해서 부담을 느끼고, 초조해하고, 걱정하는 것이다. 그리고 그의 입장과 관심을 고려하는 것이다. 또한, 어떤 대상에게 책임감을 느끼는 것을 의미한다(박병춘, 2002).

나딩스는 배려가 지니는 태도적 측면과 동기적 측면을 크게 강조했던 메이옵과 마찬가지로 외향적이고 관찰 가능한 행동보다는 헌신적인 태도를 더 근원적인 것으로 보고 있다. 나딩스는 우리가 배려의 행동을 할 수 없는 경우일지라도 진심으로 상대에게 관심을 갖고 고통을 함께 느끼고 의무감과 사랑을 가지고 진실한 마음으로 헌신할 경우 이를 배려로 규정하고 있다.

### (1) 배려적 사고

배려는 일종의 감정 상태이고, 배려적 사고는 그에 대한 사고의 작용이다(Lipman, 2003). 배려를 할 때 먼저 생각하는 것은 배려의 대상이 어떤지를 결정하는 것이다. 배려에 분별력과 지속성, 합리성을 갖도록 하는 일종의 사고 작용이 배려적 사고이다. 다시 말해서, 배려적 사고는 배려를 올바르게 실천할 수 있도록 이끌어 주는 사고의 작용이다(이춘희, 2009).

배려적 사고는 존중, 존경, 소중, 치유, 위로, 돌봄, 양육, 공감, 동정, 감사, 축하, 타인에 대한 반응 안에서 드러난다. 다시 말해서 배려적 사고는 내면으로부터 '타자'에게 접근하려는 경향이 있다. 배려적 사고를 하는 사람은 사물을 분리시켜서 보는 대신에 사물들 사이의 관계에 집중하는 경향이 있는데 이것은 깊은 이해로 나타난다.

배려적 사고는 우리의 지각적, 감각적, 정서적인 삶에서부터 생겨나고 어떠한 상황에서 우리가 행동하는 방식을 결정한다. 즉, 배려적 사고는 유아로 하여금 건전하고 인정 있는 결정을 내리게 하는 건전한 가치 체계를 정립하도록 한다. 어떤 문제를 도덕적 문제로 인식하는 것은 판단이고, 도덕적 문제를 인식하는 것은 바로 배려적 사고이다.

리처드슨(Richardson, 1997)은 배려적 사고를, 가르치는 것은 존재로서의 가치를 가르치는 매우 중요한 요인이기 때문에 배려적 사고를 가르치는 방법을 강조한다. 즉, 유아에게 '…에 대한' 사고를 하기보다는 '…에서의 사고'를 하도록 교육하면 '직접 돌보는 것'을 실천할 뿐 아니라 이해력을 형성하는 데에 있어서 중요한 판단을 연습할 수 있다는 것이다.

### (2) 나딩스의 배려윤리

길리간은 인간 관계, 책임, 상호 의존성, 유대, 애착, 동정심, 사랑을 중요시하는 여성적 도덕성을 배려윤리로 정의했다.

나딩스는 길리간의 배려윤리를 계승하고 이를 윤리학적인 입장에서 정당화하고 체계화하여 배려윤리를 윤리학적으로 발달시켰다. 나딩스는 여성의 관점에서 구성된 배려윤리가 여성 또는 남성을 통제하거나 지배하기 위해서 고안된 것이 아니라, 보다 더 좋은 세상을 만들고 더 훌륭한 의미를 찾기 위해서 고안된 것이며, 결코 여성만을 위한 윤리를 의도했던 것이 아니란 점을 분명하게 밝히고 있다.

나딩스는 배려관계에서 배려하는 사람의 의식 상태로 몰두와 동기전환을 들고 있다. 나딩스가 말하는 몰두는 배려하는 대상에 대한 개방적이고 선별적이지 않은 수용을 뜻한다. 어떤 사람을 배려한다고 할 때, 그가 전하고자 하는 것을 진심으로 듣고 보고 느끼려는 상태가 몰두이다. 예를 들어, 낯선 사람이 나에게 길을 물어볼 때, 멈추어 서서 그의 이야기를 귀 기울여 듣고 그가 필요로 하는 것이 무엇인지 파악하려고 할 때의 상태가 바로 '몰두'이다.

배려할 때, 즉 내가 다른 사람을 수용할 때에 감정 이상의 것이 일어나는데 이것이 동기전환이다. 즉, 상대방이 하려고 하는 일을 도와주고 싶도록 일어나는 동기가 나를 위한 것이 아니라 상대방을 향할 때의 마음의 상태가 '동기전환'이다.

배려받는 사람의 의식 상태로는 수용, 인지, 반응을 들 수 있다. 배려를 받는 사람은 배려를 받아들이고, 받아들였다는 것을 나타낸다. 배려받는 사람 쪽의 이러한 배려를 인정하고 수용하는 것은 배려하는 사람을 몰두하게 한다. 이와 같이 배려를 하는 쪽과 받는 쪽 모두의 기여에 의해 배려가 완성된다.

## 2) 배려의 발달

유아는 다른 사람들과의 상호작용 속에서 다른 사람들이 자기를 어떻게 보고, 어떻게 반응하느냐에 따라 자아 개념이 형성된다. 또한, 자기에 대한 이해는 다른 사람들뿐 아니라 그들과의 관계에 대한 이해와 연관되어 발달한다.

자아 개념(self-concept)이란 자신의 특성, 능력, 태도와 가치에 대한 총체적인 개념으로서 자신이 누구인가에 대한 개인의 믿음을 말한다. 자아 개념의 발달은 생후 1~2개월부터 시작하여 18~24개월이 되면서 거울이나 사진 속의 자신을 알아보는 등 자아인지가 가능해지면서부터이다.

2~3세가 되면서 욕구, 정서와 같은 정신적 상태에 대해 말할 수 있게 되고 마음은 물리적 세계와 다르며 다른 사람들이 자신의 마음을 볼 수 없음을 알게 된다. 4~5세가 되면 마음속의 믿음은 정확하지 않을 수도 있으며 다른 사람과 다를 수도 있다는 것을 이해하기 시작한다. 타인에 대한 이해는 3~5세가 되면서 다른 사람의 행동이 마음속의 의도를 나타낸다고 생각하게 되고, 자기의 가까운 친구들이 여러 다른 상황에서 어떻게 행동할지를 알게 된다.

또한, 유아기에는 경험, 내재적 상태 및 행동 간의 관계를 이해하는 아동의 사고 체계를 의미하는 마음의 이론(theory of mind)이 발달하기 시작하는데, 마음의 이론은 유아가 타인의 생각, 욕구, 감정 등을 정확하게 추론하는 능력과 이러한 추론을 바탕으로 특정 상황에서 타인의 행동을 정확하게 예언하는 능력의 발달과정을 보여 주게 된다. 2~3세가 되면서 타인의 욕구에 근거한 행동이나 정서를 예측할 수는 있게 된다. 3~4세가 되면 타인의 지각적 경험을 바탕으로 하여 타인의 생각이나 신념 등 내재적 상태를 자신의 신념과 구분하는 능력을 갖게 되고 내재적 상태와 실재를 구분하는 능력이 발달하게 된다. 4~5세가 되면 실제가 아니라 신념이 행동을 주도한다는 사실을 이해하게 되면서 자신의 욕구와 타인의 신념을 구분하게 된다. 타인의 행동은 타인의 지각적 경험에 근거한 신념이나 지식에 의해 결정된다는 것을 이해하며, 이를 자신의 신념과 구분하는 탈중심화된 마음의 이해 능력을 갖게 된다.

이타성(altruism)은 타인의 행복에 대해 관심을 갖고 배려하는 심리적 특성이며, 이타성이 행동으로 나타날 때 이를 친사회적 행동(prosocial behavior)이라고 한다.

이타성은 유아기 또래 집단뿐 아니라 성인이 된 후의 사회적 관계에서 개인이 얼마나 집단의 성원으로부터 존경받고 수용되는가를 결정하는 주요한 특성이다.

그러나 2세 이전의 영아들도 다른 영아가 아파하면 함께 울고, 위로하며, 나누어 갖는 등 여러 형태의 친사회적 행동 특성을 보여 주고 이타적 행동이 나타나는 시기는 2세 전후로 보고 있다. 예를 들어, 일상생활에서 어머니가 다쳤다든가 몹시 화가 났을 때 어머니에 대한 반응을 분석해 보면 2세 이전의 어린 영아는 함께 우는 것 같은 공감적 반응을 보이며, 2세 전후에는 위로하고 도와주려는 행동이 나타난다. 이처럼 일찍부터 친사회적 행동이 나타나는 것은 친사회적 행동이 인간의 본성의 일부임을 보여 주는 것이다. 어머니가 영아의 요구에 민감할수록 영아의 공감적 반응의 정도도 높은 것으로 알려지고 있다.

유아의 연령이 증가함에 따라 친사회적 행동도 증가한다. 2~3세경의 유아도 곤경에 처한 또래에 대해 이타적 행동을 보인다. 그러나 자기만 먹기에도 부족하다고 느끼는 과자를 나누어 먹는 것과 같은 자발적인 자기희생적 친사회적 행동은 드물게 나타난다.

이타적 행동은 4~6세경부터 증가하기 시작하여 9~10세경에 가장 높은 수준을 보인다. 실험실에서 유아의 행동을 관찰한 연구들도 대체로 나이든 유아가 나이 어린 유아에 비해 나누거나 돕는 친사회적 행동의 빈도가 높다고 보고하고 있다. 이처럼 실험실에서나 일상의 관찰에서나 친사회적 행동이 명백히 연령과 함께 증가하는 것은 유아가 성장함에 따라 협조의 가치와 필요성 및 방법을 이해하는 인지적 능력이 발달하기 때문인 것으로 보인다.

또한, 이러한 이타적 행동을 강화할 수 있는 방법은 이타적 행동이 나타날 때마다 칭찬과 격려를 해 주는 것으로 이런 경우에 이타성이 크게 증가하는 것을 볼 수 있고 모델의 행동을 모방함으로써 촉진될 수 있다.

유아가 생활에서 목격하는 부모의 행동이나 TV 프로그램 속의 주인공들의 이타적 행동은 유아의 이타적 행동을 촉진하는 데 효과가 있는 것으로 알려져 왔다. 이러한 측면에서 볼 때 배려 교육은 유아교육자의 밝고 이타적인 행동뿐 아니라 가정에서 부모들의 배려적인 행동의 모범이 중요하다고 볼 수 있다.

## 2 배려의 교육 및 지도방안

'배려 교육론'(caring education)의 목적은 모든 학생들이 각자의 능력과 개성을 발달시키면서도 배려할 줄 아는(도덕적인) 인간으로 성장하도록 하는 데 있다.

나딩스는 모든 교육은 배려를 유지하고 강화시켜 주는 도덕 교육에 그 목적을 두어야 한다고 주장한다. 또한, 도덕 교육을 가정이나 교회 또는 학교에서 배타적으로 실시되는 과업이 아니라 공동체 전체의 사업이라고 봄으로써 도덕 교육의 공동체적 특성을 강조하였다.

그러므로 도덕 교육에 있어서 인지를 배제하면 활기를 잃어 병적인 감상에 빠지게 되고, 정의적인 요소를 배제하면 이기적으로 되거나 무감각한 합리주의에 빠지기 쉽다고 주장함으로써 인지와 정의를 배타적인 것이 아니라 상호 보완적인 것으로 인식하고 있다. 나딩스는 배려의 교육 방법으로 본보기, 대화, 실천, 인정과 격려 4가지 요소를 제시하고 있다(박병춘, 2002).

### 1) 본보기

본보기는 모든 유형의 도덕 교육에서 중요하지만 특히 배려를 위한 도덕 교육에서는 가장 핵심적인 방법이다. 나딩스에 따르면 배려의 능력은 자신들이 배려를 받았던 경험과 배려를 베풀었던 경험에 의존한다. 따라서 교사는 보살펴 주는 사람과 본보기의 역할을 동시에 수행해야 하기 때문에 교사는 유아들과 이루어지는 모든 관계 안에서 언행을 통해서 보살펴 주는 사람으로서 모범을 보여 줌으로써 배려의 본보기이자 보살펴 주는 사람으로서의 역할을 수행해야 한다.

### 2) 대화

나딩스는 도덕 교육에서 대화를 필수적인 요소로 본다. 왜냐하면 대화를 통해서 상호 간의 이해와 신뢰를 형성하고, 의사를 교환할 수 있을 뿐만 아니라, 상호 간의 배려를 지속할 수 있고, 보살펴 주는 사람과 배려를 받는 사람이 함께 성찰할 수 있기 때문이다. 이러한 대화 중에 도덕 교육에서 가장 중요한 대화는 일상적인 대화이다.

유아교육기관에서 교사와 유아들 간에 이루어지는 대부분의 대화는 아직까지도 교사들이 지시하는 형태로 이루어지며, 참다운 의미의 대화는 거의 이루어지지 않는다. 따라서 일상적인 대화에서 대화의 상대자들은 서로 격려해 주고 도와줄 뿐만 아니라 서로 인도해 주고 추종한다. 이를 위해 유아들이 진솔하고 적극적인 자세로, 그리고 편안한 마음으로 대화에 참여할 수 있게 하기 위해서는 교사와 유아 간의 신뢰가 형성될 수 있을 정도로 충분히 서로에 대해서 알 수 있는 시간이 요구된다.

### 3) 실천

나딩스는 배려의 윤리적 이상을 발달시키기 위한 도덕 교육 방법으로서 유아들에게 배려를 실천해 볼 수 있는 기회를 제공해 줄 것을 제안하였다. 이러한 배려의 실천을 위한 방법으로서 유치원 같은 공동체 생활을 통해 봉사활동이나 협동활동을 제안하였다.

봉사활동은 인간의 상호 의존성과 나눔의 가치를 체험하게 해 줄 뿐만 아니라, 서로를 이겨야 하는 경쟁상대자가 아니라 더불어 살아가야 하는 동반자로 인식하게 해 주는 장점을 지니고 있다. 또한, 협동활동을 통하여 유아들은 배려의 실천적인 경험을 하고, 배려의 의미를 이해하고, 관계의 중요성과 상호협동의 중요성을 얻을 수 있다. 그러므로 교사는 협동활동이나 봉사활동의 목적이 서로를 도와주기 위한 것임을 유아들에게 분명하게 인식시킴으로써 배려의 실천을 위한 계기로 삼을 수 있도록 해야 한다.

### 4) 인정과 격려

나딩스는 인정과 격려의 개념을 '다른 사람 안에 있는 최상의 것을 취하고, 고무시켜 주는 행동'으로 정의한 부버(M. Buber)의 개념을 그대로 수용하여 사용하고 있다. 인정과 격려란 교사가 유아에 대한 이해와 지식을 기초로 학생이 지니고 있는 보다 훌륭한 자아를 확인하고 이의 발달을 격려해 줌으로써 최상의 자아를 고양시켜 주는 것이라고 할 수 있다.

따라서 이러한 인정과 격려를 해 주기 위해서 교사는 유아의 재능이나 능력, 특성, 관심 등을 알고 있어야 할 뿐만 아니라 유아와 서로 친밀감과 신뢰감을 형성하고 있어야 한다. 이를 위해 먼저 많은 만남과 대화의 시간이 전제되어야 한다. 이런 관점에서 보았을 때 나딩스가 제시하고 있는 교육방식들은 서로 독립된 것들이 아니라 서로 유기적으로 결합되어 있는 것임을 알 수 있다.

## 3 배려의 발달을 돕는 부모와 교사의 역할

인간 발달에 있어서 유아기는 다른 어떤 시기보다 발달의 속도가 빠르고 이후 삶의 기본을 형성하는 결정적 시기이며, 인적자원 투자 수익률은 일생 중 영유아기가 가장 높으므로 생애 초기에 기본 학습 능력 발달을 지원하는 것이 가장 효율적이라고 볼 수 있다.

특히 부모의 자녀 양육태도나 훈육방식은 자녀의 인성 형성에 큰 영향을 미친다. 유아기에는 성인과의 경험이 인성 발달에 영향을 미치기 때문에 부모가 중요한 요인이 될 수 있다. 부모의 양육태도가 기본적으로 수용적·허용적이고, 애정이 있고 합리적이며 민주적일 때, 유아의 인성은 바람직한 방향으로 발달될 수 있다. 호프만(Hoffman)은 아버지가 자녀에 대해 애정을 가지고 긍정적으로 대하며 자녀양육에 능동적으로 참여할 때 자녀의 이타심을 기르게 되며, 특히 남아의 사회적 적응에 긍정적인 영향을 미친다고 보고하고 있다. 부모와 원만한 관계에서 자라고 아버지의 양육행동 참여도가 높은 가정에서 자란 유아들은 사회성이 높고 대인 관계도 원만한 반면, 부모가 불안정한 성격을 가지고 있고 아버지의 양육행동 참여도가 낮은 가정에서 자란 유아들은 사회성이 낮고 성격적으로도 부적응을 보이는 결과를 보였다.

그러므로 유아에게 배려심 및 이타심을 키우게 하기 위해서는 부모의 역할이 매우 중요하다고 볼 수 있다. 또한, 유치원 같은 공동체 생활을 통해 협동심을 배워 가면서 서로 배려하고 친절을 베푸는 등의 인격을 형성해 갈 수 있다. 공동체 생활을 통해 유아는 배려의 의미를 느낄 수 있기 때문에 공동체를 교육하는 교사의 역할이 매우 중요하다고 볼 수 있다. 교사와 부모는 여러 가지 매체를 통해 유아에게 배려심을 가르칠 수 있다.

① 동화책을 이용하는 방법: 친사회적이며 비폭력적인 주제를 지닌 이야기책을 골라 주는 것도 유아의 사회성 발달에 도움이 된다. 이러한 책들은 유아에게 구체적인 모델을 제공하기 때문에, 선택된 책과 이야기를 통해서 유아들은 다른 사람의 욕구와 권리를 조금씩 이해할 수 있게 된다.

특히 자신과 비슷한 유아들이 주인공으로 등장하는 책을 읽어 주는 것은 유아의 감정이입과 배려를 증진시킬 수 있다. 친사회적 주제와 이타심을 가진 주인공이 등장하는 문학작품을 읽어 주고 나서 개방적인 질문을 사용해서 주인공들의 동기와 행동에 대해 생각해 보고 이해할 수 있도록 도와줄 수 있다.

동화를 읽어 주는 활동을 통해서 유아는 사회 정서적 자극을 이해하는 능력을 발달시켜 갈 수 있고, 타인의 감정에 공감하고 배려하는 마음을 배워 가게 된다.

② TV프로그램이나 비디오를 사용하는 방법: 친사회적인 TV 프로그램이나 비디오를 보는 유아들은 미소 짓기, 칭찬하기, 껴안기, 나눠 갖기, 협동하기, 차례 지키기, 긍정적인 언어적/신체적 접촉 등의 사회적인 접촉이 증가된다고 한다. 특히 부모와 자녀가 함께 시청하면서, 부모가 자녀에게 프로그램의 내용을 설명해 줄 수 있다면 유아들은 더욱 쉽게 친사회적 행동을 모방하게 된다. 또래와의 상호작용에서 나타나는 구체적인 상황이나 문제를 중심으로 이야기를 나눠 볼 수도 있고, 유아들이 생각하지 못했던 다양한 해결방안도 이야기해 볼 수 있는 기회가 된다. 또한, 유아가 느끼는 감정에 대해 이야기를 나누면서 다른 유아들의 생각과 느낌을 인식하도록 이끌어 줄 수도 있다.

③ 역할놀이: 여러 명의 유아가 함께 사용할 수 있는 놀이, 또는 서로 도와가며 진행되는 활동이 포함된 놀이는 친사회적인 행동과 또래와의 협동을 촉진시킬 수 있기 때문에, 집단 역할놀이를 통해서 유아들은 협동하기, 공유하기, 도와주기 등의 중요성을 배우게 된다. 역할놀이는 주제가 다양할수록, 그리고 참여자가 많을수록 좋다. 유아들은 이를 통해서 또래관계에서 요구되는 사회적 기술과 언어 인지적 발달도 이루어 간다. 그 밖에도, 부모와 자녀 간에도 다양한 역할놀이를 시도할 수 있다.

④ 놀이를 통해서 규칙을 배우는 방법: 4~8세 사이의 유아들은 놀이를 통해서 사회적 규칙을 배우게 된다. 이 과정에서 공정성과 이익 분배에 대해 관심을 갖게 되면서, 유아들은 규칙이 누구에게나 엄격하게 적용되어야 한다고 생각하게 되고, 불공평한 상황에 대해 화를 내거나 항의하는 법도 배우게 된다. 타협하거나 경쟁하는 것을 배우게 되고, 타인의 특별한 필요를 배려한 공정성의 개념인 '공평'을 배울 수도 있다. 이러한 과정이 반복되면 타인의 입장을 고려하는 능력이 증가할 수 있다.

⑤ 이타심을 장려하는 활동: 어려움을 갖고 있는 사람들을 돕는 활동에 참여하므로 남을 배려하는 마음을 배우게 할 수 있고 어려운 나라의 친구에게 편지 쓰기, 불우이웃에게 장난감이나 음식 보내기 등 다양한 활동을 함께 계획하고 실천해 볼 수 있다. 또한, 가족을 돕거나 배려하도록 격려하는 것이 필요하다. 가정 내에서도 봉사를 실천해 보도록 하는 것이 가정 분위기를 평화롭고 긍정적으로 변화시키는 데 도움이 된다.

## 4 배려 교육 프로그램과 활동 사례

### 활동 사례 1

**활 동 명** 편안한 거리가 좋아요

**대상 연령** 만 4~5세 이상

**활동 목표**
- 다른 사람의 느낌과 상황을 고려하는 경험을 할 수 있다.

**활동 방법**

1. 유아들과 다음과 같은 활동을 전개한다.
   ① 짝꿍을 소개한다.
   ② 가구들로부터 멀리 떨어져서 방의 한 가운데 서서 짝꿍과 얼굴을 마주 한다.
   ③ 짝꿍과 계속해서 눈을 맞춘다.
   ④ 짝꿍이 벽 쪽을 향해 뒷걸음으로 가는 동안 방 가운데에 서 있는다.
   ⑤ 짝꿍이 다시 가능한 한 가까이 자신에게 천천히 향해 오는 동안 눈을 맞추고 방 가운데에 서 있는다.
   ⑥ 짝꿍과 역할을 바꾸어 진행해 본다.

2. 활동을 마치고 유아들과 활동에 대한 느낌과 경험에 대해 이야기 나눈다.
   - 짝꿍이 계속해서 가까이 다가올 때 어떤 느낌이 들었니?

- "이제 그만 다가와도 돼?"라고 말하고 싶을 때가 있었니?
- 짝꿍을 멈추게 하기 위해 어떤 행동을 하고 싶었니?
- 짝꿍이 너무 가까이 다가와서 뒤로 물러서고 싶을 때가 있었니?

3 다른 사람과 함께 할 때 불편하지 않기 위해서는 어떤 점을 주의해야 하는지 같이 토의해 본다.

**확장 활동**
- 다른 사람의 공간을 침범했거나 친구가 자신의 공간에 너무 가까이 옴으로써 불편했던 점에 대해 느낌을 동작으로 표현해 보는 활동을 할 수 있다.
- 다른 사람들의 사적인 공간을 왜 존중해야 하는지에 대해 유아들끼리 서로 이야기 나눌 수 있는 기회를 준다.

## 활동 사례 2

**활 동 명** 단어를 만들어 봐요

**대상 연령** 만 5세 이상

**활동 목표**
- 친절함에 대해 배울 수 있다.

**활동 자료** 포스트잇, 필기도구

**활동 방법**

1 친절한 사람들의 특성들에 대해서 유아들에게 각자의 생각을 말하게 한다. 그리고 그 생각들을 보드에 적는다.

2 학급을 소그룹으로 나누고 모든 그룹의 각각 유아들에게 세 장의 포스트잇을 나누어 준다.

3 첫 장 종이에는 한 문자씩을 쓰게 한다. 두 번째 장에는 자음을, 나머지 한 장에는 모음을 쓰도록 한다.

4 각 그룹이 문자를 가지고 친절함과 관련된 단어를 만들게 한다.

- 관련된 단어를 만들면서 유아들은 창조적인 생각을 하게 되지만 다른 그룹에게 그 단어가 왜 친절함과 관련된 단어인지를 설명할 수 있어야 한다. 예를 들어, 유아들이 '개(dog)'라는 단어를 만들었다면 그 단어를 통해 애완동물과 사람 사이의 돌봄과 친절함에 대

해서 이야기할 수 있어야 한다.

5 끝나기 8분 전쯤에 시간을 말해 주고 각 그룹에게 자신들이 만든 단어를 크게 외치게 한다.

6 다른 그룹에서는 서로 왜 그 단어가 친절함과 관련되어 있는지에 대해 토론해 본다.

**확장 활동**
- 서로 다른 종류의 친절함에 대해 토론해 보는 기회를 갖는다.

## 활동 사례 3

**활 동 명** 미소(smile)를 지어요

**대상 연령** 만 3세 이상

**활동 목표**
- 친근하게 대하는 방법을 알 수 있다.
- 이웃 사람에게 먼저 인사할 수 있다.

**활동 자료** 도화지, 매직펜, 연필

**활동 방법**

1 유아들에게 도화지에 사람의 윤곽을 크게 그리게 한다.

2 사람 윤곽에 입, 코, 눈, 귀 등을 그리게 한다.

3 사람들이 어떻게 신체의 다른 부위들을 통해 친근함을 보이는지 써 보게 한다.
- 예: 입을 이용해 다른 사람에게 미소를 짓는 등의 행동 등

4 입을 통해 친근함을 보이는 다른 방법에 대해 이야기하도록 하게 하고, 그림의 입 근처에 그 방법에 대해 쓰게 한다

5 다른 유아들과 자기 생각을 나눌 수 있게 한다.

6 교사가 유아들과 함께 한 과정을 직접 보드에 예를 들어 보여 주면서 유아들이 할 수 있도록 해 준다.
- 예: "입은 좋은 말을 할 수 있다.", "발은 우리와 함께 갈 수 있다. 눈은 말하는 것을 볼 수 있다." 등

7 유아들에게도 이러한 과정을 눈, 귀 , 손 등 다른 신체 부위를 이용하여 진행할 수 있도록 지도한다.

**확장 활동** ▫ 친근한 사람이 되기 위해 어떻게 해야 할지 부모와 연계하여 방법을 생각해 오도록 한다.

## 활동 사례 4

**활 동 명** 카드를 만들어 보아요

**대상 연령** 만 5세 이상

**활동 목표** ▫ 친절과 돌봄에 대해 알 수 있다.

**활동 자료** 색도화지, 가위, 풀, 매직펜

**활동 방법**

1 어떤 경우에 카드를 보내고 받는지에 대해 이야기를 나누어 보게 한다.

2 아프거나, 멀리 떨어져 있거나, 생일인 사람들을 생각해 보게 한다.

3 카드를 만들고 친절한 메시지를 쓸 수 있도록 지도한다.

4 만든 후에는 자원하는 유아가 다른 유아들과 함께 나눌 수 있게 한다.

5 활동을 마치고 느낀 점에 대해 이야기 나눈다.
- 친절함과 돌봄을 나타내는 카드를 보낼 때 어떤 기분이 들었나요?
- 다른 사람을 위해 카드를 만들 때 느낌이 어떠했나요?
- 다른 사람에게서 카드를 받을 때의 느낌은 어떠했나요?

**확장 활동** ▫ 언어영역에서 다 만들어진 카드를 모아 책을 만들어 본다.

## 활동 사례 5

**활 동 명** 친구가 되어요

**대상 연령** 만 3세 이상

**활동 목표**
- 친구의 소중함을 알 수 있다.
- 친구에게 해 줄 수 있는 일을 찾아볼 수 있다.

**활동 자료** 호루라기, 돌봄 지시카드, 사랑 주머니(지시 카드 담는 것), 돌보아 주기 소품(옷, 담요, 컵 등).

**활동 방법**

1. 게임 자료를 보며 무슨 게임인지를 생각해 보게 한다.
   - 어떻게 하는 게임일까요?
   - 이 주머니에는 무엇이 들어 있을까요?
2. 게임 자료인 돌봄 카드를 소개한다(친구 안아 주기, 업어 주기, 뽀뽀해 주기, 물 먹여 주기, 옷 입혀 주기, 이불 덮어 주기).
3. 게임방법을 소개한다.
   - 팀을 대형으로 앉아서 출발선에 한 명씩 나와 선다.
   - 다른 쪽 끝에 돌봄을 받을 친구가 한 명씩 앉아 있다.
   - 선생님의 호루라기 신호가 나면 사랑주머니에서 지시 카드를 한 장씩 뽑아 지시대로 친구를 돌본다.
   - 게임을 하고 서로 느낀 점을 이야기하여 친구를 돌보아 줄 때 나도 즐겁고 행복하게 된다는 것을 인식하게 한다.

**확장 활동**
- 가족을 위해서 내가 할 수 있는 일을 찾아보고 실천할 수 있도록 계획표를 작성해 본다.

# 제06장

## 품성의 지도 정직

## 1 정직의 개념과 발달

### 1) 정직의 정의

정직성의 사전적 의미는 '곧고 바른 품성'으로 정의된다.

정직(正直, honesty)은 마음을 곧고 바르게 가짐으로 말과 행동에 거짓과 꾸밈이 없는 것을 뜻한다. 정직에 대한 인식이 마비되면, 사람으로서 마땅히 지녀야 할 바르고 착한 마음과 사물의 옳고 그름을 판단하고 다스리는 능력을 잃게 된다. 이렇듯 정직은 개인의 인격을 결정하는 중요한 요인이 되며 동시에 사회가 건전하게 유지되고 발전하는 데 기본이 된다. 그러나 요즈음은 어떠한가? 정직하면 손해를 본다는 생각을 갖고 있는 오늘날의 세태로 인해 정직한 사람은 바보스럽고 고집스러우며 현실과 동떨어져 보이기까지 한다. 오히려 요령 있고 가식적인 사람들이 출세를 하고, 성공하는 것처럼 보인다. 하지만 스스로 양심에 정직하지 못하면 심리적인 안정을 찾지 못하고 세상에 대한 바른 인식을 하지 못하여 마음의 병을 앓게 될 수도 있다.

존 버틀릿(J. Barlett)은 "정직이 최상의 정책이다."라고 이야기했다. 정직함을 찾으면 내 삶의 근원이 바로 자신임을 깨닫고 인정하게 된다. '정직함'은 내면의 진리에 대한 통찰로 명확하고 안정감을 가지므로 자신의 감정의 표현과 세상에 반응하는 태도나 방법을 찾고자 헤매지 않아도 된다. 정직함이 주는 투명한 신념은 'ㅁㅁ인 척하기'에서 자신을 온전히 바라보게 하고, 생각하기의 혼란으로부터 벗어나 고요한 마음의 상태가 될 수 있다. 자만에서 벗어나 자신의 존재에 대해 겸허한 자세로 삶에 저항하지 않고 자연스러운 흐름에 순응하는 무한한 근원으로서의 '나'를 경험할 수 있다(이영숙, 2010).

정직성에 관한 초기 연구자인 버튼(Burton, 1976)은 정직성을 구성하는 요인을 판단, 행동으로 보았다. 즉, 사람은 정직해야 한다는 데 대한 신념을 의미하며, 행동은 그러한 신념이 실제 행동으로 이행되는 양상을 의미한다는 것이다. 정직한 행동 속에는 '속이지 않기', '거짓말하지 않기', '훔치지 않기'가 포함되는 것으로 보았다. 정의적 특성은 정직한 생각과 행위에 수반되는 기쁨, 만족, 안도와 부정직한 행위에 따르는 죄의식, 갈등 등을 포함한다. 이렇게 볼 때, 정직한 사람이란, 곧 정직성에 대한 바르고 강한 신념을 가지며 정직한 행동을 하고 스스로 부정직한 행위에 대해 양심의 가책을 느낄 줄 아는 사람을 뜻한다. 정직성과 관련된 다양한 관점을 살펴보면, 상황 의존적 특성으로서의 정직성, 절대 도덕율로서의 도덕성 · 사회적 책임으로서의 정직성, 행위체계로서의 정직성 등으로 간략히 살펴보면 다음과 같다(송명자, 1995).

#### (1) 상황 의존적 특성으로서의 정직성

정직성이 상황 의존적 특성이라는 것은, 즉 부정직한 행동이 환경에 의해 획득되거나 학습될 수 있음을 의미하는 것으로, 주어진 환경과 그때의 상황을 모면하기 위한 부정직한 행동을 모방함으로 학습될 수 있다. 이는 행동주의 이론에서도 살펴볼 수 있다. 반두라(Bandura)의 경우 환경이 도덕적 행동을 학습시키는 기제를 보상체계와 모방으로 설명한다. 그러므로 정직성을 올바르게 촉진하는 환경이 되기 위해서는 정직한 행동에 대해 보상하고 강화하여야 한다. 부정직한 행동 뒤에 보상이 따른다면 이러한 상황 속에서는 부정직한 행동이 길러질 수밖에 없을 것이다. 그러므로 그 사회의 사회적 분위기는 정직성을 기르는 데 있어 아주 큰 영향을 미침을 알 수 있다.

### (2) 절대적 도덕율로서의 도덕성

인지발달 이론가들의 입장은 부정직한 행동이 사회적 상황에 의해 학습된다는 사회학습이론가들과는 달리, 인간은 어떠한 상황에서도 정직성의 가치를 판단하고 정직한 행동을 하고자 하는 근본적인 능력을 가진 존재이나, 이러한 능력을 충분히 개발하지 못한다고 보았다.

피아제(Piaget)는 인간의 도덕성은, 어떤 행동을 보상하거나 처벌하는 외적인 규범율을 따르는 타율적 도덕성의 단계로부터 스스로 그러한 행동이 올바른가를 판단함으로써 행동하게 되는 자율적인 도덕성의 단계로 이행된다고 주장하고 있다. 이처럼 아동이 스스로 옳고 그름을 판단할 수 있게 되는 것은 아동의 사고가 발달함에 따라 자연스럽게 인간 고유의 양심과 보편적 가치의 원리를 획득하게 되기 때문이다.

콜버그(Kohlberg)는 인간의 도덕성이, 처벌을 회피하기 위해서 또는 나 자신에게 직접적으로 이익이 되기 때문에 도덕적으로 행동하는 인습 이전 수준으로부터 법률, 규범, 사회적 의무를 지키기 위해 도덕적으로 행동하는 인습 수준을 거쳐, 사회적 규범을 넘어서서 인간의 생명, 자유, 존엄성을 존중하고 보편적인 양심과 정의의 원리를 따르고자 하는 인습 이후 수준의 단계를 거쳐 발달하는 것으로 설명하고 있다. 이러한 콜버그의 이론은 인간은 누구나 인지적으로 성장함에 따라 정의, 양심, 사회적 책임, 공정성과 같은 보편적 도덕률에 도달할 수 있는 능력을 갖추고 있으며, 이러한 인간 고유의 능력이 정직성의 뿌리가 되고 있음을 보여 준다고 하였다. 실제로 콜버그는 세 종류의 실험으로 고교생과 대학생들의 부정행위를 유인하는 상황에 두었을 때, 인습 수준의 피험자의 55~78%가 부정직한 행위를 한다는 사실을 밝혔다.

맹자의 인의도덕론에서도 피아제나 콜버그와 같은 관점을 볼 수 있다. 정직성의 기초가 되는 옳고 그름을 분별하는 마음을 포함하여 가엾게 여기는 마음, 부끄럽게 여기는 마음, 양보하는 마음의 4가지 마음은 인간이 선천적으로 갖추고 있는 것이므로 이를 드러내는 양심은 생각하지 않아도 아는 능력, 배우지 않아도 가능한 것으로 생각된다. 따라서 하늘이 부여한 양심을 잃지 않고 잘 보존하며 나아가 이를 잘 길러가는 존심양성에 의해 도덕성이 확립된다고 하였다.

흔히 오늘날과 같은 시대, 사회적인 풍토에서는 정직성 교육이 불가능하다고 생각하는 사람들이 있는데, 이와 같은 주장은 정직성이 상황적 특성에 의해 결정된다고 간주하는 데에서 비롯된다. 그러나 피아제, 콜버그의 관점이나 맹자의 도덕률을 통해 볼 때, 정직성에 있어서 절대적 도덕률로서의 도덕성의 관점은 절대불변의 진리이므로 시대와 상황을 막론하고 가장 기본적인 선과 악, 근본적인 양심을 바로 세우는 데 커다란 기준이 된다. 그러므로 어떤 시대 사회적 상황에서도 교육을 통해 학생들의 도덕적 사고능력을 기르고 양심을 밝힘으로써 정직성을 계발하고 부정직한 행동을 막을 수 있어야, 정직성의 보상체계나 학습모델이 적절하지 못한 상황에서도 교육은 그 시대 사회적 상황에 앞장서서 시대정신을 개혁하고 변화시키는 소임을 다할 수 있게 된다.

### (3) 사회적 책임으로서의 정직성

개인과 개인, 집단과 집단 또는 국가와 국가 간의 관계에 있어서 상대방의 정직성에 대한 신뢰가 무너지면 모든 관계의 단절이 일어나게 된다. 따라서 정직성은 단순히 한 개인의 가치를 넘어서서 집단과 사회전체의 가치를 결정하는 요인이 된다.

요즈음은 정부의 고위층 인사를 임명하기 위해서 국회의 인사청문회를 하게 되는데, 이때 가장 크게 검증되는 부분은 정직성과 도덕성에 관한 것이다. 정직성의 잣대를 절대적 기준에서 엄격하게 정하는 이유는 우리 사회의 정직성에 관한 가치의 결정이기 때문이다.

일반적으로 인간관계의 사람이 하는 말이 진실하거나 말과 행동이 일치할 때 신뢰가 생길 수 있으므로, 이러한 점에서 정직성의 사회적 책임에 관심을 갖는 많은 연구들은 대화와 의사소통에서 정직성이 갖는 중요성을 강조하고 있다.

말과 행동이 일치하지 않는 것으로 의심받는 부모, 교사, 정치가, 지도자들은 청소년들의 정직성을 높이는 데에 기여할 수 없다. 개개인의 부정직성을 초래하는 이러한 상황을 볼 때, 정직성과 사회적 책임에 대한 각성이 얼마나 중요한가를 새삼 깨닫게 될 것이며, 이러한 각성의 결핍으로 작은 부정직이 쉽게 초래하게 된다는 데에도 공감할 것이다.

단순히 개인이 갖추어야 할 덕목의 수준을 넘어 정직성의 사회적 책임을 생각하면 정직성 교육의 중요성은 더욱 크게 부각된다. 일차적으로 이러한 교육은 자신의 행위의 결과와 의미를 자신의 입장에서만 고려하는 자기 중심성으로부터 벗어나 타인과 사회 전반에 미치는 영향을 고려할 수 있도록 하는 탈중심화의 사고 교육에서부터 시작되어야 한다.

### (4) 행위체계로서의 도덕성

정직성의 중요성과 필요성에 대한 철저한 인식과 각성이 있을 때 정직한 행동이 이루어진다. 정직성을 대표하는 가치교육이 개인의 판단과 신념의 변화를 일으키는 데에 집중되고 있는 것은 이러한 이유 때문이다. 주자의 성리학에서도 도덕적 인식이 도덕실천을 이끄는 양자 간의 관계를 설명하고 있는데 이 입장도 같은 이유 에서이다. 그러나 도덕적으로 무엇이 옳고 그른가에 대해서 정확한 판단 능력을 가진 사람들도 부도덕한 행위가 자신에게 이익이 된다고 생각되는 상황에서는 쉽게 부도덕한 행위를 보인다는 사실을 입증하는 많은 연구를 찾아볼 수 있다.

학교에서 이루어지고 있는 대부분의 가치교육이 학생들의 도덕적 덕목의 중요성에 대한 생각과 판단을 바꾸어가는 데에 집중되고 있는 교육의 현실을 고려해 볼 때, 정직성에 대한 판단과 행위 간의 괴리는 심각한 문제가 아닐 수 없다. 따라서 무엇이 정직한가를 판단할 수 있는 능력을 토대로 실제로 정직한 행위로 이끌어갈 수 있는 과정과 방안을 찾는 것이 정직성 교육의 주요 과제가 되었다.

도덕적 판단과 행동 간의 괴리가 나타나는 원인을 2가지 측면에서 살펴볼 수 있다(송명자, 1995).

첫째, 도덕적 가치판단이 행위로 이행되지 않는 것은 판단의 내용이 의무판단 수준에 머물며 책임판단 수준에 이르지 못하고 있기 때문이다. 정직성에 대한 의무판단 능력은 단순하게 "정직함은 옳은 것이며, 따라서 사람은 정직해야 한다"고 생각하는 수준의 판단이다. 이에 반하여 책임판단은 "정직함이 왜 옳으며 나는 왜 정직해야 하는가?"의 질문에 대한 답이다. 책임판단의 수준에 이를 때 사람들은 자신이 왜 정직해야 하는가에 대한 확실한 신념을 확립할 수 있게 된다. 이렇게 볼 때 의무판단은 행위에로의 이행력이 약한 반면에 책임판단은 행위와 직결될 수 있는 힘을 갖게 된다.

둘째, 행위에 대한 자아통제가 약하기 때문이다. 자아통제에는 부정직한 행동을 유인하는 상황과 그로부터 얻을 수 있는 현실적인 이익에 저항할 수 있는 힘, 자신의 부정직한 행동에 대한 죄의식, 자신의 행위에 대한 사회적 책임을 다하고자 하는 의지 등이 포함된다.

도덕적 판단과 행위를 매개하는 책임판단과 자아통제의 2가지 요인은 정직성 교육에 큰 시사점을 제공한다. 종래의 가치교육이 단순히 지식수준에 머물며 행위에까지 이르지 못한 것은 책임판단적인 각성과 자아통제의 힘과 의지, 즉 자기조절력을 불러일으키는 데 실패했기 때문이라고도 할 수 있다.

정직의 반대인 부정직이란 무엇인가? 부정직의 여러 형태에는 거짓, 고의적인 속임, 정보은폐, 진실을 찾지 않음 등이 포함된다. 부정직에 대해 생각할 때, 흔히 거짓을 떠올리게 되는데, 거짓의 3가지 요소로, 첫째, 대개 거짓은 허위이거나 심하게 오도한다고 생각되는 어떤 것을 포함하며, 둘째, 거짓은 대개 말로 진술되고, 셋째, 거짓은 속이려는 의도로 만들어진다. 즉, 거짓은 허위 또는 심하게 오도한다고 생각되는 속이려는 의도로 만들어진 진술이라고 할 수 있다.

종합하여 볼 때 정직의 범위를 살펴보면,

- 하지 않은 일 또는 한 일에 대해 솔직하게 이야기하고 거짓말하지 않는 것
- 지켜야 할 규칙과 질서를 스스로 잘 지키는 것
- 자신의 양심을 깨끗이 지켜 나가고, 양심에 비추어 보았을 때 떳떳한 것이라 할 수 있겠다.

우리가 살아가는 데 있어 정직을 지녀야 하는 이유는 정직이 인간의 가장 근본적인 품성이기 때문이다. 자신의 이익을 위해 음식물에 첨가하지 말아야 할 내용물 섞기, 학력 조작, 자녀의 부정입학, 불법과외, 위조서류로 복지기금을 타 내기 등등의 사소한 것에서부터 사회적으로 손가락질 받는, 위험하고 또는 해서는 안 되는 일까지 갖가지 부정직한 행태가 요즘 우리 사회에 범람하고 있다. 오히려 조작하고 위조하여 원하는 바를 이루어 내는 사람이 능력 있는 사람으로 인정받기도 한다. 전반적인 사회 분위기가 부정직함으로 물들어 갈 때 '정직성을 꼭 지켜야 하나?', '도대체 옳은 것은 어떤 것인가?' 하는 물음에 대한 답을 찾기가 궁색해지고, 친사회성과 융통성의 이름으로 쉽게 이루어 가는 사람이 많아질 때 정직한 사람들은 상대적으로 무능력자, 고지식하고 고리타분한 사람으로 인식될 우려가 있다.

그러나 한편으로 사람들은 부정직하고 비양심적인 사람에게 절대적인 정직성의 잣대를 대어 몰아가기도 한다. 국회 인사청문회에서 국무총리 내정자가 불성실하게 세납했거나 부정직한 방법으로 병역을 면제받았다거나 등의 정직성에 문제가 드러날 경우 엄격한 잣대를 대어 사퇴에 이르게 한다. 예를 들면, '쓰레기 만두 사건'으로 단 한 사람의 부정직한 행동으로 인해 소비자들이 만두를 사 먹기 꺼림으로써 선의의 피해자가 생기기도 하며, 자살이라는 극단적인 생각을 하기도 있다.

뉴스가 시작되면 온갖 사회의 비리와 부정직하고 불성실한 사람에 대한 고발, 법과 규칙을 어긴 사람들에 대한 부정적인 뉴스로 가득 차 있다.

이에 우리 사회가 건강성을 회복하고, 신뢰할 수 있는 사회가 되기 위해서는 정직을 내면화하고 정직한 사람이 대우받고 부정직한 사람은 인정받지 못하는 사회로 거듭날 필요가 있다.

## 2) 정직의 발달

'정직'이란 단어를 보면 그것이 중요하다는 것을 알면서도 답답하고 부담스러운 생각이 들기도 한다. 정직성은 어떻게 발달되는가? 자라면서 부모님이나 선생님들로부터 '거짓말하는 것은 잘못'이라는 얘기를 많이 들었고 어쩌다 거짓말한 것이 들통 났을 적엔 호된 꾸중과 함께 무섭게 벌을 받았던 경험이 누구에게나 있다. 이처럼 어린 시절부터 거짓말하면 안 된다, 규칙을 지켜야 한다 등의 내용을 지도받으며 자라난다. 정직성에 대한 발달의 이론은 대부분의 이론 서적에서는 도덕성 발달이론으로 인지발달이론, 정신분석이론, 사회학습이론, 친사회적 행동 등으로 나누어 설명되고 있다(우영효, 2010).

이러한 기본적인 도덕성 발달에 관한 이론은 이미 앞 장에서 살펴보았다. 여기서는 그중 정직과 관련된 최근의 리코나의 도덕성 발달이론에 관해 더 자세히 알아보겠다.

### (1) 리코나의 도덕성 발달이론

미국에서 도덕 교육 협회회장을 역임한 바 있는 리코나는 현재 뉴욕주립대학교 교육학과 교수로 재직 중에 있으며 도덕 교육에 많은 관심을 가지고 있다. 특히 최근에는 인성교육의 핵심 요소인 존중심과 책임감에 대한 연구활동을 하고 있다. 리코나는 실제로 우리의 도덕생활에서는 다양한 인성의 구성요소가 복잡하게 작용하고 있다고 주장하였다. 리코나는 올바른 인성을 발달시키기 위해서는, 첫째, 도덕적으로 아는 것, 둘째, 도덕적으로 느끼는 것, 셋째, 도덕적 행위를 할 수 있도록 교육해야 한다고 주장하였다. 그는 훌륭한 인격은 선을 알고 선을 추구하며 선을 행하는 것이라고 하였다.

리코나는 콜버그의 도덕성 발달이론과 데이먼과 셀만의 발달이론을 결합하여 0단계에서부터 5단계까지 모두 6단계로 이루어진 도덕적 추론의 발달단계를 제시하였다. 0단계는 데이먼과 셀만의 이론에 바탕을 둔 것이며, 1단계에서 5단계는 콜버그의 이론에 근거한 것이라고 할 수 있다. 리코나에 따르면 도덕적 추론의 단계들은 유아기부터 시작하여 성인기를 통하여 계속 발달한다고 한다. 그가 제시하고 있는 도덕적 추론의 단계는 다음과 같다.

〈표 6-1〉 리코나의 도덕적 추론의 단계

| 단계 | 특징 | 연령 |
|---|---|---|
| [0단계]<br>자기<br>중심적<br>추론 | • 도덕적인 용어('그것은 공정하지 못하다.')로 자신의 독립심을 표현하는 시기지만 그들이 말하는 '공정하다'는 의미는 그들이 원하는 방식대로 하는 것을 의미한다.<br>• 도덕적 갈등상황에서 특히 자기중심적이며, 자신의 관점으로만 사물을 바라본다.<br>• 소유물에 대한 태도는 '내가 그것을 원하니까.', '그것은 내 것이야.'와 같은 방식을 취한다.<br>• 자신들의 행동이 잘못되었다라는 인식 없이 그들이 원하는 것과 세계를 일치시키기 위하여 할 수 있는 방법을 모두 사용하려고 한다.<br>• 자기 의도를 관철시키기 위해서 가끔 규칙을 위반한다든지, 욕설을 한다든지, 정도를 벗어나는 행동을 한다. | 4세<br>정도 |
| [1단계]<br>무의식적<br>복종 | • 자기주장의 단계보다 순종적이고 협조적으로 변한다.<br>• 다른 사람의 관점을 받아들일 수 있지만 하나의 관점, '어른들의 관점'만이 옳다고 생각한다.<br>• 타인의 권위를 존중하고 따르고자 하는 경향이 강하다.<br>• 어른들이 말하고 시키는 대로 하는 것이 옳은 것이다.<br>• 순종을 해야 하는 이유는 처벌을 피하기 위해서이다.<br>• 어른은 전지전능하고 아이가 잘못한 것을 다 알아낸다고 생각한다.<br>• 그들에게 나쁜 일이 일어난다면 나쁜 일을 했기 때문에 받는 당연한 결과라고 생각한다.<br>• 어른들을 도덕성의 근원으로 보기 때문에 자주 고자질한다.<br>• 마음속에 동시에 2가지의 관점을 수용하기가 어렵다. | 5세<br>정도 |
| [2단계]<br>이기적<br>공정성 | • 공정성에 대한 2가지 생각이 있다. 첫째는 공정성에 대한 교환의 생각이고 둘째는 교만한 독립심이다. 즉, 어른의 실수에 대하여 강하게 비난한다.<br>• 어른이 일방적으로 명령해야 한다는 생각은 지나가고 동등성에 대한 강한 신념을 갖는데, 이 신념은 아동 자신의 것을 포함한 다양한 관점에 대한 존중의 결과이다.<br>• 모든 사람은 자기 자신의 입장이 있다는 것을 인식한다.<br>• 자기 자신에게 공정하게 대하는 사람에게는 똑같이 공정하게 대하는 것이 옳은 일이라고 생각한다.<br>• 어른의 규칙을 따르는 것 이상으로 많은 공정성이 있음을 인식한다.<br>• 아동은 그들이 원하는 것을 얻기 위해 협상하는 과정으로서 친구나 또래집단, 부모와 함께 사회적 상호작용을 하게 된다. | 5~7세<br>정도 |

| 단계 | 특징 | 연령 |
|---|---|---|
| [3단계]<br>인간<br>관계적<br>동조 | • 타인이 자신에게 대해 주기를 원하는 방식으로 자신도 남들을 대우해야 한다는 황금률을 안다.<br>• 자기 자신의 이익뿐만 아니라 타인이 필요로 하는 것에 대해서도 생각할 수 있다.<br>• 도덕적 판단에 있어서 유연하고 관대하다. 즉, 도덕적 갈등상황을 고려하여 생각한다.<br>• 대체로 성인은 자기들보다 현명하고 선하며, 그들의 충고를 따르면 착한 사람으로 성장하는 데 도움이 될 것이라고 생각한다. | 초등<br>학교<br>~<br>10대<br>중기 |
| [4단계]<br>체제에<br>대한<br>책임감 | • 사회체제 내에서 자신의 책임을 제대로 수행해야만 좋은 사람이 될 수 있다고 믿는다.<br>• 사회적 의무를 성실히 수행하는 이유는 사회체제의 존속을 돕고 '자신의 의무를 수행하는 존재'로서 자기 존중감을 유지하도록 하는 것이다.<br>• 책임 있는 사람이 되는 것이 주위 사람들을 기쁘게 하는 것보다 더 우선순위에 있기 때문에 그들은 3단계보다 또래집단의 압력으로부터 더욱 독립적이 된다.<br>• 도둑질이나 사기, 거짓말을 할 때 '모든 사람이 그렇게 한다면 과연 우리 사회는 어떻게 되겠는가?'라고 그것의 파급효과를 생각할 수 있다.<br>• 사회체제 속에서 자신을 아는 사람뿐만 아니라 알지 못하는 사람들에 대해서도 관심을 갖는다.<br>• 서로 돕는 협력적 관계가 사회 존속에 필수적이라는 것을 믿는다. | 고등<br>학교<br>~<br>10대<br>후반 |
| [5단계]<br>양심의<br>원리 | • 사회체제는 개인의 인권을 최대한 존중해 주고 보호해 주어야 한다고 믿는다.<br>• 착하게 되는 이유는 모든 인간에 대한 존중의 원리에 충실히 수행하는 것, 즉 양심의 의무라고 믿는다.<br>• 사회체제의 행동에 도덕성을 평가하기 위해 인간 존중의 원리를 적용한다.<br>• 모든 사람을 위한 자유와 정의 그리고 평화를 추구하는 체제로서 민주주의를 평가한다.<br>• 개인적 가치를 타인에게 강요하지 않고 모든 개인이 타인의 권리존중에 책임이 있다고 생각한다.<br>• 모든 인류의 복지를 걱정하는 선한 사마리아인의 의무를 느낀다.<br>• 목적이 수단을 정당화하지 못한다는 것을 믿는다. | 성인<br>초기 |

출처: 우영효(2010). 영유아 인성교육의 이론과 실제(pp. 55-60).

위의 내용과 같이 리코나는 기존의 도덕성 발달에 관한 이론을 토대로 하여 자기 나름대로의 독특한 발달단계이론을 전개하였다.

## 2 정직의 교육 및 지도방안

그러므로 정직성을 내면화시킴으로써 생각하는 것이 행위로 나타날 수 있어야 하는데, 이것이 정직성을 교육하는 지도방안에 대한 시사점이 될 수 있다.

앞서 정직의 정의와 여러 이론적 측면에서의 도덕성과 정직의 발달에 대해 살펴보았다. 이는 내가 올곧고 더 크게 자라날 수 있는 토양과 같다. 나무가 자랄 때 어떤 토양에서 자라느냐에 따라 달라지듯이 어떤 마음을 가지느냐에 따라 먼 미래에 어떤 사람으로 성장할지 결정된다. 거짓된 사람은 결코 크게 성장할 수 없다. 사람들의 신뢰를 얻을 수 없기 때문이다. 건강한 토양, 즉 정직한 마음을 가질 때 만이 바른 품성을 지닌 전인적인 인간으로 자라날 수 있는 것이다.

하지만 정직하라고 가정과 학교에서 엄하게 교육받았음에도 불구하고 많은 사람들이 정직에 대해 이중적인 태도를 지니고 있으며, 거짓말은 나쁘고 해서는 안 되지만 나만 정직하면 괜히 손해를 본다고 생각하기도 한다. 실제로 약간의 속임수로 당장의 이득을 보는 그런 경우도 있다. 그러다 보니 정직이란 그저 도덕 교과서의 한 구절처럼 '맞는 말이긴 한데, 현실과는 거리가 먼' 경구처럼 느껴지기도 한다. 또한, 올곧게 정직하면 융통성이 없고 현실감각이 없는 사람으로 여겨지기도 한다.

그러면 어떻게 정직을 지도해야 하는가? 영유아, 학령기 아동으로 나누어 살펴보겠다.

### 1) 영유아 시기의 정직성 지도방안

영유아 시기는 아직 추상적인 사고나 논리적이며 가역적인 사고를 형성해 가고 있는 시기이므로 사회생활을 하면서의 기본 생활습관 지도, 약속 및 규칙 지키기, 정직과 관련된 여러 문제 상황의 이야기 나누기, 관련 동화듣기 등의 다양한 통합된 방법으로 지도하여 기본적인 품성과 덕목을 갖추어 가도록 하여야 한다.

이 시기 유아들의 행동의 거울은 부모와 교사이다. 유아 앞에서 부모가 선의의 거짓말을 할 때에도 유아들은 "엄마 사실은 아니잖아." 하면서 불쑥 끼어들 때가 있다. 이처럼 유아들은 주변의 환경에서 정직함을 의식적, 무의식적으로 습득해 나가는 것이다.

따라서 바른 행동의 모델을 보여 주는 것이 가장 중요하며, 어떤 모임에든 약속 시간을 지켜 참석하기, 다른 사람의 눈이 없어도 올바르게 교통규칙 지키기 등의 기본적인 덕목을 갖출 수 있는 부모의 모습을 보여 주어야 한다.

### 2) 학령기 아동의 정직성 지도방법

이창영(2009)은 초등학생의 도덕적 발달특성 파악에 중점을 두며 연구하였다. 아동의 도덕적 성향을 가장 잘 대변할 수 있는 가치 덕목으로 '정직'과 '도움주기', '공정'을 선정하였는데, 정직, 도움주기, 공정에 관련된 〈일반적인 상황〉에서의 도덕적 물음에 대하여 "당연히 남의 돈을 가져서는 안 되고, 위기에 처한 사람은 도와주어야 하며 남을 차별하지 말고 항상 공정하게 행동하는 것이 옳다"는 응답이 확인되었다. 그러나 자신과의 관련성이나 이익 등의 이해관계가 관련된 〈문제상황〉에서는 대상의 변화(장애인, 괴롭히는 친구, 부잣집 아이, 이웃돕기 등)에 따라 학년별, 남녀별로 다른 도덕적 판단을 보였다. 즉, 대상의 특수성에 따라 일괄적으로 정직, 도움 주기, 공정의 덕목을 평등하게 적용하는 것은 오히려 불공평한 결과를 가져올 수도 있다는 인식이 고학년인 5학년 아동일수록 높게 나타났다.

이를 통해 얻은 시사점으로는 다음과 같다(이창영, 2009).

첫째, 도덕과 교육의 효율성을 높이고 보다 적시성 있는 교육을 위하여 도덕적 영역과 사회인습적 영역에 대한 영역별 목표 설정을 구분하여 분명하게 제시할 필요성이 있다.

둘째, 도덕과 교육을 위한 학습내용 구성에 있어서도 도덕적 규범과 덕목을 잘 인식시킬 수 있는 일반적인 사항의 내용을 구성함과 아울러, 도덕적 덕목과 인습적 규범, 혹은 개인적 영역의 문제 등이 중첩된 내용을 아동의 생활 주변에서 구안하여 제시해야 한다.

셋째, 교사는 아동들의 모든 행동 속에서 도덕적 요소를 파악할 수 있도록 하여 어떤 요소들보다 도덕적인 요소를 더 중시하여 고려할 수 있도록 지도하는 것이 중요하다. 또한, 보다 상위의 도덕적 덕목에 하위의 도덕적 덕목을 종속시키거나 조정 할 수 있는 능력을 키우고 아동이 가지는 정보적 가정을 보다 도덕적인 방향으로 이끌 수 있도록 해야 한다.

넷째, 보다 실제적으로 아동 내면의 도덕적 심리를 파악할 수 있는 방법으로 상호 토론학습이 적합하다. 그리고 상호 토론학습을 위하여 무엇보다도 문제사태를 구성하고 수업을 진행하는 교사의 발문기술이 중요하다. 교사의 발문은 주어진 문제를 분명한 도덕적 문제로 인식하도록 하고, 도덕적 민감성과 열정성을 동시에 갖도록 하는 발문이어야 한다. 또한, 도덕적 영역 발달의 개인차를 고려한 확산적 질문으로 심도 있게 구성되어야 한다.

현재, 학교에서 이루어지고 있는 도덕 교육은 3학년부터 6학년까지 총 40개의 단원으로 되어 있고, 단원별 수업시수는 3차시로 구성되어 정상적인 교육과정을 운영한다면 총 120시간의 교과활동이 이루어진다.

개인생활영역, 가정 · 이웃 · 학교생활영역, 사회생활영역, 국가 · 민족생활영역 등의 4가지 영역으로 나누어 이루어져 있다.

초등학교 도덕과 교과서의 구성의 특징을 살펴보면 인지적, 정의적, 행동적 측면을 통합적으로 기를 수 있도록 내용이 구성되었으며, 이를 위해 각 단원이 인지적 정의적·행동적 측면을 중심으로 3차시의 과정으로 이루어져 있다(김기종, 2004).

영국의 교육부에서는 정직과 신뢰를 국가의 도덕적 건강을 결정하는 준거로 지칭함으로써 정직이 개인의 가치를 넘어서 집단과 사회 전체의 가치로 결정되는 요인임을 밝히고 있다. 우리나라 교육과정에서도 정직은 개인생활영역에서의 주요 가치 덕목으로 제시하고 있는데, 정직은 어느 사회, 어느 시대이든 가장 중요한 덕목이며 개인이 갖추어야 할 덕목 이상의 사회적 책임으로서의 그 중요성이 지적되고 있다.

일본도 우리나라와 마찬가지로 초·중·고등학교에서 도덕 교육에 크게 관심을 기울이고 있다. 〈표 6-2〉는 일본 도덕 교육의 영역과 세부 내용이다.

〈표 6-2〉 일본의 도덕 교육

| 도덕 교육의 영역 | 세부내용 |
|---|---|
| • 자기자신에 관한 것<br>• 타인과의 관계에 관한 것<br>• 자연과 숭고한 것에 관계되는 것에 관한 것<br>• 집단과 사회와의 관계에 관한 것 | • 정직, 책임, 용기, 솔직성, 성실, 절제, 자유<br>• 인사, 친절, 감사, 우정, 신뢰, 존경, 협력<br>• 생명의 존엄성, 자연의 위대함, 인간의 힘을 초월하는 것에 대한 경이<br>• 약속, 규칙 준수, 부모·선생 존중, 책임 |

〈표 6-2〉에서 보듯이 일본의 도덕 교육은 이데올로기에 대한 내용이 빠지므로 개인생활과 사회생활에서 보다 철저하게 덕목 교육이 이루어지고 있다. 특히 정직성은 자연과 숭고에 관한 장을 제외하고는 전 영역과 전 학년에 여러 형태로 반복 제시되고 있다.

일본에 비해 미국은 정직성의 문제에 대해 그 필요성을 더욱 강력히 주장하고 있으며, 구체적 교육 프로그램을 개발하고 있는 실정이다. 미국 뉴욕 주 교육부의 보고서에서 현재 각급 학교의 무질서와 혼돈에서 벗어나기 위해서는 가치교육이 절실히 필요하다는 것을 지적하고 구체적인 목표로서, 첫째, 정의, 정직성, 자기규제, 평등성의 진작, 둘째, 자기, 타인 및 공공기물을 동일하게 존중하는 교육, 셋째, 합리적으로 사고하는 방법과 기술훈련 등의 3가지를 제시하고 있다.

학령기 아동의 정직성 교육을 위한 시사점으로 송명자(1995)는 다음과 같이 정리하였다.

### (1) 도덕과 교육에서의 시사점

우리 사회의 전반적인 도덕성 수준을 높이기 위해서는 앞으로 도덕 교과내용은 정직성, 정의, 이타성, 인내, 성실성 등 개인적인 덕목의 계발을 위한 인간교육 중심으로 바뀌어야 한다.

도덕 교육방법의 변화로, 다른 교과와 달리 도덕 교과는 지식 주입이나 단편적인 암기 중심의 교육방법이 부적합하다. 그러므로 도덕 교육은 토론 중심의 학습방법으로 접근해야 한다. 그러나 학교에서 이루어지고 있는 토론의 심도에 대해서 재검토해 볼 필요가 있다. 만일 단순히 누가 옳은가, 왜 그러한가의 수준에서 토론이 이루어지고 있다면 이러한 토론에 의한 성과는 앞에서 언급한 의무판단 수준에 머물게 되며 책임판단 수준까지 이르지 못한다. 이러한 토론은 결과적으로 학생들의 정직성에 대한 가치 판단과 신념이 행동으로 실현될 수 있게 하기 위한 기법들을 구체적으로 제시하여 직접 실천할 수 있도록 가정과 연계하여 지도하여야 한다.

### (2) 일반적인 학교교육에의 시사점

첫째, 명확한 보상체계의 확립으로 정직하거나 부정직한 행동이 결과적으로 어떻게 보상 또는 처벌받는가가 학생들의 정직성 발달에 중요한 영향을 미친다. 이때 유의할 점은 이러한 보상체계가 어떤 대상, 어떤 상황, 어떤 시기를 막론하고 일관성 있게 적용될 때, 소기의 목적을 달성할 수 있다는 점이다.

둘째, 다양한 역할모델의 활용으로 정직성에 관한 많은 연구자료는 성인모델이 청소년의 정직성 발달에 미치는 영향을 특히 강조하고 있다. 따라서 학교에서 교사는 학생들의 정직성 획득에 결정적인 영향력을 갖는 역할모델이다. '교사교육을 위한 정직성 교육 프로그램'이 개발되어 교사 연수자료로 활용될 수 있어야 한다.

셋째, 사회적 책임의 각성으로 정직하거나 부정직한 행동이 자신에게 가져다주는 이익 및 불이익의 한계를 벗어나, 자신의 행동이 타인에게 미치는 사회적 영향력을 고려할 수 있게 될 때, 정직성을 단순한 개인적 덕목으로 고려하는 자기중심적인 사고의 틀에서 벗어나 타인과 자신이 속한 집단 전체의 가치풍토를 염려하게 될 때, 정직성의 사회적 책임에 대한 각성이 의미를 갖게 될 것이다. 학교현장에서 역할연습, 탈중심화 훈련, 자아통제력 개발훈련 등 사회적 책임을 각성하게 하는 구체적인 수업기법을 개발해 볼 필요가 있다.

그러므로 정직의 지도방안으로는, 첫째, 영유아기부터 연령의 발달을 고려하여 정직의 품성을 길러 나갈 수 있도록 부모님과 교사의 모범적인 모델링이 필요하고, 몸소 실천할 수 있도록 눈에 보이는 보상을 통해 점점 내면화될 수 있도록 일관적이고 지속적으로 지도하여야 한다.

둘째, 정직의 교육을 위해 구체적인 수업지도안과 교사의 확산적 사고를 위한 발문 유형을 개발하여야 한다. 정직과 관련된 문제 상황의 제시, 정직과 관련된 동화 및 위인의 일화를 읽고 토의하기 등의 활동을 통하여 정직성에 관한 올바른 개념을 정립시키고 구체적으로 실천할 수 있도록 돕는다.

## 3 정직의 발달을 돕는 부모와 교사의 역할

자녀들에게 정직성의 발달을 돕는 가장 좋은 방법은 교사와 부모가 정직의 가치를 중요시하고 몸소 정직한 품성을 보여 주는 것이다. 예를 들어, 빨간 신호등일 때 건너는 행동이나 자녀가 알고 있음에도 다른 사람에게 거짓말을 하는 모습을 보여 주는 행동이 비일비재해지면, 자녀들에게 정직성을 요구하는 것은 점점 어려운 일이 된다.

영유아 시기부터 유아들은 윗세대들의 언어와 행동, 습관을 보며 관습을 익히게 된다. 그러므로 이 시기의 정직에 관한 올바른 습관형성을 위해서는 정직의 본보기로서 부모, 교사의 역할이 가장 중요하다.

거짓말하는 아이를 보면, 위급한 상황을 모면하기 위해, 어른들에게 잘 보이기 위해, 자신의 바람이나 소망을 충족시키기 위해 거짓말을 한다. 또한, 현실과 상상을 구분하지 못해서 이야기를 지어내는 아이와 자신의 열등감을 감추기 위해, 다른 사람에게 상처를 주기 위해 거짓말을 하기도 한다. 이 밖에도 여러 가지 목적의 거짓말이 있다. 그러므로 아이들이 거짓말을 할 때 교사와 부모들은 어떤 의도에서 거짓말을 하는 것인지 구분할 수 있어야 한다. 발달의 시기에 따라 유난히 거짓말을 많이 하는 시기가 있는데, 바로 전조작기 후기인 5~6세 시기이다. 왜냐하면 상상을 즐기는 때이기 때문이다. 그래서 이 시기에는 상상의 내용이 많이 담긴 『백설공주』, 『인어공주』와 같은 그림책을 읽어 주면 상상의 폭이 넓어진다. 영유아들은 아직 실제에 대한 지각을 배우고 있는 과정이므로 너무 성급하게 아이들이 갖고 있는 혼란을 어른이 생각하는 대로 결론지으면 안 된다. 그것보다는 아이가 거짓말과 진실을 구별할 수 있도록 도와주는 것이 중요하다(이영숙, 2009).

거짓말이란 '어떤 것을 하고도 하지 않았다고 말하는 것, 하지 않았음에도 했다고 말하는 것, 진실이 아님을 알면서도 진실인 것처럼 말하는 것'을 말한다. 진실을 말한다는 것은 혹시 상처나 손해를 입을지라도 진실을 말하는 것이다. 자녀들이 과장된 말이나 사실에 근거하지 않은 말을 했을 때는 다음과 같은 훈계의 단계를 밟아야 한다(이영숙, 2009).

- 1단계: 자녀들에게 진실됨에 관한 이야기를 들려준다.
- 2단계: 거짓과 진실이 무엇인지를 알려 준다.
- 3단계: 자녀가 거짓말을 한 상대방에게 사과하고 용서를 구하도록 한다.

자녀에게 진실을 가르쳐 주기 위해서는 아이의 양심을 발달시키는 것이 중요하다. '양심이란 마음에 새겨진 옳고 그름에 대한 기준'이며, 양심이 있으면 잘못된 행동을 할 때 죄책감이 들게 된다. 그러나 올바른 행동을 할 때에는 자신감을 갖도록 격려해야 한다. 또한, 자녀의 거짓말을 예방하기 위해서는 아이가 솔직하게 잘못을 인정했을 때 칭찬해 주는 것 역시 좋은 방법이다. 부모 스스로 자신이 느끼는 감정이나 생각을 자녀에게 솔직하게 말한다면 진실한 아이로 키울 수 있다. 아동과 부모와 교사의 정직에 대한 가장 중요한 방법은 대화 또는 상호작용을 통한 방법이다. 하지만 유의해야 할 사항은 거짓말하는 아이의 행동과 인격을 동일시해서는 안 된다는 것이다. 혹 부모가 "큰일이야. 조그만 녀석이 벌써부터 거짓말을 하고 다니니 말이야. 넌 정말 나쁜 아이야."라고 말한다면 그 아이는 거짓말하는 나쁜 아이가 되고 만다. 이런 말은 그 아이의 인격을 부정하는 말이다. 그러므로 "거짓말하는 것은 나쁜 거야. 거짓말을 해서는 안 된단다.", "한 번 거짓말을 하면 자꾸 더 큰 거짓말을 하게 된단다. 그러니까 곤란한 상황이라도 엄마한테 솔직하게 말해 줄래?"라고 조용히 타이르는 것이 바람직하다.

### 1) 부모의 역할

부모의 행동과 언어적 상호작용은 유아 및 아동에게 가장 큰 영향력을 가진다.

첫째, 부모는 올바른 본보기로서의 정직한 행동을 몸소 실천하여야 하고, 정직의 신념과 가치를 확고히 하고 자녀에게 정직의 가치를 생활 속에서 설명해 주어야 한다. 예를 들어, 세금을 정직하게 납부하거나 거스름돈을 더 많이 받았을 때 돌려주는 것처럼 올바르게 선택한 정직의 행동에 대해 아이에게 보여 주고 자세히 이야기해 주어야 한다.

둘째, 속임수나 거짓말을 하면 어떤 결과를 가져오는지 올바로 알려 주어야 한다. 정직의 열매는 신뢰이다. 신뢰를 얻지 못하는 사람과는 아무도 친구가 되지 않으려고 하기 때문에 외톨이가 될 수도 있음을 알려 주어야 한다.

예를 들면, 여러 번의 거짓말을 한 양치기 소년의 진짜 늑대가 나타났다는 말에는 돕기 위해 아무도 달려오지 않았다는 양치기 소년 이야기를 해 주어, 정직의 가장 중요한 가치는 인간관계에 있어서의 신뢰감임을 수시로 인식할 수 있도록 알려 주어야 한다.

셋째, 아동이 정직하지 못한 행동을 했을 때는 그 즉시 훈계가 이루어져야 한다. 그러나 공개적인 훈계는 바람직하지 못하다. 아무도 없는 곳으로 데려가 1대1로 이야기를 나누어 문제의 본질이 정직성에 관한 것임을 알려 주고 반성적 사고의 기회를 제공하여야 한다. 공개적인 훈계는 아동에게 문제의 본질을 깨닫지 못하고 순간 모면하기 위한 생각만을 하게 할 뿐이다. 그러므로 무엇보다 아동의 특정 행동에 초점을 맞추는 것이 중요하다. "네가 몰래 카드를 바꾸는 것을 봤어. 그건 속임수야."라고 행동에 초점을 맞추어 간략하고 효과적으로 훈계하여야 한다.

넷째, 정직하지 못한 행동이 반복될 때는 받을 벌을 정해야 한다. 부모가 아이의 부정직성을 변명하거나 묵인하고 감싸는 것은 아동의 잘못된 성품을 인정하는 것과 같다. 부정직한 행동이 반복될 경우 그에 따른 벌을 정했음에도 불구하고 버릇이 고쳐지지 않을 때는 벌의 강도에 대해서도 합의하여야 한다.

다섯째, 자신의 결심을 여러 번 반복할 수 있도록 도와주어야 한다. 옳고 그름을 선택해야 할 상황에서 스스로 결심을 여러 번 반복하여 확인하고 말하는 습관을 기르면 자신도 모르는 사이 확신을 갖게 된다. 따라서 어떠한 상황이든지 옳다는 확신이 들 때에는 물러서지 않는 힘을 기르도록 도와주어야 한다.

가정교육이 저절로 이루어지는 것이 아니다. 부모의 아동에 대한 올바른 이해와 관심, 부모자신의 정직성에 대한 가치인식과 올바른 모델링을 보여 주어야 하며, 부모의 많은 노력이 자녀가 올바른 신념이 있는 아동으로 자라나는 밑거름이 되는 것이다.

## 2) 교사의 역할

교사는 교육기관에서 정직에 관한 가치와 신념을 구체적으로 지도하여야 한다. 또한, 상호작용이 가능한 토의학습을 통해 정직의 가치와 개념 등을 아동이 잘 배울 수 있도록 교수방법을 동원하여 지도하여야 한다.

첫째, 정직이란 아무도 없어도 옳은 일을 선택할 수 있는 것이다. 진정한 용기는, 아닌 것은 "아니요(no!)", 내가 잘못한 것은 "네, 잘못했어요(yes!)"라고 변명하지 않고 말하는 것이다. 손해가 되더라도 진실을 이야기할 수 있는 용기이다. 용기 있는 행동을 한 아동의 경우 공개적인 칭찬과 칭찬받은 이유를 친구들 앞에서 설명해 주어 다른 아동들도 정직을 위한 용기를 가질 수 있도록 격려하는 것도 좋은 방법이다. 아동의 행동이 바람직하고 훌륭하였을 경우도 바로 긍정적인 피드백을 주어야 한다.

둘째, 정직의 성품을 가진 인물이나 사건들을 함께 찾아보거나 이야기해 주는 것이 좋다. "인물이 되려면 인물을 만나야 한다."라는 말이 있다. 즉, 인물이 되는 데는 그만큼 역할 모델이 중요하다는 말이다. 주변에 정직한 사람이 있으면 좋은 본보기가 될 것이다. 또한, 책이나 위인전의 일화를 읽어 주고 모둠별 토의시간을 자주 주어 정직한 성품의 인물에 대해 생각하고 있는 바를 논리적으로 이야기할 수 있도록 도와야 한다.

셋째, 정직한 행동에 대해서는 칭찬해 주어야 한다. 결과에 대해서만 칭찬하는 것이 아니라 정직한 행동을 한 과정까지 세심하게 칭찬해 주어야 한다. 사랑은 관심이다. 또한, 관심에 대한 최고의 표현은 칭찬과 격려이다.

"네가 더 받은 거스름돈을 다시 돌려준 정직한 행동이 정말 고맙구나. 네 말이라면 뭐든 믿을 수 있겠는 걸!"

넷째, 아동에게 다양한 언어적 발문 유형으로 정직함을 가르쳐 주어야 한다.

- “네 눈으로 직접 확인해 보렴.”
- “속여서 이기는 것보다 정직해서 지는 게 낫단다.”
- “잘못을 했으면 바로 사과하자.”
- “거짓말로 위기를 모면하면 마음이 더 불안하고 슬퍼져.”
- “규칙은 반드시 지켜야 해.”

가정에서나 교육기관에서나 아동을 잘 관찰하고 아동에게 적합한 시기에 적절한 상호작용으로 정직성의 가치를 강조하여야 할 것이다.

## 4 정직 교육 프로그램과 활동 사례

### 활동 사례 1

| | |
|---|---|
| 활 동 명 | 친구의 물건을 몰래 가져가면 안돼요 |
| 대상 연령 | 만 2세 |
| 활동 목표 | ▫ 다른 사람 물건에 허락 없이 손대면 안 돼요. |
| 활동 자료 | 상황 그림카드 |

> 영희는 주말에 예쁜 구슬 팔찌를 선물 받았어요. 어린이집에 오자마자 선생님께 자랑도 하였어요. 블록놀이를 열심히 하다가 영희는 간식을 먹기 위해 손을 씻으러 갔어요. 영희가 놀던 블록영역 바닥에는 구슬팔찌가 떨어져 있었습니다.
> 지나가던 혜수가 그 팔찌를 보았어요. 혜수는 주변을 살피더니 떨어진 팔찌를 주어 얼른 바지 주머니에 넣었습니다.
> 간식을 먹던 영희는 갑자기 “내 팔찌!” 하며 소리쳤습니다. “선생님 내 팔찌가 없어요. 으앙!”하고 울음을 터뜨렸어요.

"어제 선물로 받은 그 분홍색 팔찌 말이니? 네가 손목에 하고 있는 것을 선생님도 보았는데, 아까 블록놀이를 했지? 선생님과 한번 잘 찾아보자." 하며 영희를 달랬습니다.
블록영역과 화장실 교실 곳곳을 찾아보아도 영희의 구슬팔찌는 찾지 못했습니다. 선생님은 친구들이 돌아간 뒤 샅샅이 살펴보겠노라고 영희를 달래주었습니다.
그 모습을 지켜본 혜수는 울고 있는 영희를 보자 미안했습니다. 하지만 창피해서 다시 내놓을 수가 없었습니다.
어떻게 해야 할까요?
혜수는 선생님에게 정직하게 말하기로 마음 먹었습니다.
"선생님 이거요." 하며 영희의 팔찌를 선생님께 드렸습니다.
"어디서 찾았니! 정말 고맙구나." "어어, 제가 떨어진 영희 팔찌가 예뻐서 주머니에 넣었어요." "어머나! 혜수야, 친구 물건이 갖고 싶다고 그대로 가지고 가면 안 되는 것이란다. 내 물건이 아닌 것을 가지려고 하는 것은 옳지 않아. 하지만 이렇게 용기 내어 정직하게 말해 주니 정말 잘했구나." 하며 혜수를 꼭 안아 주었습니다. 혜수는 굳었던 표정이 환하게 밝아지며 "선생님, 잘못했어요. 다음부터는 안 그럴게요."라고 말했습니다.

**활동 방법**

1. 간단한 손유희로 주의집중한다.
2. 영아들에게 상황 그림을 보며 동화 내용을 들려준다.
3. 다른 친구의 물건을 몰래 주머니에 넣은 적이 있었는지 이야기를 나눈다.
   - 친구의 물건을 몰래 주머니에 넣었을 때 어떤 생각과 기분이 들었는지 이야기해 볼까요?
   - 물건을 잃어버린 친구라면 기분이 어땠을까요?
4. 정직에 대해 이야기해 준다.
   - 혜수가 선생님께 용기를 내서 뭐라고 했나요?
   - 사실대로 이야기하는 것을 정직이라고 해요.
5. 앞으로 비슷한 일이 발생할 경우 어떻게 해야 할지 이야기해 본다.
   - 길거리에 떨어진 물건이나 돈을 보면 어떻게 해야 할까요?
   - 친구들도 정직할 수 있나요?

**확장 활동**
- 친구에게 사과하는 의미가 담긴 그림을 그려 본다.
- 정직하게 말해 준 혜수에게 칭찬해 주거나 칭찬편지를 써 준다.

## 활동 사례 2

**활 동 명** 제가 그랬어요

**대상 연령** 만 2세

**활동 목표**
- 잘못된 행동에 대해 정직하게 말할 수 있다.

**활동 자료** 이야기 그림 자료

선생님이 등원하는 친구를 맞으러 나간 현관에서 학부모와 이야기하는 사이 교실에서 꽃병이 깨지는 소리가 났다. 깜짝 놀란 선생님이 교실로 가보니 교사용 사물함 위에 있는 작은 꽃병이 떨어져 깨져 있는 것을 보았다.
민수과 영희와 재혁이는 깜짝 놀라 주변에 모여 있었다. 선생님이 "어떻게 된 일이니? 다치지 않았니?" 하면서 급히 깨진 꽃병과 꽃들을 치웠다. 옆에 있던 민수가 "영희가 그랬어요. 꽃 빼려고 하다가요." 영희는 "나 아니에요." 재혁이도 "네가 그랬잖아" 하며 말했다. 선생님은 "영희야 사실대로 말해 줄 수 있겠니?" "내가 예뻐서 꽃을 빼려고 했어요. 향기를 맡아 보고 넣으려고 했어요." 하고 말했다. "그랬구나 하지만 선생님 사물함 위에 있는 물건은 함부로 꺼내면 안 된단다. 다음부터는 그러지 말자. 그리고 위험한 일, 잘못을 했을 때는 사실대로 정직하게 말해야 한단다. 지금이라도 정직하게 말해 주어서 고맙다. 영희야"
영희는 "네." 하고 고개를 끄덕이고 입을 야무지게 다물며 선생님을 쳐다보았다.

**활동 방법**

**1** 잘못을 저질렀으면 사실대로 이야기해야 함을 알려 준다.
- 왜 영희는 사실대로 말하지 않았을까요?
- 너희들도 영희처럼 잘못을 하고 말하지 않은 적이 있었나요?

2 정직하지 못하면 수치심이 들고 양심에 창피한 일임을 알려 준다.

- 자신의 잘못한 행동을 다른 친구들이 보았을 때 어떤 마음이 들었을까?
- 민수와 재혁이가 영희가 그랬다고 했을 때 영희는 어떤 마음이 들었을까?

**확장 활동**

▫ '제가 그랬어요. 잘못했습니다.' 하고 이야기할 수 있는 정직하고, 자신의 행동에 책임을 질 수 있는 책임감 있는 어린이가 될 수 있도록 크게 외쳐 본다.

– "제가 그랬습니다. 잘못했습니다."라고 큰 소리로 말해 볼까요?

▫ "다음부터는 조심하겠습니다." 등의 적절한 용어를 알려 주고 연습해 본다.

## 활동 사례 3

**활 동 명** 피노키오 게임

**대상 연령** 만 5세

**활동 목표**

▫ 거짓말을 하면 코가 길어지는 피노키오의 이야기를 이해할 수 있다.

▫ 그림 낱말카드를 보고 이해할 수 있다.

**활동 자료** 그림카드, 피노키오가 제페토 할아버지를 만나는 게임판

**활동 방법**

1 피노키오의 동화를 읽어 준다.

2 피노키오와 관련된 질문을 한다.

- 피노키오가 파란 머리 천사에게 거짓말을 했더니 피노키오의 코가 어떻게 되었니?
- 피노키오가 유혹에 빠지지 않고 진실을 이야기했더니 피노키오의 코가 어떻게 되었니?
- 진실한 마음으로 자신의 행동을 뉘우치고 피노키오가 진짜 사람이 되었을 때 기분이 어땠을까?

**3** 피노키오 게임판을 소개한다.

- 정직과 관련된 그림카드와 설명하는 문구를 적어둔 그림카드(정직해요, 거짓말을 해요, 진실해요, 속임수를 써요, 몰래 숨기기, 규칙을 잘 지켜요, 약속을 지키지 않아요, 약속을 잘 지켜요 등등)를 순서를 지어 뽑는다.
- 나온 그림이 정직한 그림이면 한 칸 앞으로, 부정직한 그림이면 한 칸 뒤로 피노키오 말을 움직인다.

**4** 정직한 카드를 많이 모은 친구는 그림카드를 친구들에게 보여 주며 설명한다.

**확장 활동**
- 게임을 재구성한다.
- 내가 피노키오라면?, 내가 파란 머리 천사라면?, 피노키오 되어 보기, 피노키오 동극 활동을 해 본다.

## 활동 사례 4

**활 동 명** 장난전화는 안 돼요

**대상 연령** 만 10세

**활동 목표**
- 비상전화의 중요성을 알 수 있다.
- 비상전화로 장난을 친다면 정말 위급한 사람들과 중요한 일을 담당하는 사람들에게 큰 피해를 끼치게 됨을 알 수 있다.

**활동 자료** 그림 자료 또는 장난전화 피해 통계자료, 뉴스 동영상

**활동 방법**

**1** 비상전화의 종류를 먼저 생각하고 발표해 본다.

- 112, 119, 1391 등의 전화번호의 기관에 대해 알아본다.
- 어떤 경우에 신고를 하는지 이야기해 본다.
- 주변에서 비상시 누를 수 있는 호출기능에 대해 알아본다.
- 엘리베이터의 비상벨, 아파트 화장실의 비상벨 등의 호출기능에 대해서도 알아본다.

**2** 비상시 쓸 수 있는 전화를 생각 없이 재미로 장난을 하면 어떤 일이 벌어

질지 예상해 본다.

3 비상전화와 관련된 장난으로 인한 손실에 관련된 통계내용에 대한 뉴스나 기사가 있으면 발췌하여 토의해 본다.

- 119는 관공서이자 국민 편의시설이기 때문에, 장난 전화를 하다가 적발될 시에는 10개월 이하의 징역 혹은 1천만 원 이하의 벌금형에 처해질 수도 있는 중형 범죄임을 인식한다.
- 119에 장난전화를 하게 되면, 실제 화재상황 등과 구분을 할 수 없기 때문에, 규모에 따라 틀리지만 대원들의 실질적인 출동이 이루어질 수도 있고 그렇게 되면 만일 동시각, 다른 지역에서 생길 수도 있는 현장에 그만큼 늦게 출동하게 되는 경우가 되므로 심할 경우 인명피해로까지 번질 우려가 있다.
- 장난전화는 가볍게 행할 수 있지만, 실제로 그것에 대응하시는 분들은 신경을 곤두세우고 전화를 받고 있다. 게다가 모든 전화 내용은 실제로 녹취되기 때문에 차후 문제의 소지가 다분하다.
- 장난 전화를 통해 이루어진 출동이 대규모일 경우, 인근 지역의 도로가 큰 혼란을 겪게 될 수도 있고 이로 인한, 유·무형의 재산 피해는 '장난'이라는 단어로 갈무리되기에 무리가 있는 수치이다.

4 공공기관에 장난전화할 때, 순간적인 심리적 즐거움은 이후에 따라오게 될 불안과 두려움, 죄책감 등을 능가할 수 없다는 것을 인식해야 한다.

**확장 활동**
- 장난전화 경험이 있다면 솔직하고 진실하게 용기 내어 이야기해 본다.
- 소방관 아저씨에게 119에서 하는 일을 교육받고 고마움을 전한다.

## 활동 사례 5

**활 동 명** 정직의 가치 알기

**대상 연령** 만 10세 이상

**활동 목표**
- 정직의 가치와 위력을 알 수 있다.

**활동 자료** 글 읽어 보고 토의하기

### 정직함으로 백화점을 세운 알렉산더 스튜어트

미국에서 상점을 운영하던 알렉산더 터니 스튜어트는 어떠한 상황에서나 정직하게 물건을 팔아야 한다고 직원원들에게 단단히 일러두곤 했습니다. 얕은 눈속임으로 돈을 더 버는 것보다 정직한 거래로 고객들의 신뢰를 얻는 것이 더 중요하다고 생각했기 때문입니다. 하루는 스튜어트가 새로 들여온 물건이 진열된 것을 보고 직원들에게 "이 물건이 어떤가요?" 하고 물어보았습니다. 직원들은 상품을 꼼꼼히 살펴보더니 색상이 아름답긴 하지만 바느질이 허술하고 가격에 비해 품질이 좋지 않다고 대답하였습니다.

그 앞을 지나가던 중년의 손님이 그 상품에 관심을 갖고 살펴보았습니다. 그러자 방금까지 그 물건은 좋지 않다고 말하던 점원이 재빠르게 달려 나가 손님에게 그 상품을 과장되게 홍보하기 시작했습니다. 설명을 들은 손님은 매우 만족하고 그 상품을 사기로 결정했습니다. 지켜보고 있던 스튜어트는 물건을 팔려는 점원을 말리더니 그 손님에게 이렇게 말했습니다.

"이 물건은 그리 좋은 것이 아닙니다. 새로 들여왔지만 판매는 할 수 없을 것 같습니다. 연락처를 알려 주시면 더 좋은 상품이 들어왔을 때 꼭 알려드리도록 하겠습니다."

점원은 물론 그 손님도 놀라 휘둥그레진 눈으로 스튜어트를 쳐다보았지만 곧, 스튜어트의 정직한 성품에 감탄하며 신뢰하게 되었습니다.

당시에는 의류를 팔 때에 상품의 가격을 표시하지 않는 것이 일반적인 일이었습니다. 점원들은 손님이 오면 자기 마음대로 가격을 정해서 받곤 했습니다. 스튜어트는 이것이 고객들에게 정직하지 않은 행동이라고 여겨 '하나의 물건의 가격을 분명하게 표시하는 방법'을 마련하였습니다. 항상 정직한 가격에 물건을 구입할 수 있었기 때문에 많은 손님들의 환영을 받았습니다. 백화점의 왕이라 불리는 존 워너메이커 역시 자신의 상점에 이 방법을 적용하여 손님에게 신뢰를 얻을 수 있었습니다. 정직하다는 것이 지금은 손해 보는 것 같더라도 신뢰를 얻게 되고, 이 신뢰로 인해 크게 성공하게 된다는 것을 스튜어트를 보며 배웠던 것입니다.

스튜어트는 어떠한 상황에서도 생각, 말, 행동을 거짓 없이 바르게 표현하여 고객들에게 큰 신뢰를 얻게 되어 미국에서 가장 큰 상점이자 미국 최초의 백화점인 '바블 드라이 구즈 팰리스'를 세울 수 있었답니다.

이것이 바로 정직의 힘입니다.

**활동 방법**

1. 실제의 스튜어트에 대한 일화를 들어 보고 느낌을 이야기해 본다.
   - 이 이야기를 들으니 어떤 생각이 드나요?
2. 스튜어트와 손님의 마음속의 생각을 알아 본다.
   - 스튜어트가 점원을 왜 말렸을까요?
   - 손님은 스튜어트의 이야기를 듣고 어떤 생각이 들었을까요?
3. 정직함으로 얻을 수 있는 것들이 무엇인지 이야기해 본다.
   - 정직하면 얻을 수 있는 것이 무엇일까요?
   - 나는 어떤 일에 정직할 수 있을까요?
   - 앞으로 어떻게 하여야 할까요?

**확장 활동**

- 스튜어트 아저씨에게 편지를 써 본다.
- 내가 지킬 수 있는 정직 약속을 만들어 본다.
- 정직상의 문구를 만들어 본다.

# 제07장

## 품성의 지도 책임감

## 1 책임감의 개념과 발달

### 1) 책임감의 정의와 의미

책임감은 개인, 가족공동체, 지역공동체, 자신이 속한 국가, 인류 전체에 대한 역할 및 의무를 인식하고 공동체의 일원으로서 책임을 다해야 하는 실제적인 역할과 그 의무를 행하려는 경향성과 결과에 대한 책임을 지는 모든 행위를 포함하는 개념으로 자신의 행동에 대한 책임감과 자신의 욕구를 충족시킬 수 있는 능력으로 구분할 수 있다. 즉, '자신에게 주어진 역할을 충실히 해내는 것'과 '다른 사람들의 욕구충족의 기회를 방해하지 않는 범위 내에서 자신의 욕구를 충족시킬 수 있는 능력'으로 정의할 수 있다.

2015년 시행된 「인성교육진흥법」에서는 책임감의 하위 주제를 역할책임과 행위책임으로 구분하고 있다. 역할책임은 자신이 해야 할 역할 및 의무를 마땅히 행해야 한다는 인식을 말하며, 행위책임은 스스로의 행위나 자신의 보호·감독하에 있는 사람의 행위로 인해 공공의 안녕이나 공공질서에 대한 위해나 장애를 야기한 경우에 발생되는 책임이다. 사람은 좋은 일을 할 때나 누군가를 도와줄 때 자신이 할 수 있는 최대한의 역할을 수행하게 된다. 역할을 다한다는 것은 비록 힘들더라도 옳은 일을 행하는 것을 의미한다. 어떤 일을 행하거나 말하기에 앞서 생각을 하는 것과 모든 일에 최선을 다하는 것도 역할을 다하는 것이다. 그것이 책임이다.

자신이 무엇을 책임져야 하는지를 아는 사람은 좋은 품성을 지니고 있는 사람으로 다른 사람에게 도움을 주고 주어진 일을 성실하게 해낸다. 과거의 조건이나 현재의 여러 여건 그리고 다른 사람의 행동을 자신의 무책임한 행동에 대한 구실로 삼지 않는다. 스스로에 대해서 자존감을 느끼며 동시에 자기가 타인에게도 가치 있는 사람이라고 느낄 수 있게끔 행동한다. 책임감 있는 사람이 자기에게 주어진 일을 해내겠다고 한다면 그것은 주어진 일을 성실히 행하겠다는 의미도 되지만, 자기 스스로의 자존심을 지키기 위해서도 주어진 일을 훌륭히 수행하려고 노력하겠다는 뜻도 된다.

책임감 있는 사람은 행하기에 앞서 생각을 먼저 하고, 말하기에 앞서 생각을 정리한다. 자신이 어지른 것을 스스로 정리하고, 자신의 실수를 바로 잡을 줄 안다. 다른 사람을 돕고 자신의 일을 묵묵히 해 나가며, 늘 옳은 일을 행하고 자부심을 느낄 때까지 자신이 맡은 일에 최선의 노력을 다하고 일을 마친 후에야 휴식을 취한다.

책임의 라틴어 어근인 'respondo'는 무엇에 대한 대가를 약속해 준다는 뜻이다. 그리고 법률적 용어로서 법정에서 소환된 사람이 자기 의견이나 결심 또는 답변을 제시한다는 뜻도 있다. '응답'으로서 책임은 독일어 'verantwortung'에 잘 반영되어 있다. 이 말은 응답(antwort)을 강조한다. 책임적 행위자는 질문한 사람에게 행위자 자신의 행위와 의도에 대하여 대답 또는 응답할 수 있는 책임적인 존재라고 할 수 있다.

만약 인간이 옳다고 믿는 일을 행동에 옮길 힘이 없다면, 어떻게 행동할 것인지를 결정지을 수 없을 뿐 아니라 자유로운 삶을 영위할 수도 없다. 행동할 수 없는 힘이나 능력이 없는 경우에는 책임감이 없는 것이다. 그러나 일반적으로 사람들은 다른 사람들에게 영향을 끼칠 수 있는 그 자신의 힘을 가지고 있다. 그래서 사람들에게 그 책임감을 갖게 하는 것은 매우 중요한 일이다. 자신이 적절하다고 믿거나 옳다고 생각하는 행동을 했을 때 그것은 책임감 있는 행동이 된다. 그렇지 않은 경우, 파괴적인 방향으로 힘이 전개될 개연성이 높다. 그래서 인간의 자유와 책임, 도덕 혹은 윤리 문제는 항상 연결되어 있는 것이다.

이에 대해 깁스(Gibbs, 2000)는 인간으로 하여금 다른 사람에 대한 책임적 행동을 요구하며 타인들의 반응(responsiveness)의 독립성에 대해 반응을 해야 할 책임이 있다는 것을 강조해야 한다고 하였다. 인간의 일차적인 책임은 다른 사람을 돌보는 것이며 통제할 수 없고 예견할 수 없는 미래에 대한 것으로, 제기되는 인생의 여러 질문들에 대해 답하며 반응하는 삶이 인간의 삶인 것이다.

## 2) 책임감의 발달

인지발달이론가들은 품성발달을 인지발달의 한 양상으로 생각하기 때문에 아동이 자라면서 인지적 능력이 질적으로 변화함에 따라 품성 또한 일련의 질적인 단계를 거쳐서 발달하게 된다고 믿는다. 높은 연령의 아동들에게서 책임감 있는 행동이 더 많이 나타나기는 하나 연령이 낮은 아동의 경우도 책임감 있는 행동을 보인다. 따라서 같은 행동일지라도 서로 다른 동기에서 시작되었다면 본질적으로 서로 다르다고 할 수 있다. 즉, 연령에 따른 책임감은 그 의도에서나 개념적 차원에서 서로 차이가 있다.

높은 연령의 아동보다는 낮은 연령의 아동이 외부의 요구나 외적인 보상 약속의 기대에 의해 생기는 동기로 인해 책임감 있는 행동을 하는 경향이 높다. 즉, 연령이 증가함에 따라 아동의 책임감은 외적인 통제나 보상보다는 타인을 생각하는 마음인 이타성에 의한 동기에서 수행된다.

책임감에 대한 인식의 발달은 도덕성 발달과 밀접한 관련이 있다. 책임감은 자신에 대한 통찰과 이타적인 생각에 바탕을 둔 인지구조적 발달 아래에서만 가능한 것이며, 이런 종류의 인식의 발달은 일련의 단계를 거쳐 발달한다. 그러므로 책임감은 사회적 책임감과 도덕적 책임감으로 나누어 생각할 수 있으며 그중 도덕적 책임감은 아동의 도덕성 발달과 그 맥을 같이 한다.

최근에 사회적 책임감과 친사회적 행동과의 관계를 알아보기 위해 행해진 여러 연구에서 사회적 책임감이 높은 청소년이 낮은 청소년에 비해 사회적 행동을 더 많이 하는 것으로 밝혀졌다. 친사회적 행동은 성장 과정에서 강화를 통해 학습되거나 단순한 관찰과 모방의 기제로 나타나기도 하고, 가정이나 학교 등에서 사회화되는 과정에서 사회에서 정한 도덕과 윤리적 가치가 내면화된 결과로 행해지기도 한다. 친사회적 행동과 책임감과의 관계는 명백한 상관관계가 있으며 이는 친사회적 행동이 책임감의 근원적 요인이 되는 것을 알 수 있다.

사회적 책임감이란 어려움에 처해 있거나 도움을 필요로 하는 사람을 도와야 한다는 개념으로, 현대사회의 방관자적인 비사회적 태도를 설명하기 위해서 심리학자들이 사회적 책임감에 대한 관심을 가지기 시작하였다. 특히 자신이 책임감을 느끼거나 자신의 행동이 다른 사람의 안녕에 중요하다고 인식한 사람일수록 돕기 행동을 더 많이 나타낸다. 아동의 친사회적 행동의 유발은 그 행동의 책임감과 중요성이 인식되었을 때 비로소 나타남을 알 수 있다. 또한, 스스로 강한 개인적 규범을 가지고 있는 사람과 그들 자신에 대한 책임의식을 가진 사람이 그것이 없는 사람에 비해 더 많은 친사회적 행동을 나타내며, 친사회적 행동의 발달을 전제조건으로 보고 있다. 즉, 친사회적 행동이 발달할수록 사회적 책임감도 발달한다.

책임감의 발달에 관한 특질은 여러 가지 복잡한 내용을 가지며 개인차에 따라 현저한 발달 양상을 보이므로 그것에 대한 명확한 선을 그어 단계를 부여하는 것은 어렵다. 그러나 한 가지 명확한 사실은 책임감에 대한 인식의 발달은 일련의 단계를 가지고 있으며 이것은 도덕성 발달과 직접 연관이 되어 있다는 사실이다.

이에 대해 콜버그(Kohlberg, 2000)는 책임감은 한 인간 안에 내재되어 있는 판단의 중추와 같다고 하면서 책임의 판단은 자유의지 대 결정론이라는 형이상학적 자세를 포함한다고 하였다. 책임판단은 도덕단계와 관련되는데 도덕적 책임판단은 무엇을 책임져야 하는가의 질문에 대한 대답이다. 즉, 책임성 발달과 도덕 발달은 직결되어 있는 것이다. 인간은 태어나면서 주위 환경의 영향하에 계속해서 변화하며 발달한다. 책임감의 발달은 내적인 성숙의 핵심이라 할 수 있다.

사회의 구성원으로 살아가기 위해 유아는 어떻게 사람들이 의사소통을 하는지, 어떻게 타인에게 상처 주는 것을 피하는지 그리고 어떻게 일생을 살아 나가야 하는지에 대한 규칙을 배워야 한다. 이것은 유아의 도덕성 발달에 직접적인 영향을 준다.

인지론자들은 인지 능력이 사회적 상황에 관한 추론 능력을 결정짓는다고 보았다. 5~6세의 유아들은 규칙을 따르는 데 일관성이 없을지라도 규칙의 존재를 인식하게 된다고 보았다. 그러면서 유아들은 도덕적 사실주의(moral realism)에 의거, 규칙을 수정 불가능한 것으로 생각하며 그 규칙을 지키는 것이 최고의 선이라고 믿는다. 이러한 단계를 타율적(heteronomous) 도덕 판단 단계라고도 하며 그 후 8세경이 되면 협동의 도덕성(morality of cooperation)이 생겨나게 되면서 아동은 타인과의 관계에서 다른 사람에게는 다른 규칙이 있다는 것을 인지하게 된다.

달리와 라타네(Darley & Latane, 1968)의 조직행동에 관한 연구에서는 자기 자신이 어떤 책임감을 느끼거나 자신의 행동이 타인의 복지에 중요하다고 인식하는 사람일수록 조력행동을 더 많이 하는 것으로 나타났다. 그리고 동일한 상황이라도 책임감이 분산될 때보다 책임감이 집중될 때 조력행동과 같은 이타적 행동을 더 많이 할 것이라는 가설을 검증하기 위해 도움을 주는 사람의 수를 여러 가지로 조작한 다음 조력행동에 미치는 효과를 알아본 결과, 도움을 주는 사람의 수가 적을수록 조력행동을 더 많이 하는 것으로 나타났다.

책임감 있는 행동을 하는 동기는 항상 일정한 것이 아니라 연령과 상황에 따라 변하며 아마도 그 동기는 발달적인 과정을 따를 것이라고 한다. 또 높은 연령의 아동에게서 책임감 있는 행동이 더 많이 나타나지만 연령이 낮은 아동의 경우에서도 책임감 있는 행동이 나타난다. 따라서 같은 책임감 있는 행동일지라도 서로 다른 동기에서 시작되었다면 본질적으로 다르다고 할 수 있다. 즉, 연령에 따른 책임감은 그 의도에서나 개념적 차원에서 서로 차이가 있다.

바탈(Bar-Tal, 1976)은 타인을 도우려는 이타적 책임감에 대하여 3가지 조건을 제시하고 있는데, 첫째, 자발적인 의도에서 시작되어야 하고, 둘째, 타인을 이롭게 하려는 동기가 있어야 하며, 셋째, 보상을 기대하지 않고 수행되어야 한다고 했다. 그러나 이러한 행동을 하는 데 기본이 되는 책임감의 동기에 대한 실험적인 연구는 많지 않다. 이것은 아동의 연령이 증가함에 따라 타인의 입장과 감정을 이해할 수 있게 되어서 필요할 때 타인을 도와야 한다는 진정한 의미의 책임감을 갖게 된다는 것이다.

오코너(O'conner, 1981)는 책임감과 행동동기에 관한 연구에서 아동의 책임감에 대한 동기는 연령이 증가할수록 성숙해지며 아동들은 모든 연령에서 개념적이고 규범적인 이유를 가장 많이 선택하되 남아보다 여아가 선택하는 비율이 더 높았다고 한다. 그는 콜버그와 샐몬의 이론에 기초를 두어 책임감 있는 행동동기의 발달과정을 바람직한 상태를 획득하고자 하는 형과 바람직하지 않은 상태를 회피하고자 하는 형으로 분류하여 각각 6종류로 등급을 정하였다. 그리고 바람직한 상태를 획득하고자 하는 형은 자기중심적 이유(egocentric), 권위적 이유(authority), 개념적이고 규범적인 이유(conceptual/normative)의 순서로 발달과정을 가장 높은 등급에서 가장 낮은 등급으로 구분했으며 바람직하지 않은 상태를 회피하고자 하는 형은 자기중심적 이유(egocentric), 감정 이입적 이유(empathy), 개념적이고 규범적인 이유(conceptual/normative)의 순서로 발달과정을 구분했다.

책임감의 발달에 관한 특징은 여러 가지 복잡한 내용을 가지며 개인마다 현저한 발달 양상의 차이를 보이므로 명확한 일선을 그어서 단계를 부여하는 것은 어렵다. 그러나 한 가지 명확한 사실은 아동의 책임감에 대한 인식의 발달은 하나의 단계를 가지고 있으며 이것은 아동의 도덕성 발달에 직접 연관이 있다.

## 3) 책임감에 관한 이론

### (1) 맥도겔(Mcdougall)의 이론

맥도겔은 인간 행동의 동기로 작용하는 여러 가지 요소 중 4개의 책임감 인식에 관한 발달단계를 인정하고 있다.

① 무지 혹은 본능적 행동의 단계(~영아기)

- 책임감의 결과가 자신에게 미치는 고통 또는 불쾌감에 의하여 책임을 수행하는 수준

② 상벌에 의해서 행동하는 단계(~사춘기)

- 교사, 부모 등에 의하여 관리·감독되어 자기의 책임을 수행하는 수준
- 외부적 통제의 시대

③ 사회적 승인에 의한 행동의 단계

- 집단의 의견이 행동을 결정하는 동기
- 행동이 가져다줄 구체적인 상벌이 아니라 사회적인 칭찬이나 비판을 중요시

④ 내적 규제의 단계

- 공통의 선을 위하여 행동하는 수준
- 자기의 양심이나 합리적 판단에 따라 행동하는 최고의 단계

이러한 맥도겔의 견해는 최초로 책임감의 발달을 단계적 발달로 보고 설명했다는 데 의의가 있다.

### (2) 피아제(Piaget)의 이론

피아제는 아동의 도덕적 발달에는 3단계가 있다고 했다. 여기서 말하는 도덕적 발달의 추론 속에는 아동의 사회적 책임이라는 하위 개념이 있고 이 책임감의 발달 또한 3가지 단계에 의해 발달한다고 한다. 피아제에 의하면 아동의 책임감에는 3단계가 있다.

제1단계는 도덕 이전의 단계이다. 이 단계는 순수하게 개인적인 단계여서 책임감에 대한 의무감은 없다.

제2단계는 타율의 단계로 이 단계의 아동은 규칙을 신성 불가침한 것으로 생각하고 규칙의 수정에 응하지 않는다. 즉, 규칙은 성인이 만든 것이고 영구적인 것이라고 생각하기 때문이다. 이 단계의 어린이는 도덕이 실재한다고 믿는다. 이를 피아제는 도덕적 실재론이라고 하였다. 이 단계의 아동은 규칙의 분야에 있어서는 항상 보수주의자이다. 즉, 규칙은 구속하는 것, 바른 것은 규칙에 따르는 것, 그리고 의무는 성인의 힘과 철학에 복종하는 일이라고 생각한다. 성인에 의해서 구속된다고 하는 이러한 의식은 동료의 일을 걱정하지 않고 모름지기 자기를 위해서만 행동하는 어린이의 자기중심적 경향과 평행 관계에 있다.

이 단계에서 아동의 책임감에 대한 인식의 발달은 생각할 수 없다. 그것은 책임감이란 일종의 이타적 행위의 결과이며 이러한 이타적 인식의 발달이야말로 아동의 책임감을 증진시키는 원동력이 되는데 이런 자기중심적 사고의 단계에 있는 아동에게 책임감이란 사회적 개념은 형성될 수가 없다.

제3단계는 자율의 단계이다. 9세경으로부터 약 12세경까지가 이 단계에 속하며 여기서는 규칙은 구성원 상호 간의 동의에 의한 법칙으로 생각한다. 그리고 구성원 전원의 동의를 얻을 수 있다면 규칙은 언제라도 수정이 가능하게 된다. 여기서는 책임감 형성에 중요한 의의를 지닌다. 즉, 책임감이 올바른 가치라는 생각은 바로 이 동의에 의한다. 이렇게 하여 제3단계에서는 제2단계에서의 구속의 규칙을 협동의 규칙으로 바꾸게 된다. 이 자율적인 단계에서는 이타적인 사고가 가능하게 되고 이 이타적 사고에 기초하여 아동은 자신의 행동에 스스로 책임을 지고 어떤 사람을 도우는 것이 미덕이라는 개념을 발달시키게 된다.

아동에게 있어서 진정한 의미의 책임감의 발달은 바로 이 자율의 단계에서 이루어지며 아동은 이런 이타적 인식의 바탕 위에서 자신과 타인에 대한 여러 가지 책임감을 인식하게 된다.

### (3) 콜버그(Kohlberg)의 이론

책임감에 대한 인식의 발달은 아동의 도덕성의 발달과 밀접한 관련이 있다. 그것은 책임감은 자신에 대한 통찰과 이타적인 생각에 바탕을 둔 인지구조의 발달 아래에서만 가능한 것이며 이런 종류의 인식의 발달은 분명 어떤 단계적 발달을 거친다고 본다. 그러므로 책임감은 사회적 책임감과 도덕적 책임감으로 나누어 생각할 수 있으며 그중 도덕적 책임감은 바로 아동의 도덕성의 발달과 그 맥을 같이 하는 것이다.

도덕성의 발달에 관한 그의 이론에서는 다음의 3가지 특징이 있다.

첫째, 도덕성 발달의 기본개념은 인지구조이다. 인간이 전면적으로 성장·발달할 때에 지극히 중요한 작용을 하는 것이 인지구조의 발달이다. 인지구조란 여러 사실을 분석 또는 해석해서 개인이나 사회의 문제를 해결하는 방법을 말한다.

둘째, 인지구조는 영속성을 갖는다. 인지구조의 발달은 단계적으로 이루어지고 초기의 낮은 단계는 뒤의 높은 단계의 필요 요건이라고 생각한다. 따라서 그에게 있어서 교육의 목적은 유아가 이들의 단계를 한 걸음 한 걸음 전진하도록 인도하는 것이다.

콜버그의 단계설은 3수준 6단계의 구조를 지니는데 여기서 아동의 책임감에 대한 인식발달과 관계된 3~4수준은 인습적 수준으로 유아기보다 타인의 입장을 이해하고 사회적 권위에 기초한 도덕적 추론이 가능해진다.

이 시기는 규범의 준수 여부가 도덕적 행위의 옳고 그름에 대한 판단기준이 되는 시기이다. 아동은 무엇이 올바른가에 대한 판단은 사회 전체에 의해서 동의된 가치 특히 개인의 권리와 동의를 얻기 위한 규칙에 의거해서 행해진다고 생각한다. 사람의 의견은 상대적인 것이므로 그것들의 의견을 일치로 인도하기 위한 절차적인 규칙이 중시된다. 또 이 과정에서 합법성이 강조되지만 고정적인 것으로는 생각하지 않는다. 오히려 합리성이라거나 사회적 유용성이라는 관점에서 규칙은 변경할 수 있다고 생각한다. 그러므로 이 시기의 아동은 진정한 의미의 책임감에 대하여 생각하게 되고 책임감은 합리적 사고와 이타적 도덕 개념 속에서 성장하게 된다.

도덕적 행위는 유아로 하여금 자신의 의무와 책임을 행동적으로 존중하도록 요구하며 심지어 여러 조건하에서 그리고 그 의무와 책임들을 원칙적으로 시인할 수 없는 조건에서라도 스스로에게 요구한다. 그러한 연장된 자기통제 순서는 정의에 대한 추리와 판단을 성숙시킴으로써 도움이 될 수 있다. 그러나 그들은 장기적으로, 어떤 분명하거나 즉각적인 외적 보상과 지지가 없는 상태에서 강한 유혹과 상황적 압력에 직면하더라도 개인 자신의 행동을 조절하는 능력에 의존한다. 따라서 자기통제는 도덕성의 중요한 한 부분인데 왜냐하면 그것이 없다면 우리는 우리의 도덕적 이상을 실현할 수 없기 때문이다.

책임감을 길러 주기 위해 부모와 교사들은 아동들에게 다른 사람들에 대한 관심과 이타적 행동을 강화시키는 방법을 적용하고 싶어 한다. 책임감 있고 도움을 주는 행동은 감정이입적 역할시연 혹은 다른 사람들과 역할 바꾸기 및 추리 같은 폭넓은 다양한 경험에 의해 격려될 수 있다. 예를 들면, "네가 애완동물에게 먹이를 주는 것을 잊으면 그 애완동물은 내내 배고프게 될 거야." 또는 "네가 차도에 눈을 내던지면 사람들은 그것을 다시 치워야만 한단다."이다. 이런 유형의 경험들은 우리로 하여금 단지 우리 자신에게 뿐만 아니라 다른 사람들에 대한 우리 행동의 결과들에 민감하게 된다. 아동들은 도덕적 충고 이상의 것을 받을 때 대부분 다른 사람들에 대한 관심을 배운다.

아동들의 이타적이고 도움을 주는 책임감은 주로 그들이 그 가족의 복지 유지를 위하여 실제적으로 책임을 지는 정도에 달려 있다고 할 수 있다. 의무를 다하는 것과 같은 보다 더 많은 책임감이 요구될 때 더욱 이타적으로 되는 경향이 있다. 다른 사람들이 복지를 위한 책임감을 증가시키는 것은 증가된 이타성과 도움을 생성하려는 경향이 있기 때문이다. 공격이 공격을 가져오는 것처럼 책임감 있는 행동과 다른 사람들에 대한 관심의 발달은 상호 도와주기에 대한 긍정적인 경험과 배려를 일깨워 준다.

## 2 책임감의 교육 및 지도방안

### 1) 책임감에 대한 교육

개인이 자신의 삶에 대한 책임을 받아들이고 그러한 책임에 따른 행동을 시작하기 전까지는 책임에 대한 인식이 불가능하다. 우리는 아동들이 그들 자신의 욕구를 충족시킬 의무가 그들 자신에게 있음을 이해시켜야 한다. 그렇게 함으로써 성공적인 정체감을 얻을 수 있고 어느 누구도 그들을 위해 그것을 대신할 수는 없다. 특히 어려서부터 책임에 대한 교육을 하는 것이 중요하다.

글래서는 책임감이란 "다른 사람들의 욕구충족의 능력을 박탈하지 않는 한도 내에서 자신의 욕구를 충족시킬 수 있는 능력"이라고 정의하고 있다. 아들러는 가족 간의 원활한 기능을 협동과 친사회적 행동을 증진시킬 수 있는 가장 근본적인 요인으로 보았다. 가족을 위해서 지속적으로 기여할 수 있다는 행동 그 자체는 가족 내뿐 아니라 타인과의 관계에도 영향을 미칠 수 있음을 알 수 있다. 바움린드(Baumrind, 1975)는 집안일에 의무적으로 참여하는 아동은 우호적이며 친사회적 행동이 증진됨을 연구하였다. 가장 설득력 있는 연구(Vaillant & Vaillant, 1981)로는 사춘기 청소년들에게 있어서 정신적인 건강과 성공을 예측할 수 있는 요인이 '사랑과 해야 하는 일'임을 밝히기도 한다. 이러한 측면은 에릭슨의 발달단계 중 근면성을 잘 나타내기도 한다. 근면성은 집안일, 시간제 근로, 과외활동, 학교활동으로 측정하였으며 타인과 가족에게 친사회적 행동을 할 수 있는 능력을 분명히 요구하고 있음을 잘 알 수 있다.

최근에 공감이 친사회적 행동으로 이행되는 기제로서 사회적 책임(social responsibility) 모형이 제시되고 있다. 이 모형에서는 타인의 불행에 대해 공감하는 것은 타인의 불행이 자기의 불행이 될 수 있다는 개연성에 대한 공감적 불안을 수반하며 불행한 사태가 일어난 원인과 그것을 종식시켜야 할 과정에 대한 책임의식이 뒤따라야 함을 보여 준다.

책임감은 사회적 행동성향과 직접적인 관련이 있으며 아동의 책임감의 증진은 곧 그 아동의 사회적 행동성향의 긍정적인 변화라고 해도 좋을 것이다. 기존의 여러 연구에서는 책임감 훈련의 결과들을 사회적 행동성향이나 친사회적 행동 그리고 아동 스스로가 자신을 통제하는 내적 통제성과 관련지어 설명하고 있다.

즉, 아동들의 책임감은 그들의 자아 개념의 하위 요인 중 일반 자아 개념과 학급 자아 개념을 높였으며 이는 곧 그 아동의 학급활동이나 일상생활에서 여러 가지 긍정적인 결과로 나타났다고 한다. 결과적으로 책임감을 증진시키기 위한 집단상담 활동 결과, 책임감 증진 프로그램의 적용은 아동들의 책임감을 향상시킬 뿐 아니라 일반 자아 개념과 학급 자아 개념도 바람직한 방향으로 향상시키는 데 효과가 있다.

책임감 증진 훈련은 아동들의 사회적 불안수준을 낮추어 준다는 결과를 보여주는데, 이 연구에서 아동의 책임감의 결여는 일종의 사회적 불안감의 결과이며 높은 사회적 불안감으로 아동은 자신의 정체성을 형성하지 못하고 또 적응력도 떨어지는데, 여학생에 비하여 남학생에게서 이런 성향이 높게 나타났다고 한다. 그러나 책임감 훈련의 결과 모든 아동에게 매우 긍정적으로 불안수준이 낮아졌으며 부수적으로 자아정체감과 친사회적 행동도 증가하였다고 한다(강계순, 1986).

초등학교에서의 책임감은 규범의 내면화를 거치는 단계이다. 규범의 내면화는 사회화하는 것으로 사회화의 전체 내지는 하나의 과정으로 보아야 한다. 규범의 내면화 과정은 '알아차린다-생각한다-의욕화한다'의 차원으로 나누어 생각할 수 있다.

내면화는 자극과 반응 사이에 의식을 작용시키는 일이다. 의식의 작용에는 아주 얕은 층부터 깊은 층까지 있는데 '알아차린다'는 것은 의식의 입구를 말한다. 그때까지 알아차리지 못했던 일에서 도덕적인 가치를 발전시키고 문제의식을 갖게 하는 단계이다. 다음은 '생각한다'고 하는 보다 높은 단계이다. 이는 사고 작용이 그 내용이 된다. 앞의 예에서 문제를 알아차리면 '왜 그런가? 어떻게 하면 좋은가?'라고 생각한다. 이 과정은 아동의 판단에 작용하여 합리적으로 문제를 해결할 수 있는 능력을 기를 수 있고 내면화를 심화한다.

다음으로 '의욕화'의 과정을 밟는다. 생각한 것에 대한 결과로 판단이 내려진다. 그러면 그 방향으로 행동하게 된다는 논리이다. 그러나 특히 어느 단계에서는 사고한 결과로 얻어진 가치를 믿고 계속 실천하려는 실천 동기 유발이 중요하다. 판단한 것이 행동으로 옮겨지고 실현되지 않으면 안 된다.

버코윗트와 다니엘스(Berkowiz & Daniels, 1963)는 외적 보상의 여부에 관계없이 다른 사람의 욕구에 따라 도와주어야 한다는 사회적 책임 규범이 다른 사람을 돕는 이타성을 동기화한다고 하였으며, 스타우브(Staub, 1970)는 아동이 나이가 들어가면서 성인과 아동이 서로 간에 도움을 기대하게 되고, 돕기 행동에 대한 책임감은 연령에 따라 증가할 것이며 이는 돕기 행동의 증가를 가져다준다고 했다.

즉, 책임감을 강조한 취학 전 아동과 1학년 아동을 대상으로 연구한 결과 도움의 행동이 증가됨을 지적하였다. 또 가정, 학교 그리고 공동체 사회는 각 연령에 따라 책임감을 더 많이 할당하는 것이 다른 사람과 함께 공유하는 이타적인 행동으로 사회화시키는 하나의 중요한 요인임을 지적하고 있다. 조건이 극대화되고 나아가 이러한 결과로 돕기와 같은 친사회적 행동이 크게 나타남을 알 수 있다. 즉, 스스로 강한 개인적 규범을 가지고 있는 사람과 그들 자신에 대한 책임의식을 가진 사람이 그것이 없는 사람에 비해 더 많은 친사회적 행동을 수행함을 알 수 있다. 또 슈워츠(Schwartz, 1973)가 개인적 책임 규준보다는 사회적 책임 규준이 돕기 행동과 더 상관이 있다고 지적한 것에서 볼 수 있듯이 자신이 책임감을 느끼거나 자신의 행동이 다른 사람의 복지에 중요하다고 인식한 사람일수록 돕기 행동을 더 많이 나타낸다고 했다.

## 2) 책임감을 위한 지도방안

아동에게 책임감, 자립심, 독립심을 길러 주기 위해 다음의 실천과정을 살펴보자.

(1) 아동의 행동을 지도할 때는 직접 참여하지 말고 간접적으로 도와야 한다. 갈등상황에서 스스로 해결법을 찾도록 도와주며 지켜본다.
(2) 어떤 일의 결과에 대해서 실망할 때는 최선을 다했다는 것이 중요함을 일깨워 준다. 그리고 개선점을 찾도록 도와준다.
(3) 아동의 관심사와 열정을 존중하고 행동을 인정한다.
(4) 가능성 있는 일과 목표를 설정하고 계획을 수립하도록 한다.
(5) 단계적으로 자유와 책임을 질 수 있는 일을 늘려 간다.
(6) 시간관리 방법을 터득하도록 한다.
(7) 경제원칙에 따라 집중력을 심어 준다.
(8) 자기가 한 일을 평가하고 최종적인 책임이 본인에게 있음을 인식시킨다.
(9) 이 세상은 혼자 할 수 있는 일과 공동으로 협력해야 할 일이 있음을 인식시

킨다.

⑽ 다른 사람의 일과 행동을 분석하고, 필요할 때 모방하고 개선하도록 한다.

⑾ 사물을 깊이 있게 관찰하는 습관을 지도해 준다.

⑿ 하루 동안 한 일을 잠들기 전에 정리해 보는 습관을 갖게 한다.

⒀ 다른 사람의 주장을 경청하도록 한다.

아동이 책임감을 배운다는 것은 먼저 스스로 생각하여 선택하고 집중하여 주어진 일에 끝까지 최선을 다하는 행위이다. 책임감 있게 주어진 일을 해내면서 얻었던 만족감을 자주 경험한 유아일수록 다른 과업으로의 전이력이 크며, 일을 수행하는 중에 실수하였을 때도 스스로 문제를 해결하여 만족감을 얻으려 끝까지 노력할 것이다.

아동에게 있어 책임감이란 언어로 전달되는 것이 아니라 경험으로 익혀야 하는 것이기에 부모나 교사는 책임감의 기회를 부여하는 것이 중요하다. 일상생활에서 자연스럽게 '책임'에 대해 반복 지도하는 것이야말로 책임감 있는 사람으로 성장할 수 있는 기틀을 마련하는 것이다.

아동에게 책임감을 가르치는 것은 중요한 과제이다. 책임 있는 부모는 자녀와의 사이에 필요한 유대관계를 형성하고 애정과 규율을 적절히 조화시켜 가면서 그 속에서 책임감을 가르치고 지도하여야 한다.

아동의 책임감에 대한 행동유발은 그 행동의 책임감과 중요성이 인식되었을 때 비로소 나타나게 됨을 알 수 있다.

'책임을 진다'는 것은 좋든 나쁘든 행동의 결과를 받아들인다는 것을 의미한다. 아마도 우리는 우리의 애완동물에 대해 책임을 진다. 이것은 우리가 우리의 애완동물의 웰빙(well-being)에 관해 의무를 다한다는 것을 의미한다. 만일 우리의 애완동물이 먹지를 않는다면 우리의 책임이다. 만일 애완동물이 시장에서 가게의 물건을 물고 도망간다고 해도 우리의 책임이다.

우리는 또한 다른 사람들과 사물에 대해서도 책임을 지는 경우가 있다. 엄마가 아이에게 동생을 잘 돌보라고 부탁을 할 때가 있다. 그때 동생은 아이의 책임 하에 있게 된다. 컴퓨터나 자전거와 같이 비싼 선물을 받은 적이 있을 수 있다. 그때 아이는 그 고가품에 대해 책임을 지라는 얘기를 들을 수 있다. 이것은 아이가 이 물건들을 잘 챙기고, 잃어버리지 않고, 안전하게 사용하라는 것을 의미한다. 자신에 대해 책임을 져야 한다.

때때로 책임을 져야 하는 상황을 쉽게 볼 수 있다. 예를 들어, 우연히 야구공을 높이 던졌는데, 이 공이 옆 집 창문을 깨트릴 수 있다. 이런 경우 창문을 깬 사람이 당연히 책임을 져야 한다. 그러나 대부분의 경우 책임을 지는 상황을 볼 수 없는 경우가 많다. 다음의 경우를 생각해 보자.

민수는 최근에 다른 곳으로 이사를 가서 새 학교로 전학을 갔다. 민수는 매우 수줍음을 잘 타는 아이이다. 그러나 새 친구를 만들고 싶어 한다. 새 학교에서 첫 주 동안 매일 민수는 같이 놀 친구를 찾기 위해 운동장에 나갔다. 그러나 모든 아이들은 이미 놀이 그룹이 형성되어 있었다.

특별히 한 그룹이 민수가 좋아하는 운동을 하고 있었다. 민수는 그 그룹으로 가서 같이 놀 수 없느냐고 물었다. 준섭이는 "미안해. 자리가 없어."라고 말하며, 자기가 가지고 있던 공을 옆에서 있던 기홍이에게 던졌다. 기홍이는 민수에게 "여기 공이 간다."라고 말하면서 민수를 놀리듯 바로 옆에 있는 경민이에게 공을 던졌다. 경민이는 웃으면서 철수에게 공을 던진다. 철수는 민수를 놀리는 아이들이 마음에 들지 않았다. 철수는 자기가 가지고 있던 공을 옆에 있는 경민이에게 던져 주고는 운동장에서 걸어 나왔다.

민수에 대한 행동에 누가 책임이 있는가? 준섭이? 기홍이? 경민이?

사실은 이 아이들 모두에게 책임이 있다. 준섭이, 기홍이, 경민이는 직접적인 책임이 있고, 철수 역시 책임이 있다. 철수는 새로운 친구를 놀리는 행위를 멈추라고 말할 책임이 있었다. 철수가 한 일은 자신의 책임을 회피하고 운동장에서 걸어 나온 것이다.

이 이야기는 한 예에 지나지 않는다. 우리는 자신이 한 행동에 대한 것뿐만 아니라 자신이 하지 않았으나 했어야 하는 행동에 대해서도 책임을 져야 한다.

좀 더 크게 생각해 보자. 다른 사람들을 향한 인간으로서의 책임은 무엇일까? 환경에 대한 책임은 무엇일까? 우리가 죽은 후 지구를 물려받은 후세대에 대한 우리의 책임은 무엇일까? 이런 질문들은 결코 단순하지가 않다. 다음에서 이런 질문들에 대해 좀 더 깊이 있게 논의해 보자.

책임 뒤에는 12가지의 기본 아이디어가 있다. 이 아이디어들은 함께 작용을 한다. 각 아이디어를 하나씩 살펴보기로 하자.

아무도 책임을 지지 않는다면 세상은 어떻게 될까? 소방관들이 소방서 일을 등한시하고, 심지어 골프를 치러 간다면 어떤 일이 생길까? 교사들이 교재 준비를 하지 않고 취미생활에만 몰두한다면 어떤 일이 생길까? 공장들이 환경에 대해 전혀 고려하지 않고 산업 쓰레기를 마구 버린다면 어떤 일이 생길까?

이런 세상에서 우리는 살고 싶을까? 일할 수 있는 환경을 만들기 위해서는 사람들과 기관에 책임감이 있어야 한다. 선출된 공무원들과 산업계 지도자들은 책임 있게 행동하고 자신들의 행동에 책임을 져야 한다. 소방관들과 경찰관들은 시민을 보호하는 자신들의 의무를 다해야 한다. 학교의 교사나 교장은 자신들의 학생들과 학부모들에게 책임감을 가져야 한다. 이들이 책임감을 갖지 않거나 자신의 의무를 저버릴 때, 사회공동체는 붕괴되고 만다.

집단적 책임은 공동체의 모든 사람이 그 공동체의 모든 사람에 대한 책임을 가지고 있음을 의미한다. 공동체는 가정, 학교, 이웃, 나라, 심지어 세계가 될 수도 있다. 한 예를 들어 보자.

공원을 산책하다 공원 수풀 속에 패스트푸드 봉투가 버려져 있는 것을 발견했다. 누군가가 이 쓰레기를 쓰레기통에 버려야 하는 책임을 저버린 것이다. 여러분이 그 쓰레기를 주워서 쓰레기통에 버렸다. 분명 그 곳에 버려진 쓰레기에 대해 직접적인 책임은 없지만, 공동체의 책임 있는 일원으로서 의무를 다한 것이다. 여러분은 모든 사람들이 즐길 수 있는 깨끗한 세상을 만드는 것을 돕는 집단적 책임에 따라 행동을 한 것이다.

쓰레기를 줍는 행동과 같이 책임을 진다는 것은 자신이 하는 행동과 많은 관계를 가지고 있다. 책임감이 없는 행동은 자신이 하지 않는 행동과 많은 관계가 있다. 예를 들어, 한 공동체의 책임 있는 일원이 된다는 것은 다른 사람들에게 잔인하지 않다는 것을 의미한다. 이것은 또한 다른 사람들이 우리에게 잔인하게 행동하는 것을 허락하지 않는 것을 의미한다. 잔인한 일이 발생하는 것을 방지하는 것은 집단적 책임의 일부이기도 하다.

책임감을 갖는 것이 왜 중요한가? 첫째, 우리는 다른 사람들로부터 책임감을 기대하기 때문이다. 사실, 우리는 삶에서 책임 있게 행동하는 사람들을 신뢰한다. 만약 부모들이 자신들의 책임을 회피한다면, 아이들은 어떻게 될까?

다른 사람들도 우리에게 책임감을 기대하기 때문에 책임감이 중요하다. 다른 인성 특성들과 마찬가지로, 우리가 다른 사람들로부터 기대하는 것은 다른 사람들이 우리에게 기대하는 것과 비슷하다. 책임감 있는 행동을 배우는 것은 어른으로 성장하는 데 있어 가장 중요한 과제이다. 다른 사람들이 우리로부터 책임감을 기대한다면, 우리는 책임 있게 행동하는 것을 배우게 된다. 그러므로 부모가 아이들에게 방 청소나 쓰레기 치우기를 부탁한다면, 아이는 그런 일을 통해 책임감 있는 행동을 배우게 된다는 점을 기억해야 한다. 가정의 허드렛일을 하게 되면, 우리가 책임감이 무엇인지를 안다는 것을 다른 사람들에게 보여 주는 것이 된다. 더 책임 있게 행동하면 더 많은 특권과 자유를 누리게 되는데, 책임 있는 행동들에 대한 보상이다.

책임감을 배우는 데는 기본적인 2가지 방법이 있다. 첫 번째 방법은 역할 모델로부터 배우는 방법이다. 역할 모델은 우리가 존경하는 책임감이 강한 사람들이다. 우리는 책임감이 강한 부모나 교사 또는 지역사회의 리더들을 보고 그들을 통해서 배우게 된다. 두 번째 방법은 직접 책임져 봄으로써 배우는 방법이다. 이런 방법을 행하는 것을 배우는 방법이라고 한다. 더 많은 책임을 짐으로써 책임감을 더 많이 배우게 된다. 그러면 어떻게 더 많은 책임을 지게 되나? 우리는 더 많은 책임을 질 만한 능력이 있음을 보여 줌으로 그렇게 할 수 있다. 더 많이 보여 줄수록, 더 많은 책임을 지게 된다.

책임감 있게 행동하는 것은 좋은 선택을 하는 것과 비슷하다. 좋은 선택을 할 줄 안다면, 자연스럽게 책임 있는 행동이 뒤따르게 된다. 바른 선택은 항상 쉬운 것만은 아니다. 쉬운 선택이 아니라 옳은 선택을 하기 위해서는 분별력과 결단력이 필요하다.

책임감이 겉으로 나타난 행동을 책임감 행동이라고 하는데, 이는 집단 내의 사회적 행동과 관련이 있으며 사회적 행동으로는 협동, 경쟁, 관용, 사회적 인정에 대한 욕망, 동정, 공감적 이해, 우정, 이타성 모방 등과 같은 긍정적인 행동과 반항, 공격성, 이기주의, 편견, 우월성과 같은 부정적인 사회적 행동이 있다. 이러한 사회적 행동은 사회적 관계에서 나타나는 행동, 즉 개인 또는 집단에 대한 행동 양식인데 사회생활을 해 나가는 가운데 사회적 관계를 통해 학습하게 되는 행동으로 주로 다른 사람에 대한 태도, 감정 등을 포함한다.

## 3 책임감의 발달을 돕는 부모와 교사의 역할

### 1) 부모의 역할

스타우브(Staub, 1971)는 부모의 양육방식의 차이가 아동의 사회성 및 사회적 책임감 발달에 어떻게 영향을 미치는가의 연구에서 권위주의적 부모의 자녀들은 위축되고 신뢰감을 주지 못하게 되고, 허용적인 부모의 자녀들은 자제력과 탐구심이 다른 아동들에 비해 가장 적으며 자신에 대한 신뢰감이 없고, 권위적인 부모는 아이들의 행동을 확고한 규칙과 기준에 따라 지시하지만 하지 말아야 되는 행동의 이유에 대해 기꺼이 토론을 나누므로 이 과정에서 아동들의 책임감이 높아진다고 한다. 이런 과정이 아동의 긍정적인 책임감을 길러 주는 가장 주된 요인이고 가장 바람직한 방법이라고 한다.

## 2) 교사의 역할

학교는 일정한 조직, 규칙을 가지고 있어 아동은 일정한 기간에 이것에 복종하지 않으면 안 될 뿐더러 상과 벌이 있고 해야 할 일정한 일이 있고, 해결해야 할 새로운 문제, 초자아적으로 수용하지 않으면 안 될 금지, 모방, 동일시가 있다. 이러한 것은 모두 교사를 통해서 아동이 인정받고 거부받게 된다. 교사의 정신적 건강이나 정서상태, 태도, 판단 등 모든 인격 특성은 곧 아동과의 인간관계 형태를 규정하고 분위기를 형성하며 이것은 아동의 사회성 발달에 직접적인 영향을 준다.

아동이 좋아하는 교사의 유형으로 학교적 성격, 가정적 성격, 중간적 성격이 있는데 발달과 더불어 가정적 성격의 교사를 좋아하는 경향이 감소되고 반대로 학교적 성격의 교사를 좋아하게 된다고 하였다. 또한, 협동과 선을 자극할 줄 아는 교사가 지도한 학급의 아동은 평범한 그리고 엄격한 규율하에서 교육받은 아동들보다 남을 속이는 일이 적다고 하였다.

교사의 수업 방식은 아동의 책임감 발달에 지대한 영향을 주는데 김병수(1997)는 열린 교육을 수행하는 학급의 아동은 전통적인 교육을 하는 학급의 아동보다 책임감, 근면성, 협동성, 준법성 등에서 의미 있는 차이를 보였다고 하였다. 그중에서 특히 열린 교육의 학습방법에 관한 특징을 열거하는 과정에서 아동들은 여러 가지 폭넓은 활동에 관한 토의과정을 거치게 된다. 이 과정을 통하여 내면화되고, 집단의 목표를 인식하며 자신이 집단의 목표달성을 위해 할 수 있는 일을 생각하게 되며, 이를 위해 적극적인 활동을 보임으로써 자신의 집단에 대한 책임감을 높여 간다는 것이다.

## 4 책임감 교육 프로그램과 활동 사례

### 활동 사례 1

**활 동 명** 재활용품이 멋진 보물로 변신했어요

**대상 연령** 만 5세

**활동 목표**
- 쓰레기 분리수거를 통해 책임감의 이유와 의미를 배운다.
- 재활용품을 활용해 만들 수 있는 작품을 그림으로 표현해 본다.

**활동 방법**

1 재활용품에 대해 이야기를 나눈다.
- 우리가 가지고 있는 물건들은 시간이 지나면 어떻게 변할까요?
- 오래 되었지만 버리기 아까운 물건이 있나요?
- 마음에 들어서 샀는데 잘 쓰지 않는 물건들이 있나요?
- 이런 물건들은 어떻게 하면 좋을까요?

2 재활용할 수 있는 방법에 대해 이야기를 나눈다.
- 다시 쓸 수 있는 쓰레기의 종류에는 무엇이 있는지 이야기 나누고, 숨어 있는 재활용품들을 찾는다.
- 재활용품을 활용할 수 있는 방법에 대해 이야기를 나눈다.

3 활동지를 작성한다.
- 재활용이 가능한 쓰레기들을 살펴보고 이를 이용해 만들고 싶은 재활용품을 그린다.
- 활동지에 쓰고 그린 내용을 서로 이야기 나눈다.
- 완성된 활동지는 벽에 붙이고 모두 돌아가며 살펴본다.

**확장 활동**
- 쓰레기 재활용은 꼭 필요한 일이고, 이 세상은 다음 세대에게 잠시 빌려 쓰고 돌려줘야 하는 세상임을 인지시킨다.
- 쓰레기 재활용 운동이 사회적인 운동임을 인식시키고, 유아 스스로 참여할 수 있도록 돕는다.

## 활동 사례 2

**활 동 명** 돌림판 게임: 스스로 할 수 있는 일을 찾아요

**대상 연령** 만 5세

**활동 목표**
- 게임을 통해 스스로 해야 할 일들이 있음을 안다.
- 규칙을 준수해야 할 의무가 있음을 배우고 책임감의 의미를 안다.

**활동 자료** 게임판, 돌림판, 삼각주사위, 말, 이름표

**활동 방법**

1. 게임방법에 대해 이야기 나눈다.
   - 활동지를 통해 스스로 무엇을 할 수 있을지 이야기를 나눈다.
     – 선생님이 나눠 준 활동지에는 우리가 스스로 할 수 있는 일이 숨어 있어요. 어떤 일들이 있는지 이야기해 보고, 활동지에 없는 다른 일들도 이야기해 보세요.
   - 돌림판을 돌려 스스로 할 수 있는 일이 나오면, 주사위를 던져 나온 숫자만큼 말을 옮길 수 있다.
   - 돌림판에서 스스로 할 수 있는 일이 안 나오면 주사위를 던질 기회를 얻지 못한다. 돌림판에는 스스로 할 수 있는 일 4가지와 할 수 없는 일 2가지가 있다.

2. 게임을 진행한다.
   - 게임 규칙을 알려 주고 왜 규칙을 지켜야 하는지 이야기를 나눈다.
     – 스스로 할 수 없는 일이 나오면, 주사위를 던질 수 있나요? 그래요, 못해요. 할 수 없는 데도 자꾸만 하려는 친구가 있으면 게임을 즐겁게 할 수 없게 되죠. 게임을 할 땐 내 맘대로 하고 싶어도 참고 규칙을 지켜야 모두가 즐거울 수 있답니다. 안 그러면 한 친구 때문에 모두 기분이 상하고 더 이상 게임을 하지 못해요.
   - 차례를 정한 뒤 게임을 시작한다(한 사람씩 돌림판을 돌리고, 스스로 할 수 있는 일이 나온 유아만 주사위를 던져 말을 옮긴다).
   - 누가 가장 먼저 들어왔는지 순서대로 이름표를 놓아 본다.

3. 게임을 정리한다.
   - 누가 가장 규칙을 잘 지켰는지 이야기를 나눈다. 먼저 도착한 친구

보다 규칙을 잘 지킨 친구를 칭찬한다.

• 돌림판에 더 추가할 항목이 있는지 이야기를 나눈 후 돌림판을 수정한다.

**확장 활동**
▫ 스스로 할 수 있는 일을 하기 위해서는 약속이 필요함을 인식시킨다.
▫ 약속을 지키지 않았을 땐 어떤 일들이 일어날지 생각해 보게 한다.

## 활동 사례 3

**활 동 명** 동극: 심부름을 다녀와요

**대상 연령** 만 5세

**활동 목표**
▫ 하고 싶다고 무조건 하면 나중에 정말 해야 할 일을 못하게 될 수 있음을 안다.
▫ 욕구를 조절하여 자신이 맡은 의무와 책임감을 배운다.

**활동 방법**

**1** 유아들과 이야기를 나눈다.

• 심부름했던 경험담을 함께 이야기 나눈다.

• 동화 『식빵은 사 왔니?』를 소개한다.

– 엄마 심부름을 다녀오는 주인공 찬영이에게 어떤 일이 있었는지 그림책 속으로 여행을 떠나 볼까요?

• 동화 내용에 대해 이야기를 나눈다.

– 찬영이는 무엇을 해야 할까요?

– 심부름하러 가는 찬영이의 기분은 어떨까요?

– 엄마 심부름을 못 하게 된 찬영이의 마음은 어땠을까요?

– 친구들도 심부름하러 가다 까맣게 잊고 다른 것에 빠졌을 때가 있었나요?

**2** 동극을 한다.

• 이야기를 이해했는지 동화의 내용을 다시 한번 확인한다.

• 조별로 동극을 위한 배역을 정한다.

– 하고 싶은 역할을 스스로 정한다.

  - 각자 맡은 역할을 어떻게 해야 할지 이야기해 보고 어려운 점은 교사에게 도움을 요청한다.
- 동극을 진행한다.

**3** 발표회 및 평가를 한다.
- 발표자는 구성원들을 소개하고 준비한 동극을 발표한다.
- 동극을 보고 해야 할 일과 하지 말아야 할 일에 대하여 의견을 나눈다.

**확장 활동**
- 심부름을 잘 하는 것이 가족의 행복을 위한 나의 의무임을 인식시킨다.
- 모두가 하고 싶은 것만 한다면 이 세상이 어떻게 될지 이야기 나눈다.

## 활동 사례 4

**활 동 명** 역할극: 심부름하기

**대상 연령** 만 5세 이상

**활동 목표**
- 심부름도 스스로 할 수 있는 일임을 이해한다.
- 심부름을 통해 책임감을 배운다.

**활동 자료** 『장바구니』 동화책, 막대인형 만들기(밑그림, 색칠도구, 소독제, 셀로판 테이프), 전지

**활동 방법**

**1** 그림책을 읽어 주고 이야기를 나눈다.
- 『장바구니』 그림책을 읽어 준다.
- 그림책 내용에 대하여 이야기 나눈다.
  - 스티븐은 무엇을 하고 있나요?
  - 스티븐은 가는 길에 누구누구를 만났고 어떤 일들이 있었나요?
- 밑그림에 색칠하여 막대인형을 만든다.

**2** 유아들과 함께 활동을 한다.
- 이야기 지도를 만든다(전지에 주인공을 붙여 한 장면이 끝나면 화살표를 하고 줄거리를 만들어 간다. 주인공은 장면에 따라 여러 장

복사하고 배경도 복사해 둔다).

- 역할을 정하고 막대인형을 이용해 역할극을 진행한다.

**3 활동에 대해 평가한다.**

- 역할극을 하고 난 후 어떤 느낌이 드는지 이야기해 본다.
- 심부름을 다녀온 스티븐이 되어 겪었던 일을 엄마에게 이야기해 본다.
- 내가 만일 스티븐이었다면, 동물들을 만났을 때 어떻게 했을지 상상하여 이야기해 본다.

**확장 활동**

- 스티븐처럼 시장에 혼자 간다면 무엇을 사고 싶은지와 그 이유도 함께 말해 본다.
- 스스로 장바구니를 들고 심부름을 다녀온 후 겪었던 일을 그림일기로 꾸며 본다.

## 활동 사례 5

**활 동 명** 상황극: 오염대장 뽑기 대회

**대상 연령** 만 5세 이상

**활동 목표**

- 우리가 사용하는 물품의 자연분해시간을 안다.
- 일회용품의 사용을 줄이는 방법을 배우고 자연보호의 책임에 대해 배운다.

**활동 자료** 크레파스, 가위, 풀, 핀, 투표용지, 투표함, 필기도구

**활동 방법**

**1 유아들과 이야기를 나눈다.**

- 우리가 자주 사용하는 물품과 그 물품의 사용기간이 얼마나 되는지와 잘 아껴 쓰고 있는지에 관하여 이야기 나눈다.

**2 일회용품에 대해 이야기를 나눈다.**

- 한 번 쓰면 버리는 일회용품의 종류가 무엇인지 알아보고, 왜 일회용품을 쓰는 것이 바람직하지 않은지 이야기 나눈다.

- 각 물품의 자연분해시간에 관하여 탐색한다.
- 종이(2~5개월), 우유갑(5년), 일회용 컵(20년 이상), 칫솔(100년 이상), 알루미늄 캔(500년 이상), 플라스틱병(100년 이상), 스티로폼(500년 이상), 나무젓가락(20년), 기저귀(100년 이상) 등

3 상황극을 해 본다.

- 종이, 우유갑, 일회용 컵(혹은 나무젓가락), 플라스틱병(혹은 칫솔, 기저귀), 알루미늄 캔 역할을 할 친구들을 선정한다.
  - 별지의 그림은 오려서 색칠한 후 핀으로 유아의 옷에 고정시켜 역할을 표시한다.
- 누가 오랫동안 썩지 않는 오염대장인지 뽑는 대회를 연다.
  - 각 역할의 유아들은 분해되는 시간과 오염 정도와 그 이유 등을 말하면서 서로 지구를 오염시키는 데 서로 자신이 최고라고 뽐낸다.
- 구경꾼인 유아들은 누가 더 지구를 오염시키는지 서로 이야기를 나눈 후, 최고를 뽑는다.
  - 선출과정은 투표과정과 유사하게 실시한다. 즉, 투표용지를 만들어 1등을 적은 후 투표함에 넣고 이를 개표하여 1등을 선출한다.

**확장 활동**

- '만일의 경우'에 관하여 이야기 나눈다.
  - 만일 우리가 매일 일회용품만 쓴다면 지구는 어떻게 될까요?
- 일회용품을 줄이는 효과적인 방법에 관하여 이야기 나눈다.
  - 우리가 사는 지구를 깨끗이 하려면 일회용품을 사용하지 않고 쓰레기를 줄여야 해요.

# 제08장

## 품성의 지도 예의

## 1 예의의 개념과 발달

### 1) 예의의 정의 및 필요성

예의 및 예절이란 일정 문화권에서 오랜 생활습관을 통해 하나의 공통된 생활방법으로 정립되어 관습적으로 행해지는 사회계약적인 생활규범이다. 예절의 목표는 상대방을 존경하며 사랑하고 위하는 마음이 행동에 자연스럽게 나타나도록 하는 데에 있다. 이것은 우선적으로 자신을 위한 것이며, 타인과 원만한 관계를 맺어 가며 살아야 하는 인간의 기본 도리를 깨닫게 하는 것이다. 예의는 인간과 인간 사이에서 요구된다는 점에서 도덕, 법률과 비슷한 성격을 가진다. 이들 모두 인간 관계에서 필요한 것이기에 가끔 혼동될 수도 있다. 예의는 법률, 도덕과 마찬가지로 규범적이다. 즉, 그것에 따라 행동하도록 요구받는 것이다. 그래서 예의도 법률, 도덕과 마찬가지로 일종의 명령으로 볼 수 있다. 그 명령대로 행동하면 '예의 바른 사람'이 되고 그것을 어기면 '무례한 사람' 혹은 '실례를 저지르는 사람'으로 비난받는다.

우리나라는 예로부터 동방예의지국이라고 불릴 정도로 예절 문화가 잘 형성된 나라이다. 이는 부모, 조부모 등 웃어른들의 모범과 훈련을 통해 자녀들에게 예절 교육이 자연스럽게 이루어졌기 때문이다(김정신, 2004). 그러나 현대사회에서는 지식중심교육의 결과 가정 내에서 인성교육에는 관심을 가지지 않게 되었다. 가족 구조도 핵가족화되면서 자녀 양육에 대한 기능이 가정보다는 사회로 옮겨 가고 예절 교육이 소홀해지는 실정이다. 따라서 성장하면서 처음 경험하는 교육기관인 어린이집이나 유치원에서 유아를 위한 예절 교육을 해야 할 필요가 있다. 또한, 유아기는 건강한 성인으로 성장할 자질을 키우는 첫 단계이므로, 이 시기의 교육은 매우 중요하다. 이 시기의 발달 과업 성취는 이후 인간 발달단계에 지속적인 영향을 미치고, 기본적인 인격의 바탕이 된다고 볼 수 있다. 유아기에는 옳고 그름을 판단하는 것을 배우고 도덕성과 양심이 발달하며(Havighurst, 1952), 유아는 가정을 벗어나 또래, 교사와의 접촉을 통해 사회적 기술을 습득해 나간다. 이때 유치원이나 어린이집에서의 하루 일과를 통해 집단의 규범을 배워 가고, 관계를 유지 및 조절하는 사회인으로 성장하게 된다. 그러므로 이 시기는 또래와의 관계에서 예절 교육을 하며 아이들은 협동, 이타심 등을 배우기 쉬울 것이다. 또한, 예절 교육은 생활 교육이므로 어려서부터 몸에 익히는 것이 가장 좋다는 것을 검증하였으므로, 유아기부터 교육하는 것이 효과가 높다(김낙구, 1994).

유아기에 형성하게 되는 기본생활습관은 인격 형성과 사회성 발달에 중요한 역할을 하므로 일상적인 인간관계에서 비롯되는 식사, 옷차림, 인사, 언어 등의 기본 예절을 익힘으로써 집단의 규범을 수용할 수 있게 지도되어야 한다. 또한, 정직과 질서는 자율적인 도덕성 발달의 토대가 된다. 특히 질서는 유아로 하여금 사물의 차례나 순서를 익히게 한다. 아껴 쓰고 절제하는 생활은 결국 질서, 예절 등의 다른 기본생활습관의 덕목과 연결되며, 이러한 기본 생활 교육은 일상생활에 필요한 사회적 규범과 문화를 따를 수 있다.

그러므로 유아는 예의와 함께 기본생활습관을 몸에 익히는 것이 필요하다. 유아기에 기본생활습관이 어떻게 형성되는가는 그 사람의 장래 성격을 결정하는 중요한 기초로, 일단 형성된 생활습관은 가소성이 풍부한 유아기가 지나면 좀처럼 변하지 않는다. 그러므로 유아기 습관 형성이 가지는 의미는 상당히 크며 인격형성과 사회성 발달에 결정적인 역할을 한다. 어렸을 때 좋은 습관을 기르면 일생 동안 '아름다운 삶'을 영위할 수 있으며, 개인적으로나 사회적으로 매우 행복한 일이다. 한 사람이 어려서부터 올바르고 바람직한 생활습관을 몸에 지닌다는 것은 그 사람의 성격 형성이나 성장과 더불어 계속되는 사회화에 매우 긍정적인 영향을 미치게 될 것이기 때문이다.

## 2) 기본생활습관

기본생활습관 형성은 사람으로서 생활하는 데 지녀야 할 기본 자질을 몸에 익히는 일이다. 다시 말해서 기본생활습관 교육이란 관습과 전통의 형태로 이어져 내려온 사회적 규범과 원리에 따라 적응하며 행동하도록 돕는 것은 물론 성장하는 인간이 자신의 인격을 관리하는 안목과 능력을 갖도록 돕는 일이다(남궁달화, 1999). 유아가 배워야 할 기본생활습관으로는 예절, 질서, 절제 등이 있다(교육부, 1996).

### (1) 예절

예절이란 기본적으로 나 아닌 다른 사람을 존중하고 이해하는 예의범절을 뜻한다. 예절 교육은 가정에서의 예절, 집단에서의 예절, 국가에 대한 예절로 구분할 수 있고 그 내용을 살펴보면 다음과 같다.

첫째, 가정생활에서의 예절로서 부모와 웃어른 존경하기, 형제자매와 사이좋게 지내기다. 부모와 웃어른 존경하기에는 웃어른께 항상 인사하기, 부모님 도와 드리기, 웃어른께 높임말 쓰기, 옷을 아무 데나 벗어놓지 않기, 친구 집에 갈 때 부모님 허락받기가 포함된다. 형제자매와 사이좋게 지내기에는 형제자매 간에 양보하기, 형과 언니는 동생을 사랑하고 동생은 형과 언니의 의견을 존중하기가 포함된다.

둘째, 집단생활에서의 예절로서 기본예절, 친구와 사이좋게 지내기, 다른 사람의 권리와 의견 존중하기다. 기본예절에는 가족, 친척, 이웃, 교사들에게 인사하기, 친구들과도 정답게 이야기 나누기, 때와 장소에 따른 인사말로 인사하기, '고맙습니다, 미안합니다, 괜찮습니다' 등으로 표현하기, 고운 말씨 쓰기, 식사 예절을 지키기, 친구 집에 너무 오랫동안 있지 않기, 다른 사람의 이야기를 끝까지 듣기가 포함된다. 친구와 사이좋게 지내기에는 놀잇감은 친구와 나누어 쓰기, 싸움을 걸어올 때 말로 해결하는 방법 익히기, 다른 친구 방해하지 않기가 포함되어, 다른 사람에게 방해되지 않기가 포함된다.

셋째, 국가에 대한 예절로는 우리나라 이름 알기, 우리나라 국기 알기, 태극기 소중히 다루기, 태극기를 게양하거나 내릴 때는 차려 자세하기, 애국가 알기, 애국가를 부를 때는 차려 자세로 경건하게 부르기, 우리나라 꽃 알기, 우리나라를 대표하는 대통령 알기가 포함된다.

### (2) 질서

질서란 유아로 하여금 집단생활을 위한 공공 규칙이 있음을 알고 이를 지켜야 함을 이해시켜 행동으로 규범을 지킬 수 있게 하는 것이다. 질서 교육에는 차례 지키기, 약속이나 규칙 지키기, 교통 규칙 지키기가 해당되고 그 내용은 다음과 같다.

차례 지키기: 줄 서서 차례 지키기, 복도, 계단, 교실 등에서 조용히 다니기, 놀이 활동을 할 때나 수돗가, 화장실에서 차례 지키기, 실내외 놀이 기구를 이용할 때 차례 지키기가 포함된다.

약속이나 규칙 지키기: 놀이 규칙 지키기, 친구나 성인과의 약속을 지키기, 서로 양보하기가 포함된다.

교통 규칙 지키기: 교통 표지 알기, 횡단보도로만 건너기, 차가 섰을 때 건너기, 좌우 살피며 놀기, 차 안에서 안전벨트 매기, 차 안에서 돌아다니지 않기, 오른쪽으로 걷기가 포함된다.

### (3) 절제

절제는 일상생활을 하면서 자신의 행동과 생각을 알맞게 조절하는 것을 뜻한다. 절제 교육에는 아껴 쓰기, 아껴 쓰는 여러 가지 방법 알기, 장소나 상황에 따라 감정을 조절하여 표현하기로 구분할 수 있다. 구체적인 내용은 다음과 같다.

아껴 쓰기: 물, 전기, 음식, 놀잇감, 시간 등을 아껴 쓰기, 이미 가진 물건 사지 않기, 가진 물건 잘 간수하기가 포함된다.

아껴 쓰는 여러 가지 방법 알기: 물건의 바른 사용법을 알고 지키기, 물건 소중히 다루기, 저축하기, 일과 계획과 물건 구입 계획하기, 다시 쓸 수 있는 물건 찾아보기가 포함된다.

장소나 상황에 따라 감정 조절하여 표현하기: 우는 것, 화내는 것, 소리 지르는 것, 갖고 싶은 것 조절하기, 먹고 싶은 것 조절하기, 참기(인내하기)가 포함된다.

## 3) 예절 형성을 위한 습관의 지도 방법

### (1) 동일시 및 내면화

동일시란 한 사람이 인간으로서의 어떤 측면이나 영역에서 자기 자신이 부족하다거나 열등하다고 느낄 때, 다른 어떤 사람이 그러한 점을 갖추고 있다고 생각할 때, 한편으로는 자신의 부족감이나 열등감에 대한 생각을 회피하기 위해, 다른 한편으로는 자신의 발달에 중요하다고 여겨져서 다른 사람의 그러한 점, 즉 특성을 모방하는 심리기제이다. 다시 말하면, 동일시란 개인이 그의 자아를 보호하고, 그의 자아 개념을 증진하거나 또는 그의 정서적 복지에 위협이 된다고 지각되는 것으로부터 회피하기 위한 방어심리기제이다(안종선, 2008).

동일시의 대상은 주로 부모나 교사를 비롯한 존경하고 숭배하는 인물로 권위적 존재이다. 그러나 동생이 형이나 누나를 모방하는 행위도 동일시 현상으로 볼 수 있다. 또한, 소설을 읽는 독자나 영화를 보는 관객이 자신을 주인공의 입장에 놓고서 생각하는 것도 동일시 현상으로 볼 수 있다.

내면화는 일종의 동일시이다. 동일시 과정에서 개인은 자기 자신이 그의 동일시 대상이 가지고 있는 어떤 바람직한 특성을 스스로가 가지고 있다는 '생각'을 할 뿐 아니라 실제로 그러한 것을 동화하기도 한다. 동일시 과정을 통해 개인은 다른 사람의 태도, 가치, 목적, 신념 등을 내면화한다.

### (2) 모델링

모델링이란 유아들이 그들 주위의 성인의 행동을 모방함으로써 도덕적 행동을 배울 수 있다는 것으로 모델링에는 의도적인 것보다 무의도적인 것이 훨씬 더 많다. 교사가 보여 주는 대부분의 언행은, 그의 의도 여하와는 관계없이 그리고 그가 알고 있든 모르고 있든 간에 유아들에 의해 모방되고 모델링된다.

예를 들어, 교사가 친절하고, 문법에 맞게 말을 하고, 단정하게 옷을 입으며, 가르치고 있는 교과가 재미있고, 중요하다는 인상을 보일 때, 그는 특정한 가치를 모델링하고 있는 셈이다.

### (3) 보상과 벌

도덕적 행동은 보상과 벌의 연상에 의해 이루어진다. 행동은 보상과 벌의 결과에 의해 형성된다는 것이다. 유쾌한 결과를 경험하는 행동은 보상으로 정적 강화가 작용되어 반복될 경향성이 있어 학습되는 반면, 불유쾌한 결과를 경험하는 행동은 벌이나 부적 강화가 작용하여 회피되는 경향성이 있으므로 학습되지 않는다는 것이다. 보상은 정적 강화가 되어 원하는 행동의 반복 가능성을 증가시키는 행동의 결과, 즉 효과이다.

한편, 벌은 반응(행동)의 확률을 감소시키는 것을 목적으로 행해진다. 벌과 부적 강화의 공통점은 혐오 자극의 회피를 목적으로 하는 점이다. 차이점은 부적 강화는 혐오 자극을 회피하기 위해 자발적으로 하는 행동인 데 비해, 벌은 불유쾌한 결과를 회피하기 위해 특정한 방식으로 행동하지 않을 때 적용되는 비자발적인 행동이라는 점이다. 벌은 원하지 않는 행동을 억제하도록 학습시키는 경우에 적용된다. 그러므로 벌을 통해서는 원하는 행동을 학습시킬 수 없다. 교사가 아동, 학생들이 기본생활규칙에 대한 행동통제를 내면화할 수 있도록 도와주기 위해서는 그들이 원하는 행동을 보일 때 체계적으로 보상(강화)할 수 있어야 한다(엄세진, 2007).

### 4) 유아의 사회적 규범과 행동 기준 발달

인간이 사회적 동물이라고 비유되는 것은 개인으로 존재하고 있어도 그 개인이 유일하게 존재하는 것이 아니라, 환경 속에서 끊임없이 타인과의 관계를 형성하고, 국가나 사회와 영향을 주고받으며 존재하고 있기 때문이다. 실제로 인간은 태어나 성장하며 다른 사람과의 관계를 형성하고 사회활동을 통해 의식주 등 기본 욕구의 해결은 물론, 만족감을 주고받으며 생활한다. 인간이 타인과 관계를 형성하고 유지하기 위해서는 사회로부터 요구되는 행동과 규범을 학습하고 준수하며 사회에서 인정받는 방법에 따라 감정을 표현하도록 교육된다.

인간은 태어나면서부터 타인과의 접촉 속에서 생활해 가며 차츰 다른 사람을 이해하고 수용하는 지혜와 기능을 습득하게 되고, 더 나아가 그를 둘러싸고 있는 사회를 알게 되며, 그 사회에 기여할 수 있는 사람으로 성장한다. 사회성 발달이란 다른 사람들과의 사회적 상호작용이 어떻게 발생하고, 어떻게 변화하며, 개인의 발달에 어떻게 기여하는지에 대한 것으로, 궁극적으로는 다른 사람과 원만한 관계를 유지할 수 있는 능력을 개발하는 것과 관련된다. 유아는 사회적인 규범과 행동방식을 내면화하기 위해 사회화가 필요하다. 사회화란 개인이 다른 사람과의 관계를 형성하고 유지하는 것을 배우고, 사회의 일원으로 수용되고, 사회의 기준과 규범에 일치하도록 자신의 행동을 조절하고, 다른 사람들과 함께 살아가는 과정이다. 즉, 사회화는 주어진 사회에서 다른 사람과 적절한 방식으로 잘 살아가는 것을 배우는 과정이다. 이러한 사회화는 쌍방적인 특성을 가지고 있어서 사회화를 시키는 사람의 특성뿐만 아니라, 그 대상이 되는 사람 가령, 아동의 특성이 이 과정에 모두 관여한다. 예를 들어, 아동이 가지고 있는 자아 개념, 정체성, 도덕의식 등이 사회화 과정에 영향을 미칠 수 있고, 사회화를 시키는 부모의 성격적 특성과 가치관 및 그 사회의 문화적 특성이 사회화 과정에 영향력을 행사한다. 각 개인은 기본적으로 자신의 이기적 욕구를 충족시키고자 한다. 그런데 이러한 욕구들은 개인들 간에 서로 상충할 가능성이 크다. 그러므로 사회 속에서 서로 공존하기 위해서는 각 개인의 이기적 욕구를 적절하게 통제하고 조절할 필요가 있다(박범실, 1987).

## 2 예의의 교육 및 지도방안

예절은 인간이 인간답게 지내도록 하는 것이다. 그것은 우선적으로 자신을 위한 것이며, 타인과 원만한 관계를 맺어가며 살아가야 하는 인간의 기본 도리를 깨닫게 하는 것으로 인간의 삶에 필수적인 요소이다. 현대사회에서 부모와 교사들은 예절 교육을 등한시하려는 경향이 있으나, 선진사회로 나아가는 데 기초적인 민주시민 정신을 기르기 위한 최우선의 과제로 여겨야 한다.

유아기의 예절 교육은 상대방을 존경하고 사랑하며, 우애의 마음이 행동에 자연스럽게 나타나도록 하는 데 중점을 두어야 한다. 예절은 단시일 내에 습득되는 것이 아니므로 가정과 기관에서 끊임없이 상기시키고 지도해 줘야 한다. 이를 위해 다음과 같은 교수 원리를 숙지해야 한다.

- 유아들은 부모나 교사의 행동을 가장 쉽게 따라 하기 때문에 먼저 모범을 보여 준다.
- 마음에서 우러나와 예의를 표현하게 도와준다.
- 예절을 지켜야 하는 이유를 여러 가지 상황 속에서 이야기로 설명해 준다(예: 예절은 다른 사람을 기분 좋게 해 주는 것이고, 나도 기분 좋기 위해 지키는 것이다).
- 예절을 지키는 방법을 상세히 알려 주고 유아들과 함께 역할 놀이를 통해 재미있게 연습해 보는 기회를 갖는다.
- 유아의 다양한 감정을 그림으로 표현해 보도록 하고, 유아의 감성을 계발할 수 있는 다양한 활동을 제공한다.

“세 살 버릇 여든까지 간다.”라는 속담처럼 생활예절과 습관은 유아기부터 이루어진다. 2세 정도가 되면 신체 조절을 할 수 있게 되면서 세상을 만나고 친구와 놀이를 하면서 협동하는 법 등을 배우게 되므로 이 시기에 부모들은 자녀가 가족, 친구와 함께 지낼 때 지켜야 할 예절이 있다는 사실을 가르쳐야 한다. 부모는 실제로 자녀에게 부모보다 영향력이 있는 모델이다.

유아가 바람직한 인격을 형성하도록 교육하기 위해 가정, 학교, 사회에서 유아가 지켜야 할 기본적인 예절 교육에 대한 지침이 유치원 교육과정에 나와 있다. 개인 예절, 인사 예절, 언어 예절, 식사 예절, 인간관계 예절, 공공 예절 등을 포함하고 있으며 이러한 기본적인 예절을 다양한 생활영역과 관련하여 가르치는 것을 목표로 한다. 교사 자신이 훌륭한 인성 모델이 되는 것은 당연한 일이기도 하다(Ryan, 1999). 유아에게 예의를 가르치는 가장 좋은 방법은 모방학습이다. 부모와 책 또는 텔레비전을 통해 제시되는 모습들을 통해 모방성이 강한 유아들에게 예의를 가르치는 것이 가장 효과적이다. 또한, 예의 교육은 특히 반복학습이 중요하다. 도덕성의 내면화를 포함하여 예절, 질서, 절약의 기본생활습관을 기르게 하며, 긍정적 자아 개념을 기초로 감정과 욕구를 조절하고 자신의 일을 계획하도록 한다. 또 가족이나 다른 사람과 함께 더불어 살아가는 태도를 함양하며, 사회·문화 환경에 대한 시야를 넓히는 데 필요한 기초 능력을 배양함으로써 민주시민의 기본 자질을 육성하는 데 있다.

물론 기본생활습관은 한두 번의 교육으로 단시간 내에 목표를 달성하리라 보기는 어렵다. 따라서 부모들도 눈에 띄는 변화를 자녀에게 기대해서는 안 된다. 서서히 우리 유아들이 변해갈 것이며, 이를 지켜보고 격려해 주는 것이 교사와 부모들의 몫이라 하겠다(우영효, 2004).

## 1) 예절을 가르치는 10가지 방법

### (1) 예절을 일찍 가르친다

자녀를 임신한 순간부터 태아에게 사람들이 서로에게 어떻게 대해야 하는지 가르칠 수 있다. 유아들은 말을 이해하기 오래 전부터 부모의 태도를 보면서 예절을 배운다.

### (2) 예절의 본보기를 보인다

유아가 2~4세 정도일 때 예절의 본보기를 보여 주는 것이 가장 효과적이다. 그 시기에는 듣는 대로 따라 한다. '고맙습니다', '천만에요', '실례합니다'라는 말을 자주 들려준다. 다른 어른들에게 하는 것처럼 유아들에게도 예의를 지키고, 특히 어린 나이에는 보는 대로 배우므로 예의 바른 부모를 둔 자녀들이 예의 바른 자녀가 된다.

### (3) 강요하지 않는다

예절은 강요에 의해서가 아니라 스스로 좋아서 하는 것이 되어야 한다. 자녀 스스로 예의를 지키는 것을 중요하게 생각해야 한다.

### (4) 기대한다

부모의 기대는 자녀들을 움직이는 강력한 원동력이다. 부모가 훌륭한 예절을 기대하는 가정에서 자란 자녀들은 예의 바르게 행동한다.

### (5) 식탁 예절을 가르친다

자녀가 18세가 되기까지는 거의 2만 번의 식사를 할 것이다. 식탁은 우리가 자녀들에게 대화 방법을 포함해서 모든 종류의 교훈을 가르치는 장소가 될 수 있다. 자녀들은 식탁에서 가족들과 대화를 하면서 다른 집에 손님으로 갔을 때 어떻게 행동해야 하는지 배운다. 부모가 식사 시간에 주고받는 대화의 본보기를 보일 수 있다. 말을 해야 할 때가 있고 귀를 기울이고 들어야 할 때가 있다. 자녀들은 어른들만큼 식사 시간에 오래 앉아 있지 못하므로 먼저 음식을 다 먹고 불편해지기 시작하면 '그만 일어나도 될까요?' 하고 양해를 구하도록 가르친다.

### (6) 감사 카드를 보낸다

친필로 쓴 감사 편지는 받는 사람들에게 '당신은 내게 중요한 사람'이라는 마음을 전해 준다. 선물이나 친절, 특별한 호의를 받으면 감사 편지를 보내게 한다. 그런 예의는 일찍부터 습관처럼 몸에 배게 하는 것이 좋다.

### (7) 전화 예절을 가르친다

자녀들이 전화받는 것을 좋아하는 점을 이용해서 무슨 말을 어떻게 해야 하는지 가르친다.

### (8) 듣는 법을 가르친다

귀를 기울여 듣는 것은 자녀들이 배워야 할 중요한 사교술이다. 상대방의 말을 가로막지 말고 적절하게 기다렸다가 자신의 의견을 말하고, 상대방을 쳐다보면서 주목하도록 가르친다. 어른들이 귀를 기울이는 본보기를 보여 준다.

### (9) 일깨우기 방법을 사용한다

가정에서 부모가 예의 바른 태도와 공손한 말씨의 모범을 보인다. 자녀가 학교에 들어가서 다른 친구들과 어울리다 보면 바람직하지 못한 행동을 배울 수 있다. '우리 이렇게 말해 보자.' 하고 부모가 자주 연습시킬 필요가 있다. 나무라지 말고 일깨워 주는 것이 중요하다. '우리'를 강조하면 자연스럽게 잘못을 고쳐 줄 수 있다. '우리는 그런 식으로 말하고 행동하지 않는다.', '우리 가족은…'이라는 말도 역시 효과가 있다. '우리'로 시작하는 말은 가족의 규범을 강화하고 훌륭한 예절을 일종의 가훈으로 여기도록 하는 효과가 있다. 유아들에게는 소속감이 중요하므로 가족에 대한 소속감을 또래들에 대한 소속감보다 우선시하도록 가르쳐야 한다.

### (10) 예절을 지켜야 하는 이유를 설명한다

예절이 중요한 이유를 가르치면, 유아들이 좀 더 자발적으로 예절을 지킨다. 다른 사람들에게 친절하면 스스로 기분이 좋아진다는 것과 남을 배려할 줄 아는 사람은 예의를 지킨다는 것을 알려 준다. 친절과 예절의 중요성을 이해하는 유아의 태도에서는 겉치레가 아닌 배려와 감정이입이 느껴지는데, 예의가 감수성과 감정이입의 연장이기 때문이다.

예절의 실천은 예절 행동이 무엇인지 알고 이를 생활 속에서 반복하는 것이 중요하며, 유아들의 마음을 움직였을 때 효과가 높으므로 이를 위한 지도방안이 필요하다. 기본예절 교육에 대한 지도방안에서의 유의점은 다음과 같다.

교사의 열성이 예절 교육을 가능케 한다: 앞에도 언급했듯이 영아기는 인간의 발달 과정상 예절을 습관화하기에 가장 좋은 시기이다. 생활의 기본적 예절은 반복되는 실천을 통해 습관화하는 것이 좋기 때문에, 이 시기의 교육을 통해 아동의 바람직한 인격 형성을 좌우할 수 있다. 그러므로 모든 교육이 그렇지만, 예절 교육의 경우에는 특히 교사의 열성이 중요하다.

모든 아동을 대상으로, 모든 생활영역에서 지도해야 한다: 예절 교육은 모든 아동을 대상으로 해야 하며 어린이집, 가정, 사회 내에서의 생활 등 전 생활 영역에서 다루어야 한다.

예절지도의 내용은 고정된 것이 아니라 상황에 따라 변화할 수 있음을 알고 지도해야 한다: 예절은 시대와 나라에 따라 다르지만 그 근본정신은 다음과 같은 공통점을 지니고 있다.

- 상대방에게 폐를 끼치지 않고 상대방을 편하게 해 준다.
- 상대방에게 불쾌감을 주지 않고 호감을 갖게 한다.
- 상대방을 부끄럽게 하지 않는다.

아동의 자발성을 존중해야 한다: 습관화하기 위해서는 반복되는 실천이 있어야 한다. 하지만 너무 강압적으로 지도하면 아이들에게 부적응 행동을 유발할 수도 있다. 바람직한 습관화를 위해서는 구체적인 상황을 통해 합리적이고 도덕적인 판단과정을 거쳐 예절을 지켜야 하는 당위성을 인지하도록 하는 것이 중요하다.

동기를 강화할 수 있는 환경을 구성하고 학습기회를 증대시킨다: 예절은 일상생활에서 필요한 것이기 때문에 습관화되기 위해서는 환경을 구성해 주어야 한다. 이를 위해서는 자발성을 존중하는 내적 동기 유발도 중요하지만, 물리적 환경도 중요한 구실을 한다.

- 어린이집이나 유치원의 환경구성
- 어린이집이나 유치원의 행사를 통한 지도
- 견학 참여 기회 확대
- 부모참여 활동
- 지역사회의 환경 활용
- 예절실 운영 및 예절 관련 행사 참여

## 2) 유아의 연령별 예절 교육

유아의 옳고 그름을 판단할 수 있는 능력인 분별력을 길러 주기 위해서 부모가 해야 하는 역할은 무엇일까? 분별력의 바탕에는 타인의 마음을 이해하고 헤아릴 수 있는 배려, 이타심이 깔려 있다. 나의 행동으로 인해 타인이 어떻게 느낄지 고려하지 않고 자기가 하고 싶은 대로 행동하는 데 익숙한 유아는 자기 고집과 주장만 중요하고 다른 사람(친구나 가족)의 감정은 중요하지 않게 여기게 된다. 자녀가 잘못을 저질렀을 때 무조건 감싸고 편들기보다는 그 잘못 때문에 친구나 형제가 얼마나 속상하고 힘들어할지 이해할 수 있게 가르치고 잘못을 시인하고 반성할 수 있도록 가르쳐야 한다. 분별력이란 곧 양심을 키우는 능력이다. 양심을 지키지 못하는 사람으로 자라면 성공해서 권력과 부를 얻는 사람이 될수록 사회에 악영향을 끼치는 요주의 인물이 될 가능성이 높아지는 셈이다. 부모의 반복적인 교육과 본을 보이는 모습에서 자녀는 배우고 자라며 그 가르침을 평생 새긴다.

### (1) 0~1세

만 1년이 되기까지 부모, 특히 엄마와의 애착이 잘 형성되지 못한 영아는 정서적 안정을 얻지 못한다. 아기가 울어도 엄마가 와 주지 않는 일이 잦아지면 아기는 불안에 떨게 되고 불안은 곧 분노가 되어 공격성을 띤다.

- 아기와 항상 같이 있어 주도록 한다.
- 아기에게 절대 소리 지르지 않는다.
- 사랑을 충분히 표현하도록 한다.

(2) 2~4세

말을 배우고 자기 의지를 키우며 자립심의 싹을 틔우는 시기다. 이때 바른 생각을 할 수 있도록 교육하고 훈련하는 것이 중요하다. 또한, 부모를 보고 똑같이 따라 하기 시작하므로 자녀 앞에서의 모든 행동에 주의가 필요하다.

- 안 되는 것을 확실히 가르친다.
- 안 되는 것의 이유를 설명해 준다.
- 자녀 앞에서 모범을 보이도록 노력한다.

(3) 5~7세

자아가 급성장하는 시기로 자기주장이 급격히 강해진다. 어린 나이에는 단순하게 안 되는 것을 가르치고 이유를 설명했다면 이제는 왜라는 질문에 근본적으로 대답해 주고 가치관을 올바로 세울 수 있게 도와줘야 한다.

- 영화나 연극, 책을 통해 간접경험으로 바른 행동을 알게 해 준다.
- 내 것, 네 것에 대한 소유 개념을 가르치고 남에게 양보하는 마음을 길러 준다.
- 자녀의 말대답에 감정적으로 화를 내지 않도록 노력하고 강압적인 태도와 처벌로 자녀의 기를 꺾어 복종시키려 하기보다 단호하고 일관되게 훈계한다.

### 3) 예절 교육 방안

예절 교육은 어렸을 적 부모들이 어떻게 자녀들을 대하느냐에 따라 좌우된다. 유아들의 도덕적 능력을 높여 주기 위해 연령에 관계없이 일상생활에서 부모가 항상 지켜야 할 것들은 무엇이 있을까?

- 교훈적인 이야기를 들려주며 옳고 그름의 판단력을 키워 준다. 동화책이나 영화, 연극 등을 보고 함께 그 교훈에 대해 이야기를 나눠 본다.
- 가르칠 수 있는 기회를 놓치지 않는다. 자녀가 그릇된 결정을 내릴 때 주의 깊게 살펴보고 그에 따른 결과를 설명해 주어 그 결정이 자신뿐 아니라 다른 사람에게 미칠 영향에 대해 생각해 보도록 한다.
- 부모가 일관성 있는 본을 보인다. 부모의 교육에서 영향을 크게 받으므로 부모의 일관성 있는 태도와 사랑이 자녀를 변화시킨다.
- 부모는 말과 행동이 일치해야 한다. 용서가 중요하다고 말하면서 자녀를 결코 용서하지 않으면 용서의 본이 될 수 없다.
- 백문이 불여일견, 직접 생활에서 경험해 보도록 한다. 어려운 친구, 고통당한 이웃을 직접 돌볼 수 있는 기회를 준다.
- 자녀와 함께 행동의 규칙을 정하여 행동에 대한 상과 벌을 만들어 그대로 실천한다. 이때 가장 중요한 것은 부모의 일관적인 태도다.
- 많은 친구와 어울리게 한다. 자신과 다른 사람을 포용하는 법을 배우고, 선행과 악행에 대한 판별 기준을 스스로가 생각하고 결정할 수 있는 좋은 기준을 만들어 준다.
- 자신의 물건은 자기가 치우게 한다. 미국의 한 아동심리학자는 유아가 자기 물건을 스스로 치우는 것이야말로 사회생활을 하는 기초이며 독립된 자아를 인식할 수 있는 좋은 기회라고 했다. 자기 물건을 잘 치우는 유아일수록 남의 물건도 아낄 줄 알고 피해를 주지 않는 방법을 깨우쳐 간다.
- 부모도 인간이기에 실수도 하고 잘못도 한다. 부모가 자신의 잘못을 인정하고 사과하는 모습을 보일 때 자녀들도 스스로의 잘못을 쉽게 인정하고 개선점을 찾으려는 자세를 지닌다.

## 3 예의의 발달을 돕는 부모와 교사의 역할

대부분의 행동방식은 타고난 것이 아니라 길러지는 것이다. 게으름, 명랑함, 지배적인 태도, 수줍은 태도, 의존성, 독립성 등 그 어떤 속성이든 간에 유아들은 교육을 통해 함께 배우게 된다. 그뿐만 아니라 다른 사람에 대한 이해나 생활공동체에서의 행동과 같은 예절 역시 어른의 행동을 통해 배우는 것이다. 또한, 유아기는 발달특성상 행동, 습관, 가치관 및 성격의 기초가 형성되는 중요한 시기이며, 이때 배운 가르침은 전 생애에 많은 영향을 끼치게 된다. 따라서 기본생활예절은 어느 시기보다 유아기부터 잘 형성될 수 있도록 해야 한다.

예로부터 예절 교육은 교육기관보다는 가정의 몫이었다. 가정생활에서 행동의 모범을 보이며 자연스럽게 가르쳐 주던 가르침이 바로 예절 교육인 것이다. 그러나 오늘날은 도시화, 핵가족화, 맞벌이 가정의 증가 등으로 기본생활예절 교육이 가정에서 원만히 이루어지기에는 어려운 점이 많아졌다. 더욱이 유아들도 교육기관에서 하루의 반나절 이상을 보내는 것이 현실이다. 따라서 유아를 위한 예절 교육은 교사와 부모의 지속적이고 다각적인 노력과 일관성 있는 교육으로 이루어져야 하고, 가정과 유아교육기관이 연계성을 갖고 체계적이고 반복적으로 행할 때 보다 바람직할 것이다(김미경, 2008).

유치원은 기본생활습관이 완성되기 이전의 유아들을 교육의 대상으로 하기 때문에 기본생활습관을 제대로 배우지 못한 유아들의 경우, 유치원에서의 올바른 습관을 갖도록 교육하는 일이 매우 중요하다. 따라서 유아의 생활연령에 따라 기본생활습관 지도에 차별을 두어 적용하는 것이 기본생활습관 형성에 더 효율적이라 판단하여 부모가 함께 참여하고 수준별 기본생활습관 형성 자료를 고안하여 연계성 있는 교육을 해야 한다. 또한, 예절 교육은 일상생활을 통해 자연스럽게 습득하는 교육이어야 한다. 유아의 전체 일과 속에 자연스럽게 지도할 수 있도록 모든 일과에서 교사들이 협동하여 일관성 있는 태도로 반복적으로 교육함으로써 예절

바른 행동을 유아들이 습관화할 것이다. 다양한 활동을 통해 예절 교육을 하되 건강생활, 사회생활, 언어생활 등과 관련해서 생활을 통해 배울 수 있어야 한다. 다양한 교구를 사용하고 이야기 나누기, 문학활동 신체 및 음악활동, 미술활동 등을 활용하여 자연스럽게 예절 교육을 한다.

이야기 나누기: 교사가 일방적으로 가르치기보다는 유아가 스스로 학습할 수 있도록 이야기를 나눈다. 주제에 대해 토의하고, 보여 주며 이야기를 하고, 생각을 모으고, 일과 계획, 회상하기 등의 방법으로 이야기를 나눈다. 이를 통해 자신의 느낌과 생각을 표현하고 다른 사람들의 느낌과 생각을 알 수 있게 되고, 자신의 감정을 조절하여 타인과의 관계형성 능력을 형성할 수 있다. 예절 관련 주제에 대해서도 서로 이야기를 나누면서 예절을 자연스럽게 익히게 된다.

문학활동: 유아들이 흥미로워하는 동화를 감상, 만들기, 극화하는 방식이 있다. 문학활동을 통해 자신의 느낌이나 주인공과 다른 생각을 적절한 방법으로 표현하고 다른 유아의 생각과 느낌을 듣게 되는 기회를 가질 수 있게 된다. 아동들은 예절 관련 동화를 들으며 자연스럽게 예절을 익히게 된다. 유아들끼리 생각을 나누면서 바른 예절을 어떻게 지키는지를 알게 되며, 동화 속 주인공의 행동을 통해 바른 예절에 대해 생각하게 된다.

음악활동: 노래 부르기와 음악 감상을 통한 방법이다. 노랫말의 내용을 음악을 통해 접하게 됨으로써 유아들은 즐겁게 받아들인다. 예절 교육은 따분해질 수 있기 때문에 음악을 통해서 노랫말을 이용하면 쉽게 접근할 수 있을 것이다.

가정에서 부모들 역시 모범을 보이는 것이 가장 중요하기 때문에, 항상 자녀들이 보고 있다는 것을 지각하여 행동을 조심하면서 예의를 지도해야 한다. 그렇게 함으로써 유아들의 내적 동기와 행동의 습관화를 쉽게 이룰 수 있다. 그 방법은 다음과 같다.

- 부모 자신의 마음부터 온화하게 갖도록 노력한다.
- 단정한 몸차림도 중요하다.
- 어른 앞에서 공손한 태도를 보이면 자녀들도 본받아 공손해진다.

- 나의 언행이 자녀의 마음에 상처를 주지 않았는가 늘 반성해 본다.
- 부부 간에 서로 존중하고 신뢰하는 모습을 보여 준다.
- 모든 물건을 귀하게 여기고 아껴 쓰는 생활태도를 보여 준다.
- 아름답고 고운말을 쓰도록 노력한다.
- 사랑하는 마음을 갖고 자녀의 이야기에 귀 기울여 준다.
- 어렵고 힘든 상황에 있는 사람들을 도와주는 태도를 갖도록 한다.
- 자녀를 가르치는 데 있어 뚜렷한 가치와 철학이 있어야 한다.
- 자녀에게 최고임을 칭찬하기보다 최선을 다함에 칭찬을 보낼 수 있어야 한다.

부모는 자녀를 예절 바른 사람으로 키우고 싶다고 지나치게 규칙만을 강조하다 보면 오히려 자녀는 위선적인 행동을 보이기 쉽다. 24개월이 지나면 자녀에게 예절 교육을 시키기에 적당한 시기이므로 매일의 일과에서 실천하는 것이 중요하다(주영애, 2000).

예의의 발달을 돕는 교사와 부모의 역할에 대해 예절별로 살펴보기로 하겠다.

## 1) 식사 예절

식사 전 예절 익히기: 손 씻기는 식사 예절의 시작이다. 유아가 좋아하는 비누거품놀이로 손을 씻고 늘 정해진 식사자리에서 준비해 주신 분과 음식을 소중히 여기는 마음으로 '잘 먹겠습니다.' 하고 인사를 나눈다.

식사 도중 예절 익히기: 한자리에 앉아서 식사를 하도록 권유하고 상호작용한다. 자리를 이탈할 경우 더 먹을 것인지를 묻고 더 먹지 않겠다는 의사표현을 하면 자리를 정리한다. 이를 일관적으로 해야 한다.

식사 후 예절 익히기: 식사하기 전과 마찬가지로 다 먹고 난 후에도 일정한 인사말을 나누고, 만 3세 이후에는 식탁이나 바닥, 옷에 흘린 음식물을 스스로 줍게 하는 것이 좋다.

### 2) 인사 예절

예절의 기본이자 유아들에게 가장 쉽게 가르칠 수 있는 것이 바로 인사 예절이다. 자녀가 낯을 가려서 엄마 뒤로 숨어버리거나 모르는 사람이라고 멀뚱멀뚱 바라보는 것은 고쳐야 할 생활습관 1순위이다.

- 어른을 보면 2~5m 앞에 멈춰 선다. 멀거나 가까운 거리에서 인사하는 것은 실례가 된다. 걸어가며 인사하는 것 역시 나쁜 인사법이므로 주의한다.
- 손을 배꼽 위에 공손히 겹쳐 둔다. 인사할 때는 창피하다고 팔로 얼굴을 가리거나 손을 흔들지 말고, 바르게 손을 배 위에 모은 뒤 인사한다.
- 또렷한 목소리로 '안녕하세요.'라고 인사한다. 기어들어가는 목소리로 인사하거나 고함치듯이 성의 없게 인사하는 것은 바람직하지 못하다.
- 인사 후 어른과 시선을 맞춘다. 어떤 유아들은 마지못해 인사하고 바로 엄마 뒤로 숨어버린다. 인사한 후에는 어른과 시선을 맞추고 잠시 기다린다.
- 어른이 움직이기 전까지는 자리를 뜨지 않는다. 어른이 돌아서서 갈 때까지 정자세를 한다. 인사한 후 어른이 먼저 움직이기 전에 달아나지 않는다.

### 3) 손님맞이 예절

대다수의 부모는 손님이 집에 방문했을 때 소란스럽다는 이유로 인사만 시킨 뒤 자녀를 방에서 놀게 한다. 이는 자녀가 어른을 대하는 예절을 배울 기회를 빼앗는 것이다. 자녀가 함께할 수 있는 시간을 꼭 마련해 준다.

- 손님이 오면 문 앞까지 나가 바르게 인사한다. 집에서 놀다가 손님에게 대충 인사하는 것은 좋지 않다. 초인종이 울리면 나가서 손님을 먼저 반긴다.
- 손님이 가져온 물건을 받는다. 손님이 신발을 벗고 어른들과 인사를 나누는 동안 가져온 가벼운 짐은 받아 두는 습관을 기른다.
- 대화 중에는 소란스럽게 하지 않는다. 대화 중인 손님의 시야를 가리거나 사

람들 사이를 다니지 않도록 한다. 걸어 다닐 때는 사람 뒤로 다니도록 한다.

- 과일, 과자 등은 두 손으로 먼저 권한다. 과일이나 과자가 나왔을 때에는 바로 집어먹지 말고 손님에게 먼저 권한 후에 먹도록 한다.
- 물을 내올 때는 쟁반에 받쳐 내오도록 한다. 자녀가 쏟지 않도록 쟁반의 바닥이 고무로 된 것을 준비해 두면 좋다.

## 4) 대화 예절

한창 말하는 재미를 알아가는 시기의 유아들이 반말로 떼를 쓰거나 속된 표현을 써도 예쁘다고 너그럽게 넘어가지 않도록 주의한다. 나쁜 언어습관은 나중에 고치려면 몇 배의 노력이 들어가기 때문이다.

- 존댓말로 이야기한다. 어른에게 '싫어.', '안 해.' 등의 말을 하는 것은 부모가 반드시 고쳐 주어야 한다. 평소 부모가 존댓말 쓰는 모습을 자주 보여 준다.
- 다른 사람이 말하는 도중 말을 시작하지 않는다. 유아들은 자기 이야기를 하고 싶어서 다른 사람의 말을 끊는 경우가 있는데, 이는 반드시 지적해 준다.
- 속된 표현을 쓰지 않는다. 유아의 경우 의미도 모른 채 나쁜 말을 모방해서 쓰는 경우가 있다. 그 말이 나쁜 말임을 알려 주고 쓰지 않기로 약속한다.
- 상대방을 쳐다보며 경청한다. 산만한 유아들은 이야기를 듣는 동안에도 주위를 두리번거린다. 이런 행동은 예의에 어긋난 행동임을 알려 준다.
- 대화할 때 몸을 비틀거나 꼬지 않는다. 쑥스럽거나 지루해서 유아들은 대화할 때 몸을 비틀거나 꼰다. 항상 바른 자세로 말하고 듣는 습관을 길러 준다.

## 5) 공공 예절

집안뿐 아니라 공공장소에서도 지켜야 할 예절이 있다. 공공 예절은 당연해서 잊어버리기 쉽지만 막상 실천하기는 힘들기 때문에 어릴 때부터 길러 주는 것이 중요하다. 부모와 함께 길을 다니거나 공공장소를 갔을 때 하나씩 실천해 본다.

- 신호등이 녹색일 때 건널목을 건넌다. 신호등을 지키는 것은 공공 예절을 지키는 것일 뿐 아니라 유아의 안전과도 직결되므로 반드시 알려 준다.
- 길거리에 휴지를 버리지 않는다. 지저분한 거리를 보면서 그 느낌을 말해 보도록 하고, 휴지를 버리면 많은 사람이 불쾌하다는 것을 알려 준다.
- 공공 물건은 양보하고 아껴 쓴다. 여러 사람이 함께 쓰는 물건이므로 깨끗하게 사용하고 혼자 오래 사용하지 않도록 알려 준다.
- 공공장소에서 떼쓰며 소리 지르지 않는다. 음식점, 백화점 등의 새로운 환경에서 들떠서 소란을 피우기 일쑤인데, 엄하게 타이르고 이유를 설명해 준다.
- 차례를 지킨다. 유아들은 차례를 기다리는 것을 자신의 기회를 빼앗긴다고 생각한다. 기다리면 자신의 차례가 온다는 것을 직접 체험해 보도록 한다.

## 4 예의 교육 프로그램과 활동 사례

### 활동 사례 1

**활 동 명** 내 마음을 표현하기

**대상 연령** 만 3세 이상

**활동 목표**
- 다른 사람에게 친절하게 대하는 방법을 알고 실천한다.
- 상대방이 나에게 친절을 베풀었을 때 적당한 말로 인사할 줄 안다.
- 자신의 경험을 그림으로 표현할 수 있다.

**활동 자료** 도화지, 크레파스

**활동 방법**

1. 친구들로부터 도움을 받거나 미안했던 경험에 대해 이야기 나눈다.
   - 언제 친구에게 고마운 마음을 느꼈나요?
   - 언제 친구에게 미안한 마음을 느꼈나요?
   - 내가 친구들을 도와주었을 때 친구가 어떤 인사말을 했나요?
   - 친구가 내 놀잇감을 망가뜨렸을 때 어떻게 했나요?
   - 그때 기분이 어땠나요?
   - 내가 친구를 도와주었는데 아무런 인사도 안 하면 기분이 어떨까요?
2. 친구가 고마웠거나 미안했던 상황을 그림으로 그려 본다.
3. 친구에게 고마웠거나 미안했을 때 내가 했던 말을 그림 옆에 써 본다.
4. 친구에게 그림을 선물하며 직접 인사말을 해 보도록 한다.

**확장 활동**

- 다른 사람에게 친절하게 대하는 방법을 실천할 수 있도록 상황극을 해 본다.
- 상대방이 나에게 친절을 베풀었을 때 적당한 말로 인사할 수 있도록 표현의 기회를 준다.
- 자신의 경험을 그림으로 표현해 본다.

## 활동 사례 2

**활 동 명** 우리 먼저 인사해요

**대상 연령** 만 3세 이상

**활동 목표**

- 상황에 맞는 올바른 인사말을 알고 실천할 수 있다.

**활동 자료** 그림 자료(인사하는 상황)

**활동 방법**

1. 유치원이나 어린이집에서 하는 인사에 대해 이야기 나눈다.
   - 유치원이나 어린이집에서 친구와 선생님을 제일 먼저 만나면 어떻게 하나요?
   - 어떻게 인사했나요?
   - 친구와 놀다가 친구를 다치게 하면 뭐라고 하나요?

- 친구가 나에게 놀잇감을 양보하면 뭐라고 하나요?
- 친구와 만나면 누가 먼저 인사하나요?

**2** 집에서 인사를 한 경험에 대해 이야기 나눈다(그림 자료 제시).

- 집에서는 언제 인사하나요?

**3** 인사할 때의 인사말에 대해 이야기 나눈다.

- 아침에 일어나면 부모님께 뭐라고 인사하나요?
- 밥 먹기 전후에는 뭐라고 인사하나요?
- 부모님께서 직장에 가실 때는 뭐라고 인사하나요?
- 유치원이나 어린이집에 갈 때는 뭐라고 인사하나요?
- 유치원이나 어린이집을 다녀와서는 뭐라고 인사하나요?
- 부모님께서 직장에서 집으로 오셨을 때는 뭐라고 인사하나요?
- 부모님께서 선물을 주실 때는 뭐라고 하나요?
- 잠자기 전에는 뭐라고 인사하나요?
- 친구와 만났을 때는 뭐라고 인사하나요?
- 친구가 도와주면 뭐라고 인사하나요?
- 친구의 기분을 상하게 했을 때는 뭐라고 하나요?

**4** 교사가 여러 가지 그림 자료를 제시하면 유아들이 상황에 맞는 적절한 인사말로 바른 인사를 해 본다.

## 활동 사례 3

**활 동 명** 가족이 하는 일을 소개해요

**대상 연령** 만 3세 이상

**활동 목표**
- 우리 가족 구성원과 가족들이 하는 일을 소개한다.
- 가족의 소중함을 알게 한다.
- 친구와 역할을 분담함으로써 잘 어울리고 협력하는 태도를 기른다.

**활동 자료** 가족그림 또는 가족사진, 부엌용품, 의류, 신발, 화장품 병, 거울, 빗, 액세서리류, 앞치마, 머릿수건, 장갑

활동 방법

1 유아들이 그린 가족그림(사진)을 보며 가족에 대해 이야기 나눈다.
- 우리 가족은 누가 있나요?

2 만일 엄마, 아빠가 된다면 무슨 일을 하고 싶은지 이야기 나눈다.
- 여러분이 엄마, 아빠라면 꼭 하고 싶은 일이 있나요?
- 어떤 일이 하고 싶나요?

3 엄마, 아빠 역할놀이를 해 본다.
- 자기가 하고 싶은 역할을 이야기할 수 있나요?
- 이제 각자가 맡은 역할에 대하여 잘 해볼 수 있겠어요?

4 남녀 역할을 바꿔 본다(활동 전개 시 성역할 고정화를 강화하지 않도록 주의한다).

확장 활동

- 역할놀이를 통해 가족 구성원의 역할을 생각해 본다.
- 가족이 쓰는 물건을 분류해 본다.

## 활동 사례 4

활 동 명: 어른들을 기쁘게 해요

대상 연령: 만 3세 이상

활동 목표

- 집안 어른들을 위해 내가 할 수 있는 일들을 생각하고 실천할 수 있다.
- 자기 생각을 그림과 글로 표현할 수 있다.

활동 자료: 소형 지퍼 백, 하트모양 카드, 사인펜, 꾸미기 자료, 하트모양 카드에 넣을 예시 그림 자료([그림 8-1] 참조)

활동 방법

1 가족 중에서 어른들을 기쁘게 해 드릴 방법을 생각해 본다.
- 어른들을 도와 드려 본 적이 있나요?
- 어른들은 우리가 어떻게 해 드리면 기쁘실까요?
- 어른들을 기쁘게 하는 것을 뭐라고 부를까요?

[그림 8-1] 예시 그림

출처: 박찬옥(2010). 유아사회교육(p. 378).

2 효도 쿠폰을 만드는 방법에 대해 이야기를 나눈다.
- 효도 쿠폰을 어떻게 만들 수 있을까요?
- 부모님, 할아버지, 할머니를 위해서 우리가 할 수 있는 일은 어떤 것이 있을까요?

3 하트모양 종이를 나누어 주고 웃어른을 위해 유아들이 생각한 효도 방법을 그림이나 글로 표현하고 쿠폰을 꾸민다.

4 자신이 만든 효도 쿠폰을 소개하고 효도 쿠폰 사용법에 대해 이야기를 나눈다.
- 언제 사용할까요?
- 어떻게 사용할까요?

확장 활동 ▫ 가족 연계 활동을 통해 집에 가져가 부모님께 활용한다.

## 활동 사례 5

**활 동 명** 부모님께 감사한 마음을 가져요

**대상 연령** 만 4세 이상

**활동 목표** ▫ 어버이날의 의미를 알고 부모님께 감사하는 마음을 가진다.

**활동 자료** 노랫말, 도화지, 크레파스

**활동 방법**

1. 어버이날의 의미에 대해 이야기 나눈다.
   - 어버이는 누구를 가리키는 말일까요?
   - 왜 아버지와 어머니께 감사하는 마음이 들까요?
   - 어버이날은 무엇을 하는 날일까요?
2. 부모님께 감사하는 마음을 담은 노래를 들려준다.
3. 노래를 들은 느낌에 대해 이야기를 나눈다.
   - 노래를 들으니 어떤 기분이 드나요?
   - 노랫말에 어떤 말이 나왔나요?
4. 부모님에 대한 감사의 마음을 이야기하거나 느낌을 그림으로 표현해 본다.
5. 노랫말을 보면서 교사가 부르는 노래를 듣는다.
6. 교사와 유아가 노래의 부분을 나누어서 노래를 부른다.
7. 처음부터 끝까지 다 함께 노래를 부른다.
8. 활동이 끝난 후 노래 불러 본 소감을 이야기하거나 표현한 그림으로 이야기를 나누어 본다.
   - 노래를 불러 보니 기분이 어땠나요?

**확장 활동** ▫ 미술활동을 통해 감사의 꽃다발을 만들어 본다.

▫ 언어영역에서 부모님께 감사의 편지를 쓴다.

# 제09장

## 품성의 지도 친절

### 1 친절의 개념과 발달

#### 1) 친절의 정의 및 개념

친절은 명사로 '대하는 태도가 매우 정겹고 고분고분함 또는 그런 태도'를 의미한다(표준국어대사전, 1999). 상대방의 입장이 되어서 배려하는 따뜻한 마음과 행동으로 정성스러운 마음이 행동으로 표현된 것이라고 할 수 있다. 친절한 사람은 자신의 이익을 위해 다른 사람을 해치지 않고 더 나아가서 남이 어려움에 처했을 때 보다 적극적으로 도움을 주는 사람이다. 일상생활에서 베푸는 조그만 친절은 자신은 물론 주변 사람들 모두를 유쾌하게 하여 이 세상을 보다 아름답게 만든다.

친절은 다른 사람에 대한 배려와 우호적이고 관대한 대접을 의미하며, 여러 방법으로 상대방의 생활을 편안하게 해 주는 행동으로 정의된다. 학술적으로 친절은 상대방의 기대를 초과하는 인간 상호 간의 배려 행위로 감정이 이입되어 있고, 자발적이며 지도 가능하여야 한다(강병수 외, 2013, 재인용).

인간의 긍정적인 성품에서 나타난 품성의 정의 중 친절은 자아가 타인을 향해 있는 것으로 타인에게 호의를 베풀고 그들을 돕고 돌보는 것으로 선을 행한다고 할 수 있다. 친절은 보편적인 인간애를 추구하고 그것은 자체로서 관심과 돌봄의 대상이 되어야 한다는 신념을 바탕으로 하며, 순수한 애정으로 타인을 돕는 행동을 하는 것이다. 친절은 인간애에 속하는 하위 요소로 자상함, 배려심, 동정심, 이타성, 상냥함, 다정함으로 표현된다. 이에 부모와 교사가 '품성이 좋은 유아'라고 인지한 유아의 특징을 살펴보았을 때, 부모와 교사 모두 유아의 품성으로 친절을 가장 많이 지각하였다.

이러한 친절은 경영, 행정, 관광, 의료 등 다양한 학문에서 관심을 갖고 연구하고 있다. 먼저 경영학에서 친절은 무형적 상품과 고객문제를 해결하는 수단으로 기업이 경쟁력을 확보하기 위한 기술과 함께 기업경영의 필수 요소이고 서비스의 품질을 구성하는 중요한 요인이다(김선일 · 신정길, 2007). 행정학에서 친절은 공무원의 고객에 대한 인격적 응대와 고객의 요구와 의사에 대한 민감한 반응의 정도로 정의한다(김인 외, 2007). 간호학에서는 환자에게 질병에 대한 정보를 안내해 주고 불안감에 대하여 공감해 주고, 따뜻한 눈길과 손길로 환자의 아픈 곳을 어루만지는 등 친절을 베풀고 있다. 또한, 도시계획에서 친절은 안전한, 조용한, 건강한 등 도시 비전을 설정한 광범위한 의미로 이용되기도 하고 노인, 어린이, 여성 보행자 등 사회적 약자를 배려하거나 환경, 대중교통, 자전거 등 구체적인 정책대상을 강화하는 의미로 사용된다. 최근 서비스 경제의 중요성이 강조되면서 친절은 도시를 방문하는 사람이나 고객에게 만족을 제공하기 위한 필수 요소로 인식되고 있고, 도시의 발전 비전으로 서비스 도시라는 개념이 제시되고 있다. 다양한 영역에서의 친절에 관한 개념과 정의를 종합해 볼 때, 친절은 인간 사회의 도덕적 가치뿐 아니라 개인, 사회, 국가의 경쟁력을 결정하는 중요한 자원으로 활용되며 파급효과와 영향력이 크다는 것을 알 수 있다.

이를 종합해 볼 때, 친절은 인간과 인간 사이에 필요한 덕목으로, 주어진 상황안에서 타인과 역동적인 상호작용을 통해 관계형성을 하는 중요한 언어적, 비언어적인 태도이다. 즉, 친절이란 다른 사람의 기분 상태나 만족도에 관심을 가지고 상대방이 최적의 행복에 이르도록 베푸는 덕목이며, 남의 행복과 감정에 대한 자신의 관심을 표현하도록 도와준다.

## 2) 친절의 중요성

상대방과의 인간관계에서 유대와 신뢰관계를 유지하게 하는 중요한 요소가 친절, 봉사이다. 특히 경영, 관리 측면에서는 아무리 훌륭한 정책과 목표, 기획이라도 경영자 또는 고용자의 친절, 봉사에 대한 의식개혁 없이는 기업은 성과를 내기 힘들고 성공할 수 없다.

"웃는 얼굴에 침 뱉으랴."라는 속담처럼 웃는 얼굴, 호의적이고 타인을 배려하는 친절한 태도는 무형의 봉사로 엄청난 실질적 소득이 얻어지는 가치이다. 친절이 무형의 봉사로서 실질적 소득이 얻어지는 가치임을 생각한다면 누구나 생활화로 몸에 익혀야 할 것이다. 우리의 선현들은 어려움은 나누면 반으로 줄고, 기쁨은 나누면 두 배가 된다는 지혜로, 더불어 나누는 친절의식을 가르치고 있다. 친절은 사고파는 것이 아니라 주고받는 것이라는 큰 뜻이 있지만 마음먹기에 따라선 베푸는 행동으로 그 자체가 소중한 가치이다.

친절은 문화와 연관이 있다. 예를 들어, 일본 대학의 한국인 교수는 일본과 한국의 친절을 비교한 한 칼럼에서, 일본의 친절은 '깍듯한 선 긋기'로 정의하였다. 업무나 서비스에 대해 지불한 대가 속에 친절에 관한 비용도 있다고 생각하여 깍듯하게 이루어지는 행위가 친절함이라고 하였다. 그에 비해 한국의 친절은 한국 특유의 문화인 '정' 문화와 연관된 '상대를 배려하는 따뜻한 선의'로 정의하였다. 다소 무뚝뚝하지만 상대의 입장을 깊게 생각해서 상대의 편리와 이익을 생각하는 따뜻한 선의로, 이러저러한 안내를 해 주기도 하고, 길을 잘 찾았는지 지켜보기도 하는 등 마음 씀씀이가 느껴지는 '정'이 있어야 친절이라고 하였다.

많은 연구에서 노력과 친절의 가치가 경제적 성과를 뒷받침하면서 '손님이 왕'이라는 말도 등장하였다. 이는 친절의 의미를 과잉 해석해서 매장에 들어서는 순간부터 고객에게 가식적인 친절로 왕처럼 대우해 주고, 판매자는 감정을 소진하며 고객을 응대하는 등 불편함을 초래하였다.

상대가 편안하게 느낄 수 있도록 공간과 환경에서도 친절함을 갖추어야 한다. 상대를 친절하게 응대하기 위해 상대를 분석하고 마음을 읽어 마음을 움직일 수 있는 친절함에 상대는 기분 좋은 친절의 가치를 경험할 수 있다. 예를 들면, 손님의 자연스러운 행동과 참여 속에서 자연스럽게 매장의 상품을 만날 수 있는 구조에서 손님은 편안한 친절함을 느낀다.

## 3) 친절의 구성요소

본 장에서는 친절의 구성요소를 상냥한 말씨, 부드러운 표정이나 행동의 몸가짐, 상대방을 존중하는 마음가짐, 친절을 지속시킬 수 있는 자기통제력 등으로 살펴보고자 한다.

### (1) 상냥한 말씨(대화)

친절의 구성요소 중 상냥한 말씨는 부드러운 음성, 적절한 빠르기, 어법에 맞는 문장, 적절한 존칭어, 공감 어린 대화내용 등이 조화를 이루어 만들어진다.

상황에 적절한 대화와 의사소통과 관련된 언어의 구성요소를 살펴보면 화용론에 해당되는데, 화용론은 의사소통의 목적을 위하여 상황 내에서 어떤 언어 사용의 적절성 여부를 밝히는 이론이다. 어떤 표현이 화용론에 비추어 적절한지는 표현된 말이나 문법, 해석이 아닌, 상황에서의 적절성과 의사소통 효과로 결정된다. 따라서 상냥한 말씨와 언어적 표현은 언어 능력 중 화용론이 뛰어난 사람에게 더 잘 나타날 수 있으며, 이 부분에 대한 교육이 이루어져 언어를 사용함에 있어 상황에 적절성, 효과적인 의사소통을 위한 친절함을 익히는 것이 필요하다.

따라서 친절한 말씨는 공손한 언어와 말투, 적절한 빠르기, 상대의 마음을 헤아려 조리 있게 전달하는 것으로 '친절함'을 잘 표현할 수 있고 친절을 받는 상대방도 가장 잘 인식하는 요소이다.

### (2) 표정과 행동의 부드러움

밝고 웃음 띤 얼굴로 눈 맞춤을 하는 표정과 공손한 손길과 상대를 살피는 행위는 친절의 몸가짐이다. 공손히 인사하는 예의 바른 태도, 경청태도, 설명태도, 응대태도 등의 예절 등을 갖추어야 한다.

용모단정함도 친절의 자세 중 한 요소인데, 이는 화려하고 최신 유행에 따르는 옷차림을 하라는 뜻이 아니다. 자신이 하고 있는 직업에 적절한 또는 단정한 옷차림을 하고 의사소통을 한다면 조금 더 부드럽고 다가가기 쉬운 모습이고, 기분 좋음과 인정과 존중받음 등의 기분을 자아내므로 좋은 분위기를 이끌 수 있다.

이처럼 좋은 태도는 좋은 분위기를 불러일으킨다. 또 좋은 분위기는 좋은 의지를 불러일으켜 권유하고 유도하는 분위기가 관대함에 영향을 준다. 예를 들어, 7~8세 아동들에게 행복한 분위기를 불러일으켰을 때, 통제집단보다 훨씬 더 많은 동전을 기부했다고 하였다(이은화 · 김영옥, 2005, 재인용).

### (3) 상대방을 존중하는 마음가짐

태도란 몸의 동작이나 몸을 가누는 모양새만을 뜻하는 것이 아니라, 어떤 일이나 상황 따위를 대하는 마음가짐 또는 그 마음가짐이 드러난 자세를 의미한다.

친절을 행하는 태도 뒤에는 진심과 상대방을 존중하는 마음이 담겨 있어야 한다. 진심이 담기지 않은 친절은 부드러운 행동과 웃는 표정을 습관적으로 지니고 있지만, 가식으로 느껴져 상대는 부담스럽게 느낄 수 있다. 이심전심이라는 말처럼 어린 영아 역시 말을 할 수 없지만, 진심 어린 행동은 잘 알아채며 가식적인 행동은 불편하고 기분 나쁨을 느낀다. 즉, 진심이 없는 친절한 행동에는 불쾌한 기분을 느낀다. 따라서 내가 지금 하고 있는 일에 전력을 다해 마음을 담아 표정과 행동으로 나타낼 수 있어야 한다. 상대방을 존중하는 마음가짐 안에는 따뜻한 마음의 감정도 포함되지만, 상황에 대한 정확한 판단과 하고 있는 일에 대한 역량도 갖추고 있어야 한다.

### (4) 친절을 지속시킬 수 있는 자기통제(self-control)

내가 친절을 행한다 할지라도 친절을 받는 상대방의 반응에 따라 내 기분도 좌우될 때가 있다. 상대방의 첫 반응이 기분 나쁘더라도 계속 유지해야 할 필요가 있을 때 필요한 요소는 자기통제력이다.

자기통제(self-control)라 함은 목표를 달성하기 위해 순간의 충동적인 욕구나 행동을 억제할 수 있는 능력을 말한다. 자기통제 능력은 유혹에 저항하는 능력, 만족을 지연하는 능력, 충동을 억제하는 능력으로 구성되어 있다.

만약 충동을 억제하는 것을 배우지 못한다면, 다른 사람의 권리를 침해하거나 규칙을 위반함으로써 아동은 항상 다른 사람과 마찰을 일으킬 것이며, 장기적인 목표 달성에 필요한 인내심을 갖지 못하게 될 것이다.

자기통제의 발달은 연령의 증가에 따라 정서와 사회성이 발달하면서 이루어진다. 그 이유는 아동이 인지적으로 성숙함에 따라 자신의 사고와 행동을 규제할 수 있는 보다 효율적인 전략을 사용할 수 있기 때문이고, 또 다른 이유는 자기규제와 자기통제의 가치를 강조하는 규준을 내면화하기 때문이다.

친절도 교육과 연습을 통해 태도로 익힐 수 있고 향상될 수 있다. 학교 등에서 친절 교육, 예절 교육, 이미지메이킹, 서비스 아카데미 등의 특강이나 워크숍이 종종 진행된다. 이는 대인관계와 소통을 증진하기 위한 친절 덕목을 향상시키기 위한 교육들로 위의 친절의 구성요소를 교육주제로 삼는다.

## 2 친절의 교육 및 지도방안

상냥함, 부드러움, 봉사하는, 헌신적인 등등의 단어는 친절의 이미지를 설명하는 단어들이다. 유아가 친절을 배우게 되면 다른 사람의 욕구에 대해 좀 더 많이 생각하고 관심을 보이며 곤란한 처지에 있는 사람들에게 도움을 주고 고통받는 사람들에게는 감동을 준다고 하였다(Borba, 2001).

타인과의 관계에서 친절을 행하려면, 제일 먼저 나 자신을 긍정적으로 바라보는 연습을 하여야 한다. 그러면 태도가 긍정적으로 변하게 되고 행동도 함께 달라지고 그에 대한 세상의 반응도 달라진다.

생애 초기 급격한 발달을 이루는 영아 시기는 성인의 민감한 보살핌으로 친절한 대접을 받으며 세상을 알아가는 시기이다.

영아기에는 특히 긍정적 정서가 이루어지도록 영아가 만족스러울 수 있도록 민감한 양육을 실시해야 한다. 기분 좋은 표정과 웃음을 많이 지을 수 있도록 기저귀 갈이나 이유식, 영아식, 수면 패턴 등을 깨지 않도록 주의하고 전적으로 영아에게 맞춰 주어야 한다.

부모와 친밀감 형성을 위한 스킨십도 풍부하게 이루어지고 부모와 자녀가 모두 행복한 경험을 할 수 있도록 노력하여야 한다.

유아기에는 인지, 언어, 사회 · 정서발달이 급격히 이루어지는데, 특히 언어발달에 있어서 시제의 사용, 의미의 이해, 의도를 이해하면서 의사소통이 원활해지고 상황에 적절한 문장을 사용하며 유창한 언어를 사용하게 된다. 이때 자신의 의도를 표현하고 의도하는 일을 이루기 위한 의사소통 목적을 위해 다양한 사회적 상황에서 적절한 언어를 사용하는 방법과 관련하는 화용론적인 측면을 더 관심을 기울여야 한다. 유아기가 되면 유아는 사과하기, 약속하기, 계약하기, 거짓말하기, 공손한 요청 등과 같은 단어와 그에 걸맞은 행동을 효과적으로 하는 방법을 습득하게 된다.

정서발달의 경우, 당황스러움, 민망함, 안타까움, 뿌듯함, 보람 있음 등의 깊은 정서로 분화되는 시기이므로 상황을 세분화하여 자세히 설명해 주고 정서를 인식할 수 있도록 돕는 것이 중요하다.

자신의 정서를 인식하고 타인의 정서를 이해하면서 역할수용에 적절한 조언과 지지를 하는 것이 바람직하다.

따라서 유아기의 발달을 이해하고, 역할놀이, 사회극화 놀이, 동극활동 등 또래들과 상호작용을 활발하게 진행해야 한다. 이 과정에서 친절함을 자신 있게 수행하면서 칭찬받기도 하고, 친절함을 경험하면서 고마움과 안정감을 느끼기도 하는 기회를 많이 제공해야 한다.

일상생활에서 친구들과의 관계에서 친절함을 실천할 수 있도록 교사가 유아들과의 상호작용에서 사회·정서를 다루는 발문과 격려, 지지 등의 상호작용을 활발하게 진행해야 할 것이다.

학령기 아동은 구조적이고 체계적인 학교체제에서 생활하면서 1인 1역, 웃어른께 예의 바르게 행동하기, 공손한 태도 등 사회관습적인 질서에 더 관심을 가지고 지키려고 노력한다. 이러한 엄격한 규칙 안에서도 친절함이 유지되도록 긍정적인 정서의 분위기가 형성되도록 노력해야 한다.

또한, 또래들 간에 인기아와 비인기아의 구분을 하기도 하고 학업성취에 따라 자아존중감에 영향을 받기도 한다. 모둠 활동이 늘어나면서 친구들끼리 지켜야 할 예절, 상대에 대한 친절함, 사려 깊음이 요구된다.

이러한 태도의 형성은 분위기와 주변 성인이 모델링 등에 영향을 미치기도 하지만, 구체적으로 친절행동을 증진시키는 방안으로 도덕적 갈등상황에 있어서의 토의활동과 가치 분석 토의활동이 수업과 프로그램에 반영되어야 한다.

다음은 친절행동을 증진시킬 수 있는 지도방안에 기준이 될 셀만(Selman, 1980)은 사회적 역할수용 발달의 단계이다.

〈표 9-1〉 셀만의 사회적 역할수용 발달단계

| 단계 | 단계명 | 연령 | 특징 |
|---|---|---|---|
| 1 | 자기중심적 미분화 단계 | 3~6세 | • 자신의 입장과 다른 사람의 입장을 구별하지 못함<br>• 어떤 상황에서 상대방이 어떻게 느끼겠는가를 물어보면 자신의 느낌을 이야기함 |
| 2 | 주관적 역할수용 단계 | 5~9세 | • 다른 사람들이 다른 생각을 가질 수 있다고 깨닫기 시작하지만 왜 그런지는 이해하지 못함<br>• 다른 사람이 의도, 감정, 사고를 추론할 수 있으나 눈에 보이는 사실에 근거해서 결론을 내림 |

| 단계 | 단계명 | 연령 | 특징 |
|---|---|---|---|
| 3 | 상호적 역할수용 단계 | 7~12세 | • 다른 사람의 관점을 이해하게 됨<br>• 이러한 능력으로 누구의 관점도 절대적으로 옳은 것은 아니라는 사실을 깨달음<br>• 제3자의 입장은 배제된 '너'와 '나'의 양자관계의 상호성이라는 특징을 가짐 |
| 4 | 제3자적 역할수용 단계 | 10~15세 | • 청소년은 자신의 관점, 상대방의 관점, 제3자의 관점까지도 이해할 수 있음<br>• 제3자의 입장에서 두 사람의 관계를 바라볼 수 있음 |
| 5 | 사회관습적 역할수용 단계 | 12세~성인 | • 청년은 이제 상호적 역할수용이 항상 완전한 이해를 가져오지 않는다는 것을 깨닫게 됨<br>• 모든 사람이 공유할 수 있는 사회적, 관습적, 법적, 도덕적 관점의 복합적·상호적(일반 타자) 역할수용이 필요하다는 것을 깨닫게 됨<br>• 청년은 이제 상호 간의 이해를 돕기 위해 일반 타자 또는 사회제도의 관점을 고려하게 됨 |

출처: 정옥분(2008). 사회정서발달. 서울: 학지사. 요약.

아동의 연령의 발달과업과 사회화 과정에 따라 적절하고 민감한 친절에 대한 인식과 행위를 권장하며 지도하여야 하겠다.

## 3 친절의 발달을 돕는 부모와 교사의 역할

유아들은 인간관계에서 발생하는 다양한 과정을 능동적으로 경험하도록 하는 장을 제공받고 이를 통해 살아가는 태도를 배우며 사회와 문화, 환경에 대한 안목을 넓혀 나가는 데 필요한 기본적인 능력을 인성교육을 통해 배양할 수 있다. 인성교육은 형식적 교육보다 비형식적이고 일상적 교육으로 이루어져야 효과가 극대화된다. 대표적인 장소는 가정으로 영유아기는 부모와 많은 상호작용을 하므로 가정에서 부모를 통해 이루어지는 인성교육이 필요하다(교육과학기술부, 2012). 각 학교와 지역 차원에서도 특색에 맞는 인성교육 프로그램이 개발되어 적용되고 있으며, 이러한 노력은 유아교육과정에서는 바른 인성, 즉 품성을 기르는 데 중점을 두고 '만 3~5세 연령별 누리과정'을 구성하여 인성교육이 모든 영역에서 다루어지도록 강조하고 있다(교육과학기술부 · 보건복지부, 2013).

친절과 같은 친사회적 행동에 영향을 미치는 방법은 양육방식, 분위기, 모델링, 훈련 및 프로그램 등이 제공되어야 한다.

### 1) 부모의 역할

친사회적 경향의 아동들의 부모가 하는 행동을 살펴보면 성숙, 사려 깊음, 도움을 주는 행동을 하도록 요구하는 특징을 보였다. 친절의 태도를 형성시키는 부모의 역할을 살펴보면 다음과 같다.

첫째, 자녀가 자녀의 생활과 삶을 주도적으로 살 수 있는 충분한 기회를 제공하여야 한다. 아동이 무엇인가를 해 보려는 행동들을 연습하는 기회를 제공하고, 아동의 수행에 있어서 부모는 간섭이나 힘의 행사를 최소화하여야 한다.

둘째, 이타적인 행동, 친절행동을 증진시키기 위해서는 일상생활에서 부딪히는 상황과 사례에서 이루어져야 한다. 상대방 입장에서 생각해 보게 하는 대화는 매우 효과적이다. 예를 들어, 자녀가 어떻게 타인에게 해를 끼쳤는지, 피해자 중심에서 생각해 보고 어떤 생각을 들었을 것 같은지, 그것을 무엇으로 보상해 줄 수 있는지를 지적할 수 있어야 한다.

셋째, 이타적인 행동에 대해 정서적 감정이입을 하며 접근해야 한다. 이타적인 동기를 아동 자신의 행위에 기인한다는 것으로 강조할 때, 아동에게 도움이 되고 관심을 갖고 돌보는 긍정적인 사람으로서의 자신을 볼 수 있도록 유도하는 결과가 된다. 예를 들어, "내가 주변의 휴지를 다 주워서 쓰레기통에 넣는 친절한 행동을 해서 다음 친구가 이 주변을 지날 때 기분이 좋겠다." 또는 "주변이 깨끗해져 있으면 다른 사람도 깨끗하게 사용하겠지?"라고 언급해 주면 아이들의 이타적인 동기가 높아질 것이다.

넷째, 따뜻하게 관심을 가져주고, 도와주는 좋은 분위기는 관대함과 여유로움을 가져다 준다. 따라서 가정에서 가족 구성원의 일과에 세심하게 관심을 가지고 묻고 대화하는 긍정적이고 편안한 분위기를 만들어야 한다.

다섯째, 남을 돕거나 바림직한 사회적 행위의 모델을 관찰할 수 있도록 부모로서 모델링을 보여야 한다. 무거운 물건을 들고 나갈 때 문을 열어 잡아 준다거나, 엘리베이터를 안전하게 잡아 주는 등의 사소한 친절함은 아이들에게 같이 더불어 사는 세상임을 터득하게 하는 데 본보기가 될 것이다.

부모란 자녀를 이 세상에 낳아 양육하는 것만으로 역할을 다한다고 볼 수 없다. 모범적인 삶의 자세를 가지고 남을 돕고 더불어 살아가는 모습을 보이며, 문제가 발생했을 때 자녀와 같이 다각적으로 생각해 보는 멘토의 역할이 필요하다.

### 2) 교사의 역할

교육기관에서는 체계적인 프로그램으로 친사회적인 프로그램을 전개하고 있다. 대부분의 교육기관에서 연간 교육활동계획에 친사회적 행동을 증진시키는 활동과 프로그램이 진행된다. 이에 더해 교육기관의 잠재적 교육과정이 민주적이고, 따뜻하고 부드러운 분위기를 형성하고, 교사는 일과를 진행하며 일상생활에서 아동들의 상황별 갈등상황에서 보다 바람직한 역할을 하여야 한다.

첫째, 교실의 학급 분위기가 민주적이어야 한다. 연령이 높은 아동은 토의나 학급회의를 통해서 모든 구성원이 합의한 규칙을 정하여 운영하여야 한다. 일관된 규칙과 행동 범위의 한계가 정해진 공간에서는 아동들은 자유롭게 자신의 역량을 펼칠 수 있다.

둘째, 아동의 역할수용 능력을 향상시킬 수 있는 역할놀이나 가상극화 활동의 기회를 많이 제공하는 것이 좋다. 역할수용 발달단계는 3~6세에 해당하는 자기중심적 미분화 단계에서 12세부터 성인에 이르기까지의 사회관습적 역할수용 단계로 발달하기 때문에 수시로 타인의 감정을 생각해 보게 하는 관점의 제시는 매우 효과적이다.

셋째, 수업방법을 다양화하여 토의, 학급회의, 체험, 협동활동 등의 공동체 활동을 수업에 많이 기획하는 것도 좋다. 장애인에게 친절한 학교 만들기 프로젝트나 교육기관의 불편했던 행정 절차나 공간을 친절하게 바꾸기 활동 등으로 아동이 직접 주도적으로 교육기관에 참여하여 친절한 공간으로 탈바꿈 하는 기회를 제공하는 것도 좋다.

넷째, 개별 아동마다의 발달특징, 정서상태, 성격 유형을 고려하여 맞춤형 지도와 구체적인 지도가 필요하다. 친사회적인 행동 기술을 익히는 것은 자연스러운 분위기와 모델링으로도 익힐 수 있겠지만, 좀 더 구체적인 안내와 지시가 필요하다. 친절한 행동과 친절함이 묻어나는 환경 조성에 대한 세부적인 발문이 이루어짐으로써 아동은 그것에 대해 집중하고 생각해 볼 수 있다. 도덕적인 추론이 가능하도록 가치 분석의 기회를 수시로 제공해야 한다.

다섯째, 행복감, 기쁨, 성취감 등의 긍정적인 정서가 만연하도록 교사가 먼저 웃고 친절함을 실천하고 즐거운 상상, 유머 등의 글귀를 이용해 행복한 분위기를 만들도록 노력해야 한다. 긍정적인 정서가 아동과 성인 모두에게 이타적 행동을 증진시킨다는 연구결과는 친절을 증진시키는 교사의 역할에 시사하는 바가 크다.

다음 절에서는 친절을 증진시킬 수 있는 교육 프로그램의 간단한 활동 사례를 살펴보기로 한다.

## 4 친절 교육 프로그램의 활동 사례

### 활동 사례 1

**활 동 명** 생일 축하해요

**대상 연령** 만 3세

**활동 목표**
- 친구의 생일을 축하하는 파티를 친구를 생각하며 구성한다.
- 생일케이크와 생일선물 등을 다양한 방법으로 꾸민다.
- 친구의 생일을 축하하는 마음을 표현한다.

**활동 자료** 모형 생일케이크, 소꿉놀이 놀잇감, 파티용품(고깔모자, 선물, 파티용 머리띠 등)

**활동 방법**

1. 역할과 쌓기놀이에서 생일파티장을 구성한다.
   - 교사와 영아들이 생일축하 파티장을 이야기하며 꾸민다.
   - 돌아가며 생일파티의 주인공이 되어 볼 수 있음을 이야기해 본다.
   - 좋아하는 음식과 선물을 이야기하며 구성한다.
2. 초대받은 손님은 어디에 앉는지, 생일을 맞은 친구는 파티에 온 친구들을 어떻게 안내해 주어야 하는지 역할에 적절한 행동과 대화를 생각해 본다.
   - 손님은 어디에 앉으면 좋을까요?
   - 내 생일에 축하하러 와 준 친구에게 어떻게 인사해야 할까요?
   - "ㅇㅇ야, 생일 축하해. 그런데 내가 가져온 선물을 어디에 둘까?" 라고 물으면 어떻게 대답하면 좋을까요? (교사가 놀이 참여자로 자연스럽게 안내하는 멘트, 주인공 멘트 등을 상호작용하며 발문하고 안내해야 함)
3. 친구들을 존중하며 친절하게 행동해 보고 느낀점을 이야기한다.
   - 친구의 초대를 받아 생일파티에 오니 기분이 어떤가요?
   - 생일 주인공이 친절하게 손님을 맞이하니 기분이 어떤가요?

**4** 친절에 대해 이야기해 본다.

- 친절한 목소리와 행동으로 대접을 받으니 기분이 어떤가요?
- 어떤 이야기가 가장 친절한 이야기였나요?
- 어떤 행동이 가장 친절한 행동이었나요?

**확장 활동** ▫ 친절한 대접을 받았을 때의 느낀 점을 그림으로 그려 보기

## 활동 사례 2

**활 동 명** 친절과 불친절

**대상 연령** 만 4세

**활동 목표**
▫ 친절과 불친절한 상황에 대해 구분할 수 있다.
▫ 친절한 상황과 같은 경험을 공유해 보고 친절함을 받았을 때의 기분을 생각해 보고 표현해 본다.

**활동 자료** 상황 그림카드, 이야기 나누기 자료, 표정 막대인형

### 친절과 불친절 그림카드

〈친절〉

- 돌부리에 걸려 넘어졌는데, 친절하게 와서 손을 내밀어 주는 장면
- 무거운 짐을 들고 출입문을 열려고 하는데 출입문을 열어 주는 장면
- 미술영역에서 멀리 있는 테이프 통을 가깝게 가져다주는 장면

〈불친절〉

- 무거운 짐을 들고 가는데, 지나가는 사람이 앞을 보지 않고 빨리 뛰어가 들고 있던 짐이 떨어지는 장면
- 복도를 걷고 있는데 지나가는 사람이 어깨를 치고 지나치는 장면
- 친구가 블록놀이를 하는데 주의하지 않아 망가트리는 장면
- 화장실에서 손을 씻는데 주의하지 않아 다른 친구들에게 물이 튀는 장면

**활동 방법**

1. 수수께기 상자에서 그림카드를 꺼내 상황을 이야기해 본다.
   - 뽑혀진 상황 그림카드를 살펴보고 어떤 상황의 장면인지 충분히 이야기해 본다.
2. 뽑혀진 상황 그림카드와 같은 경험을 겪은 적이 있는지 생각해 보고 경험과 연결지어 이야기해 본다.
   - 이런 경험을 해 본 적이 있나요?
   - 어떤 상황이었나요?
3. 친절한 대접을 받았을 때 기분과 감정은 어떠한지 이야기해 본다.
   - 다른 사람으로부터 친절한 대접을 받았을 때 기분이 어땠나요?
   - 만약 이러한 일을 또 겪게 된다면 어떻게 이야기할 것 같나요?
4. 불친절한 대접을 받았을 때 기분과 감정은 어떠한지 이야기해 본다.
   - 다른 사람으로부터 불친절한 대접을 받았을 때 기분이 어땠나요?
   - 만약 이러한 일을 또 겪게 된다면 어떻게 이야기할 것 같나요?

**확장 활동**

▫ 새 노래 지도: '내 마음이 기쁘단다'

- 일주일 동안 학급에서 친구들과의 일 중 고마웠던 일, 친절함을 경험한 일을 적어 수수께끼 상자에 넣고 선생님이 꺼내어서 읽어 주면 학급의 친구들끼리 있었던 친절한 상황에 대해 알고 새 노래로 연결지어 본다.

내 마음이 기쁘단다

김진영 작사/작곡

## 활동 사례 3

**활 동 명** 친절배지(badge)를 만들어 친절한 친구를 칭찬해요

**대상 연령** 만 5세

**활동 목표**
- 친절에 대한 이미지를 생각해 보고 상징적으로 표현해 본다.
- 자신이 만든 배지의 디자인을 설명하여 표현한다.

**활동 자료** 모양 도화지, 시트지, 네임펜, 색연필 등 미술 표현 재료

**활동 방법**

1. 다양한 모양의 배지를 소개해 주고 그 의미를 유추해 본다.
   - '배지'란 무엇인가를 자세히 설명하지 않아도 알 수 있는 표시와 상징이다.
   - 사랑의 열매, 경찰관 등의 배지를 보여 주고 그 의미를 생각해 본다.
2. 친절하면 떠오르는 생각(이미지, 표정)을 말해 본다.
   - 친절하면 떠오르는 생각이 뭐가 있을까요? (예: "친절하면 웃는 얼굴이 떠올라요.", "친절하면 행복한 얼굴이 떠올라요.")
3. 친절한 친구들을 칭찬하기 위해 친절배지를 만들어 본다.
   - 친절배지를 만들려고 하는데 어떤 그림을 그려 넣으면 좋을까요?
   - 어떤 모양으로 만들면 좋을까요?
   - 간단하지만 의미가 담긴 배지를 만들려면 어떤 그림을 그려 넣어야 할까요?
4. 친절배지를 만들어 전시해 본다.
   - 미술영역에 친절배지를 만들어 전시해 보고 자신이 만든 친절배지 설명해 준다.
   - 좋은 디자인을 고른다.

   ※ 좋은 디자인에 스티커를 붙여 투표해서 3개를 고른다. 또는 자신의 배지를 대표 배지로 하고 싶은 친구들의 의견을 반영하는 것도 좋다.
5. 선택된 친절배지를 스캔하여 대량으로 만들어 두고, 매일 귀가시간에 학급에서 친절한 행동을 한 친구들을 칭찬하며 친절배지를 달아 준다.

   ※ 매일 3명씩 선정해서 한 달 동안 실시해 보는 것도 좋고 간헐적으로 실시해 보는 것도 좋다.

**확장 활동**

- 친절 표어 만들기
  - '하나의 웃음이 전체의 웃음을 만든다' / '다정한 눈길, 다정한 손길, 다정한 웃음' 등
- 유치원, 학교 내에서 벌이는 친절 캠페인
  - 친절배지를 나누어 주며 친절한 교내 분위기를 위해 친절 캠페인을 벌인다.

## 활동 사례 4

**활 동 명** '아낌없이 주는 나무'에게 편지 쓰기

**대상 연령** 만 8세(초등 저)

**활동 목표**

- 『아낌없이 주는 나무』 동화를 듣고 내용을 이해한다.
- '아낌없이 주는 나무'에게 말하고 싶은 칭찬을 글로 써서 표현해 본다.

**활동 자료** 『아낌없이 주는 나무』 융판 동화 자료, 칭찬 편지지

**활동 방법**

1. 『아낌없이 주는 나무』 동화를 융판동화로 들려준다.
2. '아낌없이 주는 나무'와 관련된 질문을 한다.
   - 『아낌없이 주는 나무』 동화에서 나무는 소년에게 무엇을 주었나요?
   - 소년은 '아낌없이 주는 나무'에게 어떤 마음이 들었을까요?
   - '아낌없이 주는 나무'는 어디까지 친절을 베풀었나요?
   - 동화에서 가장 기억에 남는 부분은 무엇인가요?
3. '아낌없이 주는 나무'에게 칭찬편지를 쓴다.
   - 내가 만약 동화 속의 나무라면 나는 어떻게 했을까요?
   - '아낌없이 주는 나무'처럼 친구들이나 주위 사람들에게 친절을 베풀었던 경험이 있나요? 함께 이야기해 보아요.
   - '아낌없이 주는 나무'에게 칭찬편지를 써 보아요.
4. '아낌없이 주는 나무'에게 쓴 칭찬편지를 발표해 본다.
   - 아낌없이 주는 나무에게 쓴 편지를 읽어 보고 친구들과 공유한다.

※ 아낌없이 주는 나무처럼 대가를 바라지 않고 무조건적으로 친절을 베풀

고 상대방이 그것에 대해 기뻐하는 것으로 만족을 얻는 친절의 기쁨을 생각해 본다.

5 언어영역의 벽면에 '아낌없이 주는 나무에게 쓴 칭찬 편지'를 전시하고 친구들의 생각을 살펴본다.

**확장 활동**

- 친절나무 만들기 활동: 내가 '아낌없이 주는 나무'처럼 친구들이나 주위 사람들에게 친절을 베풀었던 경험에 대하여 열매카드에 글을 쓰거나 그림을 그려 넣어서 친절나무를 꾸며 보고, 친구들의 친절행동에 대해 서로 이야기해 본다.
- '내가 아낌없이 주는 나무라면' 동극활동을 해 보기

## 활동 사례 5

**활 동 명** 친절의 요구와 필요성, 가치 알기

**대상 연령** 만 10세 이상

**활동 목표**

- 친절과 관련된 기사를 읽고, 친절의 가치에 대해 생각해 볼 수 있다.
- 사람들이 인식하는 친절의 요구와 이유를 알 수 있다.

**활동 자료** 기사 읽어 보고 토의하기

### 간호사에게 필요한 덕목: 간호사 입장에선 전문성, 환자일 땐 친절 꼽아

간호사 최고의 덕목은 무엇일까? 언제 이 덕목이 절실히 요구될까? 모두 교과서에 나올 만한 질문이다. 그러나 실제 현장에선 차이가 있을 수 있으며, 간호사가 생각하는 것과 대상자들이 요구하는 최고 덕목에도 차이가 있을 수 있다. 간호사 711명이 설문에 참여하였다.

Q1 당신은 간호사에게 가장 필요한 덕목이 무엇이라고 생각하나요?
A ① 전문성 – 497명(69.9%), ② 도덕성 – 157명(22.1%),
③ 친절 – 24명(3.4%), ④ 기타 – 33명(4.6%)

10명 중 7명의 간호사가 간호사에게 가장 필요한 덕목으로 '전문성'을 꼽았다. 전문지식과 이에 따른 처치 등이 현장에서 절실히 필요한 덕목이라는 것이다.

Q2 환자들이 요구하는 간호사의 최고 덕목은 무엇이라고 생각하나요?
A ① 전문성 – 214명(30.1%), ② 도덕성 – 65명(9.1%),
③ 친절 – 411명(57.8%), ④ 기타 – 21명(3.0%)

그러나 환자들이 요구하는 간호사의 최고 덕목은 달랐다. 간호사들이 생각하는 간호사 덕목과 환자들이 요구하는 덕목에는 분명한 차이가 있었다.

〈간호사에게 가장 필요한 덕목〉 〈환자들이 요구하는 덕목〉

출처: 대한간호 설문조사 관련 기사 중.

**활동 방법**

1 기사를 읽어 보고 기사내용에 관해 이야기 나눈다.

- 기사를 보니 어떤 생각이 드나요?
- 간호사에게 전문성이란 무엇일까요?
- 간호사에게 도덕성이란 무엇일까요?
- 간호사에게 친절이란 무엇일까요?

2 간호사에게 필요한 덕목과 환자가 요구하는 덕목이 다른 이유에 관해 이야기해 본다.

- 간호사들이 중요하게 생각한 덕목은 무엇인가요? 왜 그렇게 생각했을까요?
- 아픈 환자들이 왜 '친절' 덕목을 가장 중요하다고 했나요? 왜 그렇게 생각했을까요?
- 우리가 아팠을 때, 병원에서 간호사 선생님이 나에게 간호해 준 경험이 있나요? 그때 어떤 생각이 들었니?
- 간호사와 환자 간에 요구하는 덕목이 다르니 어떤 생각이 드나요?

3 왜 간호사는 친절해야 하는지 생각해 보고 이야기해 본다.

- 간호사는 왜 친절해야 한다고 생각할까요?
- 간호사가 환자에게 친절하면 어떤 점이 좋을까요?
- 친절한 간호사를 본 적이 있나요? 경험한 적이 있나요?

**확장 활동**

- 병원, 공공기관을 다니면서 친절함을 느낀 적이 있는지 토의해 본다.
- 동 주민센터, 공공도서관, 파출소, 병원 등을 방문하고 어떨 때 친절해야 하는지 생각해 보고 토의해 본다.

# 제10장

## 품성의 지도 대인관계

## 1 대인관계의 개념과 발달

### 1) 대인관계의 정의 및 필요성

대인관계(對人關係)란 인간과 인간 사이의 관계를 의미한다. 이는 아동의 사회성 발달만이 아니라 지적(知的) 능력과 정서적 특징의 발달에 지대한 영향을 미치는 것이다. 특히 가족관계는 인간관계 중에서 가장 중요한 것으로 아동과 부모의 관계는 지능, 창의력, 학력, 가치관, 인격, 성격 등의 발달과 밀접한 관계가 있다. 인간은 성장과정에 따라서 점차 동료 관계, 이성 관계, 직장에서의 인간관계 등이 중요한 의미와 역할을 지니게 된다. 인간관계의 개선과 향상을 위한 교육과 훈련 프로그램의 개발과 실시가 활발해지고 있다. 이 교육은 단순한 인간관계 장애를 극복하기 위한 것이라기보다는 적극적으로 긍정적 인간관계의 지식과 지능을 육성하려는 데 그 목적을 두고 있다(교육학용어사전, 1995).

대인관계에 대하여 이형득(1982)은 두 사람 혹은 그 이상의 사람들 간의 역동적이고 계속적인 상호작용의 복합적인 패턴이라 하였으며, 헤이더(Heider, 1964)는 사람을 대하는 내적인 성격과 외적인 행동 간의 관계라고 하였다. 또한, 권석만(2004)은 사람이라는 '인(人)' 자는 사람과 사람이 서로 의지하며 살아가는 사회적 존재임을 상징적으로 나타내고 있다고 보고 인간(人間)이라는 글자에는 이러한 의미를 다시 한번 강조하여 '사람과 사람 사이'에서 살아가야 하는 사회적 존재라는 의미가 내포되어 있다고 하였다.

오늘날과 같이 빠르게 변화하는 사회에서 살고 있는 현대인들은 원만한 대인관계의 필요성이 더 절실해지고 있다. 인간은 태어나면서부터 누군가와 관계를 맺고 그 관계 속에서 인생을 살아가게 되는데 타인과의 건강한 인간관계는 인간의 삶을 더욱더 풍요롭고 행복하게 만들어 준다.

대인관계의 필요성에 대해 사회심리학자, 행동주의자, 상징적 상호작용론자, 인본주의 심리학자들이 주장한 내용을 살펴보면 다음과 같다(김성민, 2009).

신 프로이트 학파에 속하는 사회심리학자들은 대인관계의 주된 동기는 개인이 느끼는 불안을 감소시키고 불안으로부터 도피함으로써 안정상태에 이르고자 함이라고 설명하였다. 허니(Horney)는 신경증이 발생하는 것은 대인관계에서 오는 갈등에 의해서라고 보았으며, 프롬(Fromm)은 인간의 성격형성은 대인관계를 통해 완성되는 것이라고 설명하였다. 대인관계에 대한 이론을 정립한 설리반(Sullivan)은 인간의 행동 자체를 대인관계로 설명하였으며, 인간은 어느 정도의 대인적 긴장으로부터 결코 벗어날 수 없다고 보았다. 또한, 정신병리학은 대인관계와 밀접한 관련이 있어 정신분열증을 비롯한 대부분의 정신병리의 근원이 대인관계에서 비롯된다고 설명하면서 대인관계의 필요성을 강조하였다.

행동주의자들은 대인관계의 주된 동기는 학습된 경험의 결과라고 보고, 타인의 행동을 관찰·모방함으로써 대인관계의 형성과 유지에 필요한 기술들을 학습하게 된다고 설명하였다. 도날드(Dollard)와 밀러(Miller)는 아이가 성장하면서 경험하게 되는 사회적 관계 조건을 통해 자신이 갖추어야 할 행동양식을 학습 원리에 의해 습득하게 된다고 설명하였다. 예를 들면, 아이가 태어나서 젖을 빠는 동안에 어머니가 보여 준 편안한 돌봄을 통해 아이는 안정감을 터득하게 되고, 이런 안정감은 자라서 대인관계를 맺을 때 긍정적인 자원으로 활용하게 된다고 하였다. 그러나 아이가 젖을 달라고 울어도 어머니가 젖을 주지 않고 내버려 둔다면 배고픔에 대한 고통과 불안이 어머니와 연합되어 학습되고 성인이 되어서는 대인관계에서 무감각하거나 불안을 유발하는 행동양식으로 나타나게 된다고 설명하였다.

상징적 상호주의자들은 대인관계를 통해 자아가 형성된다고 보고, 자아를 형성하는 데 있어 대인관계의 필요성을 강조하였다. 미드(Mead)는 유아기는 미분화된 관점을 지니고 있어서 자기중심적이며, 다른 사람의 관점과 자신의 관점을 구별하지 못하여 다른 사람의 생각이나 지각, 느낌 등에 자신이 생각하고 보고 느낀 것들을 귀속시킨다고 설명하였다. 그러므로 유아들은 스스로 다른 사람의 입장이 되어 보는 경험들을 통해 '일반화된 타자(the generalized other)'의 입장을 취하게 되고, 이때 관계적 자아(Me)는 발달된다고 보았다. 즉, 유아들은 상징적인 상호작용 상황에서 특정한 다른 사람들의 기대에서 얻어낸 과도기적 자아상을 갖는데, 이 자아상은 관계적 자아로서 다른 사람과의 상호작용을 통해 스스로 형성해 간다고 보았다. 이와 같이 인간은 타인을 의식하게 되면서 사회의 가치관, 태도 등의 역할을 익히게 되고 이를 통해 대인관계는 원숙한 단계에 이르게 된다고 설명하였다.

인본주의 심리학자들은 대인관계는 개개인이 지니고 있는 지각의 차이, 즉 개개인이 대인관계를 어떻게 받아들이느냐에 따라서 대인관계가 달라지며, 타인에 대한 지각이 대인관계에서 중요한 요소라고 보았다. 로저스(Rogers)는 질투나 적개심과 같은 반사회적인 정서는 통제의 대상이라기보다는 사랑이나 소속감, 안정감 등이 좌절되어 나타나는 반응이라고 보았다. 따라서 대인관계 중심이론에서 공격적이고 반사회적인 충동을 통제하는 데 관심을 두기보다는 부적응적 요인들을 자각하고 적응적인 방향으로 자신을 변화시키려는 잠재 성향을 발휘할 수 있도록 도와주는 데 역점을 두어야 한다고 주장하였다.

### 2) 대인관계와 소통

최근의 사회적 이슈로 '소통'이라는 용어를 자주 접하게 된다. 가정, 학교, 직장에서의 인간관계뿐만 아니라 세대 간, 문화 간, 국민 간 소통의 필요성이 부각되는 여러 사회문제들을 접하게 된다. 예를 들면, 인간성 상실문제나 우울증과 자살문제, 반인륜적 행위 등등 여러 사건의 원인을 소통의 부재에서 찾기도 한다.

소통은 사전적인 의미에서 '막히지 아니하고 잘 통함', '뜻이 서로 통하여 오해가 없음' 등으로 정의된다. 인성교육의 8대 덕목에 기반한 소통의 의미는 주로 타인과의 원활한 의사소통을 통한 관계 유지와 갈등관리에 관련된 역량이라는 측면에서 그 중요성이 있다. 대인관계에 관련된 소통적 역량은 다양한 상황에서 타인의 관점과 감정을 이해·파악하고 타인과 긍정적인 관계를 유지하고 소통하는 능력 및 공동의 문제를 해결하기 위해 상호 간에 협력할 수 있는 능력을 의미한다(박창언, 2014; 김형재 외, 2016, 재인용).

일반적으로 인간관계에서 소통을 말할 때 대부분 '의사소통'과 같은 맥락으로 해석한다. 의사소통은 언어를 포함한 여러 상징적 매개를 이용하여 둘 이상의 사람이 서로 느낌이나 의견, 정보를 교환함으로써 서로에 대해 이해하고 영향을 줄 수 있는 모든 과정으로, 인간관계의 필수적인 수단이다(최외선 외, 2001).

의사소통에는 음성이나 부호를 상징화하여 문자나 언어로 서로의 의사를 교환하는 언어적 의사소통과 문자나 언어가 아닌 느낌이나 행동에 의해 의사소통하는 비언어적 의사소통이 있다. 따라서 의사소통은 언어적인 행위뿐 아니라 여러 매개체를 이용하여 생각과 감정을 전달하는 비언어적 행위도 포함한다. 인간은 가정과 사회에서 끊임없이 서로의 감정과 생각을 나누며 의사소통을 한다. 이를 통해 서로를 이해하게 되고 유대감이 생기며 갈등이 줄어든다. 이처럼 소통은 대인관계나 사회생활에서 중요한 역할을 한다(이희영 외, 2016).

〈표 10-1〉 비언어적 의사소통 유형

| 유형 | 설명 | 예시 |
|---|---|---|
| 신체언어<br>(kinesics) | 몸의 동작 | 눈 맞춤, 제스처, 자세, 표정 등 |
| 공간적 행위<br>(proxemics) | 말하는 사람과 듣는 사람의 물리적 거리나 상대적 위치 | 공간적 거리 |
| 유사언어<br>(paralanguage) | 말과 함께 나오는 소리 | 말버릇, 음색, 음질, 소리의 크기, 말의 속도, 어조, 어투, 음의 정확도, 사투리 등 |
| 가공적 행위<br>(artifacts) | 외모에 변화를 주는 행위 | 옷차림, 화장, 장신구 등 |

출처: 조규락·이정미(2015).

발달특성상 유아들은 자기 생각을 언어로 표현하는 데 한계가 있다. 유아들은 언어표현 대신 눈빛, 행위, 표정, 상황 등 비언어적인 신호로 자신을 표현하기 때문에 유아가 전달하고자 하는 총체적인 메시지로 유아의 언어를 해석해야 하며 유아들에게 발달단계에 맞는 의사소통 기술과 방법을 적절하게 습득시켜 주어야 한다. 유아기 의사소통 능력은 사회적 소속감, 대인관계 기술습득, 탈자기중심화, 자아 개념 형성에 긍정적인 영향을 미칠 뿐만 아니라 의사소통을 잘하는 유아일수록 또래들에게 수용도가 높고 만족스런 또래관계를 형성하게 된다(이희영 외, 2016).

### 3) 의사소통의 발달

의사소통은 인간이 태어나 사회생활을 하는 데 필수적인 요소이다. 상대방의 말을 듣고 이해하고, 상황에 맞게 언어로 표현하는 의사소통 기술에 대한 교육은 언어발달이 가장 활발하게 이루어지는 유아기에 이루어지는 것이 효과적이다. 아이들의 발달 정도가 개인마다 다르지만, 연령별로 세분화해서 기술하면 다음과 같다(이희영 외, 2016).

#### (1) 만 0~1세

초보적인 의사소통 기술은 태어난 지 한 달 만에도 나타난다. 영아들은 사람들의 얼굴과 말소리를 구별할 수 있는 선호성이 생기기 시작하며, 생후 2개월이 되면 울음소리 또한 다양하게 분화된다. 아플 때 우는 고통울음, 불편한 상황에서 우는 불만울음, 요구사항을 전하는 정상울음 등 울음소리로 자신의 의사를 분명히 전달하게 된다. 3~4개월이 되면 어떤 의사소통이 가장 효과적인지를 알고 주위 사람들과 상호작용을 하게 된다. 또한, 8개월까지는 상호작용은 하나 목표에 대한 자각이 없으며, 8개월부터 12개월까지는 의도적인 의사소통을 한다. 즉, 태어나서 12개월까지는 언어 능력이 부족하므로 대부분의 의사소통을 비언어적으로 표현하는 것을 알 수 있다.

### (2) 만 2~3세

만 2세 정도의 유아는 타인이 말을 하면 말뜻을 이해하여 행동으로 반응하는 경향을 보인다. 만 3세가 되면서부터 유아들은 타인을 의식하여 자신이 하고자 하는 이야기 외에 타인에게 맞는 말을 하기 시작한다.

### (3) 만 4~5세

만 4세가 되면 듣는 사람의 상황에 맞는 어휘를 구사할 수 있게 된다. 예를 들면, 자신보다 어린 연령의 아이에게 설명을 해야 할 경우는 간단한 어휘를 사용하고, 자신보다 연령이 높은 사람과 이야기할 경우는 복잡한 문장을 사용한다. 만 5세가 되면 자기중심성 경향에서 벗어나는 시기이므로 또래관계에서 우호적이고 관대해진다. 또한, 말을 할 때 차례를 기다려 주거나 다른 사람이 계속해서 말을 이어가도록 도와줄 수 있는 세련된 의사소통 기술을 보인다. 즉, 유아기 후반에는 언어적 표현 외에 글이나 그림 등 여러 가지 매체를 이용하여 자기 생각을 전달할 수 있다. 또한, 타인과 이야기할 때 상대방이 이해했는지 아닌지를 고려하여 이야기할 수 있으며, 상대방의 연령과 상황까지도 파악해서 이야기한다.

### (4) 학령기 아동

학령기 아동들은 많은 사람을 만나게 된다. 이 시기에는 친구가 중요한 부분을 차지하게 되는데 가족보다도 친구의 영향을 더 많이 받으며 같은 나이의 또래들과 접촉하고 관계를 유지하는 것이 매우 중요한 의미를 차지하게 된다.

대인관계 능력발달은 타인에 대한 이해를 통해서 가능해지는데 셀만(Selman, 1980)에 의하면 아동은 자신의 조망과 친구의 조망이 다르며 그것이 어떻게 다른지를 알게 되면 자신과 타인을 보다 잘 이해할 수 있게 된다고 하였다.

## 2 대인관계 교육 및 지도방안

관계의 측면에서 바람직한 대인관계를 형성하기 위해서는 서로의 생각이나 성격, 가치관 등의 차이를 수용해야 하며 상호 간의 공감적 이해와 갈등에 대한 원만한 문제해결 기술능력을 발달시켜야 한다. 또한, 상대방을 존중하면서 자기 생각이나 의견, 느낌 등을 솔직하게 표현할 수 있어야 하며 객관적인 상황을 이해할 수 있도록 노력해야 한다.

좋은 대인관계를 형성하기 해서 파커(Parker)와 아서(Asher, 1987)는 타인과의 상호작용을 먼저 지각하는 능력과 원하는 것을 정확하게 전달할 수 있는 의사소통 능력, 그리고 친사회적 행동을 할 수 있는 능력이 있어야 한다고 하였으며, 서봉연 · 유영분 · 강길례(2001)는 바람직한 대인관계란 자신을 상대방에게 적절히 표현할 수 있는 동시에 상대방으로부터 이해와 우호적인 피드백을 받을 수 있는 관계, 대인 간 차원에서 서로에 대한 이해의 폭이 넓고 서로의 성장을 진정으로 바라고 돕는 관계, 서로 깊은 관계를 유지하면서 개인의 정체감과 독립성이 보장되는 관계라고 보았다.

가정과 학교, 직장과 같은 사회의 기본적 공동체가 유기적이고 원활하게 기능하고 상대방에 대한 오해와 불신으로 인해 발생하는 갈등과 부작용을 해소하기 위해서는 공감과 배려에 기반한 소통이 필수적으로 요구된다. 또한, 집단 내에서 타인과 효과적인 의사소통을 하기 위해서는 취학 전 시기부터 해당되는 역량을 배양할 수 있는 교육과 훈련이 체계적으로 실시되어야 한다(김재춘, 2012).

효과적인 소통을 위한 원리 및 방법을 살펴보면 다음과 같다(김형재 외, 2016).

### 1) 적극적 경청의 실천

적극적 경청이란 다른 사람의 입장에서 그의 특성을 이해하기 위해 적극적이고 의식적으로 노력하는 과정이라고 할 수 있다. 일반적으로 사람들은 의사소통과정에서 자신의 말을 상대방이 귀 기울여서 듣고 있다고 느낄 때 심리적, 언어적인 상호작용이 활발해지고 상대방에게 집중하게 된다.

적극적 경청에 관련된 역량을 향상시키기 위한 방법은 다음과 같다(김형재 외, 2016).

- 적극적 경청을 사용해야 하는 시점과 사용할 수 없는 경우를 잘 파악해야 함
- 적극적 경청에 대한 반복적인 적용 연습이 필요함
- 적극적 경청이 초기에는 인위적으로 느껴진다는 것을 받아들일 필요가 있음
- 적극적 경청과 연관된 다른 경청의 기술을 활용하면 더 효과적임(소극적 경청, 상대편의 말을 인정하는 반응, 마음을 열 수 있는 언어의 활용 등)
- 적극적 경청이 상대편에게 부담을 주지 않도록 배려할 필요가 있음
- 적극적 경청이 잘 안 된다고 해서 쉽게 포기해서는 안 됨

### 2) 긍정적인 의사소통을 위한 방해요소 제거

일반적으로 대부분의 대인관계에서 서로의 의사소통을 방해하는 요소는 경고, 위협, 일방적인 충고와 훈계, 비평과 비난, 무조건적인 동정이나 칭찬, 빈정거리는 태도, 명령과 강요, 설교와 설득, 분석이나 진단 등을 들 수 있다. 이러한 요소는 대화의 과정에서 부정적인 감정이 개입되는 여지를 제공하여 타인과의 긍정적이고 진솔한 의사소통을 방해하고 마음의 문을 닫게 하는 역기능을 초래한다. 특히 영유아교사와 영유아와의 관계 속에서 의사소통이 이루어질 때, 영유아교사들은 위의 요소를 습관적으로 사용하기 쉬우며 이로 인해 영유아와의 대화가 단절되고 관계가 악화되는 경우가 다수 발생하고 있다. 영유아교사는 권위적인 자세를 내려놓고 영유아의 입장에서 있는 그대로의 모습을 받아들이고자 하는 노력이 필요하며, 부정적인 언어 사용을 자제하고자 하는 마음자세가 요청된다.

이에 긍정적인 의사소통을 위한 대화기법을 소개하면 다음과 같다.

- 상대방의 질문에 바로 답하는 것은 너무 확신에 차 보이거나 무성의하게 대

한다는 부정적 인상을 줄 수 있으므로 다소의 여유가 필요하다.

- 진솔한 대화를 방해하는 요소를 제거하기 위해 노력한다(대화에 집중할 수 있는 분위기와 환경을 조성).
- 상대방이 이야기할 때 중요한 사실은 메모한다.
- 상대방에게 질문할 때 '예/아니요'로 끝나는 대답을 유발하는 질문이 아닌 열린 질문을 한다.
- 상대방의 몸짓과 표정, 음색과 성량, 눈빛 등 비언어적인 요소에도 관심을 가지고 표현하는 이유와 배경이 되는 감정을 파악하기 위해 노력한다.
- 상대방의 발언에 대한 판단을 미루고 새로운 사실인 것처럼 들어 준다.
- 고개를 끄덕이고 맞장구를 치는 등 공감을 하는 표현을 한다.

### 3) 감성으로 소통하기 위한 노력을 기울임

감성이란 다른 사람의 감정과 마음을 그 사람의 입장에서 느끼는 것으로 상대방의 감성을 이해하게 되면 진정한 이해와 소통이 시작되는 출발점에 서게 된다. 의사소통과 대화에서 감성이 배제되면 기계적이고 사무적인 관계가 형성되며 마음을 여는 교감과 이해가 어렵게 된다. 감성으로 소통하기 위해서는 공감이 필수 요소로 작용하며 공감적 언어사용을 통해 상대방의 이해와 협조를 이끌어 낼 수 있다. '그렇군요.', '힘드셨겠네요.', '저도 그럴 때가 있습니다.', '많이 속상했겠네요.' 등과 같은 표현은 상대방이 자신의 마음을 알고 이해해 준다고 느끼고 서로 간의 심리적인 친밀감을 더욱 높여 주는 효과가 있다.

이에 감성적인 의사소통을 위해서는 아래와 같은 방법론을 들 수 있다.

- 상대방의 입장을 역지사지의 마음으로 이해하도록 노력한다.
- 상대방이 알아들을 수 있는 쉽고 편한 용어로 대화하도록 노력한다.
- 상대방이 했던 말을 요약해서 다시 말해 주는 성의가 필요하다.
- 상대방을 이해한다는 의미를 언어적 또는 비언어적인 방법으로 표현하고자

노력한다.

- 자신의 개인적인 감정이나 심리상태를 상대방에게 적절히 표현하려고 노력한다.
- 상대방 감정의 핵심적인 부분을 파악하여 그 부분에 대한 자기 생각과 감정을 말해 주고 나도 공감하고 있다는 인식을 심어 주고자 노력한다.

## 3 대인관계의 발달을 돕는 부모와 교사의 역할

### 1) 부모의 역할

최초의 대인관계가 시작되는 부모-자녀와의 관계는 무엇보다 중요하다. 사회관계는 생애 초기단계에 형성되고 이후 발달에 지속적인 영향을 미치기 때문에 영유아기의 부모와의 원활한 소통은 친구를 비롯한 다른 사람과의 관계를 발전시키고 확장시키는 데 중요하다.

부모-자녀 간 의사소통이 제대로 되지 않는 경우 자녀의 우울, 자아탄력성, 또래관계, 행복감, 정서지능 등에 많은 영향을 주므로 부모-자녀 간 의사소통 기술을 익혀 가정에서 원활한 의사소통이 이루어지도록 해야 한다(이희영 외, 2016).

#### (1) 긍정적 모델링 되기

유아와 원만한 유대관계를 형성한 부모는 유아의 강력한 모델로서의 역할을 수행하게 된다. 유아는 부모의 특정 행동만이 아닌 성격, 동기, 태도 및 가치기준을 받아들이게 된다. 부모가 건전한 사고를 하고 사회적으로 원만한 관계를 맺고 있다면 그들의 자녀 역시 부모와 같은 생각과 행동을 할 확률이 훨씬 높다. 자녀에게 친밀감과 애정을 표현하고 영유아가 바람직한 행동을 배울 수 있도록 부모 자신이 모범이 되는 언행을 실천해야 한다.

### (2) 다양한 인간관계 경험 제공하기

부모는 유아가 다양한 사람과 만나도록 기회를 제공해야 한다. 다양한 인간관계를 접하기 위해서는 가족, 친구, 친척, 이웃 등 다양한 사람들을 인식하고, 나와 의미 있는 관계를 맺고 있는 사람들과 만나야 한다. 예를 들면, 가족들 생일, 친척 결혼식, 할머니·할아버지 팔순 잔치 등의 집안행사에 참여하여 다양한 연령대의 가족 및 친척들과 교류하는 경험을 가지거나 다양한 친구들에 대한 이야기 나누기 활동, 우리 동네 이웃에 대해 관심을 가질 수 있는 활동을 통해 다양한 인간관계를 접할 수 있다(김영옥, 2014).

〈표 10-2〉 다양한 인간관계 접하기

| | |
|---|---|
| 가족의 집안행사에 참여하기 | • 가족들 생일, 친척 결혼식, 할머니, 할아버지 팔순 잔치 등에 참여하기 |
| 다양한 친구들에 대해 이야기 나누기 | • 나와 가장 친한 친구, 아픈 친구, 멀리 이사 간 친구, 놀이를 잘하는 친구에 대해 이야기하기 |
| 이웃에게 관심 가지기 | • 현재의 여러 동네(도시, 농어촌, 산촌 등)의 생활 알아보기<br>• '우리 집에서 저녁 먹고 하는 일'로 아파트 꾸미기: 같은 시간대에 일어날 수 있는 다양한 공간의 장면이 다루어질 수 있으며, 동네의 같은 공간에 사는 사람들의 다양한 행동에 대해 생각해 보기 |

출처: 김영옥(2014). 유아인성교육의 이론과 실제. 경기: 공동체.

유아는 다양한 사람을 경험함으로써 다음과 같은 효과를 얻을 수 있다(김영옥, 2014).

- 유아가 다른 사람에 대한 이해와 소통, 다양한 사람과 상호작용하는 방법을 배우도록 도와준다.
- 유아가 다양한 사람들의 생활방식, 문화, 정서 등의 차이점과 공통점을 이해

하고 조화롭게 살아가는 데 필요한 태도와 지식을 배우도록 도와준다.

- 다양한 인종, 성, 장애, 언어, 직업 등에 대한 개방적이고 편견 없는 사고와 수용적 태도 등에 대해 마음의 폭을 넓히도록 도와준다.
- 다른 사람의 감정과 생각, 의도, 관점을 생각해 볼 수 있는 조망수용의 기회를 제공함으로써 자신과 연계성을 느끼고 타인의 입장이 되어 보는 역할담당 능력을 증진시킨다.

### (3) 유아의 친구관계 도와주기

또래관계는 성인이나 형제자매와의 수직적인 관계와는 달리 상호 평등성을 기초로 유아의 사회성 발달에 중요한 영향을 미친다. 또래와의 자유롭고 동등한 관계는 새로운 실험이나 탐색을 허용하며 타인의 관점을 자기 것처럼 이해하고 수용하게 해 주므로 유아는 또래와의 지속적이고 긴밀한 상호작용을 통해 사회에 적응하는 방법을 배우게 된다. 부모의 양육방식도 유아의 또래관계에 영향을 미친다. 부모가 온정적이고 민감하며 권위가 있을 때 유아는 부모와 안정적으로 애착을 형성하며 다른 어른이나 또래와도 좋은 관계를 맺는다(이영 외, 2017).

부모는 유아에게 친구와 함께 있을 수 있는 기회, 즉 이야기하고 놀이하고 함께 있는 것을 즐길 수 있는 자유로운 기회를 많이 제공하고 유아의 친구관계를 진지하게 대할 수 있도록 해야 한다.

#### 데일 카네기(Dale Carnegie) 와 퀸톤 신들러(Quinton Schindler) 가 제안한 소통방법

- 논쟁을 피하라.
- 자기 잘못을 먼저 인정하라.
- 상대방이 수긍할 대화를 택하라.
- 자신의 의견인 것처럼 느끼게 하라.
- 상대방의 입장에 동감하라.
- 상대방의 말에 귀를 기울여라.
- 우선 칭찬하라.
- 상대방의 잘못을 캐내지 말라.
- 부드럽게 말하라.
- 상대방에게 말할 기회를 주어라.
- 상대방의 입장에서 생각하라.
- 아름다운 심정에 호소하라.
- 진심으로 칭찬해 주어라.
- 또 칭찬하라.

아동기는 사회성 발달에서 또래집단의 역할이 보다 중요한 시기이므로 교우관계의 지도 또한 중요하다. 학령기 아동은 특히 또래집단에 속하고자 하는 강한 욕망을 가지고 있기 때문에 보다 구조화된 집단활동에 적극적인 반응을 보인다. 광범위한 집단활동 프로그램에 참여시켜 다양한 경험을 하도록 한다. 형식적인 집단활동은 보이스카우트, 걸스카우트, 아람단, 적십자, 각종 종교활동, 야외캠프모임 등이 있다. 부모들은 이러한 활동을 계획할 때 활동 집단의 특성을 파악하여 아동의 흥미, 요구, 발달수준에 맞추어 결정하고 아동이 성공적으로 수행할 수 있는 활동을 스스로 선택하도록 해야 한다.

## 2) 교사의 역할

유아교육기관에서 교사는 유아의 건강한 성장과 발달을 지원하는 중추적인 역할을 담당한다. 유아교사의 많은 역할과 능력 중에 특히 대인관계 능력은 유아의 대인관계 기초형성과 또래와의 관계형성 능력을 발달시키는 데 핵심적인 역할을 하게 된다.

유아는 자기 생각을 충분히 언어로 전달하지 못하기 때문에 신체언어를 사용하거나 표정으로 자신의 감정을 드러내는 경우가 많다. 교사는 이러한 유아의 반응을 민감하게 알아차려 적절한 피드백을 해 주어야 한다. 예를 들면, 자유선택활동 시간에 블록을 만지다가 아무 말도 없이 눈물을 흘리고 있는 유아가 있다면, 친구가 교구를 빼앗아서인지, 친구가 때려서인지, 하고 있는 블록이 마음대로 안 쌓여서인지 알 수가 없다. 하지만 교사는 그 상황에서 보내는 아이의 언어적, 비언어적 표현을 잘 파악하여 대처하도록 한다. 또한, 유아와 대화할 때 유아가 자신의 마음을 충분히 공감하고 있다고 느낄 수 있도록 안정된 목소리로 말하고 편안한 표정을 짓는다. 어떤 유아들은 무엇을 원하거나 무엇을 자랑하고 싶거나 화가 날 때 자신의 감정을 말로 표현하기 어려워한다. 아이들의 개별 특징에 맞추어 아이들이 보내는 신호에 잘 반응하는 교사야말로 진정으로 아이와 소통이 잘 되는 교사다. 유아와의 소통을 위한 교사의 역할을 정리해 보면 다음과 같다(이희영, 2016).

- 교사는 유아들과 의사소통할 때 정확하게 발음하며 너무 빠르지 않게 말한다.
- 유아의 요구를 이해하고 그에 맞는 다양한 상호작용을 한다.
- 유아의 언어적, 비언어적 신호에 민감하게 반응해 준다.
- 유아의 개인적인 특성과 수준을 이해한다.
- 교사도 유아의 활동에 즐겁게 참여함으로써 유아와 공감대를 형성한다.

〈표 10-3〉 교사의 언어적, 비언어적 상호작용의 예

| 언어적 상호작용 | 비언어적 상호작용 |
|---|---|
| • 유아와 개별적으로 상호작용하기<br>• 천천히 분명하게 말하기<br>• 말은 짧고 간결하게 하기<br>• 유아의 행동을 위해 멈추거나 잠깐 기다려 주고 말하기<br>• '-하지 마' 대신 '-하자'라는 긍정어로 말하기<br>• 같은 내용을 반복하여 전달하기<br>• 현재 상황을 충분히 이해하고 공감함을 표현하기<br>• 유아가 선택할 수 있는 제안하기<br>• 유아가 선택할 수 없는 것은 '-하자'라고 말하기<br>• 유아의 욕구에 대한 직접적인 제한보다는 직유나 은유를 사용한 '대안 제시', '관심 전환'을 위한 특별한 아이디어를 제안하기<br>• 상황에 맞는 비언어적 상호작용을 함께 적용하기 | • 부드러운 눈빛으로 오래도록 응시하기<br>• 영아의 눈높이에 맞추어 쳐다보기<br>• 미소 짓기<br>• 큰 웃음 보이기<br>• 고개 끄덕이기<br>• 가까이 가기<br>• 등이나 어깨 쓰다듬기<br>• 엉덩이 토닥여 주기<br>• 손잡기<br>• 안기<br>• 긍정적 느낌을 줄 수 있는 접촉하기<br>• 가까이 가서 직접 행동으로 보여 주기 |

아동의 교우관계를 촉진하기 위해서는 우선 그들의 교우관계를 결정하는 요인을 파악하고 교실 장면에서 그런 요인을 촉진하는 방안을 마련해야 할 것이다. 아동의 대인관계 기술을 향상시키고 자신과 타인의 동기에 대한 이해력을 높일 수 있는 다른 방법으로는 역할놀이를 들 수 있다. 실제로 초등학교 아동을 대상으로

역할놀이가 교우관계에 미치는 영향을 연구한 이연옥(1999)의 연구에서도 역할놀이를 통해 아동의 교우관계가 향상된 것으로 나타났다. 이러한 사실은 역할놀이 활동을 통해 아동이 한 상황에서 다양한 경험을 해 봄으로써 자신의 가치와 의견을 보다 분명히 인식하고, 사람들이 타인의 행동에 어떻게 영향을 미치는지를 보다 잘 이해할 수 있어서 실생활에서 접하게 되는 인간의 행동에 대해 여러 가지 개념을 습득하기 때문인 것으로 보인다(곽노의 외, 2009, 재인용).

최근에 문제시되고 있는 집단 따돌림 방지를 위해서는 이관형 · 김양현 · 안현미(2001)의 집단 따돌림 대처 프로그램을 활용할 수 있다. 이들의 연구에서는 초등학교 3~6학년 아동 163명을 대상으로 학급 규칙 만들기, 소리함 설치하기, 칭찬카드 주고받기, 촉진 게임 요구, 좌절 시에 비폭력적으로 대처하기, 협동학습, 활동 후 소감 쓰기나 말하기 등으로 구성된 프로그램을 8회에 걸쳐 투입한 결과, 집단 따돌림 현상이 현저하게 감소한 것으로 나타났다(곽노의 외, 2009, 재인용).

## 4 대인관계 교육 프로그램의 활동 사례

### 활동 사례 1

**활 동 명** 자기 소개 콜라주

**대상 연령** 만 4세

**활동 목표** ▫ 유아가 자기소개 콜라주를 만들어 봄으로써 자신과 다른 사람을 이해하도록 돕는다.

**활동 자료** 종이, 풀, 가위, 사진, 오래된 잡지, 필기도구, CD 등

**활동 방법**

1 유아에게 교사가 만든 '자기소개 콜라주'라는 책자를 보여 주며 간단히 소개해 준다.
- '자기소개 콜라주'에는 교사가 좋아하는 색, 음식, 가족 등 자신에 대한 자료가 담겨 있다.
  - 이것은 우리 가족이야. 선생님 아이들인데 예쁘게 생겼지? 선생님이 좋아하는 강아지 사진도 있고, 아이들이 수영하고 있는 사진도 있구나. 그래서 선생님은 이것을 볼 때마다 재미있었던 일들이 생각나곤 해.

2 나를 소개할 수 있는 방법에 대해 이야기해 본다.
- 교사는 유아의 흥미, 능력, 좋아하는 색, 음식 그리고 집에서 기르는 강아지나 고양이 등 여러 가지 방법으로 자신을 소개할 수 있도록 격려한다.

3 나를 소개할 수 있는 것에 대해 브레인스토밍을 한다.
- 사진, 그림, 유아가 개인적으로 수집하는 우표나 야구 카드, 좋아하는 과자봉투, 아끼는 포장지, 특별한 연주회나 야구 경기 티켓 같은 것을 붙일 수 있다.

4 유아에게 소개할 수 있는 물건들을 배열하거나 붙이기 전에 나름대로 계획하고, 자료를 수집할 수 있는 충분한 시간을 준다. 또한, 이 프로젝트를 설명하는 통신문을 가정에 보내 유아를 돕도록 도움을 구한다.

5 프로젝트를 마친 후 친구들과 함께 나에 대한 이야기를 할 수 있는 시간을 갖는다.

**확장 활동**

- '자기소개 콜라주'는 유아가 가지고 있는 능력과 흥미를 좀 더 알게 될 때마다 수정이 가능하며, 1년 동안 계속될 수 있는 활동이다.
- 유아의 '자기소개 콜라주' 프로젝트는 참여 수업이나 학부모 회의 때 전시할 수 있다.

## 활동 사례 2

**활 동 명** 보물 상자

**대상 연령** 만 3세

**활동 목표** ▫ 자기 생각, 아이디어, 느낌을 찾아낸다.

**활동 자료** 작은 상자들, 스티커, 풀, 종이, 표시할 수 있는 도구

**활동 방법**

1. 교사는 유아의 특별한 생각이나 느낌을 담을 수 있는 각자의 작은 보물 상자를 만들 것이라고 설명한다.
   - 교사는 유아에게 세상에는 나와 똑같은 사람이 있을 수 없으며, 그래서 모두가 특별하고 소중하다는 것을 설명한다. 그러므로 우리가 하는 생각이나 느낌은 특별하고 소중하다.
2. 보물 상자를 만들기 위해 어떤 것이 필요할지 이야기를 나누어 본다.
   - 교사는 미리 준비한 재료가 있으면 그것을 먼저 보여 준다. 유아가 보물 상자에 넣을 종이를 모으고, 자기 생각을 쓰거나 그릴 수 있도록 한다.
3. 유아와 함께 개인 생활(privacy, '개인적'이란 것)에 대해 이야기를 나눈다.
   - 각자 만든 보물 상자는 개인적이라는 것을 설명하고, 어느 누구도 다른 사람의 상자를 허락 없이는 보지 말자고 약속한다.

**확장 활동** ▫ 교사는 '생각'에 대해 토론하면서 이 활동을 준비할 수 있다. 유아에게 하나의 이야기나 간단한 문제를 내면서 시작할 수도 있다. 이야기를 중간에 멈추고 유아에게 어떻게 문제를 해결할 수 있는지 질문한다.

## 활동 사례 3

**활 동 명** 어떻게 생각할까?

**대상 연령** 만 5세

**활동 목표**
- 같은 상황에 대해 개개인이 보는 관점이 다를 수 있음을 이해한다.
- 이야기 나누기를 통해 생각을 교환한다.

**활동 자료** 다른 감정을 표현한 사람들의 사진, 차트 용지와 사인펜 또는 칠판과 분필

**활동 방법**

1. 유아가 알아볼 수 있을 정도로 감정이 표현된 사람들의 얼굴 사진을 보여 준다.
   - 스냅 사진이나 오래된 잡지, 신문에서 오린 사진들을 이용한다.
   - 유아와 함께 그 사람이 느끼는 것이 무엇인지 생각하고, 사람들이 왜 그렇게 느낄지 이야기해 본다. 다양한 감정을 표현한 사진들을 보고 토론한다.
2. 여러 가지 다른 사진들을 비교하고 분류해 본다.
   - 사진을 다른 방법으로 해석하고 분류해 볼 수 있도록 격려한다.

**확장 활동**
- 두 사람이 감정적인 상황에 연루된 사건, 즉 엄마가 우는 아이를 안고 있는 모습이나 부모가 어지럽게 늘어 놓은 아이의 방을 화난 표정으로 보고 있는 모습을 잡지에서 찾는다.
  부모와 아이는 어지럽혀진 방에 대해 같은 감정을 갖고 있을까? 사진의 사람들을 연기해 보고 대화하는 척 해 본다. 이 사람들은 서로에게 어떤 말을 하고 있을지 이야기해 본다.

## 활동 사례 4

**활 동 명** 그런 게 친구야

**대상 연령** 만 5세

**활동 목표**
- 친구들의 소중함에 대해 안다.

▫ 즐거운 마음을 가지고 참여한다.

▫ 친구의 소중함을 알 수 있다.

**활동 자료** 동시판, 동시그림판

**활동 방법**

**1** 소중한 친구에 대해 이야기 나눈다.

- 여러분에게 소중한 것이 있다면 무엇인가요?
- 왜 소중한 것일까요?
- 그 소중한 것이 없다면 어떻게 될까요?

**2** 동요 '친구야 나는 너를 사랑해' 또는 동시 '그런 게 친구야'를 읽고 이야기를 나눈다.

> **예시** 그런 게 친구야
>
> 친구 때문에 재미있고
> 친구 때문에 심심하고
> 그런 게 친구야
> 친구 때문에 깔깔 웃고
> 친구 때문에 앙앙 울고
> 그런 게 친구야
> 친구 때문에 싸우고
> 친구 때문에 용서하고
> 그래서 친구야, 그런 게 친구야

- 다 같이 읽어 볼까요?
- 친구랑 다툰 적이 있나요?
- 다투고 나면 어떤 기분이 드나요?
- 친구랑 재미있게 놀았던 기억도 있나요?
- 친구에게 고마울 때는 언제인가요?

**3** 동시를 다시 읽고 친구의 소중함에 대해 다시 생각해 본다.

- 동시를 읽고 어떤 느낌이 들었나요?
- 동시에서 어떤 부분이 가장 기억에 남나요?
- 나는 어떤 친구가 되어야겠다는 생각이 드나요?

**확장 활동** ▫ 친구와 마주보며 동시를 읽어 주고 서로 좋은 친구가 되자고 약속한다.

## 활동 사례 5

**활 동 명** 감정을 나눠요

**대상 연령** 만 5세

**활동 목표**
- 감정에 대해 알 수 있다.
- 다른 사람의 이야기를 듣고 다른 사람의 감정을 이해한다.

**활동 자료** 브레인스토밍 활동지, 전지, 필기도구, 풀, 메모지

**활동 방법**

1 새로운 친구들에 대해 이야기한다.
- 새로운 반이 되었어요.
- 새로운 반이 되어 친구가 많이 생겼어요.

2 감정에 대해 이야기한다.
- 우리 친구들은 모두 '감정'이란 것이 있어요.
- 감정이란 무엇일까요?
- 우리 친구들은 감정하면 어떤 것이 가장 먼저 떠오르나요?
- 친구들의 감정은 어떨까요?

3 감정에 대해 생각나는 것을 정리하고, 유목화한다.
- 친구들과 감정하면 생각나는 것들을 적어 보세요.
- 친구들이 적은 감정에 대한 단어는 어떤 단어와 묶을까요?
- 비슷하다고 생각되는 것들을 모아 볼까요?

4 나와 친구의 감정이 다를 수 있음을 안다.
- 나의 감정과 친구들의 감정은 어땠나요?
- 감정과 관련된 것으로는 무엇이 있었나요?
- 감정은 오래 지속될까요?

**확장 활동**
- 다양한 감정의 표정을 짓고 감정 맞히기 게임을 해 본다.
- 갈등상황을 제시해 효과적으로 감정을 표현하는 방법에 대해 이야기를 나눈다.

# 제11장

## 품성의 지도 협동

## 1 협동의 개념과 발달

### 1) 협동의 정의

협동(cooperation)이란 사전적 정의로서 '서로 마음과 힘을 하나로 합하는 것', '힘을 합하여 돕는 것'으로 정의된다(표준국어대사전, 1999). '마음과 힘을 하나로 합하여 서로 돕는다는 것'은 마음을 합하여 공동과제를 산출하는 것과 힘을 합하여 구성원 간에 서로 조언 및 조력을 요청하고 제공하는 것으로 구분하여 말할 수 있다. 그러나 실제로는 마음을 합치는 것과 힘을 합치는 것은 분리되지 않고 결합해서 사용되고 있다. 이처럼 협동은 공동과제를 산출하고 이를 달성하기 위하여 집단 구성원이 서로 마음과 힘을 하나로 합하여 서로 돕는 상태를 말한다.

국립국어연구원(1999)에서는 협동과 관련된 몇 가지 개념을 다음과 같이 설명하고 있다.

- 협동(協同) : 서로 마음과 힘을 하나로 합함
- 협동-적(協同的) : 서로 마음과 힘을 하나로 합하여 하는 것
- 협동-성(協同性) : 서로 마음과 힘을 하나로 합하는 성질
- 협력-자(協力者) : 힘을 합하여 서로 돕는 사람

유아교육사전(1997)에는 협동 및 이와 관련된 개념으로 협동놀이, 협동학습을 찾아 볼 수 있으며 이에 대한 설명은 다음과 같다.

- 협동(cooperation) : 공동목표에 도달하기 위하여 개인 간의 관계에서 생기는 행동으로, 타인의 목표 달성을 원조해 주는 의미의 협력과 혼용된다.
- 협동놀이(cooperative play) : 두 명 이상의 유아가 각자 자신의 역할과 일을 분담하여 공통의 목적을 이루어 가는 놀이
- 협동학습(cooperative learning) : 공통의 목적을 성취하기 위해 유아들이 소집단으로 함께 학습하는 것을 의미한다.

유아는 협동을 하는 동안 타인의 견해를 존중할 줄 알게 되고, 다른 사람과 더불어 살아가는 법을 배우고, 친구와의 관계 속에서 자신의 위치를 파악하게 된다. 두 명 이상의 유아가 협력하여 공통의 목표를 이루어 내는 협동활동은 활동과정에서 갈등이 발생할 수 있다는 것을 전제로 유아 스스로 갈등 해결방법을 찾아내도록 하여 유아에게 상호작용의 기회를 제공할 뿐만 아니라 발달적 상호작용을 이끌어 주는 활동이다. 이러한 협동활동은 또래 간에 활발한 상호작용을 일으키도록 하는 동기를 부여해 주며 이를 통해 유아의 사회적 발달이 촉진될 수 있도록 이끈다(나희주, 1998).

피아제(Piaget, 1965)는 유아는 자기중심성으로 인해 다른 사람의 의견을 받아들이는 것에 어려움을 갖고 있으므로, 이를 극복하기 위한 방안으로 또래 간의 협동활동이 필요함을 강조하였다. 뿐만 아니라 비고츠키(Vygotsky) 역시 구성주의적 입장에서 유아기 협동활동의 필요성을 피력한 바 있다(Berk, Winsler, 1995). 다시 말해 유아기는 가족의 범주에서 또래나 주변 사람들로 상호작용의 대상이 확대되는 시기이므로 다양한 사회적·인지적 경험을 포함한 보다 적극적이고 긍정적인 타인과의 교류가 지원되어야 하며 또래와의 협력적 상호작용을 통하여 자신의 삶을 확장시켜 나가도록 안내되어야 한다. 실제로 협동적인 상황에서 유아들은 긴장감을 덜 느끼고 또래에 대해 우호적이며 타인을 긍정적으로 인식하므로 협동활동은 유아의 사회성 발달을 도모하기 위한 수단으로 적용될 수 있다.

유아들에게 협동은 자연스러운 삶 그 자체이며, 창조적 행위와 긍정적인 정서적 결정체로 나타난다. 그리고 유아의 협동 조건에는 첫째, 공동목표 설정, 둘째, 공동목표에 대한 이전 경험, 셋째, 스스로 정한 역할, 넷째, 놀잇감 활용기술, 다섯째, 교사의 비계설정, 여섯째, 새로 만든 규칙으로, 이들은 상호 통합적으로 발생·전개된다(송응식, 2006).

변영계와 김광휘(2002)는 협동의 구성 원리를 크게 긍정적 상호 의존성, 개별 책무성, 대면적 상호작용으로 구분하였다. 긍정적 상호 의존성은 공동의 운명을 지녔다는 자연스러운 공동체 의식과 함께 나의 일이 친구에게 도움이 되며 친구의 일이 나에게 도움이 된다는 사실에서 자신감을 갖고 서로 의존하는 것이다. 개별 책무성은 소집단 구성원들이 자신의 학습뿐만 아니라 다른 구성원을 격려하고 돕는 의무를 뜻한다. 대면적 상호작용은 협동활동의 효과를 극대화하는 중요한 조건으로 높은 수준의 협동이 이루어지려면 소집단 구성원 간에 도움, 설명, 정교화, 격려, 지원이 필요하다.

### 2) 협동의 필요성

핵가족제도의 확대, TV, 컴퓨터의 급속한 보급과 발달 등으로 인해 대인 경험의 부족 현상이 생겨나고 경쟁을 중요시한 나머지 개인주의가 점점 심화되고 있는 현대사회는 협동정신을 더욱 절실히 필요로 하고 있다(김영옥, 2000).

협동이 효과적으로 이루어지기 위해서는 서로의 의견을 존중하고 보다 합리적이고 효율적인 해결방법을 제안하고 합의하며 결정되고 분담된 임무를 완수하기 위해 저마다 나름대로의 최선을 다하는 생활 태도가 전제되어야 한다. 협동학습을 지지하는 연구들을(김미숙, 1999; 차춘희, 1998; Johnson & Johnson, 1994) 살펴보면 "유아는 또래와의 상호작용에서 발생하는 갈등상황을 통해 자기중심적인 해결전략에서 벗어나 다른 사람의 견해에서 문제를 볼 수 있게 됨으로써 자신의 사고가 탈중심화되어 간다."라고 하였으며, 이러한 협동학습에서 중요한 요인은 또래와의 상호작용이라 보았다. 현대사회는 1가정마다 자녀가 하나뿐인 경우가 많아,

아이들이 가정에서 형제자매 간에 협동을 경험할 수 있는 기회가 부족하다. 그러므로 협동을 잘하는 사람으로 키우기 위해서는 우선 아이들 간의 교류를 활성화하여 자기와 다른 생각을 가진 사람이 있음을 인정하고 서로의 의견 차이를 극복하고 보다 합리적인 대안을 추구하려는 노력이 필요함을 깨닫도록 해야 한다.

비고츠키는 인간과 인간 사이에 이루어지는 '상호작용'을 지식 구성의 핵심적인 과정이라고 생각하며, "학습이 발달에 앞서 나타난다"는 그의 이론에서 협동학습의 필요성이 강하게 제기되고 있다. 교수-학습 과정에서는 교사와 학생, 학생과 학생과의 사이에서 일어나는 사회적 상호작용뿐만 아니라 또래 간의 협력과 협동이 아동의 학습 및 발달을 촉진하게 하는 것이다. 협동학습은 전통적인 소집단 학습의 단점을 해결하고자 학습자 간의 협력적인 상호작용을 촉진하여 학습의 극대화를 도모하는 수업방법이다. 경쟁 학습과 달리 아동들 간에 서로 돕고 상호작용하도록 하는 협동학습은 잘못된 이기심이나 경쟁적 심리가 문제시되고 있는 현재의 교육현장에서 공동체적 삶을 위한 사회성 발달을 도모하는 데 필수적이다.

### 3) 협동의 발달

협동이란 공유된 목표를 성취하기 위하여 함께 활동하는 것으로 협동활동을 하게 됨으로 집단의 구성원들은 공동의 과제에 대해 깊이 토의하고, 서로 도우며, 서로 적극적으로 활동하도록 격려하게 된다. 유아는 협동을 통해 서로 다른 유아들 간의 역할분담 및 보안을 위한 상호작용을 한다. 또한, 2명 이상의 소집단을 통하여 상대방과 생각을 공유하고 문제에 직면하여 다른 사람이 어떻게 생각하고 반응을 하는가에 대한 타인과의 의사소통 및 언어기술을 연습할 기회를 갖는다. 즉, 유아는 협동활동 상황을 통하여 사회적 능력과 대인 관계적인 태도를 효과적으로 발달시키게 된다.

사회 구성원으로 효과적으로 살아가기 위해서 필요한 사회적 기술에는 협동기술이 있다. 협동기술은 유아가 다른 사람과 도움을 주고받을 수 있고, 함께 작업할 수 있도록 한다. 협동기술을 발달시키기 위해서는 유아에게 서로 만나는 기회, 함께 일하는 기회가 많이 주어져야 한다. 이를 위하여 2명, 3명, 4명의 소집단 형태로 이루어지는 공동 작업을 시작으로 집단의 크기를 증가시켜가면서 유아들이 함께 의논하고 협동하는 경험을 갖도록 한다. 교사의 도움과 지도는 집단의 공동 이익을 위해서 유아가 자신의 감정과 욕구를 조절하고 함께 협동할 수 있도록 이끌어 준다.

협동활동은 유아의 인지발달과 사회·정서발달 등의 발달적 측면에서 교육적 의의를 지닌다. 유아는 또래와의 상호작용에서 발생하는 갈등상황을 통해 자기중심적인 해결전략에서 벗어나 다른 사람의 견해에서 문제를 볼 수 있게 하며 또래와 상호작용하고 토의하는 경험을 가지며 서로 주고받는 정보와 아이디어 등에 대한 피드백을 통해 기존의 생각과 지식을 바꾸거나 재정립하는 기회를 가지게 함으로써 인지발달이 이루어진다. 또래와의 활동에서 가르치는 유아는 배우는 유아의 어려움에 보다 민감하고 감정이입되어 교수-학습에 효율적이므로 유아 상호 간의 사회·정서 발달을 도모하며 유아의 동기를 유발하고 집단 상호과정을 격려하며 집단에서의 사회적이고 학구적인 상호작용에 대한 태도를 증진하도록 하여 친사회성, 동료에 대한 태도, 자아존중감 등 사회·정서의 전반적인 영역에서 긍정적인 효과가 있다.

김선아(2002)는 협동활동을 통한 발달 및 심리적인 요인을 다음과 같이 제시하였다.

- 협동하려는 노력은 성취도를 증진시키는 데 매우 효과적이다.
- 협동활동을 통하여 유아는 양질의 인지적 전략이 개발되고 발달된다.
- 협동활동을 하는 상황에서 유아는 성취를 위한 동기가 유발되고, 높은 성취도를 경험하게 되며, 학습된 자료의 지속성을 유지하고 깊이 이해하려는 능력을 증진할 수 있다.
- 협동활동을 할 때 유아는 정보를 교환하기 위하여 구어로 반복하고, 새로운 정보를 진술하고 설명하여 자기 생각을 통합하고 합리화하면서 정보를 유지하려고 노력을 하며, 그 정보를 계속 유지하면서 성취도를 증진하게 된다.

- 협동활동을 통하여 또래와의 규칙을 정하고 지키며, 또래에게서 피드백을 받고, 또래를 보조하고, 격려하는 능력이 증진된다.
- 수준이 다른 유아들 간의 사고와 경험을 상호 교환하는 경험을 통하여 서로 다른 집단 간의 견해를 조절할 수 있다.
- 학습하려는 동기를 증진시키고, 서로 성취하는 것을 격려하고, 협조하면서 활동하는 능력을 발달시킨다. 그리고 또래와의 활동 시 개인적인 책임감을 갖게 되며, 그 책임감을 충족시키기 위하여 자신의 능력을 개발하고 배우려는 동기가 형성된다.

### 4) 협동학습

유치원에서 이루어지는 협동은 협동놀이(cooperative play)와 협동학습(cooperative learning)의 개념으로 설명할 수 있다. 협동놀이는 2명 이상의 유아가 각자 자신의 역할과 일을 분담하여 공통의 목적을 이루어 가는 놀이이다. 파튼(Parten)에 의한 놀이의 6가지 구분(몰입되지 않은 놀이, 방관자적 놀이, 혼자놀이, 병행놀이, 연합놀이, 협동놀이) 중 하나로서 가장 사회성숙도가 높은 놀이 형태를 말한다. 협동학습은 공통의 목적을 성취하기 위해 유아들이 소집단으로 함께 학습하는 것을 의미한다.

유아의 협동능력을 기르기 위해서는 가정과 유아교육기관에서 화목하게 지내는 경험이 필요하다. 이러한 교육의 대표적인 것이 협동활동이라 할 수 있다. 협동활동은 공동체적인 삶을 배우는 가장 좋은 활동 형태라고 할 수 있다.

유아는 자기중심성으로 인해 협동이 어려울 것이라고 생각했던 것과는 달리 유아들의 사회인지 발달을 도모하는 협동활동이 현장에서 실현되고 있고 교육적 효과 또한 입증되고 있다. 1700년대 후반 영국에서 랭커스터(Lancaster)가 교육에 적용한 바 있으며 코메니우스(Comenius) 등에 의해서도 강조되었다. 1806년 미국의 란케스트리안(Lan-casterian) 학교가 설립된 이후 널리 보급되고 민주주의와 관련되면서 그 중요성이 부각되었다. 그러나 1929년 세계경제공황으로 인한 경기침체를 회복하기 위해 성취지향적 교육이론과 실천이 요구되면서 1960년대까지는 경쟁을 강조한 학습, 블룸(Bloom)의 개별화 학습 등이 보다 지배적인 경향을 보여왔다. 1960년대 이후 인지심리학이 대두되면서 학습자를 능동적인 유기체로 인식하고 학습은 교사의 교수행동만이 아닌 학생의 학습행위에 초점을 두게 되었다. 따라서 비고츠키의 사회구성론적 이론, 올포트의 접촉의 사회심리학, 도이치(Deutch)의 협동의 사회심리학이론 등이 출현되고 그후 이 이론들은 협동을 통해 실제 수업에 적용되었다(변영계 · 김광휘, 1999). 이는 듀이의 '민주주의와 교육'에서도 협동학습이라는 이름으로 실제 생활학습에 대한 이론적 근거가 제시된 바 있으며 상호작용을 통한 소집단 문제해결학습으로 대두된 바 있다. 조필레(2003)는 협동학습이 우리나라 유치원의 교육과정 전반에 걸쳐 효과적이었다는 연구를 통해 협동학습이 우리나라 유아를 대상으로도 적용될 수 있음을 확인했다.

협동학습이 교육에 활발하게 도입되기 이전에도 소집단 학습 형태는 존재했다. 협동학습은 구성원들에게 부여한 과제물은 서로 다르다 해도 공동이 목표로 하는 공동의 산물을 만들어 내는 작업인데 비해 전통적인 소집단은 똑같은 과제를 부여받고 집단 내에서 각자 개별적으로 작업하는 방식으로 차이가 있다. 전통적인 소집단 학습과 협동 교육을 비교하면 아래와 같다.

첫째, 협동학습은 자신뿐만 아니라 다른 구성원 모두의 성취에 관심을 갖도록 목표가 구조화되어 있으므로 구성원 사이의 긍정적 상호 의존성에 기초하는 반면, 전통적인 소집단 학습에서는 이러한 상호 의존성이 항상 존재하는 것은 아니다. 여기서 긍정적 상호 의존성이란 다른 사람의 학습이 자신의 학습에 도움을 주고 자신의 학습이 다른 사람에게 도움을 주는 관계, 즉 다른 구성원이 성취하지 못하면 자신도 성취하지 못하는 관계를 의미한다. 둘째, 협동학습은 분명한 개별 책무성이 존재한다. 협동학습은 모든 구성원의 성취에 기초해서 그 집단이 평가받기 때문에 자기 스스로의 성취뿐만 아니라 다른 구성원의 성취에도 도움을 주고 격려한다. 이외에 과제 활동에 적극적으로 참여하지 않게 되는 경우로 동료와의 관계에서 문제가 생겨난 경우에 발생하는 '의욕상실자(sucker)'나 활동의 목표에 동의

하지 않거나 무언가 불만이 생겼을 때 발생하는 '방해꾼(ganger)' 등이 전통적인 모둠 학습에서 발생하기 쉬운 부적합한 유형인데 이러한 유형의 학생이 근본적으로 나타나지 못하도록 구조화된 것이 협동학습이다. 셋째, 협동학습의 구성원은 개인적 특성(학습 능력, 지능 지수 등)에 있어서 이질적이지만 전통적인 소집단 학습은 동질적인 경우가 많다. 넷째, 협동학습에서는 모든 구성원이 리더가 될 수 있고 리더십의 책임을 지게 되지만, 전통적인 소집단 학습에서는 주로 한 학생이 리더로 지정되고 책임을 지게 된다. 다섯째, 협동학습의 구성원은 목표 달성을 위해서 모두가 서로 도와주고 격려하며 상호 책임을 지게 되지만 전통적인 소집단 학습에서는 그런 책임은 없다. 여섯째, 협동학습의 구성원들은 학습 성취를 최대화하기 위해 구성원 간의 좋은 협력 관계를 유지해야 하지만, 전통적인 소집단 학습에서는 주로 주어진 과제를 완성하는 데에만 관심을 둔다. 일곱째, 협동학습에서는 협동적으로 학습할 때 필요한 리더십, 의사소통 기술, 신뢰, 갈등의 조정 등 사회적 기능들을 직접 배우지만 전통적인 소집단 학습에서는 상호작용 기능이 거의 무시된다. 여덟째, 협동학습의 교사는 집단을 관찰하고 협동하는 과정을 분석하여 집단 과제를 조정하는 방식에 대하여 적절한 피드백을 제공하지만 전통적인 소집단 학습은 이러한 교사의 관찰이나 개입이 거의 없다. 아홉째, 협동학습의 교사는 집단이 어떻게 과제를 수행할 것인지에 대해 집단 과정을 구조화하지만 전통적인 소집단 학습에서는 교사의 그런 관심이 주어지지 않는다(변영계, 1999).

정문성(2002)은 협동학습의 장점과 단점을 다음과 같이 제시하였다.

### (1) 협동학습의 장점

① 협동학습은 기본적으로 아동이 서로 의존하지 않을 수 없는 학습구조를 가지고 있다. 아동은 자연스럽게 활발한 사회적 상호작용을 통해 사회성을 습득하며, 친구의 목소리에 귀를 기울이고 서로 도와주려는 습관을 가지게 된다. 친구를 배려하지 않으면 자신이 성공할 수 없다는 협동 교육의 경험은 결국 타인을 배려하는 태도와 행동을 익히게 된다.

② 협동학습은 활발한 상호작용을 통하여 아동이 여러 친구들을 경험하게 함으로써 사고와 경험의 폭을 넓혀 주어 원만한 대인관계 능력을 갖게 한다. 협동학습에서는 경쟁 학습 구조에서와 달리 아동이 서로 경쟁 상대가 아니라 함께 과제를 해결하는 동반자이기 때문에 개개인의 약점보다는 장점을 찾아내는 경험을 할 수 있게 한다. 따라서 협동학습에서 아동은 긍정적 자아 개념을 가지게 된다.

③ 협동학습에서는 아동을 자연스럽게 한 모둠에 속하게 하고 긍정적 인간관계를 맺게 함으로써 인간의 본능적인 소속 욕구를 만족시킬 수 있다.

④ 아동이 능동적으로 활동을 많이 하는 협동학습에서는 활동을 하는 동안 자기도 모르게 잠재력이 발휘될 수 있으며, 감춰진 재능도 활용할 기회를 가짐으로써 전체적으로 아동의 잠재력을 발굴하고 신장시키는 데 기여하게 된다.

### (2) 협동 교육의 단점

① 어떤 일에 있어서 그 일의 과정보다는 결과를 중시할 수 있다.

② 소집단이기 때문에 한 학습자가 내용을 잘못 이해하고 있을 때 집단 내 다른 구성원들도 그 학습자와 마찬가지로 잘못 이해하고 있다면 잘못된 내용이 옳은 내용으로 굳어질 우려도 있다.

③ 학습보다는 집단의 과정만을 더 소중히 생각하는 경향을 초래하기 쉽다.

④ 학습자가 교사에게 의존하는 일이 적어지는 대신 또래에게 의존하는 경향이 강해질 수 있다.

⑤ 소집단이지만, 집단 내에서 학습자들은 서로 다른 정도의 관심을 또래로부터 받게 되고 더불어 서로 다른 지위의 대우를 받는다.

⑥ 소집단 내에서 또래들에 비하여 능력이 다소 떨어지는 학습자는 자신이 기여할 필요와 가치가 없다는 것을 배우게 된다.

⑦ 자신이 불필요한 존재라는 인식에 그치지 않고 모멸감이나 수치심을 느낄 수 있다.

⑧ 어떤 유능한 학습자는 모든 것을 다 알면서도 일부러 집단에 이야기를 하지 않고 기여도 하지 않을 수 있다.

### (3) 협동학습의 사회적 효과(이동원, 1995)

① 촉진적인 상호작용을 갖게 한다.
② 심리적 수용의 감정을 갖게 한다.
③ 정확한 관점 채택 능력을 갖게 한다.
④ 친구와 자신의 자아에 대해 분화되고 역동적이며 현실적인 견해를 갖게 한다.
⑤ 심리적인 성공감을 경험하게 한다.
⑥ 기본적인 자아 수용과 높은 자아 존중감을 느끼게 한다.
⑦ 친구에 대한 호기심을 갖게 한다.
⑧ 보상에 대한 기대와 즐겁고 유쾌한 상호 관계를 기대하게 한다.

# 2 협동의 교육 및 지도방안

## 1) 협동학습의 교육내용

협동학습의 경우 학습자는 공동의 목표를 달성하려는 노력을 하는 과정에서 친구들과 서로 돕고 나누는 긍정적인 상호 관계를 증진시키고, 공동의 목표를 달성하려는 노력은 사회적 능력, 성취동기, 자기조절, 조망수용능력 등을 통해 학습자의 정신건강을 증진시킨다. 뿐만 아니라 학습과정 중의 실패나 두려움에 대해서도 경쟁이나 개별학습보다 잘 대처할 수 있다. 이와 같이 협동학습의 과정에서 학습자는 다른 사람을 돕고 자신을 조절하며, 함께 문제를 해결해 보는 과정을 통해 자신에 대해 긍정적으로 생각하고 타인을 수용하며 문제를 해결하는 사회적 능력을 향상시키게 된다. 특히, 유아교육은 모든 영역이 통합적으로 이루어지므로 협동활동은 다양한 내용과 방법으로 현장에 적용될 수 있다. 즉, 언어 활동, 사회 활동, 수학 활동, 과학 활동, 조형 활동, 물·모래 활동 등을 포함하여 다양한 내용이 선정되고 조직될 수 있다. 그뿐만 아니라 등원에서부터 이야기 나누기, 자유선택활동, 대·소집단 활동, 실내·외 활동, 귀가에 이르기까지 일과활동 구석구석에서 형식적·비형식적 형태로 접근될 수 있다(교육인적자원부, 2006).

협동활동은 어떻게 시작하고 전개하는가에 따라 그리고 교사의 적절한 개입에 따라 그 결과가 달라진다. 즉, 유아의 호기심이나 발달에 적합한 활동을 전개하며 바람직한 환경과 지원을 제공하고 상황에 따라 적절한 역할을 수행할 때 긍정적인 효과를 기대할 수 있다. 그러므로 바람직한 협동활동의 절차와 교사의 역할을 반드시 염두에 두어야 한다(교육인적자원부, 2006).

### 2) 협동학습의 교육방법

협동학습의 지원적 조건은 다음과 같이 3가지로 정리될 수 있으며 이는 교사가 협동학습을 전개함에 있어 염두에 두어야 할 내용이다(김영옥, 2001).

첫째, 긍정적·상호 의존적 분위기를 조성해야 한다. 협동학습이 이루어지기 위해서는 교사와 유아 사이에서 그리고 유아와 유아 사이에서 긍정적 상호 신뢰와 의존성이 전제되어야 한다. 서로 도움을 주고받을 수 있다는 가정을 염두에 둘 때 협동의 목표가 구조화될 수 있다.

둘째, 환경적 조건 및 자원과 관리의 융통성을 발휘해야 한다. 일종의 지식자원 관리를 뜻하는 것으로 유아가 원하는 때 원하는 장소에서 원하는 방식으로 교재, 교구, 시설, 설비 등의 환경적 구비와 더불어 이들을 활용하고 의존하는 정도를 의미한다. 즉, 비언어적 신호, 교실의 규칙, 요술의 원(magic circle)과 같은 좌석배치 및 집단 구성의 형태 등을 교사 대 유아 비율, 학급관리의 형태 및 시간적·생태학적 환경에 따라 적절하게 지원하고 관리해 주어 협동의 다양한 측면이 활성화될 수 있도록 도와야 할 것이다.

셋째, 상호작용의 질을 향상해야 한다. 또래 간의 긍정적 상호작용은 친밀감을 형성하며 협동적 상황을 촉진시킨다. 이뿐만 아니라 교사와 유아의 상호작용의 질이 유아를 동기화하며 유아교육기관의 전체적인 질과 관련이 되거나 무형의 가치 규범을 습득함으로써 다른 사람의 존재를 인식하고 책임감을 배우게 됨으로써 협동활동에 공헌한다.

**긍정적으로 상호 의존을 시키기 위한 9가지 방법**

① 목표 공유하기 : 소그룹 목표가 달성됐을 때 자신의 목표가 달성됨
② 보상/격려하기 : 공동 과제를 성공적으로 수행했을 때 보상함
③ 정체성 공유하기 : 소그룹 이름, 구호, 깃발, 노래 등을 활용함
④ 외부의 적 공유하기 : 다른 소그룹과의 경쟁을 유도함
⑤ 과제 분담하기 : 공동과제에 대한 개개인의 구체적인 역할 분담함
⑥ 상상력 공유하기 : 가상현실 등 상상력 문제를 소그룹 모두가 해결하도록 함
⑦ 환경적 요인(물리적 환경) 조성하기 : 제한적인 자료를 활용하여 외부적 환경 조성함
⑧ 자원 및 정보 공유하기 : 학습 자료나 도구 등을 일부분을 각자가 가지고 모두가 협동하여 해결할 수 있도록 함
⑨ 역할 분담하기 : 하나의 과제를 완성하는 데 역할을 나눔

협동학습은 집단 구성원 간의 상호작용을 통해 공동으로 과제를 해결하는 데 그 목적을 두고 있다.

유아의 사회적 상호작용, 타인을 배려하는 태도, 공동체 의식과 문제해결력 및 의사결정 능력이 증진될 수 있다는 인식과 집단 구성원들이 공동의 목적을 달성하기 위해 서로 협력하여 과제를 성공적으로 완수함으로써 협동의 가치와 태도, 기술을 익히며 함께 해야 할 일을 인식하고 각자의 성과가 서로에게 도움이 되도록 협력하여 공동의 목표를 이루는 경험을 가지며 함께 하는 경험을 통해 협동의 가치를 알도록 해야 한다.

### 3) 협동학습의 지도방안

유아가 협동을 하기 위해서는 포기를 하거나 공유를 해야 하며, 덜 이기적이어야 하고, 자신만을 생각하는 것을 줄여야 하며, 집단의 이익에 더 관심을 가져야 한다. 그러기 위해서 유아는 협동을 배우고, 강한 자아 개념과 함께 자신이 집단의 일원이라는 것을 학습해야 한다.

협동행동은 공유행동과 마찬가지로 유아가 성장하면서 발달한다. 유아가 사회적 경험을 많이 가질수록 협동을 더 잘하게 된다. 협동하기를 증진시키기 위해서는 강화, 집단의 크기, 경쟁 등이 고려되어야 한다.

#### (1) 강화

유아가 협동을 하도록 하려면 이들의 협동행동을 강화하는 것이 효과적이다. 한 연구자가 한 집단의 유아들에게 집단작업에 대하여 각 유아가 상을 받을 것이라고 이야기를 하고, 다른 집단의 유아들에게는 가장 잘한 유아만이 상을 받을 것이라고 하였다. 결과를 보니 전자의 집단에서는 유아들이 서로 우호적이며 협동적이고 또래에 대한 관심이 컸다. 뿐만 아니라 집단의 산출물도 완성도가 높고 창의적이었다. 그러나 후자의 집단은 산출물도 적었고 뽐내는 행동이 많았으며 비난행동도 더 컸다. 이러한 연구결과는 유아에게 협동행동을 강화하면 협동행동이 지속되지만, 협동행동을 무시하거나 이들이 협동을 하지 않는 경우 벌을 주면 오히려 협동행동이 감소할 수 있음을 시사한다.

#### (2) 집단의 크기

집단의 크기는 유아의 협동행동 유형에 영향을 준다. 유치원에서의 연구결과를 보면 큰 유치원보다 중간 크기의 유치원 교사나 유아들이 더 협동적이었다. 큰 유치원은 통제가 더 많았고 일상이 보다 계획적이었으며 엄격함이 더 컸다. 즉, 큰 유치원의 교사는 공유하기와 협동하기의 필수요소인 따뜻하고 수용적인 관계를 아동과 형성하는 것이 자유롭지 않았다(Beaty, 1999).

### (3) 경쟁

경쟁은 협동의 반대이다. 대부분의 학급에서는 경쟁이 나타나게 된다. 경쟁은 자연스러운 것이어서 교사가 피하기는 어렵다. 그러나 경쟁은 집단의 협동을 파괴하며 유아의 집단과의 동일시를 저해한다. 협동을 격려하기 위하여는 경쟁을 줄여야 하고, 그러기 위해서는 다음과 같은 노력이 필요하다. 첫째, 승자와 패자가 없는 활동을 하도록 한다. 둘째, 개개 유아를 기억해 준다. 셋째, 모든 유아에게 특별과제를 준다. 넷째, 모든 유아를 자주 칭찬해 준다.

## 3 협동의 발달을 돕는 부모와 교사의 역할

교사는 자유로운 토론 분위기와 모험적 사고, 발표 기회, 확산적 사고 그리고 즉각적인 피드백 등을 통한 비판적 사고력, 창의적 사고력, 탐구력을 향상시켜야 한다. 또한, 교실에서의 활동이 협동활동으로 구성되도록 유아들의 공통 관심사와 자료를 갖고 그 자료를 이용하여 연습과 조작의 기회를 통해 활동을 전개하도록 한다.

협동 교육의 성과를 얻기 위해서는 교사의 역할이 무엇보다도 중요하다. 교사는 단순한 관찰자의 역할에서 끝나는 것이 아니라 구성원의 협력으로 도달할 수 있는 목표 선정부터 구성원 선정, 협력관계 유지 및 학습과정의 피드백, 평가에 이르기까지 치밀한 계획을 세우고 실천하는 역할을 해야 한다(장혜영, 2005).

협동 교육에서의 교사는 협동 교육의 원리와 방법을 유아들에게 이해시키고, 협동학습에 필요한 사회적 기술을 충분히 훈련시켜야 한다. 수업시간에는 여유를 가지고 유아들의 활동을 살펴보면서 모둠이나 유아들에게 개별적 지도를 하여야 한다. 교사가 수업 중 순회 지도를 하는 것은 유아에게 정답을 제공해 주려는 것이 아니라 그들의 활동을 격려하고, 아이디어를 주고, 피드백을 하고, 자료를 제공하면서 활발한 활동을 하도록 도와주는 것이다.

교사는 유아들의 활동을 끊임없이 모니터해야 한다. 전통적인 수업에서는 유아의 사고나 반응, 행동들이 거의 예상할 수 있을 정도로 단조로운 반면, 협동학습에서는 수많은 다양한 상황이 나타나기 때문에 이에 잘 대처하기 위해 많은 준비를 해야 한다. 교사는 유아들의 활동을 계속 모니터하면서 그들이 협동학습을 잘 진행할 수 있도록 피드백을 제공해 주어야 한다.

또한, 교사는 유아들의 활동에 적극적으로 개입할 필요가 있다. 유아는 모든 면에서 미숙한 면이 많기 때문에 교사는 단순히 방관자가 되어서는 안 된다. 오히려 문제가 있는 모둠이나 유아가 발생하면 적극적으로 그들이 정상적인 활동을 할 수 있도록 개입해야 한다. 물론 그 개입은 유아들을 앞에서 이끄는 것이 아니라 그들을 도와주는 최소한의 것으로 한정되는 것이 바람직하다. 그리고 과제를 수행하는 중이나 과제를 완성한 뒤에 반드시 유아가 스스로 자신들의 모둠활동에 대한 반성의 기회를 가지도록 하고 그러한 반성적 활동에도 교사가 조언을 해 주어야 한다. 이러한 반성의 경험은 다음 협동활동이 더욱 효과적으로 진행되기 위한 기초이기 때문이다(정문성, 2002).

교사는 다양한 요구와 능력, 특성을 지닌 유아들이 타인의 의견을 경청하게 하며, 자기 생각이나 느낌을 다른 유아들에게 설명하게 함으로써 유아 상호 간에 성공적인 의사소통이 일어날 수 있도록 도와야 한다(Berk & Winsler, 1995). 교사는 협동활동을 진행하는 동안 교사의 역할을 정확하게 인식하고 매 상황에 적합한 역할을 수행할 필요가 있다.

## 4 협동 교육 프로그램과 활동 사례

### 활동 사례 1

**활 동 명** 『검피 아저씨의 드라이브』를 읽고 드라이브 길 만들기

**대상 연령** 만 5세

**활동 목표**
- 동화의 내용을 이해할 수 있다.
- 동화에 나온 드라이브 길을 친구들과 협동하여 만들어 볼 수 있다.

**활동 자료** 전지(1절 도화지), 크레파스, 물감, 유성매직, 점토, 색모래, 수수깡 등 만들기 재료와 그리기 도구

**활동 방법**

1. 『검피 아저씨의 드라이브』의 내용을 회상한다.
   - 검피 아저씨와 동물 친구들이 드라이브했던 길은 어디였나요?
   - 드라이브를 하면서 주변에서 무엇을 볼 수 있었나요?
   - 맨 처음 간 곳은 어디였나요?
2. 드라이브 길을 꾸미기 위해 모둠별로 토의를 한다.
   - 검피 아저씨와 동물 친구들이 다녔던 길을 순서대로 그려 볼까요?
   - 진흙탕(마찻길, 언덕, 다리) 바닥을 만져 보면 어떨까요?
   - 진흙탕(마찻길, 언덕, 다리) 길을 어떻게 표현하면 좋을까요?
3. 다양한 방법으로 진흙탕, 마찻길, 다리, 언덕 등의 땅 표면을 구분하여 길을 만든다.
   - 그림으로 그린 길 위에 진흙탕, 마찻길, 언덕, 다리를 만져 보면 어떤 느낌이 들까요?
   - 진흙탕, 마찻길, 언덕, 다리 길을 어떻게 표현하면 좋을까요?
4. 다양한 방법으로 진흙탕, 마찻길, 다리, 언덕을 꾸며 길을 완성해 간다.
5. 서로 다른 작품이 아닌 하나의 완성품을 위해 협동한다.

**확장 활동**
- 동극의 무대 배경으로 드라이브 길을 완성하여 소품을 꾸며 동극활동을 할 수 있다.
- 동극용 극본, 소품 등을 만들어 각 모둠별로 색다른 동극으로 꾸밀 수 있다.

## 활동 사례 2

**활 동 명** 축구하기

**대상 연령** 만 5세

**활동 목표**
- 팀을 나누어 각자의 역할을 정하여 축구경기를 할 수 있다.
- 나만 혼자 공을 독차지하면 축구경기에서 팀이 이길 수 없음을 알고 서로 협동해야 함을 알 수 있다.

**활동 자료** 운동장, 축구공, 축구화

**활동 방법**
1. 축구경기의 각자의 포지션을 정하고 규칙을 의논한다.
2. 주장을 뽑아 이길 수 있도록 선수들끼리 작전을 세운다.
3. 각자의 포지션의 역할을 정확히 알고 공을 자기 팀에게 패스하여 골을 넣을 수 있는 기회를 만들도록 연습해 본다.
4. 작전 시간을 가지고 난 후 경기를 시작한다. 전·후반 각각 20분씩 경기한 후 득점을 헤아려 승패를 가린다.
5. 축구경기를 규칙을 지키며 정정당당히 해 볼 수 있다.
6. 축구경기를 하고 난 후 느낌을 나누어 본다.

**확장 활동**
- 내가 좋아하는 번호를 만들어 옷에 붙인다.
- 공과 색종이를 이용하여 축구공을 만들어 본다.

## 활동 사례 3

**활 동 명** 종이박스 탑 쌓기

**대상 연령** 만 5세

**활동 목표**
- 다른 사람들과 협동하여 과제를 해결해 볼 수 있다.
- 자기중심적인 생각을 버리고 팀원들과 협동하여 문제를 해결해 낼 수 있음을 인식할 수 있다.

**활동 방법**
1. 처음 보는 아이들이나 또는 서로 성격이 맞지 않는 아이들끼리 팀을 짠다.
2. 3~4명이 팀을 이루어 종이박스를 정해진 시간 동안 안전하고 높게 쌓아 보기 게임을 한다.
3. 정해진 시간 동안 열심히 활동한 후 팀원들끼리 격려하는 시간을 갖는다.

**확장 활동**
- 캠프에 가서 조를 나누어 텐트 설치하기, 저녁 해결하기 등등의 과제를 주어 협동해 볼 기회를 가진다.

## 활동 사례 4

**활 동 명** 고마운 친구

**대상 연령** 만 4세

**활동 목표** 양보하는 태도를 기르고, 고마운 마음을 가진다.

**활동 자료** 신문지, A4용지, 가위, 풀, 친구 사진 등

**활동 방법**
1. 내가 좋아하는 친구의 이름을 말해 본다.
2. 친구가 가장 좋을 때는 언제인지 이야기 나눈다.
3. 친구의 소중함을 알고 친구가 어렵고 힘들 때 도울 수 있도록 한다.
4. 친구가 어려움을 겪었을 때 도와 준 경험에 대해 이야기 나눈다.
5. 내가 힘들 때 친구에게 도와달라고 했는데, 친구가 "싫어"라고 말했다면 어떤 생각이 들지 이야기 나눈다.

6 친구에게 고마운 마음을 표현하는 방법들을 살펴본다.

7 친구와 마주보며 이야기하기

8 사진 속 친구의 이름을 신문에서 찾아본다.

**확장 활동** ▫ 친구 꽃가마 태워 돌아오기

## 활동 사례 5

**활 동 명** 우리 동네 꾸미기

**대상 연령** 만 4세

**활동 목표**
- ▫ 우리 동네의 여러 기관에 대해 관심을 갖는다.
- ▫ 공동 작업을 통해 서로의 의견을 듣고 타협하고, 협동하는 능력을 기른다.

**활동 자료** 그림 자료, 하드보드지, 색상지, 우유갑, 풀, 가위 등

**활동 방법**

1 그림 자료에 있는 기관들을 살펴본다(유치원, 소방서, 세탁소, 병원, 마트, 교회, 미용실, 병원, 우체국, 은행 등).

2 각 기관에서 경험한 이야기를 나눈다.

3 우리 동네 꾸미기를 한다.

4 친구들과 의견을 나누며 기관들을 만든다.

**확장 활동**
- ▫ 완성된 우리 동네에 유아 사진이나 유아들의 그림으로 동네에 사는 사람들을 만들어 역할극을 한다.
- ▫ 게임 규칙을 정해 게임 판으로 활용할 수 있다.

# 제12장
# 품성의 지도 근면성

## 1 근면성의 개념과 발달

### 1) 근면성의 정의와 의미

근면성이란 명사로서 부지런한 품성, 성실한 생활태도를 뜻한다. 근면한 생활태도는 사람의 생활에서 가장 기본적인 태도이다.

독일이나 덴마크의 부지런한 국민성이 세계적으로 잘사는 나라로 만들었으며, 나태한 생활과 근로하기를 꺼리는 국민성은 후진성을 면치 못하고 있다. 최근 우리나라에서는 안일주의와 이기적인 환경에서 자라고 있는 도시 어린이들이 청소활동이나 봉사활동에 참여하기를 싫어하고 기피하는 경향을 나타내고 있다. 이에 기업들이 신입사원을 채용할 때 가장 많이 보는 인성을 조사해 보니 '근면성'으로 나타났다.

취업 · 인사포털 인크루트와 포춘코리아가 주요기업 105개사를 대상으로 조사한 결과, 신입사원을 채용할 때 '근면성'(49.5%)을 가장 많이 보는 것으로 조사됐고, 이어 '책임성'(44.8%), '협동성'(29.5%), '자주성'(13.3%), '정서'(9.5%), '준법성'(4.8%), '지도성'(1.0%), '감정'(1.0%) 등의 순으로 나타났다. 이처럼 정보화된 현대사회에서는 기본적인 인성으로 근면성이 우선시됨을 볼 수 있다.

근면한 생활의 바른 가치관과 생활태도를 기르기 위하여서는 어려서부터 부지련한 생활을 하도록 환경을 조성하고, 역할 기대의 제재를 주어서 근면정신을 내면화하고, 내면화된 근면정신이 일상생활 중 작고 쉬운 일부터 실천하고 그것을 습관화하여야 한다(최정조, 2001). 이를 위해, 학교교육을 통하여 바른 가치관과 생활태도를 길러 일생 동안 근면한 생활태도를 가짐으로써 국가 경제발전에 기여할 수 있는 기본적 생활태도를 기르는 것은 매우 중요한 일이다.

근면성은 자신의 삶에 창조적 가치를 성공적으로 이끌어내는 절대적 원동력을 부여하는 근본 에너지원이다(최수호, 2001). 근면과 성실을 생활태도로 가지고 있다는 것은 근면 성실의 습성을 익혀서 일상적인 생활에서 게으름이나 태만이 없는 한결같은 삶이어야 한다. 습관적 근면성을 몸에 익히기 위해서는 우선 시작하는 용기를 가져야 한다. 어떤 일이든 무엇인가 하려는 준비하는 태도만 보이든지, 또는 이미 이루어낸 성취한 결과만을 부러워할 뿐, 그 일을 한 단계 한 단계 근면·성실하게 일궈낸 과정을 하찮게 여긴다면, 결국 어떤 일에 대한 시작을 어렵게 만든다. 매일 조금씩이라도 꾸준히 일을 위해 헌신하는 근면한 습관을 몸에 익히도록 하면 가속이 붙게 되어 성취적인 인생을 이루어가게 될 것이다(최수호, 2001).

### 2) 노작교육사상의 발달

노작교육사상에 관한 관심은 고대부터 있어 왔으나 교육적인 의미로 본격적으로 사용되기 시작한 것은 16세기 말부터 17세기 초, 즉 르네상스 이후로 볼 수 있다. 그러나 19세기에 이르러 국가주의, 자유주의, 산업화 그리고 자본주의라는 특징을 배경으로 정치, 경제, 사회적으로 급격한 변화를 이루고, 공교육제도가 확립됨에 따라 다수를 차지하는 근로자 자녀들도 학교교육을 받을 수 있게 되고, 이들이 성인이 되었을 때 생산노동에 참여할 것으로 보아, 학교교육에서 일을 어떻게 고려할 것인가에 관해서 노작교육사상이 주요한 교육문제로 제기되었다.

따라서 19세기 이전의 노작교육사상의 전개는 전체적인 역사적 노작교육사상가들이 노작교육의 성격을 구체적으로 어떻게 파악하고 있고, 노작교육의 가치를 어떻게 규정하고 있는가 하는 2가지 관점에 주로 초점을 맞추어 노작교육사상의 전개를 고찰하기로 한다(임진영, 2006).

고대의 교육은 어린이들이 어른들을 모방함으로써 자연스럽게 성립되었으며, 이러한 사회에서 일이 가지는 교육적 가치는 자연, 동물, 다른 종족으로 대표되는 외부의 적으로부터 자기 자신과 가족, 종족을 보존하는 삶의 수단을 획득하게 해 주는 데 있다고 볼 수 있다. 인간의 의식이 점점 발달하여 문자가 고안되고, 도구를 사용하면서 사회계급이 출현하는 고대 사회가 시작되었다. 이 시기의 학교는 귀족계급이 독차지하여 현실과는 동떨어진 고전의 이해에 주력함으로써 이 시기까지의 사회 및 학교의 교육과정에 노작은 전적으로 배제되었다.

고대 그리스의 플라톤과 아리스토텔레스는 이러한 주지주의교육의 대표적인 옹호자였다. 플라톤은 교육의 최종 목적을 본래적이고 불변적인, 따라서 신적이고 우주적인 완전성의 지향에 두었으며, 아리스토텔레스는 인간 존재에게만 독특한 이성적 측면을 최대한 발휘할 수 있는 교육을 제시하였다. 이와 달리, 소크라테스는 본질적 의미에서 노작의 교육적 가치를 강조하였다. 그는 생활 속에서 모든 사람은 노작에 종사하지 않으면 안 되고, 이 과정에서 재화의 생산과 분화의 진보를 깨달아야 한다고 하였으며, 노작의 교육적 의미를 강조하였다(전일균, 2004).

한편, 중세 후기 상공업과 무역의 발달에 따라 기능 인력을 양성해야 할 필요성이 생겨났고, 이러한 기대에 부응하기 위하여 도제제도가 확립되었다. 이것은 일종의 직업교육으로 일반 서민교육의 중요한 부분이기도 하였다. 이러한 도제제도에서는 노동이 특정한 기술을 익히는 중요한 역할을 하게 되었다. 그러나 기독교적 사고가 지배하는 중세의 성격에 비추어 볼 때, 수도원에서의 노동이나 도제제도에서의 기술 습득은 그것이 교육적으로 본질적인 가치를 가지기는 어려웠다(김기민, 1992).

그후 르네상스를 거치면서 모어(More)는 『유토피아(*Utopia*)』(1516)에서 노동의 교육적 필요성에 대하여 말하였다. 모어의 주장은 비록 실용적 측면이 강조된 노동을 말하였지만, 당시의 학교교육에 노동을 필수적으로 첨가함으로써 노동교육사의 중요한 부분이라 볼 수 있다.

르네상스 시절 종교개혁을 주도한 루터(Luther)는 모어가 이상적 세계에서의 노작활동을 강조하였던 것에 반하여, 현실생활 속의 노작활동, 즉 가정에서 노작을 통한 교육적 의미를 강조하였다. 그의 이러한 교육관은 신과 대비되는 인간의 발견이라는 측면에서 근대적 교육사상의 중요한 계기를 제공하게 된다(전일균, 1998).

그러나 노작의 교육적인 가치를 고려한 16세기 사상가들의 이러한 노력에도 불구하고, 노작교육은 여전히 일반교육으로서가 아닌 직업교육으로서의 관심의 대상이었고, 구체적인 모습도 역시 갖지 못하였다.

노작교육사상의 교육적 의미를 본격화하기 시작한 것은 코메니우스(Comenius)부터이다. 그는 인간의 정신과 육체의 조화 속에서 삶의 경이로움을 찾을 수 있다고 함으로써 육체에 의한 노동의 중요성과 이를 위한 교육의 필요성을 "인간의 육체에 관한 한, 노동하기 위해서 태어났다."고 강조하였다(전일균, 1995).

그러나 보다 현대적 의미에서의 노작의 필요성은 루소에서 비롯되었다. 그는 『에밀(*Emil*)』(1762)에서 노동은 사회적 인간에게는 피할 수 없는 의무이며, 따라서 소년기에 누구나 여러 가지 노동을 배워야 하고 그 속에서 다양한 것을 관찰하고 배우며, 이러한 과정을 통하여 비로소 인간도야가 시작될 수 있다고 하였다. 이러한 부단한 노작활동 속에서 아동들은 다양한 것을 관찰하고, 자연을 통하여 스스로 배움으로써 인격적 도야가 시작된다고 하였다. 수공은 루소에게 인간이 취할 수 있는 최고로 자연스러운 노작이며, 합자연성에 기초한 유용한 교육 수단이었던 것이다. 루소의 이러한 확신은 그 후의 교육에 있어 새로운 시대를 맞이하는 계기가 되었다.

지금까지 살펴본 바와 같이 18세기까지의 서양에서는 노작교육의 가치를 별로 인정하지 않는 경향을 보이고 있다. 이것은 주지주의 교육론에 입각하여 이론적 지식을 강조하는 입장에서 보면 당연한 추세였다고 할 수 있다. 또한, 노작교육의 가치가 이론적으로 논의되기 시작한 르네상스 이후의 논의에서도 모어, 루터, 루소를 제외하고는 역경에 처하여 살아남기 위한 생계 유지나 지식을 배우는 과정에서 보조적인 것이라는 정도를 인정하는 수준이었다(김기민, 1992).

### (1) 19세기 이후의 노작교육사상

18세기 이후 영국에서 일어난 산업혁명 등과 함께 세계는 급격하게 변화하였고, 이에 따라 교육도 인류 역사상 일찍이 보지 못한 변화를 겪게 되었다. 그리고 이러한 새로운 교육의 흐름은 페스탈로치에 와서 본격적으로 구체화되기 시작한다.

19세기 이후부터는 구체적으로 정착되기 시작하는 현대의 노작교육론은 주지주의적인 구교육에 대항하는 개혁교육의 한 분과로서 강하게 대두되었다. 이러한 노작교육론의 기원은 2가지로 분류하여 보는데, 하나는 18세기 시민들의 귀족적, 인문적 태도에 대립하여 페스탈로치, 프뢰벨 등에서 시작되어 케르센슈타이너로 이어지는 맥이고, 또 다른 하나는 오웬과 마르크스에서 시작되어 브론스키, 크루프스카야 등으로 이어지는 종합기술교육사상의 맥이다(전일균, 1988). 여기서는 페스탈로치, 오웬, 마르크스를 중심으로 19세기 이후의 노작교육사상을 살펴보며 이를 통해 케르센슈타이너 노작교육론의 성립 배경 및 교육사적 위치와 그의 이론과 특징을 알아보고자 한다.

#### ① 페스탈로치의 노작교육사상

18세기 루소의 노작교육관은 페스탈로치에 오면서 구체적인 노작교육관으로 자리잡게 되어 현대적 의미의 노작교육사상은 페스탈로치로부터 시작된다. 페스탈로치가 살았던 18세기 말에서 19세기 초의 스위스는 공장제 수공업단계에 들어서던 시기였다. 페스탈로치는 주변의 많은 가난한 아동들이 교육에서 배제되어 있다는 점, 피상적인 언어주의가 교육현장을 지배함으로써 아동들은 의미도 모른 채 암기만을 강요받아 교육내용에 담긴 정신이나 내용을 이해할 수 없었다는 점, 아동들은 교육이라는 명분 아래 자신의 잘못이든 아니든 간에 무자비한 매질 속에 방치되어 있었다는 점을 가장 민감한 교육현실로 지적하였다.

그는 교육이란 결코 허식이 아니라 바로 아이들이 지니고 있는 잠재된 많은 힘을 계발해 주는 것이며, 이를 통하여 인간답게 살 수 있도록 해 주는 중요한 요소라고 하였다. 또한, 그는 생활 속에서 노동과 교육적 경험을 동일시하여, 생활시 결여된 그 어떤 것도 결국은 교육으로서의 가치를 잃어버리게 된다고 하였다. 따라서 페스탈로치는 알고 있는 것을 진심으로 실천할 수 있게 하는 교육이 필요하다는 점을 강조하였다(박우형, 2004).

그는 인간성을 동물적, 사회적, 도덕적 단층으로 파악하면서, 이를 바탕으로 하여, 유명한 '삼육론'을 강조한다. 즉, 기능력, 지능력, 심정력이 조화롭게 발전함으로써, 인간도야가 완성될 수 있다고 하였다. 노작은 조화적인 인간도야를 가능하게 하는 교육원리이며, 페스탈로치는 이러한 노작의 원리를 생활과 결부시켜 직업교육의 원리로까지 발전시키게 된다.

페스탈로치의 노작교육관은 현대의 노작교육론자들에게 직접적으로 강한 영향을 미치게 된다. 특히 노작의 인간 완성적 측면, 생산의 측면, 그리고 국민교육의 측면은 개혁교육운동의 대표적 노작교육학자인 케르셴 슈타이너와 사회주의 교육학자로서 종합기술교육사상을 주장한 크루프스카야 등에게 직접적인 영향을 미치게 된다(전일균, 1988).

페스탈로치의 노작교육사상은 실물교육에 대한 종래의 관점을 새롭게 변모시키는 중요한 계기가 되었다. 즉, 페스탈로치는 노작교육을 통한 인간의 자발적인 동적 경향성을 강조함으로써, 종래의 실물교육에 반영되어 있는 수동적인 인간상을 능동적인 인간상으로 대치하는 중요한 계기를 마련한 것이다. 이러한 이유로 페스탈로치를 노작교육의 개척자라도 할 수 있다(김기민, 1992).

#### ② 오웬의 노작교육사상

사회주의 교육사상가로 분류되는 오웬(Owen)은 18세기 말에서 19세기 중엽까지 주로 영국에서 살았다. 당시 영국을 중심으로 시작된 산업혁명은 생산력의 비약적 증감, 부의 무한한 축척, 산업의 고도화를 일으켰고, 빈부계급의 발생과 주기적인 공황, 실업, 빈곤을 초래했다. 이러한 상황에서 농민을 노동자로 직업을 전환할 수밖에 없었으며, 이에 따라 전통적인 가정생활이 붕괴되었다. 산업혁명기의 노동자 계급은 빈곤 속에서 생활하였기 때문에 자신의 자녀들을 일반적으로 가계에 어떤 수입을 가져오는 자산의 하나로 보았다. 이에 노동자 계급의 아이들은 전혀 교육을 받을 기회를 갖지 못하였을 뿐 아니라 하루 종일 공장에서 심한 노동에 종사하였다.

오웬은 이러한 자본주의 사회의 모순을 해결하기 위해서는 공동체의 삶에 헌신하며 그 속에서 행복을 느끼는 인간성을 실현하는 길이 최선의 길이라고 생각하였다. 그는 이러한 인간성, 즉 사회주의적 인간성을 실현하는 한 가지 교육형태로서 노작교육을 구상하고 실행하였다(김기민, 1992).

오웬은 지금까지의 교육의 근본적인 결함은 인간형성에 있어서의 사회적 환경의 역할을 간과하고, 인간형성의 책임을 개인에게 떠맡기는 데 있었다고 지적하고, 환경이 인간을 만든다는 것을 자기 공장 노무자들의 생활개선과 교육개혁을 통하여 입증하였다. 이것이 그의 교육사상의 핵심인 '성격형성론'으로서 인간의 성격은 생태의 자연적 자질과 환경에서 받은 후천적 영향의 상호작용에 의하여 형성된다는 것이다.

오웬은 사회 전체를 평화롭고 합리적인 것으로 만들기 위해서는 부유한 사람들의 자녀뿐만 아니라 빈민의 자녀에게도 교육의 기회가 동등하게 제공되어야 한다고 생각하였다. 이에 따라 빈민의 자녀에게는 무상으로 교육받게 하는 국민교육제도의 실시를 주장하였다.

오웬의 노작교육은 작업장이나 공장에서 실시되는 협동적인 작업으로서, 학교에서 지식을 배우는 학습과 병행하여 이루어져야 한다고 하였고, 서적을 중심으로 지식을 가르치는 정신적 활동과 사회적 노동에 참여하는 육체적 활동을 함께 실시함으로써 학습의 효과를 높이고 생산성을 향상시킬 수 있다고 생각하였다. 이점에서 오웬의 노작교육도 페스탈로치와 마찬가지로 주지주의 교육에 대한 보완의 성격을 가지고 있다고 할 수 있다(김기민, 1992).

이러한 오웬의 사상은 그가 국민교육의 제창자였으며, 만인의 성격형성은 자본주의 제도 하에서는 불가능하다고 보고 교육에 의한 평화적, 진보적 사회개조운동을 전개하면서, '교육과 노동의 결합'을 실천하였던 사회주의적 교육자였다는 점에서 높이 평가되어야 할 것이다(박우형, 2004).

### ③ 케르센 슈타이너의 노작교육사상

케르센 슈타이너는 1854년 독일 뮌헨의 넉넉하지 못한 가정에서 태어난 그는 초등학교 교사로 교직을 시작하였고, 독학으로 열심히 노력하여 김나지움 교사가 되었다. 1855년에는 뮌헨의 한 초등학교와 직업학교 교장이 되었는데 바로 그곳에서 교육개혁을 시작했다. 그가 태어나 성장했던 19세기 독일은 여타의 선진 산업국가에서와 마찬가지로 급격한 변화에 따른 혼란과 갈등 그리고 새로운 시대에 대한 기대가 혼재되어 있었다. 특히 1880년대 이후 독일의 자본주의는 급속도로 성장하여 고도의 자본주의 단계까지 도달하게 되었으며, 이와 함께 새로운 교육의 필요성이 더욱 강조되기에 이르렀다. 당시 독일의 교육과제는 국민교육의 문제, 자본주의의 급속한 발달에 따른 소년 노동의 문제, 그리고 개혁교육사조에 입각한 아동중심의 교육실현에 관한 문제 등으로 요약될 수 있으며 케르센슈타이너의 교육사상은 바로 이 같은 사회경제적 상황을 배경으로 하여 형성된 것이라 할 수 있다(전일균, 2004).

케르센 슈타이너는 매우 의욕적이고 정열적인 활동으로 헤르바르트의 영향 하에서 백과사전적 지식을 중시하던 그 당시의 교과중심 학교를 노작과 노작학교의 정신에서 개혁하고자 노력하였다(정기섭, 2004).

케르센 슈타이너의 노작교육이 페스탈로치의 사상에 근본사상을 두고 있음을 말하고 그 노작교육을 경제적 요소, 도덕 교육적 요소, 지육적 요소, 예술교육적 요소, 사회적 요소 등 5가지의 교육 요소로 의미 지었다.

경제적 요소: 노작교육이란 생활난을 위해 노동을 가르치고 장래 직업을 목적하는 것으로 빈핍한 가정의 자녀는 가정에서부터 먼저 노작을 실행하도록 하여야 한다.

도덕 교육적 요소: 무엇인가 일을 완수하기 위해서는 근로가 절대적으로 필요하고 일을 하면 그 자체에 의해 근로라고 하는 덕이 자연히 길러진다. 근로의 덕을 기르는 것은 스스로 근로하는 것 외에 다른 길이 없다. 노작은 근로도덕의 의지를 단련한다.

지육적 요소: 노작교육은 지육의 형식도야를 수반한다. 서적에 의해서만 지육의 형식도야가 이루어지는 것이 아니라 노작에 의해서도 이루어진다. 특히 수공과 같이 물품을 제작할 때 사용하는 손 혹은 눈, 기타 감각이나 두뇌의 추리판단 등 신체 및 정신의 움직임이 연습되기에 지능이 발달하는 형식도야의 가치가 있다.

예술적 요소: 예술의 창작과 노동의 생산은 그 희열에 있어서 같다. 창작의 희열과 일의 희열을 결합시키는 것이 노작의 희열이다. 예술도 노작의 일종이다. 물품제작과 회화, 음악, 시작 모두 표현으로 명칭되는 노작이다. 노작교육의 표현사상은 예술교육의 창작사상과 일치한다.

사회적 요소: 페스탈로치는 스스로를 사회적 교육학이라고 하는 말을 사용했다. 노작교육은 자발적으로 사회생산에 참가할 수 있는 사람을 양성한다는 점에 있어서 공존공영의 이상에 가까이 가는 사회적 요소를 내포하고 있다. 특히 공산주의를 표방하지 않으면서도 연대책임, 공존공영의 이상적 사회생활을 학교 내에 실현하여 장래 사회생활을 훈련하는 것이 신 독일의 공동사회학교이다. 생산학교는 공동사회의 일원을 교육하는 것이라는 의미에 있어서 공동사회학교의 사상을 도입한 것이다.

앞에서 알아본 바와 같이 노작교육사상은 노작의 가치와 중요성 때로는 실제 삶에서의 경제적인 필요성에 의해 강조되어 왔고, 페스탈로치는 수동적인 인간상을 능동적인 인간상으로 대치하는 중요한 계기를 마련하였다. 진정한 자신의 삶의 주인공이 되기 위해서는 근로로 인한 근면성, 습관화된 근면성이 될 수 있도록 직접 사소한 일에서부터 용기 있게 실천하는 일이 중요하다는 것을 강조하고 싶다.

### 3) 근면성의 발달

초기 아동기에 발달한 통제와 자발성의 느낌은 초기 학령기에 이르면 근면성으로 발달한다. 과제를 완성하는 즐거움은 과제를 시작하는 즐거움보다 더 커서 그

능력을 자랑스럽게 생각하고 도구나 장비들을 자신의 것으로 지정해 둔다.

2~8세까지를 유아기라고 볼 때, 이 시기의 발달적 특성은 여러 가지 지적인 개념을 다루고 자기 생각과 느낌을 언어로 표현하는 능력을 획득하면서 인지 및 사회적 능력이 크게 증진되는 시기이다. 또한, 심신의 모든 기능이 미분화 상태에서 분화와 통합이 급속히 행해지고 사회생활에 필요한 기초적 능력이 확립되는 등 모든 발달과정에 있어서 결정적인 시기이기도 하다. 따라서 교육적 기회에 의하여 지적 발달을 도모할 수 있는 잠재 가능성이 풍부한 시기로 생활습관을 형성시킬 수 있는 적절한 시기라 할 수 있다.

습관이란 어떤 행동이 반복되어 나타남으로써 형성되는 것으로 좋은 것이든 나쁜 것이든 서로 독립적이지 않고 서로 연결되어 형성된다. 이러한 생활습관은 출생 후 영유아기의 일상생활의 경험을 통해 후천적으로 형성되며 일단 형성되면 유아기가 지나도 좀처럼 변하지 않으므로 이시기에 어떤 생활습관이 형성되는지에 따라 장래의 생활습관을 결정짓는 중요한 기초가 된다. 따라서 유아기의 습관형성이 가지는 발달적 의의는 매우 크다.

생활습관의 철학적 근거를 살펴보면 듀이(Dewey)는 경험에 의한 일상생활의 훈련을 강조하였고, 몬테소리(Montessori)는 분석적인 일상생활을 통한 훈련을 강조하며 기본생활습관 지도의 조기교육의 중요성에서 민감기의 경험을 중요시하고 있다.

호프만(Hoffman, 1997)은 인간의 기본적인 특성은 어렸을 때 결정되며 유치원 시기만큼 어린이의 태도나 습관, 언어 등을 형성하는 데 그 속도가 빠른 시기는 없다고 하였다. 따라서 유아기는 각종 습관을 형성시킬 수 있는 좋은 시기로 유치원에서는 바른 습관이 형성되도록 지도하는 것이 중요하다.

이는 일단 형성된 습관은 쉽게 변화되지 않으며, 이미 형성된 습관을 기반으로 또 다른 습관이 만들어지기 때문이다. 이 시기의 나쁜 습관은 유아의 사회성 발달이나 지적 발달, 신체발달에도 영향을 미칠 수 있으므로 유아기에 일정한 양식을 갖추어 사회의 규범에 순응하고 공헌할 수 있는 민주시민으로서의 자질을 형성시키는 것은 매우 중요한 일이다.

생활습관 중 절제 덕목은 자기 조절이 내면화된 것으로 오랜 과정을 거쳐 획득되며 긍정적 자아감과 도덕적 판단의 발달적 기초가 된다. 자기 조절 전략의 지식은 수행보다 과정에 더 높은 상관을 보이며 전략에 대한 지식과 실제 수행과의 관계는 연령에 따라 증가한다. 이런 자기 조절 능력이 추후 도덕성 발달과도 밀접한 관계가 있음을 최근 연구들은 보고하고 있다. 따라서 유아기를 앞으로 사회생활에 바람직하게 적응하기 위한 준비단계라고 보면 이 시기의 근면한 태도의 형성은 매우 중요한 것이다.

그러면 어떻게 근면한 습관을 몸에 익히도록 할 것인가? 또 어떻게 근면성이 발달해 가는지 살펴보기로 하겠다.

자아심리학의 아버지라 불리는 에릭슨(Erikson)은 자아를 성격의 중심구조로 보고 성격이 전 생애에 걸쳐 발달한다고 보았다. 그는 아동이 어떤 방식으로 자아정체감을 발달시키고 사회화되는지를 연구하였다. 그리고 성격형성에 있어 사회문화적 요인의 중요성을 강조하였다.

에릭슨은 성격발달을 개인의 심리적 발달과 사회적 관계들이 병행되어 성장해 나가는 과정으로 보고 8단계의 심리사회적 발달단계를 제시하여 각 단계별 발달과업을 제시하였다. 발달과업이란 심리학자 에릭슨이 만든 개념으로 그는 인간이 태어나서 자라는 각 시기마다 획득해야 하는 심리적 특성이 있는데, 그것을 획득하지 못하면 여러 문제를 겪게 된다고 말했다.

특히 근면성과 관련하여 살펴볼 때 6~12세를 근면성의 과제가 집중적으로 다루어지는 시기라고 말하고 있다. 그러나 이를 위해서는 유아기부터 근면성의 기초로서 필요한 습관을 형성하는 것이 중요하다.

에릭슨의 발달단계를 보면, 아동은 성장하면서 수많은 위기를 수용하고 해결하게 되는데 이때 직면한 위기를 완벽하게 해결할 수는 없다 하더라도 각 발달단계에서 위기를 긍정적인 관점으로 해결하게 되면 인격을 형성하는 데 충분한 기능을 하게 되며 자신의 문제를 적절히 통합할 수 있게 된다. 반면, 위기에 직면했을 때의 부정적인 측면으로의 문제해결은 다음 단계의 발달을 지연시키고 인격형성에 좋지 않은 영향을 미치게 된다. 0~1세의 시기는 양육자와의 애착형성 시기로 신뢰감을 형성하지 못하면 불신감을 갖게 될 수 있으므로 긍정적인 세상임을 알 수 있도록 영아의 자극에 민감하게 반응하고, 스킨십뿐 아니라 언어적으로도 사랑받고 존중받고 있음을 표현하는 것 또한 중요하다. 그다음의 단계인 자율성 대 수치심의 단계인 주도성 대 죄의식은 2~3세부터 초등학교 입학 전까지 아이들이 반드시 획득해야 하는 발달과업이다.

이 시기의 아이들이 자율성과 주도성을 획득하지 못하면 수치심과 죄책감을 갖게 된다. 그리고 초등학교 시기의 발달과업인 근면성과 청소년기의 발달과업인 자아정체감을 획득하지 못하게 될 가능성도 높아진다.

이상적으로는 초등학교 입학 전에 자율성과 주도성을 획득하고 초등학교 시기에는 근면성을 획득하는 것이 가장 바람직하다. 그러나 많은 경우 초등학교 시기에도 여전히 자율성과 주도성을 놓고 부모와 아이가 심리전을 벌이는 경우가 많다. 자신의 바람과 의지에 따라 선택하고 행동한 경험이 충분했던 아이들은 쉽게 근면한 모습을 보이지만 그렇지 못한 대다수의 아이들은 여전히 "내가 할 거야"와 "엄마가 대신 해 줘" 사이에서 갈등을 보인다. 초등학생 시기에 근면성을 꼭 키워주고 싶다면 자율성과 주도성을 먼저 키워 주어야 한다.

근면성이 발달하는 학령기(6~12세)에서 근면성은 아동이 초등학교에 다니는 시기의 중요한 발달과업이다. 아동이 초등학교에 입학하는 일은 아동에게 있어서 중대한 사건으로, 이 시기는 가정이라는 울타리를 벗어나 학교라는 작은 사회를 경험하는 시기이다. 학교생활을 통해 지적 능력을 개발하고 친구와의 접촉으로 사회의 가치관이나 규범을 획득하게 된다. 성공적인 경험은 아동에게 능력과 숙달감, 근면함을 느끼게 해 준다. 한편 실패는 열등감과 자기는 아무 곳에도 쓸모가 없다는 느낌을 갖게 한다. 아동은 일을 잘하려고 하고 시작한 것은 완성하려 한다. 이 시기는 앞의 3단계와는 달리 내적인 욕구 출현이 없는 심리적 잠복기이다.

영유아는 신뢰 로운 세상에 대한 확신을 터득한 다음 자기 스스로 무엇이든 해보려는 자율성의 성향을 보이기 시작하며, 유아기 시기에는 자기 주도적으로 활동을 하려고 든다. 이 시기 유아에게 형성해 주어야 할 긍정적 성향으로, 자기 자신을 통제할 수 있는 기본생활습관의 형성이다. 취침시간과 기상시간의 일관적인 규칙, 밥 먹기 전 손 씻기와 양치질 습관 등등 자신의 몸과 행동의 조절을 하는 연습을 규칙적으로 하여야 하는데 이것이 근면성 발달의 기초인 것이다.

학령기 아동에게 에릭슨이 근면성 대 열등감 구조를 붙인 이유는 이 시기의 아동은 대부분의 시간을 학교에서 보내게 되며, 학교에서의 성공과 성취가 아동의 근면성을 발달시키게 된다. 따라서 교사와 또래 친구들의 영향력이 매우 중요하다. 만약, 이 단계에서의 도전이 너무 어려워 실패로 끝나는 경험이 많아지면 아동은 열등감에 빠지게 된다. 반대로 학습자로서 아동이 학습상황에서 성취와 성공을 할 수 있다면 매우 긍정적인 자아 개념을 발달시킬 수 있다. 즉, 학교에서 여러 가지 지식과 기능을 열심히 배우고 실행하는 과정에서 만족을 경험하면 근면성을 획득하게 된다.

이러한 성취와 성공을 통한 근면성을 획득하지 못하면 자기 자신의 자아 개념을 부정적으로 인식하게 되고 열등감을 갖게 된다.

그러므로 교사는 아동의 긍정적인 자아 개념을 발달시키기 위해 아동이 성취와 성공을 경험할 수 있도록 학습환경을 계획하고 적절한 과제를 할당하는 일에 신경을 써야 한다.

## 2 근면성의 교육 및 지도방안

### 1) 근면성 교육 및 지도방안

한 아동이 일련의 발달단계를 거쳐 여러 환경과 맞닥뜨리면서 습관을 형성해 나간다. 이러한 습관에는 긍정적인 자아상을 형성할 수 있는 일찍 일어나는 습관, 식사 후 양치질을 하는 습관, 존댓말을 쓰는 습관 등등의 사소한 습관에서부터 책을 즐겨 읽는 습관, 일기를 쓰는 습관, 문제해결을 위해 계획을 세우는 습관, 잘못된 결과에 대해 반성해 보는 습관, 어려운 일에 계속 도전해 보려는 습관 등등 목표에 도달하기 위해 노력하는 중요한 습관에 이르기까지 여러 습관과 품성이 모여 전인적 인간으로 발달해 나간다.

그러므로 근면성은 한 인간이 긍정적인 자아로서 행복한 삶을 영위하며 타인과 더불어 살아감에 있어 꼭 필요한 필수덕목이며 품성인 것이다.

영유아기 시기에는 기본생활습관이나 규칙 등이 있음을 인식하게 하고 무언가 목적이 있는 활동을 한다면 그를 성취하기 위해 규칙적이며 꾸준하게 지속해야 함을 알려 줄 필요가 있다.

또한, 부모님이나 형제자매들의 부지런함과 성실함에 대해서 자주 언급해 주고 아침에 일찍 일어나 하루 일과를 보낼 수 있는 초보적인 환경과 실천방안을 제시해 주며 자연스러운 환경을 조성하는 것이 좋다.

근면성을 기르기 적합한 때는 초등학교 학령기 시기이다. 초등학교에서 강조하고 있는 '성실한 마음, 창조의 힘과 개척의 정신, 봉사하는 태도'는 근면한 생활태도에서 달성될 수 있는 덕목이며, 근면한 생활태도 형성은 우리나라뿐 아니라 모든 나라의 국가적 당면과제일 뿐만 아니라 개인이 잘사는 길이나 국가적인 경제 살리기에 있어서 절실하게 요구되는 교육의 기본 방향이다.

모든 일에 너무 깊이 생각하거나, 지나치게 결과에 집착하거나, 완벽한 준비에 커다란 의미를 두는 태도는 일을 시작하는 데 도움이 되지 못한다. 그러므로 바로 지금 할 수 있는 일거리를 찾아 나서면 훨씬 쉽게 일을 시작할 수가 있다. 가볍게 여기는 것부터 어쨌든 시작하고 보는 것이다. 이런 태도가 근면성을 길러 내는 가장 쉽고도 기본적인 자세인 것이다.

근면성 형성을 위하여서는 심리적인 환경이 매우 중요하다. 가정에서의 부모님의 생활태도, 주변 성인들의 성실한 모습, 또한 학교에서는 교사의 용모, 태도, 언행, 일거일동의 모든 행동과 학급의 환경 등 하나하나가 아동에게 지대한 영향을 미친다. 모든 행동에는 적극적인 동기가 유발되어서 행동으로 실천될 수 있으므로 심리적인 동기유발을 위한 정의적 학습은 효과가 있을 것으로 기대된다.

아동의 부지런한 생활태도 형성은 학교에서나 가정, 또는 지역사회로 확산되어 바람직하게 전개되어야 한다. 이는 '주어진 일을 자발적으로 끈기 있게 열심히 하는 행위'를 의미하며 그 도덕적 속성들을 좀 더 구체화해 보면 자기 스스로 기꺼이 하는 행위, 시간을 효용성 있게 활용하는 부지런한 행위, 능률성 등이다. 발달심리적인 측면에서 보면 어렸을 때의 환경과 암시가 태도를 형성하는 데에 가장 큰 잠재력을 이루게 된다. 그리고 성격형성도 환경의 힘에 의하여 크게 변화할 수 있는 가능성이 있다고 한다.

근면한 생활태도를 형성해 주기 위하여 어렸을 때 교육적인 환경이 이루어져 계속적인 강화로 습관화되도록 지도해 주어야 한다.

인간행동이 학습되는 과정을 정원식(1997)은 ① 동기, ② 반응, ③ 단서, ④ 강화의 4가지를 들고 있다. 도날드(Donald)와 밀러(Miller)는 학습의 기본원칙으로서의 4개의 원인을 '무엇을 학습하기 위해서는 학습자가 무엇을 원해야 되고, 보아야 하며, 행동을 해야 되고, 얻어야 하는 것으로 보고 있다.

즉, 학습하기 전에 먼저 학습을 하려는 동기와 자극이 있어야 하고 자극받아야 하며, 자극에 대한 적절한 반응을 나타내야 되며, 어떤 반응을 나타냈을 때 반응에 대한 보상이 주어져야만 학습이 이루어진다고 보는 것이다(최정조, 2001, 재인용).

### (1) 태도와 가치관의 학습원리

정원식(1997)은 태도와 가치관을 변화시키는 학습원리를 다음과 같이 제시한다.

- 학습시킬 태도와 가치관을 선별해야 한다.
- 선정된 태도와 가치관의 뜻을 명확히 하여 밝히고 그들의 개념을 행동적으로 정의한다.
- 태도와 가치관에 관한 충분한 정보를 제공하여 인지적 경험을 할 수 있게 한다.
- 바람직한 모형을 제시한다.
- 즐거운 감정적 경험을 제공할 수 있는 분위기와 방법을 제공한다.
- 실제 행동에 옮길 수 있는 개념을 제공한다.
- 이해와 수용을 촉진할 수 있는 집단 활동을 허용한다.
- 학습자 스스로가 바람직한 태도와 가치관을 발견하도록 권장하고 허용한다.

### (2) 강화 및 조장

#### ① 강화의 원칙

효과의 원칙, 강화의 원칙인 학습원칙을 적용하였는데 바람직하지 못한 행동을 한 경우에는 어떤 종류의 벌이 수반되게 함으로써 자기 행동의 결과를 스스로 깨닫게 하는 것이 좋다.

#### ② 강화의 계획

소정의 행동을 강화하려 할 때 한두 번 강화 시도로는 그 행동이 습관화되지 않는다. 습관이 붙을 때까지 소정의 행동이 일어날 때마다 매회 계속해서 강화하는 것이 좋다.

습관의 강도는 강화 수와 정적 함수관계에 있는 단순 증가에 의하여 일어난다. 그래서 강화방법으로 자기 생활을 반성하게 하고, 수시로 상담활동을 통하여 개별지도하는 것이 효과적이다. 새로운 행동의 강화와 유지를 위하여 행동 수정의 실천원리를 적용한다.

### (3) 행동수정의 실천원리

- 새로운 행동의 강화와 유지를 위하여
  - 적절한 행동에 대해서는 즉각적으로 정적 강화(보상)를 제공할 것
  - 적절한 행동에 대하여 간헐적으로 강화를 제공할 것

- 새로운 행동을 학습시키기 위하여
  - 목표 행동으로 점진적으로 접근할 것
  - 영향력 있는 타인의 행동을 모방할 기회를 제공할 것
  - 적절한 행동을 수행 직전에 바람직한 행동을 하도록 단서를 제공할 것
  - 적절한 반응을 적절한 상황에서 수행하도록 식별훈련의 기회를 제공할 것

#### (4) 토큰제 적용을 통한 강화방법

강화요인이란 반응의 확률을 증가시키는 역할을 하는 것을 말한다.

스키너 박사의 먹이, 어린이에게 주어지는 초콜릿, 선생님의 칭찬, 좋은 점수 등이 그것이다. 즉, 어떤 상황에 이것이 제시될 때 어떤 작동반응의 확률이 강하게 하는 자극으로, 실물, 칭찬 등의 제시가 그 예이다.

어떤 행동을 강화시키려 할 때 어떤 강화요인을 언제 어떤 식으로 주어야 하나 하는 문제가 있다. 이것은 강화의 시기, 강화의 형식 등에 관한 것이다. 강화의 종류를 잘못 선택하면 오히려 역효과가 나는 경우도 있으며, 시기를 맞추지 못하면 아무 효과를 거두지 못한다. 요컨대 행동을 하는 자에게 긍정적 영향을 주는 것이어야 하며, 강화시키려는 행동이 일어난 2초 내지 3초 후에 즉시 강화하라는 것이다. 가령 같은 칭찬이라도 어떤 학생에게는 강화의 효과가 있으며 어떤 학생에게는 그렇지 않은 경우가 있다. 또한, 소정의 행동을 하려 할 때 한두 번의 강화만으로는 그 행동이 습관화되지는 않는다. 얼마나 해야 하는 횟수를 정할 수는 없지만 습관이 붙을 때까지 소정의 행동이 일어날 때마다 매회 강화해야 한다. 이것을 계속강화라 한다. 그러나 계속강화는 소거에 대한 저항이 약하다는 단점이 있다. 계속강화에 대처할 수 있는 강화를 간헐강화라고 하는데 이 간헐강화는 일단 강화된 행동을 오래 지속시키는 데 있어 계속강화보다 효과적이다.

### 2) 영유아기의 근면성 지도방안

영유아기 시기에는 근면성을 기르기 위해, 준비단계로서 기본생활습관의 형성에 가장 큰 중점을 두어야 한다.

따라서 일찍 일어나 유치원에 등원하기, 바르게 인사하는 법, 떨어진 휴지를 줍는 법, 한 줄로 줄서는 방법 등의 초보적인 질서 지키기 등 기본적인 행동을 지키는 실천중심의 반복학습이 이루어져야 한다.

그러므로 기본생활습관 형성을 위한 수업형태는 영유아의 경우, ① 학습목표를 구체적으로 제시하고, ② 그 목표에 의해 학습한 다음, ③ 반복 실습 및 훈련을 통하여, ④ 생활습관화로 이어지도록 지도하는 것이 좋다.

생활습관이 되기 위해서는 몸에 배어 행동으로 나타날 수 있도록 매일 연습하여 기능화되도록 하여야 한다.

자기 스스로 자신의 몸에 대한 관리, 기본적인 규칙을 지키기 등등이 잘 이루어진다면 상위의 발달단계인 근면성 획득에 좀 더 쉬운 발판을 마련하는 것이다.

### 3) 학령기의 근면성 지도방안

근면성의 개념은 어려운 일을 회피하지 않고 자기에게 주어진 모든 능력을 다하여 끈기 있게 해 나가며 가능한 여러 가지 과업을 성취하려고 하고, 일의 능률과 시간의 절약을 위해 최대한으로 노력하는 행위이다.

아동들의 일상생활 중 근면성을 함양시킬 수 있는 영역은 다음과 같다.

〈표 12-1〉 근면성 함양을 위한 생활영역 표

| 영역 | 생활영역 | 행동특성 | 행동요소 |
|---|---|---|---|
| 근면성 | 자율적 생활 | • 자기 일을 스스로 결정하여 실천하다.<br>• 스스로 책임을 완수한다. | 자주, 책임 |
| | 인내하는 생활 | • 어려움을 이겨낸다.<br>• 쉬지 않고 끝까지 한다. | 끈기, 극기 |
| | 능률적인 생활 | • 시간의 소중함을 안다.<br>• 합리적으로 계획하고 실천한다. | 능률, 합리, 협조 |
| | 진취적 생활 | • 자기 발전을 위해 노력한다<br>• 창의성을 발굴하여 연구적으로 일한다. | 의욕, 발굴 |

출처: 최정조(2001). 도덕과 교육에 있어서 정의적 학습강화에 의한 근면성의 내면화 연구. 부산대학교 교육대학원 도덕교육전공 석사학위논문.

## 3 근면성의 발달을 돕는 부모와 교사의 역할

아동기 혹은 학령기(school years)라고 칭하는 시기는 6~12세까지로서 이 시기의 아동은 외적인 성장과 더불어 정서를 내면화시킨다. 또한, 초등학교에 입학함으로써 새로운 사회집단에 속하게 된다.

학교생활을 통한 경험과 또래집단 내에서의 상호작용은 아동의 사회적 기능습득에 큰 영향을 미친다. 아동기의 자녀를 둔 부모는 자녀의 성장에 따라 양육방식을 변화시켜야 한다. 신체적 양육형태와 더불어 자녀의 발달적 특성을 고려한 심리적 양육형태가 요구된다.

교우관계지도, 세심한 학습지도, 근면성과 건전한 자아 개념 발달을 위한 긍정적인 부모-자녀 상호작용 등이 필요하다.

아동기에는 많은 행동이 형성되고, 신체적, 심리적 의존상태에서 차츰 벗어나게 된다. 아동기, 즉 학령기는 성장 잠재기로서 이 시기의 아동은 유아기나 청년기에 비해 성장속도는 느리지만 상당한 성숙을 이루고 운동기술이 발달된다. 또한, 정서적으로도 보다 분화되어 정서 표현방식이 달라지는가 하면, 또래집단에서의 애착이 형성되어 사회적 관계가 확대된다. 대체로 정서발달에 있어서는 비교적 안정적이다. 근면성과 건전한 자아 개념 발달에 있어서는 자아성장의 결정적 시기라고 볼 수 있다. 앞에서도 자세히 보았지만 에릭슨의 네 번째 단계인 근면성 대 열등감(6~11세) 단계에서는 학교라는 조직생활을 경험하며 다양한 과제수행 능력이 생기게 된다. 학교에서 이루어지는 다양한 활동을 성실하게 수행할 때 근면성이 생기며 과제가 흥미가 없거나 소외된다면 성취감도 떨어지고 열등감이 생기게 된다. 그렇게 때문에 교사는 물론 부모도 아이가 과제를 잘 소화해 낼 수 있도록 격려와 칭찬으로 지원해 주는 노력이 필요하다.

### 1) 부모의 역할

이 시기 근면·성실한 태도형성은 어느 것보다도 중요하고 기초적인 행동이다.

먼저, 긍정적인 자아상 정립하기 위해 부모가 해야 할 사항을 살펴보면 다음과 같다.

- 자녀의 장점과 자질을 알도록 한다.
- 독창적인 상상력을 개발시켜 준다.
- 하던 일을 끝마치도록 지도한다.
- 친구 선택에 신중을 기하도록 한다.
- 자녀 앞에서 자랑하는 일을 삼가야 한다.
- 자녀에게 열등하게 취급받아서도 안 되며 어느 누구도 열등하게 취급하는 것을 허용해서는 안 된다는 것을 가르쳐야 한다.
- 긍정적이고 사랑이 가득한 가정환경을 만들어야 한다.
- 읽기 습관을 길러 주어야 한다.

또한, 근면성을 키우기 위한 부모의 태도 3가지를 살펴보면 다음과 같다.

첫째, 자녀를 성적과 성취로 비교하지 말아야 한다. 자녀의 친구를 만났을 때 "너는 공부 잘하니?" 등의 질문보다 "너는 무엇을 잘하니?" 등으로 묻는 것이 좋다. 능률적으로 학습할 수 있는 환경조성, 학습의 기초를 닦도록 하는 일 또한 중요하다. 하지만 형제자매끼리라도 비교하면 안 된다. "언니는 공부를 잘하는데 너는 왜 공부를 못하니?"라는 말보다는 오히려 "언니는 수학을 잘하지만 너는 수영도 잘하고 달리기도 잘하는구나." 등으로 자신만의 재능을 발견하도록 도와야 한다.

둘째, 집중력 훈련시키기: 집중력과 근면성은 깊은 관계가 있다. 산만한 태도를 고치지 않으면 근면하기 어렵기 때문이다. 근면성을 기르기 위해서는 우선 집중력을 훈련해야 한다. 예를 들어, 자녀의 지구력과 집중력을 훈련시키기 위해서는 다음과 같은 가정 내의 분위기를 바꿔 주어야 한다.

- 거실이나 다른 방에 텔레비전이나 시끄러운 분위기를 없앤다.

- 부모가 자녀와 함께 자리에 앉아 조금 거리를 두고 각각 책상 앞에 앉는다. 아이는 자기 공부를 하고 부모는 책을 읽는다 자녀의 나이에 맞게 시간을 정한다.
- "우리 30분 동안 자리에서 일어나지 않고 집중해 보자"라고 말한다. 30분 뒤 알람이 울리도록 시계를 맞춰 놓는다. 그리고 30분 동안 과제에 집중한다. 그동안 서로 말하지 않기를 규칙으로 정한다. 전화가 울려도 받지 않는다. 30분이 지나서 알람이 울리면 "와 우리가 30분을 꼼짝 않고 집중했다"하고 서로 격려해 보자. 잠시 약 10분 정도 쉬었다가 다시 시작하는 등 시간을 조금씩 늘려 나간다.

셋째, 버팀목 역할에 충실하기 : 어차피 공부는 스스로 하는 것이다. 부모가 대신 해 줄 수는 없다. 숙제를 대신 해 주면, 자녀는 의존적이 되어서 장기적으로 공부를 잘 할 수가 없다. 부모는 단지 버팀목 역할을 하는 것이다. 버팀목이란 때론 정보를 제공하는 역할이다. 즉, 정보가 어디 있는지, 어떻게 획득하는지에 대한 안내를 제공한다. 자녀 스스로 공부하는 습관이 생길 때까지 역할 모델이 되어 주어야 한다. 간접적 정보를 제공하는 대상이 되어 준다. 부모는 격려와 지지와 후원을 제공할 뿐 지나치게 도와주지는 말아야 한다. 물론 강요하는 태도는 바람직하지 않다. 본체가 확고히 서면 제거해 버리는 버팀목과 같이, 자녀 스스로 학습능력과 습관이 형성되면 부모의 버팀목 역할은 끝나는 것이다.

### 2) 교사의 역할

근면성을 키우기 위한 교사의 역할은, 본보기가 될 수 있는 부지런하고 성실한 태도를 몸소 실천하며, 앞 절에서 살펴보았던 것과 같이 구체적인 학습 계획을 제공하는 것이 바람직하다. 습관화된 근면성을 간직하고 지속하기 위한 끊임없는 과제개발과 가정과 연계된 프로그램을 적극적으로 전개할 필요가 있다.

특히 가정과 연계하여 근면성 프로그램을 장기간 꾸준하게 실시하여 근면성을 습관화하여야 한다.

교사의 역할을 정리하면 다음과 같다.

첫째, 하는 일에 최선을 다하는 집중하는 학급 분위기로 조성한다. 이를 위해 교사 뿐 아니라 주변의 친구들도 자신의 맡은 바 일에 책임을 다하여야 한다.

둘째, 학급 일을 도울 수 있는 도우미(당번)들이 주어진 임무를 잘 해결하였을 때 초기에는 그에 상응하는 피드백을 주면서 격려하다가 모든 아동이 도우미 제도를 이해하고 근면하게 행동한다면 간헐적으로 강화시키는 편이 바람직하다.

셋째, 근면 · 성실하게 생활하여 긍정적 강화를 많이 받는다면 자신감이 생긴다. 자신의 과업성취로 얻은 자신감이 있다면 친구들 앞에서 자신의 성공담을 이야기하도록 하고 격려를 받는다.

넷째, 토의학습을 이용한 근면 · 성실한 위인들의 에피소드를 읽고 난 후의 활동을 다양하게 연구하여 제시하여야 한다. 부모의 역할과 중첩되는 여러 부분이 있지만 교사의 역할에서 가장 중요하게 인식되는 점은 아동기의 시기는 근면성을 습관화하여 긍정적인 자아존중감과 성취감을 획득하도록 지도하는 것이다.

다음 절에서 근면성 교육 프로그램의 간단한 활동 사례를 살펴보기로 한다.

## 4 근면성 교육 프로그램과 활동 사례

### 활동 사례 1

**활 동 명** 일찍 자고 일찍 일어나요

**대상 연령** 만 2~3세

**활동 목표** ▫ 규칙적으로 일찍 자고 일찍 일어나는 습관을 기를 수 있도록 돕는다.

▫ 가정과 연계하여 약속판을 만들어 꾸준히 할 수 있도록 돕는다.

**활동 자료** 스티커판, 스티커 여러 장

**활동 방법**
1. 흥겨운 노래 '둥근 해가 떴습니다'에 맞추어 율동을 해 본다.
2. 아침에 언제 일어나는지, 잠은 몇 시에 자는지 이야기해 본다.
3. 규칙 약속판을 설명해 주고 매일 일찍 자고 일어나는 약속을 지키면 스티커 한 장을 붙일 수 있고, 열 장을 붙여 오면 작은 선물을 주기로 약속해 본다.
4. 가정으로도 가정통신문을 보내어 일찍 자고 일찍 일어나는 규칙 약속판을 보낸다.
5. 규칙적으로 습관이 될 수 있도록 구성한다.

**확장 활동**
▫ 일찍 자고 일찍 일어나는 것이 왜 중요한지 이야기해 본다.
▫ 관련 동화를 들어 보고 동기부여를 해 본다.

## 활동 사례 2

**활 동 명** 나의 토마토를 키워 보아요

**대상 연령** 만 5세

**활동 목표**
▫ 날마다 토마토 모종을 관리함으로써 근면성의 습관화를 돕는다.
▫ 꾸준히 돌본 후 토마토의 변화를 관찰해 보도록 돕는다.

**활동 자료** 토마토 모종 화분, 물뿌리개

**활동 방법**
1. 토마토가 어떻게 하면 잘 자랄 것인지를 관련 책들을 읽어 보고 우리가 해야 할 일을 약속하고 준비해 둔다.
2. 토마토 모종을 나만의 화분에 담아 창가에 자리를 마련해 둔다.
3. 토마토에게 물 주기, 햇볕 쪼이기, 보살펴 주기 등을 날마다 실시한다.
4. 토마토를 기르는 기분을 이야기해 본다.

**확장 활동**

- 토마토 관찰기록 수첩을 만들어 관찰기록한 내용을 친구들 앞에서 발표하여 비교해 보고 토의할 수 있는 시간을 가진다.
- 토마토를 수확해 보고 먹어 보고 난 후의 성취감을 그림과 글로 표현해 본다.

## 활동 사례 3

**활 동 명** 자신이 세운 목표를 성취해 보기

**대상 연령** 만 8~9세

**활동 목표**

- 자신이 고치고 싶은 습관이나 키우고 싶은 능력을 한 가지 정하고 체크리스트를 만들어 볼 수 있다.
- 장기간 지속해 보고, 간헐적으로 체크해 볼 수 있다.

**활동 자료** 체크리스트

**활동 방법**

1. 장기적으로 계획을 세워 본다.
2. 자신이 고치고 싶은 습관이나 키우고 싶은 능력에 대하여 조사하고 연구해 본 후 친구들 앞에서 발표해 본다.
   "난 피아노 대회에 나가서 상을 받고 싶어! 그러려면 매일 피아노를 1시간씩 연습해야 해.", "난 아침마다 엄마가 깨워 줘야 일어나지만 3학년부터는 내가 알람시간을 맞추어 놓고 일어날 거야." 등등으로 자신이 관심 있는 잘못된 습관이나 자신의 목표에 대해 자세히 알아보고, 지킬 수 있는지 점검해 본다.
3. 나만의 달력을 만들거나 체크리스트를 만들어 스티커를 붙이거나 O, X로 표시하여 체크해 본다.
4. 장기간 이루어져야 하는 프로젝트이므로 처음에는 1주, 2주에 한 번씩 점검하고 발표해 보는 시간을 가지고 한 달에 한 번 등, 간헐적으로 본인의 목표한 바를 잘 수행하고 있는지를 살펴본다.
5. 학기가 끝날 때 본인의 목표를 수행하였다면, 친구들 앞에서 자신 있게 발

표해 보는 기회를 마련하여 성취감을 느낄 수 있도록 한다.

※ 유의점: 목표를 수행하기 위해서 꾸준히 열심히 노력하여야 함을 주변의 성인들도 수행과정을 격려해 주고 동기를 유발시켜 준다.

**확장 활동**
- 목표를 수행한 후 그동안의 과정 중 꾸준히 노력하기 어려웠던 시기를 회상해 보고 글로 써서 노력한 과정의 중요성을 인식해 본다.

## 활동 사례 4

**활 동 명** 근면·성실한 주변사람 관찰하여 본받아야 할 점 찾아보기

**대상 연령** 만 9~10세

**활동 목표**
- 주변에서 관찰 가능한 어머니, 아버지의 모습을 일주일 동안 관찰해 보고 본받아야 할 점을 찾아 볼 수 있다.
- 기록한 것을 살펴보고 본받아야 할 점을 찾아보고 실천하도록 계획할 수 있다.

**활동 자료** 작은 수첩, 카메라

**활동 방법**
1. 자녀들을 위해 애쓰시는 아버지와 어머니에 대해서 이야기해 본다.
2. 아버지의 회사 방문이 가능한 친구들은 아버지의 하루 일과를 관찰하고 아버지가 성실하게 일하는 모습을 사진으로 찍고, 느낀 점을 수첩에 기록해 둔다.
3. 출근시간을 지키려고 바쁘게 움직이는 모습, 아버지와 어머니가 하는 일에 대한 설명 듣기, 집안일을 하고 계시는 아버지와 어머니의 모습 등을 카메라로 찍는다.
4. 아버지와 어머니의 근면·성실한 태도를 구체적으로 설명하고 시사받은 점에 대해 발표해 본다.

**확장 활동**
- 부모님의 고마움에 대해 깨닫고 감사의 편지 쓰기
- 부모님께 바라는 바에 대해 I－Message(나－전달법)로 글쓰기

## 활동 사례 5

**활 동 명** 위인전 읽고 독후감 발표하기

**대상 연령** 만 9~10세

**활동 목표**
- 근면하고 꾸준히 노력한 위인 중 관심 있는 위인을 선정할 수 있다.
- 위인전을 읽고 느낀 점과 감명받은 점에 대해 독후감을 작성할 수 있다.

**활동 자료** 관심 있는 위인전, 노트

**활동 방법**
1. 본인이 관심 있는 분야의 위인을 선정한다.
2. 위인전을 읽고 난 후 본인의 느낀 점과 위인전 이야기 중 감명받은 점에 대해 작성한다.
3. 역경을 이겨낸 장면이나 근면 성실한 태도가 보이는 장면이나 글귀는 다른 친구들과 공유할 수 있도록 소개할 수 있다.
4. 독후감을 발표해 볼 수 있다.

**확장 활동**
- 동일한 위인전을 읽은 친구들과 감명받은 부분에 대해 의견을 교환하면서 서로 다른 생각을 존중해 준다.

# 제13장

# 품성의 지도 신뢰감

## 1 신뢰감의 개념과 발달

### 1) 신뢰감의 정의 및 특성

많은 학자들이 다양한 학문영역에서 신뢰에 대한 연구를 해오고 있지만, 신뢰를 연구하는 시대적 연구 경향이나 학문적 배경에 따라 신뢰의 개념을 다양하게 파악하고 있기 때문에 이를 한마디로 규정하기 어렵다. 예를 들어, 신뢰를 분석하는 기본 단위를 개인으로 보는가 또는 집단으로 보는가, 신뢰를 일반적인 성격의 성향으로 보는가 또는 구체화된 특정 경향으로 보는가, 신뢰를 정적인 상태로 보는가 또는 역동적인 개념으로 보는가 등은 신뢰의 개념 정의에 영향을 준다. 또 학문적 배경, 즉 신뢰연구에 대한 접근이 심리학적인가(Rotter, 1967), 사회학적인가(Lewis & Weigert, 1985), 경제학적인가(FuKuyama, 1995), 철학적인가(Baier, 1992)에 따라서도 신뢰의 개념 규정에 차이가 있다. 그리고 어느 조직에서 신뢰를 연구하는가 등의 조직 유형에 따라서도 신뢰 개념에 대한 접근이 달라진다(이숙정, 2008).

1950년대부터 현재까지 이루어진 신뢰에 대한 연구들은 크게 4가지로 구분하여 살펴볼 수 있는데 여기에는 신뢰를 개인의 성격 특성으로 보는 심리학적 관점, 신뢰를 이익과 손해에 기반을 둔 합리·효용적 계산의 산물로 보는 경제학적 관점,

신뢰를 사회적 실체로 보고 접근하는 사회학적 관점, 신뢰를 도덕적 덕목으로 보는 관점이다.

이 중에서 신뢰를 개인의 성격특성으로 보는 심리학적 관점과 도덕적 덕목으로 보는 관점을 살펴보고자 한다.

### (1) 심리학적 관점으로서 개인의 성격특성으로서의 신뢰

성격과 사회심리에 관심이 있는 학자들(Mellinger, 1956; Garske, 1976; Rotter, 1967)은 신뢰를 개인의 성향을 규정지을 수 있는 심리학적 구인으로 정의하고자 했으며 신뢰를 개인의 성향적 요인으로 보고, 신뢰성향의 발달과 이러한 신뢰성향이 개인의 사고와 행동에 어떠한 영향을 주는지에 대하여 연구하였다. 로터(Rotter, 1967)는 사회학습이론의 맥락에서 신뢰를 개인의 '일반화된 특성(generalized traits)'으로 정의하였다. 로터의 대인 간 신뢰는 구체적인 특정 타인에 대한 신뢰이기보다는 일반적 타인에 대한 신뢰이다. 또한, 신뢰성향을 측정하는 '대인 간 신뢰척도(Interpersonal Trust Scale: ITS)'를 개발하여 이후의 많은 신뢰연구와 신뢰척도 개발에 영향을 주었다. 로터(Rotter)는 그가 개발한 대인 간 신뢰척도를 활용하여 신뢰의 사회심리학적 의의와 성격발달 연구에 주력하였다. 그의 연구에 의하면, 신뢰가 높은 사람들이 신뢰가 낮은 사람들보다 유머가 많고 인기가 높았으며, 신뢰가 높은 사람들은 신뢰가 낮은 사람들보다 타인에 대한 의존도가 낮고 정보에 대한 민감성이 높아서 오히려 신뢰가 낮은 사람에 비해 남에게 속는 일이 적다. 신뢰와 성격에 대한 연구들(Schlenker, 1973)도 신뢰가 높은 사람들은 신뢰가 낮은 사람들보다 훔치거나 속이거나 거짓말을 하는 성향이 더 낮다고 보고하여, 로터의 연구결과를 확인하고 있다.

버틀러와 캔트렐(Butler & Cantrell, 1984)은 기존의 연구를 토대로 대인 간 신뢰에 영향을 주는 신뢰 대상의 특성, 즉 성실성, 일관성, 능력, 충실성, 개방성 등 5가지를 제시하였다. 성실성은 정직성에 대한 평판, 일관성은 예측 가능성, 능력은 과업수행 능력, 충실성은 선의, 개방성은 정보 공유와 관련되어 있다. 이 5가지 특성은 대인 간 신뢰의 선행변수에 대한 조작적 정의를 가능하게 했다는 점에서 매우 큰 의의를 가지며, 버틀러(Butler, 1991)는 이 요소를 사용해 대인 신뢰를 측정하는 CTI(Condition of Trust Inventory)를 개발하였다. 그는 이 측정도구를 통해 대인 신뢰에서 특히, 기업과 같은 조직 상황에 있어서는 신뢰 주체의 신뢰 성향보다 신뢰대상의 특성이 보다 핵심적인 영향 요소로 작용함을 강조하였다(이혜숙, 2010).

개인의 성격특성으로서의 신뢰에 초점을 둔 연구들은 인간관계 맥락의 다양성을 고려하지 않았다는 비판을 받기도 했지만 신뢰에 대한 후속연구를 위한 토대를 마련하는 공헌을 하기도 하였다. 그러나 1980년대에 접어들면서 신뢰에 대한 초기의 심리학적 접근들은 많은 비판을 받게 되었으며, 신뢰를 개인적 차원이 아닌 사회적 차원으로 끌어올려 좀 더 다양한 관점에서 보고자 하는 움직임이 일어났다.

### (2) 도덕적 덕목으로서의 신뢰

신뢰를 도덕적 덕목으로 보고자 한 학자들은 주로 도덕철학자들이다. 그 동안 신뢰에 대한 도덕적 접근은 다른 접근들에 비하여 활발한 연구 성과를 이루지 못했다. 플라톤(Plato), 아리스토텔레스(Aristotle), 토마스 아퀴나스(T. Aquinas), 아담 스미스(A. Smith), 존 로크(J. Locke) 등이 신뢰를 언급하여 왔으나, 이것이 도덕적 신뢰에 대한 본격적인 논의라고는 볼 수는 없다. 최근 바이어(Baier, 1992), 허츠버그(Hertzberg, 1988), 고비어(Govier, 1997), 트론트(Tronto, 2001), 우슬러너(Uslaner, 2002) 등은 신뢰를 도덕적 덕목으로서 이해하려고 시도하는 대표적인 학자들이다. 도덕적 덕목에 초점을 둔 연구들은 신뢰의 뿌리를 '우리는 인간으로서 어떤 존재인가?', 그리고 '어떻게 우리가 인간으로서 타인들과 함께 살아야만 하는가'에 대한 근본적인 질문에서 출발한다(Bryk & Schnieder, 2002). 이들은 사회적 교환, 사회적 실체로서의 신뢰도 도덕적이고 윤리적인 차원을 포함하고 있는 것으로 보고, 여기에서 수행되는 행동들은 어떤 사회적 상황에서 무엇이 옳고 적절한 것인가의 측면에서 정당화되는 것으로 보고 있다. 사람들은 가족, 집단, 제도 등을 통해서 사회화되면서 옳은 것을 해야 한다는 책임감을 갖게 되고 상대방에게도 똑같은 것을 기대하게 된다(이숙정, 2008).

신뢰에 대한 영향력 있는 논문들을 발표한 바이어(Baier, 1992)는 기존의 신뢰연구 경향을 비판하면서, 신뢰를 도덕적 개념으로 간주하고 신뢰란 개인과 개인 간의 신뢰뿐 아니라 어떤 단체나 집단 간의 협력관계 등에서도 이루어진다고 봄으로써 신뢰를 폭넓게 이해한다. 신뢰란 의식적일 수도 있고 무의식적일 수도 있고, 원할 수도 있고 원하지 않을 수도 있고, 그 대상이 특정 집단의 타인이거나 불특정 집단의 타인일 수도 있다. 또한, 신뢰는 갑자기 어느 순간에 시작할 수도 있고 점진적으로 서서히 시작할 수도 있으며, 자기의식이나 자발성, 그리고 표현 수준의 변화에 따라서도 변화할 수 있다(이숙정, 2008).

신뢰에 대해서 우리가 주목해야 할 점은 다른 사람을 신뢰한다고 믿는 것은 변화된 행동을 수행하거나 억제하는 것이 아니라 변화한 것들에 대한 배려라는 점이다. 즉, 신뢰란 내가 타인을 신뢰할 것이라기보다는 배려할 것이라는 다른 사람의 능력에 대한 믿음이라고 볼 수 있다(Baier, 1992).

옥스퍼드 사전(Oxford Dictionary)에 의하면 '신뢰란 인간이나 사물의 특질 및 특성 혹은 진술이 사실임을 확신하거나 의지하는 것, 조사나 증거 없이 믿음을 부여하고 받아들이는 것, 어떤 것에 대한 확신적 기대' 등으로 정의하고 있으며 감베타(Gambetta, 1988)는 '신뢰란 한 행위자가 자신의 행위에 영향을 미치는 여타 행위자를 감시 혹은 통제할 수 없는 상황에서 다른 행위자나 행위 집단이 특정한 행동을 할 것이라 판단하는 주관적 확률' 또는 '상대방이 우리에게 이로운 혹은 최소한 우리에게 해가 되지 않는 행동을 수행할 가능성이 충분히 높기 때문에 그와 협동해도 될 만하다고 생각하는 주관적 확률'이라고 정의 내리고 있다(이동형, 2004).

신뢰의 개념 정의는 학자에 따라 매우 상이하나 이러한 신뢰감에는 몇 가지 기본적인 개념의 공통요소가 발견되어지고 있다. 즉, 상호 의존성, 위험성, 취약성, 명예 등이다. 이러한 4가지 공통인자에 따라 다양한 개념 정의가 체계적 연계성(systematic import)을 지니게 되는데 이러한 4가지 공통인자를 자세히 살펴보면 다음과 같다(이동형, 2004).

첫째, 상호 의존성이다. 상호 의존성이야말로 모든 정의를 일관하여 나타나는 가장 핵심적인 공통 인자라고 말할 수 있다. 즉, 신뢰가 생성되기 위해서는 신뢰주체와 신뢰 대상 사이의 상호 의존성이 반드시 요구된다. 신뢰란 적어도 둘 이상의 행위자가 상대 행위자에게 의존하지 않고서는 결코 이득을 볼 수 없는 관계를 의미한다(Rousseau, Sitkin, Burt, & Camerer, 1998; 김명언, 2000).

둘째, 위험성이다. 신뢰는 신뢰대상이 신뢰주체의 기대에 맞추어 행위하지 않음에 따라 붕괴될 위험성을 항상 지니고 있으며, 이러한 위험성은 신뢰주체의 손익이 신뢰대상의 행위에 의존하고 있다는 측면에서 불가피하게 발생할 수밖에 없다는 점을 인정하고 있다. 즉, 신뢰주체가 신뢰대상의 행위에 대해 완벽한 정보를 가지고 있고 따라서 신뢰대상의 행위가 예측 가능할 뿐만 아니라 신뢰대상의 행위를 적절히 감시하고 통제할 수 있다면 신뢰가 붕괴될 위험성은 존재하지 않지만, 그렇지 못한 상황하에서라면 신뢰가 깨어질 가능성과 위험성은 상존할 수밖에 없다(박찬웅, 1999)는 것이다.

셋째, 위험성으로부터 야기되는 신뢰주체의 취약성이다. 이러한 위험성을 인지하고 있음에도 불구하고 이를 기꺼이 감수하고 신뢰대상을 수용함으로써 자신을 상대방에 대해 취약한 상태에 두려는 신뢰자의 자발적인 의지가 바로 신뢰의 기본 요소이다.

넷째, 명예(honor)이다. 이는 신뢰에 있어서 아주 중요한 위치를 차지한다. 신뢰는 위의 3가지 요인을 내포하고 있으나, 자발적으로 위험에 처하고자 하는 의지를 발현시키는 동기는 바로 상대의 명예에 대한 존중 때문이라는 것이고 이러한 명예를 존중하는 마음이 곧 신뢰라고 하였다. 따라서 우리는 Man of honor를 '명예가 있는 사람'이라고 하기보다는 '정직한 사람' 혹은 '옳은 것을 위해 사는 사람'으로 받아들여야 한다(정범모, 2002).

이상의 신뢰에 대한 정의를 살펴보면, 인간의 자연적 본성(nature)으로서의 신뢰와 인간의 상호작용과 사회적 환경의 영향으로부터 비롯된, 즉 지속적인 경험에 의해 양성되는 신뢰 등 2가지로 나눌 수 있다(김우택 · 김지희, 2002).

신뢰감은 대상에 대한 평가로부터 형성되어 왔으며 대개의 경우 경험에 의해 신뢰할 만한 가치가 명확해진 사람이나 대상에게 신뢰감을 느끼게 된다. 하지만 경험만이 신뢰감의 근거가 되는 것은 아니라는 점이 신용(confidence)과 다른 점이라 할 수 있다(Shaw, 1997). 신용은 사실에 의해 형성된 것으로 사실과 이유가 필요한 것이다. 이에 반해 신뢰감은 어느 정도 주관에 기반을 두고 있기에 염려할 만한 정도가 아니면 무시하고 인정할 수 있는 것이다. 신뢰감은 신념(faith)과도 다르다. 신념은 반대의 사실과 정보가 있더라도 흔들리지 않으며 이유를 초월하는 것으로 어떠한 사실도 정당화한다. 신념은 자신에게 해가 될 것이라는 것을 알면서도 흔들리지 않는다. 이에 비하면 신뢰감은 신념보다는 약하며 사소한 것에 의해 파괴하거나 상실될 수도 있다. 다시 말하면 자신이 겪은 여러 가지 경험에 의해 신뢰감이 높아지거나 낮아지는 신뢰의 사이클 현상이 일어난다(Golembiewski, 1979, 1985). 따라서 신뢰감은 신용으로 느끼는 것 이상이면서 신념 이하의 것으로 해석해 볼 수 있다(손성호, 2007, 재인용).

인간이 지닌 '자연적 본성'으로서의 신뢰는 본래 윤리학적 개념이라고 볼 수 있다. 즉, 윤리학에 있어서 신뢰란 그 자체로서 바람직하고도 윤리적인 것으로서, 인간관계의 형성과 유지를 위해 없어서는 안 될 근본적이자 본원적인 태도정향으로 간주된다. 인간관계 또는 인간 사이의 상호작용은 본능적 · 본래적 신뢰를 바탕으로 하여 이루어지기 때문에 타인에 대한 신뢰가 형성되지 못한 상황 하에서는 어떠한 인간관계나 인간 간 상호작용이 불가능해진다고 볼 수 있다. 따라서 신뢰란 인간관계를 형성하는 기저로서 인간의 본성가운데 하나로서 중요시되는 덕목인 것이다(고범서, 2001).

### 2) 신뢰감과 애착

인간은 누구나 사회 속에 그 일원으로 존재하게 된다. 태어나서는 가족의 한 사람으로, 나중에는 사회의 한 구성원으로 성장하기까지 많은 인간관계를 맺게 된다. 다른 사람과의 관계는 사회화의 기본이 되며 한 사회가 가지고 있는 가치관이 나 규범은 인간관계를 통해서 얻어진다.

아동이 생후 처음으로 얻게 되는 어머니와의 애착행동은 어머니를 신뢰하게 되고 이 신뢰감은 다른 사람에게도 확산되며 나아가서 사회에 대한 신뢰감으로 발전한다. 신뢰감을 획득하는 결정적 시기에 어머니와 애착관계를 갖지 못한다면 결국 사회 전체를 불신하게 된다. 이 불신감은 교정이 불가능한 비가역성의 성격을 띠고 있을 수 있다.

출생 시부터 어머니와 아기의 애착관계는 영아의 발달과정 중에 상당히 변화하며, 2~3세에는 인지발달에 힘입어 보다 성숙한 애착관계를 형성하게 된다. 보울비(Bowlby)는 애착이 다음의 4단계를 거쳐 발달한다고 보았다(강문희 외, 2006)

### (1) 1단계: 전 애착형성 단계(Preattachment phase: 출생~6주)

이 단계에 있는 아기의 행동은 주로 반사적인 반응이다. 아기는 미소 짓고, 울고, 눈으로 물체를 추적하여 사람을 찾는 등, 성인으로부터 신체적인 접촉을 이끌어내는 신호를 보내고, 성인이 안아 주고, 등을 두드려 주며, 부드럽게 이야기하면 안정감을 느낌으로써 성인이 보내는 자극에 반응을 보인다. 이 단계에 있는 아기들은 어머니와 특별한 애착관계를 형성하지는 않더라도 다른 성인들보다 어머니의 냄새와 음성을 선호하는 반응을 보임으로써 초보적인 수준에서나마 어머니를 감각적으로 인식하기 시작한다.

### (2) 2단계: 애착형성 단계(attachment-in-the-making phase: 6~8주)

이 단계의 영아는 어머니를 보다 뚜렷하게 선호하는 반응을 보인다. 낯선 사람보다는 어머니를 보고 빈번하게 미소 짓고 지속적으로 쳐다본다. 그러나 이 시기에는 낯선 사람과 자기 어머니를 지각적으로 구분할 수 있음에도 불구하고 어머니와 떨어질 때 격리불안을 보이지 않는다. 즉, 아직까지도 분명한 애착관계는 발달되지 않았음을 보여 준다.

### (3) 3단계: 분명한 애착형성 단계(phase of clearcut attachment: 8개월~2세)

이 단계의 영아는 어머니와 떨어질 때 매우 당황하고 불안해하는 격리불안을 보임으로써 어머니에 대한 애착을 분명하게 나타낸다. 기기와 걷기가 가능해지면서 영아는 다른 누구보다도 어머니에게 빈번히 접근하고 따라다니며 매달리면서 의도적으로 어머니를 가까이 두고자 한다. 대상 영속성 개념이 발달되지 않은 영아는 어머니를 하나의 영속적인 대상으로 인식하지 못하여 어머니와 떨어질 때도 별다른 저항 반응을 보이지 않으나(Lester et al., 1974), 대상영속성 개념을 빨리 획득한 영아일수록 이 단계가 빨리 시작된다(Schaffer & Emerson, 1964; Reed & Leideman, 1983).

### (4) 4단계: 상호 호혜적 애착관계의 형성단계 (formation of reciprocal relationship: 2세 이후)

2세 말경에 언어와 정신적 표상능력의 발달이 가속화되면서 어머니가 언제 다시 돌아올지를 예측하게 되어 격리불안이 급격히 감소한다. 이 시기에는 어머니와의 관계에서 자신을 어머니에게 맞추려고만 하기보다는 요구와 설득을 통해 어머니의 목적을 바꾸기 위한 행동들을 적극적으로 한다. 인지가 발달하고 이해력이 발달함에 따라 아무런 말도 없이 어머니가 외출하면 격리기간 동안 계속 우는 반면, 곧 돌아온다고 설명해 주며 어머니가 없는 동안 블록을 가지고 집을 만들고 있으라고 하면 어머니의 부재를 보다 쉽게 받아들인다(Weinraub & Lewis, 1977). 그러므로 어머니가 외출 시에는 말없이 가기보다는 어디를 가는지, 언제 돌아올 것인지를 짧고 분명하게 설명해 주는 것이 유아의 격리불안을 낮추는 데 효과적이라 하겠다.

애착형성의 원리로 관심, 승인, 애정, 신뢰를 들 수 있다(이원영 외, 1999).

첫째, 양육자가 영아의 특정 행동에 관심을 보일 때 그 행동이 일어날 빈도가 증가한다. 예를 들어, 영아가 한 일을 잘 했다고 말해 주면 영아는 다음 기회에 보다 열심히 노력한다.

둘째, 승인이란 승인하는 사람이 상대방에게 긍정적인 생각을 가지고 있다는 명확한 메시지로 승인 받은 영아는 스스로를 가치 있는 사람이라고 느끼게 된다.

셋째, 부드러운 접촉, 친절한 말, 칭찬, 눈 맞춤, 미소 등은 애정을 표현하는 방법이다.

넷째, 영아의 안정감은 애착대상에 대한 신뢰가 내재되어 있는 관계에서 비롯된다. 양육자에 대한 신뢰가 높은 영아는 분리 상황 시 감정이 부정적이더라도 양육자를 보내지 않으려고 저항하기보다는 다시 올 것을 확신하며 떠나보내는 경향이 있다.

## 2 신뢰감의 교육 및 지도방안

프로이트(Freud)의 영향을 받은 정신분석학자인 에릭슨(Erikson)은 발달을 출생에서 노년기까지 전 생애에 걸쳐 이루어지는 과정으로 보고 그의 심리사회적(Psychosocial) 이론에서 첫 단계로 기본적 신뢰감 대 불신감을 형성하는 시기로 보았다.

기본적 신뢰감 대 불신감 시기는 출생에서 1세경까지의 영아기로 프로이트의 구강기에 해당한다. 이 시기에 영아는 자신을 돌봐 주는 양육자(주로 어머니)와 신뢰감을 형성한다. 어머니가 영아의 신체적, 심리적인 기본 요구에 잘 반응해 주면, 즉 배가 고플 때 젖을 준다든지 기저귀가 젖었을 때 갈아 주는 등 반응을 적절하게 해 주면 영아는 어머니에 대한 기본적인 신뢰감(basic trust)을 형성하게 된다. 반대로 어머니가 영아의 필요와 요구에 잘 응해 주지 않고 일관성 있는 관계를 지속하지 못할 경우 영아는 어머니에 대한 불신감(basic mistrust)을 형성하게 된다.

이러한 기본적 신뢰감과 불신감은 긍정적인 자아 개념과 부정적인 자아 개념을 형성하는 데 기초가 된다. 기본적 신뢰감이 형성된 영아는 다른 행동에서도 어머니에 대해 신뢰적인 태도를 보인다. 예를 들면, 어머니가 잠시 영아를 떠나도 영아는 분리불안(separation anxiety)을 심하게 보이지 않고 어머니가 곧 돌아올 것이라고 믿는다. 반대로 불신감을 가진 영아는 어머니가 곁에 있어도 언제 떠날지 모른다는 생각으로 불안해한다.

그러나 에릭슨은 완전한 신뢰감만이 바람직한 것은 아니라고 했다. 왜냐하면 사람이 살다 보면 때로는 불신도 필요하기 때문이다. 지나친 신뢰는 아동을 너무 순진하고 어수룩하게 만든다. 따라서 건강한 자아발달과 성장을 위해서는 불신감도 경험해야 한다. 건강한 발달을 위해 중요한 것은 신뢰와 불신 사이의 적당한 비율인데, 물론 불신감보다는 신뢰감이 더 큰 비중을 차지해야 한다(정옥분, 2002).

부모들이 관계 형성기에 만족할 만한 역할을 한다 할지라도, 일단 기본적인 신뢰 관계가 형성이 되면, 그것은 가정생활 전체를 통해서 양육되어져야만 한다. 신뢰는 형체가 없기 때문에 많은 가정들이 그들 식구들 가운데 있는 신뢰 수준의 질이나 깊이를 확실히 알지 못하고 있다. 다음은 돌로리스 큐란(Curran)이 제시한 깊은 수준의 신뢰 수준을 달성한 가정들이 보여 주는 표지이다(최도형 역, 2005).

첫째, 신뢰하는 가정은 남편과 아내가 서로 깊이 신뢰한다. 건강한 부부들은 신뢰가 파괴되는 것을 용납하지 않으며 가정의 신뢰는 부부간의 신뢰로부터 시작된다는 것을 알고 그 신뢰를 지키는 데 노력을 한다.

둘째, 신뢰하는 가정은 자녀들에게 신뢰를 배울 수 있는 기회가 점차로 더 많이 제공한다. 건강한 가정에서는 자녀들이 자라감에 따라서 그들이 점차 더 큰 신뢰를 배울 수 있게 하기 위하여 부모는 자녀들을 위한 상황을 계획한다.

셋째, 신뢰하는 가정의 식구들은 신뢰의 함정에 빠지지 않는다. 부모가 자기 자녀에 대한 자신의 사랑을 신뢰하고 그 사랑으로 양육할 권리가 자신에게 있다는 것을 확신한다면, 가족 간의 신뢰에 대한 의심은 쉽게 나타나지 않을 것이다.

넷째, 신뢰하는 가정은 다른 사람들의 즐거움을 위한 신뢰를 깨지 않는다. 건강한 가정의 식구들은 외부로 알려졌을 경우 자기의 식구들 중 한 사람이 상처를 입거나 수치를 당할 가능성이 있는 정보는 지키는 경향이 있다.

다섯째, 신뢰하는 가정은 신뢰가 깨어지더라도 고칠 수 있다는 사실을 알고 있다. 건강한 가정은 그들의 식구들에게 두 번, 세 번 아니 삼십 번의 기회를 주는데 왜냐하면 신뢰를 개발하는 것은 그들에게 아주 중요하기 때문이다. 비록 그 자녀들이 가끔씩 신뢰를 깨뜨리는 일이 있기는 하지만, 그들은 그 자녀들의 인격과 판단에 대한 기본적인 신뢰를 계속하여 보여 준다. 반면 건강하지 못한 가정은 신뢰를 배반한 사건들을 수 년 동안이나 두고두고 말하는 경향이 있다.

여섯째, 신뢰하는 가정은 자녀들은 물론 부모도 신뢰할 만하다. 건강한 가정에서는 부모는 우선 자신들이 신뢰를 받을 만한 사람이 되기 위하여 노력을 한다. 남편과 아내는 서로의 배우자로부터 신뢰를 받아 항상 사랑 가운데에 있을 수 있기를 원하며, 그 다음에는 둘이 연합하여 부모로서 이 신뢰를 자녀들에게 넘겨준다. 그들은 자녀들이 원한다면 언제든지 곁에서 사랑하며 돌보아 주는 사람으로 신뢰되어지기를 원한다. 그리고 그들의 신뢰성은 일생 동안 믿을 수 있는 것이다.

엄마와의 애착관계는 아기 인생 전반에 걸쳐 지속적인 영향을 미친다. 영유아기 때, 엄마와 안정적인 애착을 형성한 아기들은 굳이 타인과 원만한 관계를 유지하는 기술을 학습하지 않아도 친구들과 자연스럽게 어울려 노는 법을 스스로 터득하게 된다. 반면 엄마와 불안정 애착관계를 맺은 아기들 대부분은 그렇지 못하다.

이처럼 엄마와의 초기 애착관계는 인간관계의 원형이 된다. 엄마와의 사이에 형성된 기본적인 신뢰감이 타인에 대한 신뢰로 이어지기 때문이다. 따라서 엄마와 긍정적인 애착관계를 만든 아기는 누구와도 쉽게 친해진다. 안정적인 애착을 통해 적절하게 감정을 조절할 줄 알게 된 아기는 자신의 감정을 다른 사람과 공유할 줄도, 필요한 경우에는 도움을 청하거나 타협할 줄도 안다. 뿐만 아니라 타인의 감정을 제대로 해석해 상대방의 마음을 잘 이해하고 배려하며 사람들과 긴밀하고 조화로운 관계를 맺어 간다.

## 3 신뢰감의 발달을 돕는 부모와 교사의 역할

영아와의 안정된 애착형성을 위한 부모나 교사의 역할을 살펴보면 다음과 같다(김혜경, 2002).

첫째, 다양한 상호작용 방법을 사용한다.

- 영아와 눈을 맞추고 이야기한다.
- 영아의 이름을 불러 준다.
- 영아 스스로 무엇인가를 해냈을 때 그 순간을 놓치지 말고 칭찬해 준다.
- 영아가 말을 걸거나 신체적 접촉을 원할 때 곧 반응을 나타낸다.
- 가능한 한 영아와 자주 대화를 나누거나 말을 건넨다.
- 다양한 활동을 매개로 영아와 밀접한 상호작용을 한다.

둘째, 영아 개인별로 상호작용한다.

- 영아마다 기질이 다르므로 영아의 기질에 맞추어 접근한다.
- 영아가 보이는 스트레스 신호와 단서를 민감하게 해석한다.
- 영아를 방해하지 않고 그들이 바라는 대로 자신의 속도대로 놀잇감을 탐색할 수 있는 기회를 준다.

셋째, 영아의 요구에 민감하게 반응한다.

- 영아의 존재에 대해 언어와 신체를 통해 즐거움을 표현한다.
- 영아에게 따뜻한 눈길을 보낸다.
- 영아에게 부드럽게 노래를 불러 준다.
- 교육활동은 자연스러운 놀이를 통해 이루어지도록 한다.
- 다음에 일어날 상황에 대해 예측 가능하도록 일과를 일관성 있게 운영한다.
- 지나치게 긴장되어 있거나 까다로운 영아를 달래기 위해 등을 부드럽게 쓰다듬어 주는 등 신체적으로 잘 돌보아 준다.

- 교사가 자료를 제시할 때는 친숙한 자료와 새로운 자료가 균형을 이루도록 한다.

특히 유아교육기관에서 교사-영아 간의 개별적 상호작용은 매우 중요하다. 즉, 교사와 유아가 교실의 한 공간에서 오랜 시간 동안 함께 지낸다 하더라도 집단적 상호작용이라면 영아 개인에게 유의미한 상호작용이 되기 어렵다. 기질, 가정환경, 선호성이 다른 영아들에게 교사가 '안전한 기초 제공자'로서 역할을 하려면 개별적인 상호작용이 요구된다(장혜순, 2006).

개별화된 지도방법이 집단지도보다 유아들에게도 보다 효과적인 이유로 홍용희(2003)는 다음과 같이 제시한다.

첫째, 어린이는 자신이 상황에 직접적인 관련이 있을 때 보다 더 주의를 기울이고 새로운 이해를 구성하는 데 몰입하는 것으로 보인다. 새로운 개념이나 이해의 구성에 능동적으로 참여할수록 어린이는 더욱 이해하고, 흡수하고, 이를 적용할 수 있다.

둘째, 교사는 개인적으로 지도할 때 따뜻하고 지지적인 분위기에서 어린이에게 제안하기가 보다 수월하다. 개인적 초점과 따뜻한 상호작용은 어린이로 하여금 교사의 제안을 듣고 심각하게 반응하는 능력을 증진시킨다.

애착은 음식이나 애정의 표현 정도에 기초하는 것이라기보다는 사회적 환경에 관련된 기본요소를 포함하고 있다. 여기에는 첫째, 어린이의 욕구에 민감하게 반응하는 것, 둘째, 일관성 있게 욕구를 적절히 즉각적으로 충족시켜 주는 것, 셋째, 주어진 것은 어느 것이나 유아에게 알맞고, 거절된 것은 보다 좋은 상황을 위해 미루어졌다는 것을 깨닫는 것 등이다. 이 세 개념을 내면화한다면 유아는 환경에서 사람을 신뢰하고 세계를 애정 어린 장소로 보게 될 것이다(홍순정 외, 2009).

유아들이 애착의 문제점을 가지고 있는지 우려된다면 다음과 같은 증상들을 살펴보는 것이 필요하다(Stringer, 2001; 장혜순, 2006).

- 사람들과의 관계가 피상적으로 보인다.

- 낯선 사람에게 관심을 보이거나 함께 남으려고 한다.
- 거절하거나 저항하고 부모와의 애정적 측면에서 불편하게 행동한다.
- 과잉 충동적이고 과잉 행동적이며 주의력의 산만을 보인다.
- 자신과 다른 사람에게 파괴적인 행동을 보인다.
- 학습에 심각한 문제점을 보이거나 지연되어 있다.
- 불과 관련된 놀이나 불 또는 소방놀이에 과도하게 관심을 보인다.
- 음식을 숨기거나 비정상적으로 음식을 먹거나 비축하거나 게걸스럽게 먹는다.
- 동물, 형제 · 자매나 다른 사람에게 잔인하게 대한다.
- 양심에 대한 개발이 약하거나 미개발되었거나 전혀 양심이 없는 행동을 보인다.
- 무기나 피, 유혈 싸움에 심취한다.
- 격렬하게 전투를 지휘한다.
- 일상적으로 거짓말을 하거나 분명한 것에 대해서도 거짓말을 한다.
- 끊임없이 지껄이거나 넌센스적인 질문을 던진다.
- 아동에 대해 부모들이 포기하고 싶어지고 적개심을 갖게 된다.

엄마와의 애착은 사회성에 필요한 호르몬을 분비시키므로 애착이 제대로 형성되지 않은 유아는 사회성이 떨어지게 된다.

미국 워싱턴 대학 아동감정연구소 세스 폴락(S. Pollak) 연구팀은 '안정된 애착'과 '호르몬'의 관계에 관한 실험을 했다. 부모가 양육한 유아와 입양아를 상대로 부모와 낯선 여자를 번갈아 접촉시키면서 소변에 포함된 호르몬 분비가 어떻게 변하는지를 살펴보았다. 부모가 양육한 유아들은 옥시토신 양이 부모와 접촉 뒤 증가했지만, 낯선 여자를 접촉했을 때는 전혀 영향이 없었다. 이와 달리 입양아들은 두 상황에서 옥시토신 양의 변화가 나타나지 않았고 바소프레신도 낮은 수준을 유지했다. 옥시토신은 성행동이나 사회성에 관여하면서 인간에 대한 신뢰감을 형성하는 데 쓰이는 호르몬이고, 바소프레신은 사회적 행동에 개입하는 호르몬이다. 옥시토신 수치가 크게 낮을 경우 사회적 상호작용을 피하는 경향이 있으며, 안정된 애착을 갖지 못한 유아는 '내성적인 성격'을 가질 수 있다고 연구팀은 밝혔다.

그렇다면 유아의 애착 형성을 돕기 위해 다음 몇 가지 원칙을 기억하자.

첫째, 유아의 요구에 민감하고 즉각적이고 일관성 있게 반응한다.

둘째, 몸과 마음을 다해 유아를 진정으로 사랑한다.

셋째, 신체접촉 놀이를 많이 한다.

넷째, 엄마 스스로 자신감과 소신을 가진다.

특히 넷째 항목은 엄마가 잊기 쉬운 부분이다. 유아를 키우다 보면 하루에도 열두 번 자신의 행동에 회의와 의문이 든다. 하지만 유아를 부모만큼 오래 관찰한 사람은 없으며, 부모만큼 사랑스럽게 관찰한 사람도 없다. 유아에 대해 누구보다 많은 자료와 사랑을 가진 사람은 바로 부모임을 기억하라(정지은 외, 2009).

**아기가 자신의 감정을 이해하고 조절하는 정서적 능력은 부모에 대한 안전한 애착에서 시작된다. 다음은 신뢰감 형성을 위한 12가지 요령이다(트레이시 호그 외, 2007).**

**(1) 귀를 기울인다.**

아기 울음과 신체 언어를 해석해서 아기가 왜 우는지, '기분'이 어떤지 이해한다. "나는 우리 아기에 대해 알고 있는가?"를 생각하자. 우리 아기는 활동적인가, 민감한가, 우울한가, 잘 우는가, 대체로 뿌루퉁해 있는가? 평소와 다른 반응을 보이는가? 만일 아기의 감정을 정확하게 짚어 낼 수 없다면 아기가 보내는 신호에 충분한 관심을 기울이지 않고 있는 것이다. 따라서 아기의 욕구를 해결하지 못하고 있다는 의미이기도 하다.

**(2) E(Eat–먹기), A(Activity–활동), S(Sleep–잠자기), Y(time for You–엄마를 위한 시간) 계획을 따라한다.**

아기는 생활이 예측 가능하고 평화로울 때 무럭무럭 자란다. 특히 예민한 아기, 씩씩한 아기, 심술쟁이 아기에게는 규칙적인 일과가 중요하다. 매일 순서에 따라 생활하면 식사, 낮잠, 취침, 목욕, 장난감 치우기 등 아기가 다음에 무엇을 할지 알고 준비를 하게 된다.

**(3) 아기와 대화를 나눈다.**

아기에게 일방적으로 이야기하기보다 대화를 주고받는다. 눈을 마주보고 이야기 한다. 아기가 아직 대답을 하지 못해도 모든 것을 감지하고 옹알이와 울음으로 '반응'을 보일 것이다.

(4) 아기의 물리적 공간을 존중한다.

아기가 아직 말귀를 못 알아듣는다고 해도 항상 다음에 무엇을 할 것인지 설명해 준다. 예를 들어, 기저귀를 갈기 전에는 "이제 네 다리를 올리고 새 기저귀를 채울 거야." 산보를 갈 때는 "이제 공원에 나갈 거니까 따뜻한 겨울 코트를 입을 거야"라고 설명한다. 특히 병원에 갈 때는 무슨 일이 일어날 것인지 말하고 안심을 시킨다. "의사 선생님이 너를 진찰할 거란다. 내가 옆에 있을 테니까 걱정하지마."

(5) 아기의 울음을 무시하지 말고, 아기의 감정을 말로 설명해 준다.

아기는 느낌을 울음으로 표현한다. 그래서 아기에게 아기가 우는 이유를 대신 설명해 주면 감정 언어에 일찍 익숙해질 것이다. 예를 들면, "너는 배가 고픈 거야, 3시간 동안이나 안 먹었으니까." 또는 "피곤해서 졸린가 보구나."

(6) 아기의 감정을 알고 적절하게 행동한다.

예를 들어, 예민한 아기가 머리 위에 매달린 모빌이 돌아갈 때마다 울기 시작한다면, "너무 자극적이에요"라고 말하는 것이다. 모빌에서 나오는 음악을 끄고 바라보면서 놀 수 있도록 한다.

(7) 어떤 방법이 아기를 달랠 수 있는지 알아낸다.

대부분의 아기는 담요에 싸는 것이 좋은데, 심술쟁이 아기와 씩씩한 아기는 답답하게 느끼고 더욱 흥분한다. '쉬-쉬-다독이기' 방법 역시 다른 아기들을 재울 때는 도움이 되지만 예민한 아기는 귀에 거슬려한다. 특히 씩씩한 아기, 심술쟁이 아기, 예민한 아기를 진정시키려면 자극적인 환경에서 벗어날 필요가 있다.

(8) 아기가 처음부터 잘 먹을 수 있도록 미리 준비한다.

만일 모유 수유에 문제가 있다면 즉시 수유 전문가의 도움을 받도록 하자. 엄마가 수유하는 데 서툴면 천사 아기나 모범생 아기가 힘들어할 수 있다.

(9) 낮잠시간과 취침시간을 지킨다.

아기가 충분히 잠을 자면 어떤 문제가 생겨도 좀 더 수월하게 넘어갈 수 있다. 특히 예민한 아기라면 안전하고 조용한 장소에 침대를 놓고 낮잠을 잘 때는 방을 어둡게 해 준다.

(10) 노심초사하지 말고 아기가 탐험과 독립을 즐기도록 한다.

아기가 놀고 있을 때는 H(Hold back-물러선다), E(Encourage exploration-탐험을 격려한다), L(Limit-경계를 정한다), P(Praise-칭찬한다)를 기억하도록 한다. 아기를 이해하고 속도를 존중하자. 엄마 무릎으로 기어오르고 싶어 하면 허락하자. 예민한 아기나 심술쟁이 아기라도 필요할 때 엄마가 옆에 있다는 것을 알면 좀 더 과감하게 모험을 한다.

**(11) 아기는 컨디션이 최상인 시기에 활동한다.**

어떤 아기라도 지나치게 피곤하거나 자극을 받으면 감정적이 되기 쉽다. 일정을 계획하거나 친척을 방문하거나, 다른 엄마들과 만날 때 아기의 기질과 시간을 감안하자. '엄마와 나' 수업은 아기의 낮잠 시간과 너무 가깝게 잡지 말자, 특히 예민한 아기는 지나치게 활발한 아기와 짝을 지어 주지 말자.

**(12) 아기를 보살피는 사람들이 아기의 기질을 이해하고 인정하게 한다.**

만일 아기를 돌봐 주는 사람을 고용한다면 며칠 동안 함께 지내면서 아기가 그 사람에게 어떻게 반응하는지 살펴보자. 아기가 낯선 사람에게 익숙해지려면 시간이 필요하다.

**부모들에게서 흔히 볼 수 있는 다음과 같은 태도는 아기의 신뢰감을 무너뜨린다고 보고 있다(트레이시 호그 외, 2007).**

(1) 아기의 감정을 존중하지 않고 무시한다.
예: "강아지가 뭐가 무섭다고 그러니. 그만 울어라."

(2) 아기가 배가 부른다고 해도 억지로 먹인다.
예: "조금만 더 먹어라."

(3) 구슬려서 마음을 바꾸도록 한다.
"이제 같이 놀아라. 엄마 친구가 너와 같이 놀게 하려고 동호를 데려온 거야."

(4) 설명을 하지 않는다. 아기가 말을 하기 전부터 상황마다 설명을 해야 한다.

(5) 놀이 그룹과 같은 새로운 상황을 제시하면 무조건 아기가 좋아할 것이라고 생각한다.

(6) 아기의 소동을 피하기 위해 몰래 나간다.
예: 엄마가 직장을 가거나 저녁에 외출을 할 때 몰래 나가는 경우

(7) 말과 행동이 다르다. "사탕은 안 된다."고 말하면서 아기가 사탕이 먹고 싶어 울면 결국 항복하는 행동이 아기에게 혼란을 일으킨다.

**아동의 신뢰감을 형성하기 위해서는 무엇보다도 원만한 부부사이가 유지되어야 한다. 부모의 행복은 아동의 행복과 연결되어 안전한 기지로서 신뢰감의 근원이 되기 때문이다. 다음은 행복한 부부 관계를 위한 좋은 남편, 좋은 아내가 되는 방법 25가지를 소개한다(김영희 · 고태순, 2006).**

(1) 사랑과 일에 최선을 다하는 모습을 보여 주어라.
(2) 어떠한 상황에서도 흔들리지 말고 서로를 존중하라.
(3) 같은 취미를 찾아 여가를 함께 즐겨라.
(4) 함께 낯선 곳으로 여행을 떠나라.
(5) 오래된 문제는 덮어두고 들추어내지 말라.
(6) 자기희생을 통해 상대방을 기쁘게 하려 하지 말라.
(7) 모든 것을 대화로 해결하라.
(8) 작고 사소한 일에도 감사하는 마음을 가져라.
(9) 수동적이 되지 말고 자발적으로 행동하라.
(10) 상대방의 말과 행동에 적절한 반응을 보여라.
(11) 유머와 재치로 좋은 분위기를 유지하라.
(12) 상대방의 잘못에 검은 안경을, 장점에는 돋보기 안경을 써라.
(13) 상대방을 변화시키려 하지 말고, 자신이 변화해라.
(14) 상대방의 사랑을 감사히 받아라.
(15) 자신을 존중하고 상대방 또한 존중하라.
(16) 고난을 서로의 힘으로 이겨라.
(17) 희망찬 미래를 설계하라.
(18) 좋은 부모가 되기 위해 노력하라.
(19) 좋아하는 일을 하고 싶거든 경제적인 능력을 키워라.
(20) 평화롭고 조화로운 생활을 유지하라.
(21) 분노를 자제하라.
(22) 평범함 속의 즐거움을 개발하라.
(23) 메시지를 사용하여 사랑을 전달하라.
(24) 상대방을 자주 칭찬하라.
(25) 기념일을 잊지 말고 작은 선물로 감동을 유발시켜라.

## 4 신뢰감 교육 프로그램과 활동 사례

### 활동 사례 1

**활 동 명** 동생과 함께 산책을 해요

**대상 연령** 만 5세

**활동 목표**
- 동생을 위해 할 수 있는 일을 알아보고 실천한다.
- 동생을 믿고 긍정적으로 행동한다.
- 형을 믿고 따라오는 동생과 안전한 산책활동을 할 수 있다.

**활동 자료** '우리 동네' 노래

**활동 방법**

1. 동네 산책을 할 때 동생들을 도와줄 수 있는 방법에는 무엇이 있는지 이야기 나눈다.
   - 동생 반에서 산책을 가기로 했는데, 우리가 어떻게 도움을 줄 수 있을까요?
2. 도와줄 때의 유의점에 대해 이야기를 나눈다.
   - 동생하고 손을 잡고 걸어갈 때 어떻게 걸어가야 할까요?
   - 건널목을 건널 때는 어떻게 해야 할까요?
   - 찻길 옆을 지나갈 때는 어떻게 해야 할까요?
3. 동생 한 명과 짝을 지어 손을 잡고 동네 산책을 간다.
4. 동생과 함께 동네 산책 후 이야기를 나눈다.
   - 동생을 어떻게 도와주었나요?
   - 동생을 도와줄 때 어떤 점이 힘들었나요?
   - 동생을 도와줄 때 기분이 어떠했나요?
   - 동생은 형을 잘 따라 주었나요?
   - 동생의 기분은 어때 보였나요?
   - 동생한테 하고 싶은 말을 편지로 쓴다면 무슨 말을 하고 싶나요?

**확장 활동**
- 동생과 산책을 한 경험을 그림과 글로 표현해 볼 수 있다.
- 동네에 있는 나뭇잎이나 돌, 나뭇가지를 이용해 같이 산책을 다녀온 동생과 한 팀으로 조형활동을 할 수 있다.

## 활동 사례 2

**활 동 명** 양치기 소년의 거짓말

**대상 연령** 만 5세

**활동 목표**
- 거짓말을 통해 느꼈던 생각이나 경험을 이야기해 볼 수 있다.
- 다른 사람을 방해하거나 화나게 한 행동에 대해 반성해 볼 수 있다.
- 정직과 거짓말의 장·단점에 대해 알 수 있다.

**활동 자료** 동화 그림(양치기 소년)

**활동 방법**

1. 평상시에 거짓말을 한 적이 있었는지, 어떤 거짓말을 했었는지 이야기 나눈다.
   - 집에서나 친구들한테 거짓말을 한 적이 있나요?
   - 무엇 때문에 어떤 거짓말을 해야만 했을까요?
   - 거짓말을 했을 때 기분이 어땠나요?
2. 양치기 소년의 동화를 들려주고 생각이나 느낌을 이야기 나눈다.
   - 양치기 소년이 어떤 거짓말을 했나요?
   - 진짜 늑대가 나타났을 때 마을 사람들은 어떤 생각을 했을까요?
   - 내가 양치기 소년이라면 어떤 느낌을 받았을까요?
3. 다른 사람을 방해하거나 화나게 하는 행동에 대해 이야기 나눈다.
4. 정직과 거짓말에 대해 토론한다.
   - 정직이란 무엇일까요?
   - 정직하면 어떤 점이 좋을까요?
   - 거짓말을 하지 않으려면 어떤 노력을 해야 할까요?

**확장 활동**
- 가정에서 다른 사람을 방해하거나 화나게 한 행동에 대해 스스로 생각하는 시간을 갖도록 한다.
- 다른 사람이 피해 입지 않도록 정직의 중요함을 깨닫게 한다.

## 활동 사례 3

**활 동 명** 식물이 잘 자라요

**대상 연령** 만 5세

**활동 목표**
- 식물이 잘 자라는 데 필요한 요소를 알 수 있다.
- 식물을 기르기 위해 해야 할 일들이나 약속을 정한다.
- 식물에 관심을 갖고 정성을 다해 돌봄으로써 성실함을 배울 수 있다.

**활동 자료** 동화 『화분을 키워 주세요』(진 자이언 글, 마가릿 블로이 그레이엄 그림, 2001, 웅진닷컴), 화이트보드, 보드마커, 해 그림, 물 그림, 씨앗 그림 등

**활동 방법**

1. 동화 『화분을 키워 주세요』를 들려주고 동화의 주인공처럼 유아들이 씨앗을 심어 돌봐 줄 것임을 이야기 나눈다.

   우섭이는 휴가를 떠난 이웃의 화분을 돌봐 주기로 약속하고, 화분을 잘 돌봐 주기 위해 식물 기르기 방법을 알아보며 화분을 키운다.

2. 유아들과 각자 씨앗을 심고 나서 그 기분에 대해 이야기 나눈다.
   - 식물이 잘 자라려면 어떤 것들이 필요할까요?
   - 우리가 심은 화분의 씨앗을 잘 자라게 하려면 어떻게 해야 할까요?
3. 식물을 기르기 위해 친구들과 해야 할 일에 대해 이야기 나눈다.
   - 씨앗을 기르기 위해 우리는 무엇을 해야 할까요?
4. 유아들과 정한 약속을 화분 옆에 게시한다.
   - 우리가 정한 약속대로 매일매일 잘 자라도록 도와주도록 해요.
5. 화분 속 씨앗이 자란 모습과 자신의 돌보는 모습을 미리 상상하여 그림으로 그려 볼 수 있는 시간을 가진다.

**확장 활동**
- 유아가 자신의 화분 모습을 매일 관찰할 수 있도록 기회를 준다.
- 친구의 화분에도 관심을 가지며 식물의 소중함을 느낄 수 있게 한다.

## 활동 사례 4

**활 동 명** 친구가 잘하는 일 인정하기

**대상 연령** 만 5세

**활동 목표**
- 친구가 잘하는 일이 무엇인지 알아본다.
- 친구가 잘하는 일을 인정하고 존중한다.
- 다른 사람의 능력을 인정해 주고 칭찬해 줄 수 있다.

**활동 자료** 그래프, 이름 적을 종이, 색연필, 풀

**활동 방법**

1 친구가 잘하는 일을 생각해 보고 함께 이야기 나눈 후 칭찬해 준다.

2 교실에서 유아들이 잘할 수 있는 일에 대해 이야기 나눈다.
- 교실에서 우리가 잘할 수 있는 일에는 무엇이 있을까요? (예: 책 읽기, 글씨 쓰기, 만들기, 레고 놀이, 그림 그리기, 노래하기, 춤추기, 이야기 만들기, 달리기 등)
- 여러 가지 일 중에서 ○○(예: 달리기)를 가장 잘하는 친구는 누구일까요?
- 왜 그렇게 생각하니?

3 그래프를 소개하고 교실에 그래프를 게시한다.
- 이것은 무엇일까요?

4 그래프에 적힌 일들 중에서 한 가지를 골라 그 일을 가장 잘하는 친구의 이름을 적어서 그래프에 붙인다.
- 우리 반 친구들이 잘하는 것을 각자 그래프에 이름을 적어서 붙여 보아요.

5 놀이 평가시간에 유아들과 함께 그래프를 살펴보면서 이야기 나눈다.
- 우리 반에서 달리기를 잘하는 친구는 △△, ○○, ☆☆가 있어요.

**6** 유아들에게 칭찬 스티커를 나눠 주고 '○○을 잘하는 친구'라고 교사가 말하면 해당되는 친구의 몸에 스티커를 붙이는 활동을 하도록 한다.

**확장 활동**
- 모든 유아가 활동에 참여함으로써 자신이 인정받고 있다는 것을 경험하도록 한다.
- 다른 사람의 능력을 인정할 수 있도록 서로가 칭찬할 수 있는 활동을 연계할 수 있다.

## 활동 사례 5

**활 동 명** 약속을 지켜요

**대상 연령** 만 5세

**활동 목표**
- 함께 지내기 위해서는 약속(규칙)이 필요함을 알 수 있다.
- 규칙과 약속을 정하고 이를 실천할 수 있다.
- 실외놀이터에서 정한 약속을 실천해 볼 수 있다.

**활동 자료** 여러 상황의 그림 자료([그림 13-1] 참조)

**활동 방법**

**1** 선생님과 친구들을 만날 때 어떻게 할지 이야기 나눈다.
- 선생님과 친구들을 만나면 기분이 어떤가요?
- 처음 만났을 때 어떻게 해야 할까요?
- 어떤 모습으로 어떤 말을 하며 인사를 할까요?

**2** 친구와 함께 놀이할 때 좋은 점을 이야기한다.
- 어린이집(유치원)에서 혼자 할 수 있는 일에는 어떤 것이 있을까?
- 친구들과 함께 하는 것에는 무엇이 있을까요?
- 혼자 놀 때와 친구와 함께 놀 때는 어떤 점이 좋을까요?
- 친구들이 없다면 어떤 기분이 들까요?

**3** 친구들과 함께 재미있게 놀려면 어떤 약속을 지켜야 할지 이야기 나눈다.
- 친구들과 함께 놀이할 때 속상할 때는 언제인가요?
- 어떻게 하면 우리 모두 재미있게 놀 수 있을까요?
- 우리 함께 어떤 약속을 정할 수 있을까요?

[그림 13-1] 그림 자료 예시

4 실외 놀이터에 있는 놀이기구의 놀이방법을 알아보고 필요한 규칙을 정해 본다.

- 바깥 놀이터에 있는 놀이기구는 어떻게 타는 걸까요?
- 놀이 기구를 사용할 때 위험할 때는 언제일까요?
- 서로 재미있고 안전하게 놀이기구를 이용하려면 어떤 약속을 정해야 할까요?

5 평상시에 약속을 잘 지키지 않으면 어떤 일이 예상할지 이야기 나눈다.

- 만약에 약속을 잘 지키지 않으면 어떤 일이 일어날까요?
- 내가 약속을 잘 지키지 않으면 친구들이 나를 어떻게 생각할까요?

확장 활동

- 가정과 연계해서 부모님과 지킨 약속에 대해 토론해 본다.
- 실외놀이터에 정한 약속을 게시하고 놀이기구를 이용해 볼 수 있다.

# 제14장

## 품성의 지도 감성

## 1 감성의 개념과 발달

### 1) 감성의 정의 및 특성

감성의 정의에 대한 여러 학자의 연구를 살펴보면, 옥스퍼드 영어사전에서는 감성을 '마음과 감정의 동요나 혼란, 격렬하거나 흥분된 정신상태'라고 정의하였으며, 아이자드(Izard, 1991)는 감성을 인간이 내면으로 느끼는 어떤 것이며, 외계에 대한 인식, 사고, 행동을 유발하고, 인간의 생존과 환경에의 적응에 필수적인 도구로 인간의 행동을 구성하고 안내해 주며 조절하도록 도와주는 것이라고 하였다. 또한, 골만(Goleman, 1996)은 '하나의 가정과 그에 부수적으로 따르는 뚜렷한 사고 및 심리적 생리적 상태와 일련의 행동 경향'이며 다마시오(Damasio, 1998)는 감성을 '뇌의 한 부분에서 육체로, 그리고 뇌의 한 부분에서 뇌의 다른 한 부분으로 신경과 체액의 통로를 통하여 촉발된 반응의 집합'으로 정의하고 아울러 느낌을 감성의 상태에서 기인한 복합적 정신 상태라고 정의하였다.

감성은 하나의 행위 충동으로서 환경과의 만남을 통한 정서의 생리를 반영함으로써 본질적으로 모든 감성은 행동을 이끌어 내는 충동이자 삶의 관리를 위한 순간적인 계획으로 볼 수 있다.

감성의 기본적 범주에 대해서 모러(Mowrer, 1960)는 공포, 사랑, 분노를, 판크세

프(Panksepp, 1982)는 기대, 공포, 편안함, 격노를, 오틀리와 존슨-레이어드(Oatley & Johnson-Laird, 1987)는 행복, 슬픔, 근심, 분노, 역겨움을, 에크만(Ekman, 1992)은 공포, 분노, 슬픔, 기쁨 등으로 보았다. 그러나 이런 감성의 범주가 인간의 모든 감성적 상태를 다 표현한 것은 아니기 때문에 슬픔과 공포의 복합체이자 분노의 한 변형물로 간주되는 질투나 의심, 자만, 태만, 무기력, 권태감 같은 감성 등은 어떻게 다룰 것인가 하는 문제는 여전히 남게 된다(이재환, 2007).

감성은 자극이 없어지면 새로운 자극에 의해 새 감정이 유발되는 상태 감성, 자극이 없더라도 개인이 항상 지니는 특질 감성, 지향하는 가치에 따라 진리를 탐구하려는 과학적 감성, 선을 구하는 도덕적 감성, 예술적 느낌을 추구하는 미적(예술적) 감성, 그리고 신앙적 영역에서 누리는 종교적 감성 등으로 구분된다.

영(Young, 1943)은 감성(emotions)의 과정들을 다음과 같이 8가지 종류로 요약하였다(이재환, 2007, 재인용).

- 감각 자극에 반응한 유쾌 또는 불쾌함의 단순한 느낌
- 배고픔, 목마름, 식후 포만감, 신체적 안락함 같은 부정적 그리고 긍정적인 유기체적 느낌
- 배고픔 같은 식욕의 상태, 성적 욕구, 열망 또는 혐오감 같은 또 다른 행위활동
- 도덕적, 미적, 종교적 또는 사회적 감정 그리고 선행경험, 교육훈련에 의해 형성된 태도
- 명랑함, 걱정, 슬픔, 의기양양함 같은 지속되고 있는 기분
- 중증 우울증, 냉담, 적의 같은 병적인 정서
- 두려움, 분노, 웃음, 고통, 당황하는 것 같은 감정
- 활발함, 명랑함, 변덕스러움 같은 기질

감성이란 이렇게 여러 가지 감각이 합성되어 종합된 것으로 생리적인 특성을 중시하는 감각과 심리적으로서의 느낌 같은 것들이 다중적(多重的)으로 통합화된 것이며, 내부적으로는 꽤 복잡한 구조를 가지고 있어 감각의 모자이크 구성뿐만 아니라 상호 간에 영향을 주면서 심리적 이미지로 통합되어 있다(파스칼 세계대백

과사전, 1996).

감성의 사전적 · 심리적 의미와 개념을 살펴볼 때, 첫째, 마음과 감정 그리고 동요나 혼란된 정신적 상태 혹은 내부에서 일어나는 고도의 심리적 체험이며, 둘째, 오감을 통해 감지하고 심리적으로 판단하는 인지과정 전반과 직감적 능력 등이 정신적, 육체적 명시들로 복잡하게 반응하며, 셋째, 일정 기간의 자극과 경험을 통해 개발 가능한 교육 가능성을 내포하는 조작적 감성의 성격을 띤 것으로 개념화할 수 있다.

감성을 특별한 연구의 영역으로 삼고 있는 심리학에서 '감성' 대신 유사하게 사용하는 용어를 살펴보면 다음과 같다.

- 감각(感覺, sensation): 외계의 물질적 특성에 대해서 인체의 센서가 느끼는 정도를 말하는 것으로 청각 · 시각 · 피부감각 · 후각 · 미각 · 체내감각을 포함하여 육감이 존재한다.
- 관능(官能, sensuality): 검사라는 말을 붙여서 관능검사 내지 평가라고도 불리는데 분석형과 기호형으로 구분한다.
- 기분(氣分, mood): 감성 외부에 존재하는 것으로 또 하나의 외부적 파장이다. 감성보다는 훨씬 약하지만 지속성은 훨씬 강한 변형된 감성으로 볼 수 있다.
- 기질(氣質, temperament): 개인의 감정적 소질경향을 의미하며 기분(氣分)보다 더 바깥쪽에 위치한다.
- 정동(精動): 자신의 신체적 또는 심리적인 존재가 위협받는다고 느껴지는 때, 혹은 촉진되었다고 느껴지는 때에 급격히 일어나는 심리적 또는 신체적 격동과 혼란 상태이다.
- 정조(情操, sentiment): 정동과 같이 일시적인 것이 아니고 지속적인 감정으로 문화적인 가치와 연관해서 일어나는 여러 종류의 미적 감정이다. 윤리적 가치에 연관해서는 타인에 대한 동정(sympathy)과 용기에 따른 감정 등이 있으며, 종교적 가치에 연관해서는 경건, 혹은 헌신에 따른 감정 등이 있다. 이는 매우 복잡하고 고급적인 정신 활동에 따라 일어나는 것이다.

정서와 유사한 범주의 개념의 예를 보면, 어떤 사람이 그에게 뱀이 다가오는 것을 보고 있다는 것은 '지각'이며 그 사람이 뱀을 보고 놀라는 감정을 가졌다는 것은 '정서'이고, 등골이 오싹하고 진땀이 나며 다리가 후들후들 떨림을 느낀다는 '감각'이며, 겁에 질려 그 자리에서 꼼짝하지 못하고 움츠려 있다는 것은 '태도'이고, 이러한 가운데 괴로움을 느끼는 '기분'으로 구별할 수 있다(Wilson, 1972). 또 다른 예로는, 어떤 사람이 그의 연주가 끝난 후 박수치는 소리를 듣는 것은 '지각'이고, 자신의 성취에 자부심을 느끼는 것은 '정서'이고, 그가 만족감과 함께 긴장이 풀림을 느끼는 것은 '감각'이며, 똑바로 서서 자랑스러워하며 관객들을 내려다보는 것은 '태도'이며, 그가 행복을 느끼는 것은 '기분'이라고 구분하였다(이재환, 2007).

일반적으로 감성이 결핍된 사람은 무감각, 냉담, 의욕 상실, 무관심에 대해 쉽게 특성을 나타낸다(Oakley, 1992). 또한, 일반적으로 타인과 다른 세계에 대한 피상적인 이해만을 가지며, 그들 자신을 발견하는 상황에서 어떤 중요한 특징들을 인지하지 못한다. 실제로 그런 사람은 공동체와 개인의 삶에 있어서 어떤 의미도 가질 수 없으며 그들 자신의 진정한 정체성에 대한 인식도 가지지 못할 것이다. 왜냐하면 그만큼 우리의 삶에 관해 무엇을 얼마만큼 생각하고 기억할 수 있는가를 결정하는 데 있어서 우리의 감성이 중요한 역할을 하기 때문이다.

정서적이지 못하거나 감성이 결핍된 사람의 삶은 불완전하며 심리적, 행동적 두 측면 모두 도덕적이든 삶의 모든 면이든 결함이 있게 될 것이다 그중에서 선한 삶을 위하여 핵심적인 것들에 대한 특성을 살펴보면 다음과 같다(원종철, 1999).

첫째, 분명한 지각력과 예리한 통찰력, 이해력이다. 통찰력과 이해력은 그 자체로 가치를 지니며, 나아가 그것들은 훌륭한 행위의 수행을 위해서도 필수적이다. 일반적으로 어떤 것에 대해 관심과 흥미를 가진다는 것은 그것에 대해 학습하도록 우리를 자극한다는 점에서, 이러한 감성은 우리를 세계의 다양한 특징에 대한 깊은 이해로 이끈다는 점에서 필요하다. 감성이 결핍된 사람은 세계의 다양한 특징들이나 상황에 대해 좁은 지각력을 가지며, 타인과 세계에 대한 일종의 편견을 가질 수도 있다. 예를 들어, 감성이 풍부한 사람만이 북한이나 아프가니스탄 난민 등에 대한 연민을 가지며 이는 그러한 상황에 대해 상상하거나 고민하지 않고는 이해할 수 없기 때문이다.

동정과 연민의 감성과 함께, 사랑은 감성이 결핍된 사람이 이용하기에 불가능한 방식에 있어서 타인에 대한 우리의 지각력과 이해력을 확대시킨다. 우리는 사랑으로 타인의 복지에 대한 본질을 파악할 수 있고 사랑의 감성은 우리가 사랑하는 사람에 대한 관심을 가질 기회를 제공해 준다. 타인을 사랑하는 사람은 적어도 그것에 의하여 깊은 방식으로 우리 자신에게 있는 다른 시각을 가질 수 있는 기회를 제공받는다. 사랑은 '다른 사람의 눈을 통해서 보는 것' 그리고 그것 때문에 얻게 될 이해의 확대는 통찰력에 도달하기 위한 완전히 일방적인 방식의 형태로 생각되어진다. 결국 감성은 지각력 또는 날카로운 판단력, 그리고 깊은 이해력 등의 덕을 성취할 수 있는 중요한 방법들에 기여하거나 도움을 줄 것이다.

둘째, 강한 의지력이다. 감성이 결핍된 사람은 나약한 의지로 고통받을지 모른다. 그것은 자신이 옳다고 믿는 것을 행하는 데 실패하여 걱정, 관심, 흥미, 동정, 연민, 그리고 용기와 같은 감성이 부족하여 생기는 자연적인 결과이다. 우리가 어떠한 감성을 가지는 것은 우리가 선하다고 믿는 것을 행하게 하고, 우리가 나쁘다고 믿는 것을 행하지 않게 하는 데 아주 중요하다.

만일 우리가 선하다고 믿는 것을 수행함에 있어 우리의 감성이 우리의 가치와 일치한다면, 우리의 감성과 가치가 조화롭지 못한 것보다 도덕적으로 더 낫다. 이렇게 말한 이유에 대해 오클리(Oakley, 1992)는 다음과 같이 설명하였다.

- 우리가 수행하는 것에 대해 염려한다면 우리가 평가하는 것을 성공적으로 이끌 수 있을 것이다.
- 우리가 가치와 감성을 조화롭게 갖는 것은 어떤 도덕적 완전성이나 전체성을 가지는 것이며 이것은 도덕적으로 선한 그 자체이다.
- 올바른 것을 가치롭게 여기고 타인을 자기와 동일시한다. 이는 상대방을 이해하고 이타적인 감성을 갖게 한다.
- 심적인 조화와 더불어 자신의 가치에 따라 행동한다는 점이다. 즉, 자신이 믿

는 것에 대하여 주관적으로 행동할 수 있는 능력을 갖게 된다.

감성이 우리의 가치에 따라 심적인 조화로서 우리의 행동을 가능하게 하거나 또는 방해하는 데 중요한 역할을 한다면, 이러한 형태의 강한 의지력은 어떤 삶과 마찬가지로 다양한 종류의 선한 삶을 위해 필수적이다.

셋째, 사랑과 우정이다. 감성적이지 못하거나 감성이 결핍된 사람에 있어 또 다른 결점은 사랑과 우정과 같은 중요한 인간관계를 성취하는 데 실패한다는 점이다. 사랑과 우정의 관계는 필수적으로 감성을 포함하여 우리의 다양한 삶에 있어서 핵심이기도 하다.

사랑과 우정의 관계는 개념적으로 서로에 대한 어떤 감성이나 정서를 가지는 것을 필요로 한다. 타인에 대해 감성적이지 못하고 메마른 사람은 결코 서로에 대한 사랑이나 우정의 관계를 가질 수 없다. 사랑과 우정의 감성은 다양한 방식의 인간관계에 있어서 도덕적으로도 중요하며 우리가 가질 수 있는 가장 가치 있는 것이다.

우리가 서로에 대해 느끼는 감정은 우리가 가지는 관계의 형식을 결정한다. 서로에 대한 우리의 사랑이나 우정은 각각의 복지를 증진하는 것에 대한 심려에서, 혹은 개개인의 문제로 간주되는 서로에 대한 동정적인 감정에서, 그리고 상대방에 의해 권리 침해를 받았을 때 화내고 분개하는 감정에서 구체화되어진다.

만일 유아가 어릴 적부터 충분히 사랑을 받지 못하고 자랐다면 스스로 "난 어려움이 많아, 난 정말 사랑받을 가치가 없어."라고 생각하게 된다. 결국 다른 사람의 어떤 입장이나 생각을 제대로 읽을 만한 에너지를 갖지 못하게 된다. 그렇기 때문에 모든 상황을 자꾸 왜곡시키게 마련인데, 즉 공감 능력이 없는 것이다. 그러다 보니 다른 사람들과의 사이에서 쉽게 오해를 불러일으키고 나아가 사람들과 건강한 관계를 맺는 것 자체에 어려움을 느끼게 된다(정지은 외, 2009).

사랑하는 관계, 우정, 집단에 대한 충성심 등은 삶을 가치롭게 하는 것이 무엇이든 간에 가장 중요한 공헌자 중의 하나임을 인식해야만 한다(Railton, 1984). 만일 우리가 특별한 도덕성을 적용하는 것이 인간복지의 중심적인 형태와 조화되지 못하고 갈등을 초래하는 것이 발견된다면, 그때 이것은 나름대로의 주장에 의심할 수 있는 타당한 이유를 확실히 제공하게 될 것이고 사랑과 우정의 감성을 중요하게 인식할 수 있다. 따라서 사랑과 우정이 결핍되면 될수록 그만큼 삶의 질이 저하된다고 볼 수 있다. 삶에 있어 사랑과 우정은 어떤 훌륭한 목적의식, 연속성, 그리고 지식을 성취하기 위하여 필수적인 감성이다(윤여홍, 2002).

넷째, 자아존중이다. 이 감성은 우리 자신과 타인에게 긴밀히 연결되어 있다. 자신을 구성하는 것은 이러한 감성을 통해서이고 이 감성을 통해 삶의 어떤 상황에 의미를 부여하며, 성취와 좌절에 대한 기회를 제공한다. 또한, 그 세계 속에 자신이 뛰어 들어가 자아존중에 대한 올바른 인식을 하게 된다. 감성은 세계에 대한 이해나 또는 견해의 어떤 방식을 포함하는 것으로 생각되며, 감성은 그 세계에서 흥미와 목적을 창출하기 때문에 자신을 어떻게 파악하는지를 결정하는데 매우 중요하다. 자아존중이라는 감성이 결핍되면 가치에 대한 자부심과 애정이 결핍될 것이고 그것은 타인에게로 옮겨져 서로에 대한 이타주의적 감성이 부족하게 될 것이다. 개인적 가치의 개념은 도덕적으로도 중요한 개념이며 이러한 가치의 결핍은 자신은 물론 사회적으로도 심각한 삶에 대한 훼손을 초래하게 된다.

특히 자아존중감 형성에 있어서 무엇보다 필요한 것은 부모-자녀 관계에서의 공감이다. 공감은 자녀가 자신에게 긍정적인 이미지를 형성하는 데 도움이 된다.

대인 상호 관계에서의 공감은 서로의 차이를 인정함으로 사람들 사이의 갈등을 해결하고 함께 발전해 나가야 할 방향과 에너지를 제공해 준다. 저마다 성격도 다르고 능력도 다르고 생각도 다른 사람들이 모여 사는 이 공동체 사회에서 서로의 차이를 인정해 주는 공감은 자녀가 어떤 일을 하든지 간에 꼭 필요한 능력이다. 사람은 누구나 이해받고 싶어 하기 때문에 다른 사람의 말에 귀를 기울이고 그 심정을 헤아려 주고, 진심어린 말로 위로해 주는 사람 곁에 있고 싶어 한다. 또한, 그런 사람을 좋아하게 된다. 다른 누군가에게 친해지고 싶은 사람, 믿음직한 존재, 의지하고픈 친구로 여겨지는 것이다. 물론 많은 이들이 믿고 따르는 사람은 리더가 될 가능성도 높아진다. 이렇듯 공감하는 능력이 있는 사람과 없는 사람의 삶은 매우 다르다.

유아기는 평생의 감성적 성향의 틀을 형성하는 중대한 시기로 유아기부터 반복되는 감성적 행위의 습관들이 감성 회로의 형성에 상당한 영향을 미치며 이 시기에 어떠한 감성적 습관을 획득했는가가 인생의 성공을 판가름할 수 있으므로 감성교육은 조기에 시작되어야 하고 발달에 적합하게 이루어져야 하며, 유아의 일상생활 전반에 걸쳐 운영되어야 한다(Goleman, 1995).

### 2) 감성과 사랑

사랑이란 무엇인가? 가장 적절한 답은 각자가 사랑이라고 생각하는 것이 사랑이라는 것이다. 에리히 프롬(E. Fromm)은 『사랑의 기술』에서 사랑이란 첫째로 상대방의 인생과 성장에 대한 적극적인 관심이며, 둘째로 상대방으로부터 표현되거나 표현되지 않은 욕구에 대한 자발적인 반응이며, 셋째로 상대방을 있는 그대로 수용하고 그의 개성을 존중하는 태도이며, 넷째로 이심전심으로 상대방이 어떻게 느끼며 무엇을 원하는지 아는 것이라고 했다(김중술, 2007).

우리는 사랑에 대해서 가르치지도 않고 또 배우려 하지도 않는다. 사랑은 자연스럽게 이루어지는 것이고 또 그래야 한다는 생각이 일반적이다. 많은 경우, 성장과정 속에서 소설, 영화, 드라마 등을 통해 사랑에 대한 극히 왜곡되고 파편적인 이해를 하게 되어 사랑에 대한 환상과 편견을 키워 나가는 경우가 대부분이다. 이렇게 사랑에 대해 무지한 상태에서 이성 관계에 노출되는 것이 일반적이다.

사랑에 대한 무지는 사랑에 대한 환상과 신비감을 증가시킬지는 모르나 사람들을 미숙하고 파괴적인 사랑으로 이끌어 불행과 고통 속에 빠지게 한다.

심리상담 전문가들은 사랑에 대한 편견, 오해, 착각으로 인해 얼마나 많은 사람들이 심리적인 상처를 입고 불필요한 고통 속에서 괴로워하는지를 잘 알고 있다. 진정으로 아름답고 성숙한 사랑을 위해서는 사랑에 대한 깊은 이해가 필요하다(권석만, 2004)

스턴버그(Sternberg)는 사랑은 행동과 경험들을 연구한 자료 및 여러 이론에 근거하여 사랑의 삼각형 이론을 제시하였는데, 이 이론에는 사랑이 친밀감, 열정, 결정/헌신의 3가지 요소로 구성되어 있다고 설명한다(류소 역, 2002).

첫째, 친밀감(intimacy)은 어떤 관계에 있어서 가까움, 유대, 결속 등의 감정을 말한다. 친밀감은 적어도 다음의 10가지 요소를 포함한다고 보고 있다.

- 사랑하는 사람의 복지를 증진시키기를 바라는 것
- 사랑하는 사람과 함께 행복을 느끼는 것
- 사랑하는 사람에게 높은 존경심을 갖는 것
- 필요할 때 사랑하는 사람에게 의지할 수 있는 것
- 사랑하는 사람끼리 서로를 이해하는 것
- 사랑하는 사람과 자신 및 자신의 소유물을 나누는 것
- 사랑하는 사람에게서 정서적인 도움을 받는 것
- 사랑하는 사람에게서 정서적인 도움을 주는 것
- 사랑하는 사람과 친하게 의사소통하는 것
- 사랑하는 사람을 중요하게 여기는 것

둘째, 사랑의 동기적 측면을 이루는 것이 열정(passion)이다. 열정이란 '다른 사람과 하나가 되고 싶은 강한 욕망의 상태'를 말한다. 사랑의 '뜨거운' 측면이다. 열정은 친밀감과 서로 영향을 주면서 뒤섞이고 부추기는 경향을 띤다. 예를 들면, 친밀감이 열정의 상태나 정도에 따라서 우러나기도 하고, 열정은 친밀감에 의해서 자극을 받을 수도 있다. 열정은 친밀감과 달리 급속히 발전한다. 때로는 상대방을 처음 만난 순간부터 강렬한 열정을 느끼게 되기도 한다. 그러나 열정은 오래 지속되기 어렵다.

셋째, 결정/헌신의 사랑의 요소는 2가지 측면으로 구성되어 있다. 하나는 단기적인 것, 다른 하나는 장기적인 것이다. 단기적인 측면은 어떤 사람을 사랑하기로 결정하는 것이고 장기적인 측면은 그 사랑을 유지시켜 주는 헌신을 말한다. 이러한 결정과 헌신의 2가지 측면이 반드시 동시에 일어나지는 않는다. 사랑을 결정하는 것이 반드시 그 사랑을 지키겠다는 헌신을 의미하지 않기 때문이다. 결정과 헌

신의 요소는 친밀감과 열정의 속성과는 다르다. 사랑이 침체되었을 때 결정과 헌신의 요소는 이러한 관계를 유지시켜 주는 역할을 한다. 이 요소는 어려운 시기를 극복하고 다시 좋은 관계로 회복시키는 데 필수적이다.

시간이 지나면 사랑의 3가지 요소는 각기 서로 다른 과정을 겪게 되는데, 시간이 지나면서 바뀌게 되는 이런 3가지 요소의 변화는 사랑하는 관계를 본질적으로 변화시키게 된다.

스턴버그(Sternberg)는 사랑의 구성요소, 즉 친밀감과 열정, 결심/헌신이 모두 포함되어 있어야 사랑이라고 할 수 있다고 정의하였다.

모든 사람은 다른 사람들로부터의 애정, 사랑, 수용에 대해 강한 욕구를 갖고 있다. 생의 초기에 부모는 이러한 애정의 대부분을 제공하는 존재이다. 로저스는 부모로부터의 무조건적인 사랑은 일치성을 기르고, 조건적 사랑은 불일치성을 기른다고 믿었다. 어떤 부모는 유아가 자신의 기대에 따라 잘 행동할 때 애정을 준다. 부모의 사랑을 조건적인 것으로 지각한 유아는 사랑받을 가치가 없는 경험은 자기 개념으로부터 왜곡 · 차단시킨다. 또 어떤 부모는 애정을 무조건적으로 준다. 이런 부모를 둔 유아는 자신이 무엇을 하든지 간에 사랑받을 가치가 있다고 보고 보장받아 왔기 때문에 아무리 무가치한 경험이라도 차단할 필요를 느끼지 않는다.

다른 사람들로부터의 애정이 조건적이라고 믿으며 자란 사람은 여러 사람들로부터 수용받기 위하여 자신의 경험을 더욱더 왜곡시켜 불일치성이 커진다. 그리고 이러한 자기개념의 불일치성은 불안의 기본 원인이 된다. 불안을 떨쳐 버리기 위하여 그러한 사람들은 가끔 방어적으로 행동한다. 그들은 자기 개념을 보호하기 위하여 현실을 무시 · 부인하고, 왜곡시킨다(홍순정 외, 2009).

인간은 근본적으로 생물학적 욕구를 충족시키고 심리적으로는 사랑받고 수용받고 싶은 경향성을 가지고 있다. 그런데 성장과정에서 유아는 부모(양육자)가 가끔씩 자신을 조건부적으로 사랑하고 수용해 주는 것을 경험한다. 이때 부모로부터의 거부나 사랑의 철회는 아동에게 위협으로 지각된다. 아동은 사랑받고자 하는 근본적인 욕구 충족을 위하여 자신이 진정으로 원하는 것을 희생하고서라도 부모나 사회가 중요시하는 가치를 채택하여 거기에 부응하려 한다. 이런 내사(內射)된 가치의 채택을 로저스(Carl Rogers, 1902~1987)는 '가치의 조건화'라 하였다. 이때 개인은 자아 개념과 유기체의 체험 간에 '불일치'를 경험하고 이것이 부적응, 신경증, 정신장애를 초래하는 조건이 된다고 보았다(홍경자, 2004).

### 3) 감성과 우정

또래에서 친밀감, 애정, 정서적 유대감을 가지고 지속적인 상호 관계를 가지는 것을 우정이라 하며, 우정에 대한 개념은 아동이 성숙함에 따라 변화한다. 어린 아동은 우정을, 함께 놀고 물건을 나누어 갖는 등 구체적이며 행동적인 요인을 중심으로 생각하는 반면, 보다 나이가 든 아동은 상대방의 감정을 이해하고 배려하는 등 추상적이며 정신적인 측면을 고려한다. 또한, 나이 어린 아동에게 우정은 일시적이며 표면적인 관계인 반면에, 나이 든 아동은 지속적이며 심층적인 갈등이 있어도 극복될 수 있는 친근감과 의리를 갖는 관계다(송명자, 1995).

우정(friendliness)은 다정함으로, 친절하고 도움이 되는 행동을 의미한다. 다정한 사람은 항상 웃고, 다른 사람들에게 반갑게 인사한다. 다정한 유아는 자신의 활동에 다른 친구들을 기꺼이 끼워 준다. 가족에게 다정하다는 것은 모든 사람이 잘 지낼 수 있도록 하는 것이다. 엄마와 생각을 공유하고 언니와 게임을 하며, 동생을 웃게 만들고 가장 좋은 친구가 집에 살고 있다는 것을 아는 것이다. 다정함은 친구를 사귀고 친구관계를 유지하게 만들어 준다. 다정한 유아는 친구들을 편안하게 해 주며 다른 친구들과 생각과 느낌을 공유하고 함께 게임을 하고 장난감을 나눠 쓸 수 있다(홍순정 외, 2009).

유아기에는 주로 놀이를 통해 우정을 형성한다. 하지만 지속적인 관계보다는 일시적인 놀이상대이며, 같이 놀고 있는 모든 유아가 친구가 될 수 있다. 즉, 우정 관계는 쉽게 시작되고 빨리 끝나는 일시적인 모습을 보인다. 초등학교 입학 후부터 아동의 우정은 안정적이며 지속적인 특징을 보이고, 아동 중기가 되면 우정은 한층 더 안정적이 되고, 아동은 지속적인 가장 친한 친구를 갖게 된다. 아동은 성격이 맞고 서로 주고받을 수 있는 동성 친구를 주로 선택한다. 청소년기에 이르게 되면 우정은 더욱 중요해지는데, 청소년은 정서적 지지와 친밀감을 나눌 수 있고, 옷차림과 사회적 행동의 기준이 되는 친구에게 보다 의존하게 된다. 또한, 추상적 사고를 할 수 있게 됨에 따라 삶에 대한 조망, 가치관 등 추상적인 개념의 공유를 중요시하게 된다(황희숙 외, 2008).

학령기 아동들에게 친구는 매우 중요한 기능을 가지고 있다. 친구는 교우관계, 자극, 물리적 지지, 자아 지지, 사회적 비교, 친밀감, 애정 등의 기능을 갖는다. 교우관계에서 볼 때 친구는 기꺼이 같이 시간을 보내며 협동활동을 해 준다. 자극 측면에서 친구는 흥미로운 정보를 제공하고 즐거움과 흥분을 제공한다. 물리적 지지 면에서는 시간, 자료, 도움을 제공하며, 자아 지지면에서는 스스로 능력이 있고 인기가 있고 가치가 있다고 느낄 수 있도록 지지와 격려를 해 준다. 또 친구는 다른 아동과 비교할 때 자신이 어떠한지 사회적 비교에 대한 정보를 제공하며, 따뜻하고 신뢰로운 친밀한 관계를 제공하여 자기 개방을 하도록 한다.

학령기 아동의 우정과 친구관계에서 가장 공통적인 특성은 친밀감(intimacy)과 유사성(similarity)이다. 친구관계에서 친밀감은 자기개방, 사적인 생각의 공유로 정의할 수 있다. 그러나 친밀한 우정관계는 청소년기에 이르러서야 나타난다. 아동기의 친구는 연령, 성, 인종 및 다른 여러 가지 특성에서 유사성이 높다. 즉, 친구는 학교에 대한 태도가 비슷하며, 교육에 대한 생각, 학업성취 등에서도 유사하다. 이들은 대부분 같은 옷을 입고, 같은 음악을 즐기며, 같은 여가활동을 한다.

우정에 관하여 가장 영향력 있는 이론을 편 설리번(Sullivan, 1953)에 의하면, 청소년 초기에는 가까운 친구의 심리적 중요성과 친밀감이 극적으로 증가한다. 설리번(Sullivan)은 친구가 학령기, 청소년기의 정서적 건강과 발달을 변화시키는 데 중요한 역할을 한다고 주장한다. 그에 의하면 인간은 안정애착, 교우 관계, 사회적 수용, 친밀감, 성 등의 사회적 욕구를 가지고 있다. 이러한 욕구가 충족되느냐 못되느냐가 바로 개개인의 정서적 건강을 결정하게 된다. 예를 들어, 재미있는 교우관계형성에 대한 욕구가 충족되지 않으면 모든 것이 재미가 없고 우울해지며, 사회적 수용의 욕구가 충족되지 않으면 자아가치감이 낮아진다. 발달 면에서 볼 때 친구는 청소년기의 이러한 욕구를 만족시키는데 중요하며, 친구와의 경험이 점차 청소년기의 건강상태를 결정하게 된다. 특히 설리번은 청소년기에는 친밀감 욕구가 강해 10대들은 가까운 친구를 갖게 되며, 그러한 친구를 갖지 못하는 경우 외로움을 느끼며 자아가치감이 낮아진다고 본다(유효순 · 최경숙, 2006).

우정에 대한 여러 연구들을 종합하여 데이먼(Damon, 1977)은 우정발달의 단계를 다음과 같은 세 수준으로 제시하였다.

### (1) 1수준: 가까운 놀이로서의 우정(4~7세)

이 시기의 유아들은 친구를 '나를 좋아하는 사람, 함께 오랜 시간 놀아 줄 수 있는 사람, 장난감을 나눠 가질 수 있는 사람'으로 인식한다. 즉, 우정은 놀이나 물건의 교환과 같이 구체적인 행동으로 인식된다. 그러므로 쉽게 친구가 되고 빨리 친구관계가 끝난다. 일반적으로 친구관계는 친구 중 한 사람이 장난감을 나눠 갖지 않거나 놀이를 할 때 도움이 되지 않으면 끝이 난다.

### (2) 2수준: 상호 신뢰와 도움으로서의 우정(8~10세)

이 시기의 아동들은 보다 복잡하고 심리적인 우정의 개념을 가지며, 우정을 형성하기 위해서 많은 시간과 노력을 들인다. 함께 활동하는 것이 우정이라고 생각하지 않으며, 친구 간의 개인적 특성을 좋아하고 서로의 욕구에 반응하며 상호적으로 동의된 관계를 우정이라고 생각한다.

이 시기에는 우정의 지속적인 요인을 친구 간의 신뢰라고 생각한다. 따라서 서로에게 도움을 제공하지 않거나 약속을 어기거나 보이지 않는 곳에서 친구를 욕하는 행위는 신뢰를 파괴하는 행위이기에 우정이 지속될 수 없다고 여긴다.

### (3) 3수준: 친밀감과 충성심으로서의 우정(11~15세)

이 시기의 청소년들은 우정 형성의 가장 중요한 요인을 심리적 가까움 및 상호적 이해를 가능하게 하는 친밀감과 어떤 이유로든 친구를 배신하지 않는다는 충성심이라 생각한다. 그들은 우정을 통해 자신의 심리적 괴로움을 위로받고, 비밀과 감정을 공유하며, 개인적인 문제를 해결하기 위해 기꺼이 서로를 돕는다. 이 시기의 우정은 점점 더 깊고, 상호 간의 공유된 관계를 형성하려고 둘만의 비밀을 갖기를 원하며, 친구를 소유관계로 인식하기도 한다.

### 4) 감성지능

최근에 이르러 인간이 행복한 삶을 살아가기 위해 갖추어야 할 능력으로서 지적 능력뿐만 아니라 감성지능이 중요시되고 있다. 인지와 감정은 서로 밀접할 뿐만 아니라 영향력을 미치고 있어 인간은 이들의 조화를 통해 더욱더 효율적이고 적응적이 될 수 있으며 감성지능이 높은 사람일수록 조화를 잘 이룰 수 있다.

감성지능의 연구는 감성을 하나의 지능으로 연구한 가드너(Gardner, 1987), 감성지능(EQ: Emotional Quotient) 또는 감성지수라는 개념을 최초로 사용한 메이어와 샐로베이(Mayer & Salovey, 1990), 감성지능을 좀 더 과학적으로 체계화하여 제시한 골만(Goleman, 1995)에서 찾아볼 수 있다.

가드너(Gardner)는 그의 이론 다중지능이론에서 지능의 핵심요인으로 알려져 온 논리·수학적 지능과 언어적 지능 등의 요인 외에 자신에 대한 정확한 실제적 모델을 형성하고, 삶을 효과적으로 조정하기 위해 그 모델을 사용할 수 있는 개인이해 지능과, 타인을 이해하고 동기화하며 적절히 상호작용하고 협력적으로 일할 수 있는 대인 관계 지능을 포함시킴으로써 감성에도 지능을 부여하는 계기와 지능의 개념을 확대시키는 기초가 되었다.

1990년대 초 심리학자인 메이어와 샐로베이는 가드너의 다중지능이론에 포함된 개인이해 지능과 대인관계 지능을 감성과 관련되어 있음을 확인하고 이를 좀 더 명확하게 감성지능(EQ)이라는 용어를 최초로 만들어 개념화하였다. 또한, 정서의 평가와 표현, 정서의 조절, 정서의 활용이라는 필수요인과 4가지 하위영역에 따른 네 개의 수준으로 총 16요소로 이것을 구분하였다.

- 정서의 평가: 자신의 감정이나 기분들과 다른 사람들의 감정이나 기분들을 점검하는 능력
- 정서의 조절: 여러 감정과 기분들을 구별하는 능력
- 정서의 활용: 정보를 이용하여 자신의 사고와 행동을 이끄는 능력

이것을 기초로 다니엘 골만(D. Goleman)은 감성지능을 자기감정 인식, 자기감정 조절, 자기 동기화, 감정이입, 대인관계 기술로 압축하여 5가지 구성 요소로 재구성하였다.

- 자기감정 인식: 감성 교육에서 중요시하는 기초능력 중의 하나로 자신이 현재 느끼고 있는 감정, 기분 등이 어떤 것인지 잘 알고 그러한 기분을 적절히 말로 표현할 줄 알며 표정이나 행동을 상황에 맞게 나타낼 수 있는 능력
- 자기감정 조절: 인식된 자신의 감정을 스스로 적절하게 처리하고 변화시킬 수 있으며, 분노, 우울, 스트레스 등의 감정을 표현하고, 정서표현과 이성적 사고 간의 균형을 유지하는 능력
- 자기 동기화: 어려움을 참아내고 자신의 성취를 위해 노력할 수 있으며, 목표를 향한 주의집중, 완전함과 창의성에 대한 추구를 의미하는 능력
- 감정이입: 타인이 느끼는 감정을 자신의 것처럼 느끼며 다른 사람의 감정 상태를 알고 적절하게 반응하는 공감 능력으로 다른 사람의 정서를 공유하는 데 그치지 않고, 이타적 행동으로 표현될 수 있는 능력
- 대인관계 기술: 타인과의 상호작용을 성공적으로 하는 데 필요한 기술과 다른 사람의 감정을 효과적으로 관리하는 능력

이런 골만의 노력에 의해 새롭게 주목된 감성지능은 전 세계적으로 이 능력을 효율적으로 이용하여 지적 능력을 보다 효과적으로 발휘하는 데 도움을 주고자 하는 교육방법에 대한 모색으로 이어지게 되었다. 그리고 지성과 감성의 조화를 통한 아동들의 총체적인 성장을 이끌고자 하는 음악, 미술, 독서, 놀이 등을 활용한 다양한 형태의 감성 교육이 시작되는 계기가 되었다. 이러한 감성 교육에 대한 세

계적인 관심은 우리나라 교육 현장으로도 이어져 뜻있는 교사들의 다양한 연구로 이어지고 있다(김경희 · 천인옥, 2009).

급속하게 변화하는 21세기에 대비하여 감성지능이 인간에게 요구되는 진정한 능력이며, 감성지능이 바로 오늘날의 부모와 교사가 유아에게 진정으로 길러 주어야 할 능력이라고 볼 수 있다.

감성지능은 단일한 능력이 아니며, 정서적인 얼굴표정을 구분하는 비교적 단순한 능력에서부터 일상적 대인관계 상황에서 정서의 원인과 결과를 이해하고, 문제를 해결하고, 정서가 동기와 어떻게 상호작용하는지 인식하는 복잡하고 통합적인 능력에 이르기까지 일련의 능력들의 집합이다(이승은 · 이영석, 2004). 유아기는 발달 특성상 창의성, 정서지능, 기본생활습관 같은 인성의 기초가 형성되는 중요한 시기이기 때문에 이 시기의 다양한 감성 교육은 교육적 가치 면에서 효과가 크다고 볼 수 있다.

## 2 감성 교육 및 지도방안

유아 감성 교육에 기본적으로 작용하는 교수–학습의 원리를 살펴보면 다음과 같다(황희명 · 박찬옥, 1997).

### ① 안정된 정서적 분위기의 조성

유아의 정서적 행동에 대해 교사가 일관된 반응 및 수용적 태도를 계속적으로 보여 줌으로써 유아가 안정된 정서를 유지할 수 있도록 한다.

- 친밀감 있고 일관적인 태도로 유아에게 안정감을 준다.
- 유아의 말에 귀 기울여 주는 교사라는 믿음을 준다.
- 유아의 모든 표현행동에 대하여 교사가 정서적인 반응을 보인다.

### ② 온정적인 교사-유아의 관계 형성

교사와 유아는 수직적 관계보다는 서로 도와주고, 나누어 주고, 협력하고, 위로해 주는 수평적 관계라는 신뢰가 형성되도록 한다.

- 미소, 응시, 정서적 어휘 사용 등이 수반된 의사소통을 한다.
- 교사도 유아에게 정서적 도움을 필요로 할 때가 있음을 알려 준다.
- 유아 스스로 사랑받고 느낄 수 있도록 확신을 준다.

### ③ 자유로운 감정표현의 격려

유아의 긍정적인 감정뿐만 아니라 부정적인 감정도 있는 그대로 받아들이며 자유로운 감정표현을 격려한다.

- 유아에게 일어나는 감정을 표현할 수 있는 기회를 많이 준다.
- 모든 유아가 정서 표현에 참여할 수 있도록 적극적으로 유도한다.
- 소극적인 유아는 감정표현 자체에 박수나 칭찬을 해 줌으로써 자신감을 갖게 한다.

### ④ 유아의 개인성 존중

유아 개인의 독특한 생각과 느낌을 수용하고, 유아들 간에도 서로의 표현을 존중하고 격려하도록 돕는다.

- 자신과 타인의 감정은 다를 수 있으므로, 유아 간에 서로 비교하지 않는다.
- 긍정적 정서뿐만 아니라 부정적 정서라도 유아 개인의 표현을 존중하여 반응한다.
- 유아들 스스로 서로의 생각과 느낌이 다르다는 것을 인정하고 격려하도록 교사가 돕는다.

### ⑤ 유아 정서발달에 적합한 활동운영

2, 3, 4세 각 유아의 정서발달에 기초하여 적합한 교육활동을 계획하고 수행한다.

- 표정 단서 및 상황 단서를 기초로 한 활동은 유아의 정서 이해 및 표현을 돕는 데 효과적이다.
- 3세 정도의 어린 유아들을 위한 정서교육은 유아의 단순한 정서경험을 이해하고 표현하는 데 중점을 둔다.
- 4세 이후의 유아들은 정서적 상황을 단서로 한 감정조절, 감정이입, 문제해결 등에 중점을 두어 활동한다.

### ⑥ 정서 공유의 기회 확대

정서교육 시간을 고정시키기보다는 유아의 감정 상태나 우연히 발생한 정서적 상황 등을 잘 포착하여 유아들이 정서를 공유할 수 있는 기회로 활용한다.

- 일과 중 우연히 발생한 정서적 상황이라도 놓치지 말고 4~5분 정도 유아들이 함께 이야기 나눌 수 있도록 배려한다.
- 인지적 성격이 강한 수·과학 활동을 진행하는 중에도 교사는 유아의 의지나 느낌을 표현할 수 있는 정서적 어휘를 사용한다.
- 유아가 입학 초와 같은 특정시기에 가질 수 있는 불안이나 슬픔 등을 소재로 하여 유아들과 이야기 나눔으로써 부정적 감정을 경감시키도록 한다.

### ⑦ 주제와 정서와의 통합

어떠한 생활주제라도 정서인식, 감정조절, 동기화, 감정이입, 대인관계 기술 등의 정서 요소가 내재되도록 계획하고 운영한다.

- 주제 전개 계획안 작성 시 가능한 한 정서 요소가 내재된 관련 활동을 포함시킨다.
- 정서 내용요소에 대한 이해를 높여 생활주제에 적합한 활동을 연결 지을 수 있는 감각을 교사 스스로 키우도록 한다.

유아의 친구 사귀기를 도와주기 위해서는 다른 태도나 행동을 익힐 때처럼 타인을 잘 관찰하거나 여러 사회적 행동을 연습을 통해 체험함으로써 가능하다. 유아들에게 그러한 체험을 하도록 도울 수 있는 친구 사귀기 지도 지침을 살펴보면 다음과 같다(차경수 외, 1997).

첫째, 유아들이 또래 간 활동을 할 수 있도록 기회를 제공한다. 가능한 한 조직적인 소집단을 만들어 주어 자기들 간에 상호작용이 많이 일어나도록 돕는다. 이때 소집단 소속은 동질적인 친구와 이질적인 친구들을 같이 넣어야 효과를 얻을 수 있다.

둘째, 유아의 우정을 신중하게 받아들인다. 유아가 친구에 관해 이야기할 때 관심을 보여 주는 행동은 유아의 친구 사귀기 활동을 충분히 고무시켜 줄 수 있다.

셋째, 유아가 친구에게 거부당했을 때 격려해 주고 유아를 이해해 준다. 교사는 친구에게 거부당한 감정이 오래 가지 않도록 유아의 슬픔에 공감하고 분노를 해소하도록 도와야 한다.

넷째, 유아가 친구를 사귈 수 있는 사회적 기술을 배우도록 격려한다. 타인의 기분을 읽는 방법, 자신의 감정을 전하는 방법, 질문에 답하는 방법 등과 같은 기술을 익힐 기회를 역할 놀이 등을 통해 제공하고 그러한 기술을 행할 때마다 격려하도록 한다.

학령기 시기는 또래 집단에 대한 소속감이 생활을 변화하게 하는 요인으로 작용한다. 가정에서 친구관계의 발달을 위한 부모의 역할은 아동이 부모나 가정에서 벗어나 집단생활을 하고자 하는 열망을 보이는 시기이므로 야외 캠프 등의 다양한 단체 생활을 경험할 수 있도록 배려해 주는 것도 바람직하다. 새로운 환경에 적응할 때 발생될 갈등상황을 단체 경험을 통하여 겪고 이를 해결할 수 있는 방법에 대해 생각해 봄으로써 인간관계를 형성해 가는 방법을 학습할 수 있다(김영희 외, 2006).

한편, 친구를 잘 사귀지 못하는 아동들에게는 도움이 필요하다. 친구로부터의 소외는 또래 관계가 중요한 역할을 하는 학령기에 학교에 적응하지 못하는 주요 요인이 된다. 친구 관계가 원만하지 않은 아동은 성격이 내성적이며 자기 주관이 강하고 비사회적이며 유행에 둔감한 경우가 많으므로, 부모는 아동이 또래들과 공유하고픈 감정이 생기도록 또래들 사이에 유행하는 언어나 게임 등에 관심을 갖도록 도와야 한다. 또한, 친구와 잘 지내려면 때로는 양보, 협상과 같은 기술을 사용해야 하는 등의 노력이 필요하다는 점을 아동에게 상기시킬 필요가 있다. 더불어 또래 관계를 형성하는 것도 중요하지만 다른 친구를 소외시키지 않는 사람이 되도록 지도하는 것도 필요하다.

유아가 친구를 사귀고 그 관계를 유지하는 데에는 교사나 부모의 지원이 큰 도움이 된다. 유아의 친구관계를 도와주기 위한 일반적인 방법은 다음과 같다(Kostelnik, Whiren, Soderman, Stein, & Gregory, 2002/2005).

- 유아에게 친구와 함께 있을 수 있는 비형식적인 기회들, 즉 이야기하고 놀이하고 함께 있는 것을 즐길 수 있는 자유로운 기회를 제공한다.
- 유아끼리의 상호작용을 촉진하기 위해 유아를 둘씩 짝 짓는 방법을 계획하여 실시한다. 가능한 한 아이의 특성을 고려하여 다양한 방법을 사용하도록 한다. 예를 들어, 같은 색깔의 옷을 입은 친구, 퍼즐을 좋아하는 친구, 토끼를 좋아하는 친구 등 흥미와 관심이 같거나 비슷한 친구들끼리 짝지어 주는 것, 평상시에 좋아하는 친구, 성향이 비슷한 친구끼리 짝지어 주는 것 등의 방법이 효과적이다.
- 수줍어하거나 행동이 느린 유아는 더 어린 유아와 짝지어 준다.
- 유아의 친구관계를 진지하게 대한다. 교사나 부모는 유아가 친구에 대해 이야기할 때 잘 들어 주는 것이 필요하며, 유아의 걱정이나 관심을 반영해 주고, 관심을 나타내기 위해 질문을 한다.
- 유아가 친구와의 유사성을 스스로 발견하게 하는 집단 이야기 시간을 갖는다.
- 유아가 서로의 이름을 알도록 한다.
- 유아가 또래의 우호적인 제안을 알 수 있도록 옆에서 다시 한번 말해 주는 것과 같이 즉각적으로 정보를 제공한다.
- 유아의 행동이 친구 사귀기에 어떻게 영향을 미치는지 스스로 인식하도록 돕는다.
- 가능하면 놀이가 시작되는 시점부터 놀이에 참여시킨다. 유치원이나 보육시

설일 경우, 등원 시간에 늦지 않도록 하여 놀이의 시작을 함께 할 수 있도록 하는 것도 좋은 방법이다.

- 유아의 대화기술을 발달시키도록 도와준다. 유아의 발달과 더불어 성인이 먼저 유아의 말을 경청하는 것부터 시작하여, 유아가 전하고자 하는 내용에 귀 기울이고 관심을 가지고 대화하도록 한다. 다른 유아의 말을 잘 이해하지 못하거나 상황을 인식하지 못하는 경우, 차근차근 설명해 주어 상황을 인식하도록 도와준다.

교사는 유아들의 우정 형성을 도와줄 수 있다. 켐플(Kemple, 1991)은 유아의 우정 만들기와 유지를 위한 교사의 역할을 제시하면서 먼저 또래 관계에 어려움을 가지고 있는 유아들을 관찰한 후 다음과 같은 사항들을 확인하도록 제안하였다(조경자, 1998).

- 또래 관계에 어려움을 가지는 유아들이 다른 유아들과 어떻게 상호작용하는가?
- 개별 유아, 소집단 또는 보다 큰 집단의 유아들과의 상호작용이 어떻게 이루어지는가? 어느 상호작용의 형태에서 유아가 보다 더 성공적인가?
- 유아가 다른 유아들의 의도를 잘못 해석하지는 않는가?
- 다른 유아의 제안을 거절할 때 유아가 이유나 대안을 제시하는가?
- 다른 유아의 의사소통 시도에 대해 유아가 부적절한 반응을 나타내는가?
- 다른 유아가 그 유아를 계속해서 거부하는가?

이러한 관찰을 통하여 교사는 적절한 전략을 가지고 지도할 수 있다. 또래들에게 인기가 없는 유아들은 대체로 공격적인 행동을 하는 유아들이다. 이러한 유아들은 갈등을 해결할 수 있는 적절한 수단을 알지 못하는 것이 이유일 수 있다. 따라서 갈등상황이 벌어졌을 때 그 상황을 활용하여 바람직한 행동을 하도록 지도한다. 또래집단으로부터 인정받을 수 있는 기회를 제공한다. 동극이나 동화, 이야기 나누기 등의 활동을 통하여 문제를 해결하도록 지도할 수 있다(장혜순, 2006).

교사는 유아가 친구라는 단어를 사용할 때, 유아가 외적인 상황 및 환경과 현재의 시점에 초점을 두고 있다는 것을 알아야 한다. 만약 어떤 유아가 같은 또래에게 "너는 내 친구가 아니야", "난 너 싫어해"라고 했을 때, 그 말을 들은 또래는 성인이나 교사가 생각하듯이 마음의 상처를 많이 받지 않는다. 왜냐하면 그 또래 유아는 자기가 상대 유아에게 무엇을 잘못했는지를 모르며, 그 유아가 자기와 다시 놀아 주지 않을 수 있다는 것을 생각하지 못하기 때문이다. 그러므로 교사는 6세나 7세 이전의 유아에게 "착하게 해야지!", "그 아이는 너의 좋은 친구잖아"라고 추상적으로 이야기하지 말고 친구를 밀면 "네가 그렇게 하면 친구가 다친다"라든가 "친구도 그 장난감을 만지고 싶어 한단다"와 같이 구체적으로 말해야 한다(성영혜 외, 2001).

친구는 유아에게 없어서는 안 될 중요한 사회적 발달의 맥락이므로 우정을 형성하는 것이 사회적 발달에 도움이 된다. 하지만 모든 유아가 친구와 우정을 형성하는 것은 아니다(Vandell & Hembree, 1994). 우정을 형성하지 못하는 유아에게 우정을 형성하도록 도와주는 방법이 있는데 그것은 사회적 상호작용 상황에서의 상호적인 관계 기술인 사회적 기술의 획득이다. 우정의 조장에 필요한 사회적 기술은 다음과 같다(홍순정 외, 2009).

첫째, 차례 지키기(Morrison & Rusher, 1999)이다. 차례를 지킨다는 것은 자신의 행동을 효과적으로 적절하게 통제한다는 것이다. 또한, 또래가 현재 하고 있는 활동을 존중하는 것과 규칙을 준수하여 타인의 권리를 존중한다는 것을 알려 주므로 차례 지키는 것은 중요한 자기 조절적 기술이자 사회적 상호작용의 기술이다.

둘째, 장난감을 공유하고 협동하는 것(Honing & Whittmer, 1996; Lamme & Hartle, 1996)이다. 협동과 공유는 우정의 전제조건(Hartup, 1989)으로, 협동하는 것은 그 사람에 대한 사회적 선호도를 형성하고 결국 우정을 형성하는 것이 된다(Smollar & Uouniss, 1982).

셋째, 긍정적인 의사소통 방법의 사용(Lamme & Hartle, 1996)이다. 긍정적인 방향으로의 의사소통은 효과적인 사회적 상호작용을 낳는다(Guralnick, 1992). 자기 생각이나 감정, 아이디어를 정확하고 분명하게 상대방에게 알리는 것은 효과적인 의사소통의 기술(Gottman, 1983)이기도 하다.

넷째, 타협하는 기술이다(Moore & Brown, 1996). 타협하는 기술은 보다 발달된 사회적 기술로 의견 충돌 시 상대방의 의견을 존중하는 것과 자신의 개인적인 목적을 효과적으로 달성하게 하는 사회적 기술이다. 또한, 타협을 통해 상대방의 전략이 무엇인지 그리고 의도가 무엇인지 알게 한다.

다섯째, 정서적 이해와 지원의 제공이다. 정서적 이해능력은 타인 감정의 이해능력으로 중요한 사회적 관계의 기술로서 나의 감정과 타인의 감정을 이해하는 것이 필요하다. 또한, 정서적 표현은 긍정적인 것과 부정적인 것 중에서 긍정적인 것으로 표현하는 것이 중요하다.

## 3 감성 발달을 돕는 부모와 교사의 역할

유아는 하루의 대부분을 가족과의 범위 내에서 생활하면서 다양한 감정을 경험한다. 특히 부모는 유아와 정서를 나눌 수 있는 중요한 대상이 된다. 따라서 유아의 감성계발은 교사와 부모와의 긴밀한 연계가 있을 때 더욱 효과적이라고 할 수 있다. 교사가 유아와 정서적 상호작용을 위해 사용하는 대화방식이나 활동방법들이 가정에서도 이어져 사용된다면, 유아의 감성계발은 물론 교사-유아-부모의 정서적 유대관계가 자연스럽게 형성되고 지속되는 결과를 가져올 것이다(황희명·박찬옥, 1997).

감성 교육활동이 효과적이기 위해서는 유아들의 감성적 행동에 대해 수용적이고 안정감을 줄 수 있는 환경, 감성발달에 적합한 다양한 활동의 선정, 유아 자신의 감성을 효과적으로 표현할 수 있도록 도와주는 교사의 적절한 개입이 선행되어야 한다(이혜경, 2003).

유아교육기관에서의 감성 교육 활동에 적합한 환경은 유아가 자신의 감정을 다른 친구의 감정에 긍정적으로 반응할 수 있도록 이끄는 따뜻한 분위기를 의미하며 이러한 분위기에서 유아와 유아 간의 상호작용은 더욱 효과적이라 할 수 있다(Hyson, 1994).

유아들의 감성을 효과적으로 처리하도록 돕기 위해서 교사의 역할이 중요한데 교사가 유아에 대해서 가지는 생각, 신념, 판단, 태도, 기대, 행동은 유아의 감성발달에 결정적인 역할을 하기 때문이다(송명자, 1995). 또한, 교사는 적절한 감성 반응의 모델링이 되고 감정조절을 도우며 유아의 감성 표현 양식을 인정하고 존중하여야 한다.

유아감성 교육에 적합한 교수－학습방법은 다음과 같다(황희명 · 박찬옥, 1997).

첫째, 감정표현이다. 유아가 자신의 정서적 경험으로 얻게 된 느낌과 생각을 다양한 활동 형태, 즉 행동적, 조형적, 언어적 형태로 표현한다. 감정표현의 유형으로는 얼굴표정과 몸짓, 그리기, 만들기의 조형 활동, 언어적 표현과 억양이 있다.

둘째, 탐색하기이다. 정서에 대한 이해를 하고자 정서에 관련된 자료들을 흥미를 가지고 살펴보도록 한다. 탐색하기의 유형으로는 타인의 얼굴표정과 몸짓 탐색, 감정을 유발하는 상황 탐색, 감성 교육 주제에 관련된 자료 조사 등이 있다.

셋째, 토의하기이다. 두 사람 이상이 정서관련 주제나 갈등상황에 대해 서로 생각과 느낌을 나누고 이들 간의 유사점과 차이점을 살펴보며 갈등상황을 해결할 수 있는 방법을 논의하는 것이다. 토의하기의 단계로는 '토의'의 의미 파악, '토의거리'결정, 자유로운 자기 생각 표현, 토의거리에 대한 다양한 생각 모으기이다.

넷째, 추론하기이다. 가설적 딜레마와 상황에 대하여 주인공이 어떻게 해야 하고, 왜 그렇게 해야 할지를 이야기한다. 추론하기의 단계는 가설적 딜레마와 상황 인식, 주인공이 하게 될 행동 예측, 주인공의 행동이 타인의 감정이나 반응에 끼칠 영향 추론하기이다.

다섯째, 문제해결이다. 당면한 정서적 문제 상황에 대하여 그 원인을 생각하고, 다양한 해결방안을 모색하여, 최선의 해결책을 시도해 보도록 하는 것이다. 문제해결의 단계로 문제 상황 인식, 문제의 원인 발견, 문제해결 방법의 다양한 모색, 문제해결 시도 및 해결이다.

유아교사는 다른 학교 급의 교사보다도 감성 교육자로서의 역할이 특히 강조된다. 실제로, 유아 교사에게 기대되는 자질 중 우선적인 것은 '유아는 존중되고 사랑받으며 자율적인 존재'라는 것에 대한 신념을 가지는 일이다(Henderson, 1992). 이러한 신념은 유아를 향한 애정 있는 확신(confirmation)에서부터 출발하며 교사가 유아와 나누는 대화에서 표현되고 더욱 성숙해진다(황희명 · 박찬옥, 1997).

유아를 확실히 안다는 것은 매우 어렵고 긴 시간을 요하는 일일 것이다. 그러나 교사가 사랑과 인내를 가지고 유아와 함께 마음속의 생각과 느낌을 서로 나누는 대화를 계속할 때, 교사는 유아의 현재 수준과 발달 가능성의 크기를 인지하고 유아가 지닌 '최선의 자아'를 발견할 수 있을 것이다. 최선의 자아를 발견한다는 것은 유아의 마음 깊은 곳에 숨어 있는 열망을 주의 깊게 들을 수 있는 귀가 있다는 것이며, 이러한 교사와 생활하는 유아는 긍정적이고 밝은 정서 상태, 그리고 이러한 정서적 작용에 의한 성장 의욕, 학습동기를 키워나갈 것이다. 감성 교육은 곧 인지, 언어, 신체발달 등 모든 측면의 원동력이 된다. 이를 위해 교사가 나름대로의 자질 향상을 위한 노력과 유치원 일과 중에 할 수 있는 구체적인 행동을 열거해 보기로 한다.

- 교사 스스로 자신의 정서상태를 분석하고, 부정적 정서는 긍정적 정서로 전환시키도록 노력한다.
- 웃는 표정 만들기를 과제로 설명하고, 거울을 보며 연습한다.
- 유아가 안심하고 이야기할 수 있도록 표정을 짓고, 격려하는 몸짓과 어조를 띤다.
- 등교에서부터 귀가까지 우연히 일어나는 정서적 상황을 잘 포착하여 개인 유아와 또는 집단적으로 언어적 상호작용을 하도록 한다.
- 유아가 정서를 인식하고 표현하며 감정조절하고, 감정이입과 이타행동이 잘 이루어질 수 있도록, 이를 위해 언어적 상호작용 기법을 평소에 익혀 놓는다.

유아교육기관에서 감성 교육을 하기 위해서는 지금까지 없었던 새로운 프로그램이나 교재·교구를 꼭 새로 구입해야 하는 것은 아니다. 현재의 프로그램에서 이야기 나누기 및 토론, 공동작업, 미술활동, 동화 등을 이용하여 얼마든지 다양한 감성 교육을 진행할 수 있다.

여러 학자의 견해를 종합하여 하이슨(Hyson, 1994)이 제시한 감성 교육방법을 살펴보면 다음과 같다.

- 감성적으로 안전한 환경 구성하기
  - 하루 일과나 일정활동, 환경의 지속성 유지
  - 아담하고 아늑한 공간
  - 실수나 생각에 대한 수용적 분위기
  - 유아에 의한 의사결정의 허용 등 반응적 환경
  - 미소 짓기와 응시하기, 신체적 접촉, 포옹 등 성인의 표정을 통한 안정감
  - 언어를 통한 안정감 구축
- 유아가 감성을 이해하도록 돕기
  - 가상놀이의 활용
  - 유아들의 정서표현 반영하기
  - 유아들의 느낌에 반응하기
  - 유아의 정서에 대해서 말해 주기
  - 감정의 원인에 대해 이야기하기
- 적절한 감성반응의 모델 보여 주기
  - 정서표현 모델로서의 성인, 성인이 보여 주는 정서모델의 영향
  - 유아들이 활동에 참여할 때 같은 놀이자 입장에서의 모델
  - 교사가 계획한 활동을 통한 모델 제시
- 감정조절 도와주기
  - 가상놀이 활동하기
  - 또래 간의 상호작용 도와주기

- 유아의 감성표현 양식을 인정하고 존중하기
  - 관찰을 통해 각 언어, 표정을 통해 유아의 개별적 감성표현 양식을 인정하기
  - 유아들이 처한 문화에 따른 표현양식 존중하기
- 학습과 긍정적 감성 연결하기
  - 모든 학습의 바탕에 기쁨과 성취, 흥미를 바탕에 둘 수 있도록 활동을 계획하고 실천하기
  - 여러 소집단 활동을 통해 각 유아가 다양한 방법으로 새로운 경험을 탐색하고 조사해 보도록 돕기
  - 새로운 학습경험에 충분한 시간 허용하기

감성은 학습을 유발하고, 학습을 할 수 있는 주의집중을 이끌어 내고 학업성취를 높이는 데 매우 중요한 요소이다(Greenberg & Snell, 1997). 따라서 교사들은 아동의 주의집중을 잘 유지시키면서, 아동이 감정을 잘 조절하고, 적절하게 타인과 의사소통하며, 대인관계에 대처해 나갈 수 있는 전략을 수업 중이나 혹은 대인관계 기술을 가르칠 때 함께 가르쳐야 한다(이승은, 1999).

부모가 자녀의 감수성을 높이는 방법으로 이영숙(2010)은 다음과 같이 제시하고 있다.

첫째, 상대방의 감정에 반응하는 감수성을 강화시켜 주어야 한다. 어린이들 중에는 다른 어린이들보다 상대방의 감정에 조금 더 민감한 어린이들이 있는데, 이런 어린이들에게는 사람들의 정서적 단서, 즉 말투나 행동이나 얼굴표정을 정확하게 판단할 수 있는 능력이 있다는 것을 말해 준다. 반대로 이러한 능력이 없는 어린이는 다른 사람의 욕구에 제대로 반응하기를 어려워하며 어떻게 행동해야 할지 몰라 소심하고 불안해한다. 그러므로 일찍부터 다른 사람의 감정에 민감하게 반응할 수 있는 자질인 감수성을 강화시키려면, 교육을 통해 자신감을 갖고 다른 사람을 배려하는 어린이로 성장할 수 있도록 지도해야 한다.

둘째, 자녀가 감수성 있는 행동을 한 그 즉시 그에 대한 칭찬을 해 주는 것이 필

요하다. 이것은 자상하고 사려 깊게 행동하는 것을 볼 때마다 그런 행동이 상대방을 얼마나 기쁘게 하는지 자녀가 알 수 있도록 하여 그 행동을 지속적으로 할 수 있도록 격려하고 칭찬해 주는 방법이다.

이러한 과정을 통해 자녀는 "아, 내가 이런 행동을 했을 때 다른 사람으로부터 칭찬을 받는구나"라고 생각하게 된다. 성품은 칭찬으로 완성되는 것이다. 한번 칭찬받은 행동은 자녀의 내면에 성취감과 만족감을 주게 되고, 같은 행동을 반복하게 하여 좋은 습관으로 자녀의 모습 속에 자리 잡게 하는 방법이다 그러므로 부모는 반복적으로 자녀의 행동을 섬세하게 관찰하고 좋은 행동으로 나타날 수 있도록 지속적으로 훈련하고 지도해야 한다.

아무리 사소한 일이라도 자상하고 친절한 행동은 다른 사람과 함께 살아가는 데 중요한 감동을 준다. 자녀가 자신이 한 행동의 결과를 객관적으로 볼 수 있도록 자녀가 보여 준 감수성의 결과를 알게 해 주어야 한다.

셋째, 다른 사람의 기분상태를 잘 생각해 보게 하는 것이다. 우리는 일상생활에서 교육할 뿐만 아니라 책, TV, 영화를 보면서도 교육할 수 있다. "저 사람의 기분이 어떨까?"라는 질문을 하는 것은 자녀가 잠깐 자신의 동작이나 말을 멈추고 다른 사람의 고민과 상황에 대한 생각을 할 수 있도록 하여 그들의 욕구에 대한 감수성을 키울 수 있게 된다.

일상생활에서 여러 상황을 활용하여 자녀가 그것을 어떻게 생각하는지, 그 이유가 무엇인지, 왜 그런 감정을 느끼는지 그 이유를 이야기할 수 있도록 유도해 보는 것도 좋은 방법이다.

넷째, 어렵고 세밀한 방법을 가르치기보다는 일상생활에서 자녀의 상황과 기분을 잘 관찰할 수 있는 부모들의 역량에 달려 있다고 할 수 있다. 상황을 이해하고 알아가면서 부모 또한 감수성의 발전과 함께 자녀의 기분과 상황을 이해하는 능력이 자라나게 되고, 그러한 노력으로 자녀의 능력도 함께 발달하게 되어 서로 좋은 방향으로 발전할 수 있게 된다.

많은 사람과 연결되어 함께 살아가야 하는 현대사회에 꼭 필요한 필수 능력인 감수성은 일방적인 가르침만으로는 이룰 수 없다. 친밀한 부모와 자녀 관계에서 느껴 보는 행복한 감정이 바로 우리 자녀의 감수성을 높일 수 있는 가장 좋은 교육이다.

지금은 국제화가 이루어지고 있는 세상이다. 한국 땅을 떠난 지 불과 몇 시간도 안 되어 여러 인종과 대화하고 사업적인 교섭을 하고 회의를 하게 된다. 또 생면부지의 사람들과 인터넷으로 교류하게 된다. 이방인들과 짧은 시간 안에 호의적인 관계를 수립하고 우정과 친밀감을 발전시키는 것은 개인과 기업과 국가의 발전에 있어서 필수조건이 되고 있다.

한국인의 의사표현은 비언어적인 경우가 많다. 불만이 있을 때 그것을 표현하지 않거나 애매모호한 간접 화법을 써서 표현한다. 상당한 기간 함께 식사하고 노래방에 가서 노래는 같이 불렀지만 그 사람의 삶과 인생목표, 철학, 취미에 대해서는 알지 못하며 인격적으로 교류하는 관계로 발전하지 못한다. 여전히 피상적으로 남아있는 것이다. 또한, 갈등이 있을 때 일대일의 동등한 인격자로서 솔직하게 이야기하며 타협하지 못한다. 나이, 서열, 경제적 지위, 주어진 역할에 따라 하위자는 스스로가 마치 무능하고 미숙한 어린이처럼 역할 연출하는 경향이 있다.

부모와 교사는 인종과 나이와 지위를 떠나서 그들이 만나는 사람과 좋은 관계와 우정을 가꿀 수 있는 능력자로 길러 주어야 한다. 또 갈등을 멋있게 풀어나가는 자질을 길러 주어야 한다. 여기에는 자기표출, 주장적 자기표현훈련, 친구 사귀기 등의 교육이 유익할 것이다(홍경자, 2004).

외국인과의 우정을 경험하게 해 주는 것도 좋은 기회이다. 유아교육기관에서 외국에서 온 유학생, 선교사 등을 초청하여 자기 나라의 생활과 문화에 대해 유아들에게 들려주도록 한다. 그러한 개인적 경험을 통하여 유아는 초청된 방문 인사가 이야기해 주는 정보 이상의 것을 배운다. 유아는 그들의 예의범절을 주의하여 보고, 자기 생각을 표현하는 방식 같은 행동들을 주의해서 보는데, 이런 것들이 유아에게 아주 생소한 것일 수 있다(성영혜 외, 2001).

# 4 감성 교육 프로그램과 활동 사례

## 활동 사례 1

**활 동 명** 함께 느껴 보세요(주제: 감정이입)

**대상 연령** 만 5세

**활동 목표**
- ▫ 타인의 기본 감정을 이해하고 감정이입을 할 수 있다.
- ▫ 가족과 친구 사이에서 일어날 수 있는 여러 가지 상황과 정서를 알고 4가지 감정을 분류할 수 있다.
- ▫ 타인의 정서를 고려하고 문제를 해결할 수 있다.

**활동 자료** 그림 자료(강아지 이야기), 표정카드, 문제상황 그림카드(친구랑 놀 때, 친구랑 싸울 때, 친구가 이사 갈 때, 접시가 떨어질 때), 꽃 모양의 관, 색연필, 풀

**활동 방법**

1. 아동에게 '강아지 이야기'를 들려준다.

> 영희는 생일선물로 강아지를 받았어요. 영희는 선물로 받은 강아지를 너무너무 좋아했어요. 그런데 강아지는 장난꾸러기였어요. 강아지가 집에 온 첫째 날, 강아지는 아빠의 신발을 물어뜯어 놓았어요. 둘째 날, 강아지는 어머니가 일하는 주방에서 쓰레기를 담아놓은 봉지를 물어뜯어서 부엌을 온통 쓰레기로 어지럽혀 놓았어요. 셋째 날, 강아지는 언니가 공부하는 조용한 방에 들어가서 장난치다 꽃병을 깨뜨렸어요. 그래서 가족들은 모두 기분이 나빠졌어요. 그날 영희의 어머니는 "강아지를 더 이상 집에 들여놓으면 안 돼."라고 말씀하셨어요.

2. 이야기를 들려준 후, 아동에게 표정 카드를 주고, 느낌과 기분에 대해서 이야기한 후, 기분에 맞는 표정 카드를 골라보게 한다.
3. 문제해결 방법에 대해서 토론하고 해결책을 찾는다.
4. 아동에게 표정이 없는 상황 그림과 표정 어휘가 적힌 꽃 모양의 관을 제시

한 후, 표정을 어휘에 맞게 분리해서 붙인 후 색칠하게 한다.

**확장 활동**
- 언제 기분이 좋고 나빴는지 서로 발표하는 시간을 가져볼 수 있다.
- 친구와의 관계에서 있었던 감정을 소개하고 갈등해결을 위한 방안모색도 토론해 본다.

## 활동 사례 2

**활 동 명** 내 마음을 알아주세요(주제: 감정 조절)

**대상 연령** 만 5세

**활동 목표**
- 여러 가지 상황에 따른 자신의 감정을 다른 사람에게 표현하는 방법을 안다.
- 나의 감정을 알고 조절할 수 있다.

**활동 자료** 여러 가지 상황의 그림(게임에 이겼을 때, 혼자 있을 때, 친구가 없어 혼자 있을 때, 좋아하는 친구에게 나의 마음을 전할 때)이나 사진

**활동 방법**

1. 그림 자료를 보며 주인공의 표정, 여러 가지 상황에 대해 이야기 나눈다.
2. 그림과 같은 상황에서 자신의 감정을 어떻게 표현할 수 있는지 토의한다.
3. 자신의 느낀 감정을 다른 사람에게 솔직하게 표현한다.

① 멋진 그림을 완성했을 때의 사진을 보며
- 이 친구는 무엇을 하고 있나요?
- 멋진 그림을 다 완성하고 났을 때 그 마음은 어땠을까요?

② 게임에 이겼을 때의 그림
- 이 친구의 표정은 어떤가요?
- 내가 만일 이 친구라면 게임에서 이겼을 때 마음이 어떨 것 같나요?
- 그 표현을 들은 친구의 마음은 어떨까요?

③ 아무도 없는 곳에 혼자 남아 있을 때, 함께 놀이할 친구가 없어 혼자 있을 때
- 여기가 어디일까요?

- 이 친구처럼 함께 놀이할 친구가 없다면 그 마음은 어떨까요?
- 그 마음을 다른 사람들이 알 수 있도록 하려면 어떻게 표현할 수 있을까요?

④ 좋아하는 친구에게 나의 마음을 전할 때

- 이 친구는 무엇을 하고 있을까요?
- 이 친구처럼 다른 친구들을 좋아할 때, 그 친구에게 나의 마음을 어떻게 전할 수 있을까요?

**확장 활동**

▫ 좋아하는 친구에게 편지를 써서 마음을 표현해 보는 기회를 가질 수 있다.

▫ 감정을 조절하고 표현할 수 있도록 동작 또는 음악이나 미술활동을 연계하여 진행할 수 있다.

## 활동 사례 3

**활 동 명** 내 친구를 소개해요(주제: 친구)

**대상 연령** 만 5세

**활동 목표**

▫ 다른 사람의 생김새와 특징, 관심 등을 알 수 있다.

▫ 친구의 장점을 찾아 이를 말할 수 있다.

**활동 자료** 활동 책, 필기도구

**활동 방법**

**1** 우리 반에 있는 친구들에 대하여 알아본다.

- 우리 반에는 어떤 친구들이 있나요?
- 그 친구들은 보통 어떻게 놀이하나요?

**2** 친구들에게 궁금한 점들에 대해 이야기를 나눈다.

- 친구들에게 궁금한 점이 있나요?
- 친구마다 궁금한 점이 다르니? 왜 그럴까요?

**3** 친구에 대해 자세히 알기 위해서 할 수 있는 방법을 찾는다.

- 친구에게 궁금한 점이 생겼을 때, 어떻게 하면 알 수 있을까요?

**4** 친구를 소개하는 책을 작성한다.
- 유아가 소개하고자 하는 친구를 한 명 정한다.
- 친구에 대해 관찰할 수 있는 것, 알 수 있는 것을 생각한다.
- 친구에 대해 알고 싶은 것에 대한 목록을 작성한다.
- 친구와 서로 이야기를 나누며 소개 책을 채워 간다.

**5** 친구의 장점을 가지고 친구의 별명을 짓는다.
- 친구의 장점에는 어떠한 것들이 있었나요?
- 친구의 장점으로 별명을 짓는다면, 무엇이 좋을까요?

**확장 활동**
- ▫ 친구의 장점을 소개하는 시간을 가질 수 있다.
- ▫ 친구 맞추기 수수께끼 게임으로 연계하여 진행할 수 있다.
  - 어떤 친구일까요?

## 활동 사례 4

**활 동 명** 우리가 좋아하는 것들(주제: 의사소통)

**대상 연령** 만 5세

**활동 목표**
- ▫ 협동심과 의사소통 능력을 기른다.
- ▫ 같은 팀 간의 친사회적 행동의 중요성을 알 수 있다.
- ▫ 유아들 간에 자유로운 방법으로 역할을 정할 수 있다.

**활동 자료** 종이, 크레용, 모빌걸이(세탁용 옷걸이), 모빌 끈, 펀치

**활동 방법**

**1** 아동을 4~5명씩 팀별로 모이게 한 후 각 집단마다 모빌을 한 개씩 가져가게 한다.

**2** 각 팀마다 어떤 내용의 모빌을 만들 것인지 협의하게 한다.
- 내가 좋아하는 놀이는 무엇인가요?
- 내가 좋아하는 음식은 무엇인가요?
- 내가 좋아하는 장난감은 무엇인가요?

3 협의된 내용의 그림을 집단 구성원이 각자 그리고 오린다.

4 만든 작품을 교사의 도움을 얻어 모빌 틀에 매단다.

5 어떤 내용의 것을 매달았는지 모빌 틀에 제목을 붙인다. 제목은 글씨를 쓸 수 있는 유아가 직접 쓰거나 교사의 도움을 받아 글로 써서 붙일 수 있다.

6 다른 소집단에서 만든 모빌과 서로 비교해 가며 이야기를 나누고, 역할 2의 아동이 팀의 모빌의 내용을 발표한다.

**확장 활동**

- 모빌을 만드는 과정에서 도움을 주었거나 도움을 받은 아동이 있으면 발표하게 하고 기분을 이야기할 수 있다.
- 협동을 통하여 할 수 있는 활동을 자유롭게 영역별로 할 수 있도록 기회를 준다.

## 활동 사례 5

**활 동 명** 음악을 감상하고 느낌을 동화로 표현해요(주제: 감정표현)

**대상 연령** 만 5세

**활동 목표**

- 음악을 듣고 연상된 생각과 느낌을 이야기할 수 있다.
- 다양한 감정을 동화로 표현할 수 있다.

**활동 자료** 다양한 정서경험을 유발하는 음악, 종이, 매직

**활동 방법**

1 주요 테마가 담긴 음악을 감상한다.

2 음악을 듣고 연상되는 감정이나 생각을 표현한다.
- 이 음악을 들으니 어떤 기분이 드나요?
- 이 음악을 들으니 어떤 생각이 떠오르나요?

3 여러 가지 생각 중 이야기의 흐름 방향을 다수결로 결정한다.
- 우리 친구들이 생각한 여러 가지 중에서 어떤 것으로 정하는 게 좋을까요?

**4** 결정한 이야기의 흐름 방향으로 구성될 내용에 대해 이야기 나눈다.

- 누가 살고 있었을까요?
- 그 사람은 뭐하는 사람일까요?
- 그런데 어떤 일이 생긴 걸까요?
- 그래서 어떻게 되었을까요?
- 그때 기분이 어땠을까요?
- 그 사람들이 뭐라고 이야기할까요?
- 그다음엔 어떤 일이 생길 거라 생각하나요?

**5** 이야기 나눈 내용을 토대로 이야기를 구성한다(이때 교사가 종이에 받아 적는다).

- 맨 처음 어떻게 시작을 할까요?
- 그래서 어떻게 되었다고 했나요?

**6** 받아 적은 이야기를 들으며 어색하거나 바꾸고 싶은 부분을 수정한다.

**7** 동화에 어울리는 제목을 결정한다.

**확장 활동**

- 추후 활동으로 그림 동화를 제작해 볼 수 있다.
- 음악을 듣고 느낀 감정을 동작 또는 미술활동으로 연계하여 표현할 수 있다.

# 제15장

## 품성의 지도 자율성

## 1 자율성의 개념과 발달

### 1) 자율성의 정의

자율(自律, autonomy)이란 외부의 간섭이나 관여 없이 자기 혼자의 힘으로 행동하며, 그 행동에 대하여 자기 규제, 제어를 한다는 2가지 의미가 내포되어 있다.

즉, 외부의 어떤 권위나 제재의 개입 없이 자기 결정에 의해서 생각하거나 행동하는 것을 말한다. 말하자면 자신의 행위를 지배하는 규범, 규칙을 자신이 선택, 결정하여 실행하는 자유를 곧 자율성이라고 한다. 자율은 개인이 중심이 되어 자유와 다양성을 통해 집단의 특수성과 전문성을 발휘하게 된다. 그러나 자율은 다른 사람과 분리된 나만의 행위로만 규정지어서는 안 된다. 이는 독립된 개체 이전에 공동체의 구성원이라는 사실과 자율에는 개인의 책무성이 뒤따른다는 사실 때문이다.

자율성은 도시국가의 정치 상태를 표현하는 개념으로 아테네가 다른 도시국가들로부터 통치를 받지 않는 국가임을 뜻하는 그리스어 'autonomia'에서 유래되었다. 정치적 의미에서 유래된 자율성은 자신에 대한 법의 의미로 자기지배(self-government) 혹은 자기결정(self-decision), 자기통치를 뜻하며 이러한 의미의 자율성을 개인에게 적용 시 타인 혹은 외적 통제에서 독립하여 자신의 원리와 준거를 가지고 스스로 사고하고 선택, 행동하는 것을 의미한다.

자율성(自律性)의 사전적 의미는 '자기 스스로의 원칙에 따라 어떤 일을 하거나 자기 스스로 자신을 통제하여 절제하는 성질이나 특성'이다. 즉, 자율성이란 자기 조절과 결정을 하며 자신과 상황에 대한 인식, 주변인의 영향에 일정 부분 떨어져 비판적 반성 과정을 통하여 자기 스스로 합리적인 판단을 하고 표현하는 것이다.

자율성에 대한 중요성을 인식한 연구자들은 자율성에 대해 다양한 정의를 해왔다. 자율성에 대한 초기의 설명은 정신분석학적 관점에 의해 이루어졌고, 프로이트(Freud, 1958)는 부모와의 유대로부터 분리(Detachment)되는 측면으로 자율성에 대해 개념화하였다.

'실천 이성 비판' 및 기타 저술들에서 칸트(Kant)는 욕망이나 이익과 무관하게 자율적으로 행동할 수 있는 것은 사람들이 순수하게 저절로 주어지는 합리적 원칙들에 근거하여 행동할 수 있기 때문이라고 논하였다.

눔(Noom, 1999)은 자율성을 태도적 자율성, 정서적 자율성, 기능적 자율성으로 정의하였다. 인지적 측면인 태도적 자율성은 의사결정을 하고, 목표를 정하는 것과 같이 자신의 목표에 대해 지각하는 능력을 말한다. 태도적 자율성이 높은 아동은 행동하기 이전에 자신의 목표에 대해 생각하고, 선택안을 나열할 수 있다. 정서적 측면으로서 정서적 자율성은 자신감과 개별성을 가지고 독립된 존재로서 자신을 지각하는 능력이며, 정서적 자율성이 높은 아동은 자신의 선택과 목표에 대한 자신감이 높다. 행동적 측면으로서 기능적 자율성은 자신의 목표를 실현하기 위해 자기조절과 자기통제 전략을 사용하는 능력이다. 기능적 자율성이 높은 아동은 자신의 목표를 성취하기 위한 방법을 알고, 그것을 실행할 수 있다.

인간이 자율적이기 위해서는 외부로부터의 독립과 자유로운 행위 능력 및 적절한 자기통제 능력을 갖추어야 한다. 또한, 타인과 외적 통제를 받지 않고 자신의 원리와 준거에 따라 독립적으로 사고하고 선택, 행동해야 한다. 그러므로 삶의 주요 선택과 결정에 있어, 타인이나 사회적 전통을 맹목적으로 따르기보다는 자신이 직접 선택하고 결정해야 한다.

## 2) 자율성의 내용요소

자율성의 내용요소가 무엇인가에 대한 문제는 자율성을 연구하는 영역이나 관점, 프로그램의 대상과 목적에 따라 매우 다양하다. 자율성 연구자들이 공통적으로 제시한 자율성의 구성요소를 정리해 보면 다음과 같다.

신득렬(1997)은 자율성에 대한 요소를 자신에 대한 지식, 스스로 선택하기, 책임지기, 자기지배, 선택을 행동으로 이행하는 능력이라고 언급하였다. 그는 자율적이기 위해서는 무엇보다 자신에 대한 지식, 즉 인식이 요구되며, 선택에 있어서 자율적이어야 하고 자신의 선택을 행동으로 이행할 수 있어야 한다. 또한, 행동의 결과를 책임질 수 있어야 한다고 하였다.

디어든(Dearden, 1990)과 드워킨(Dworkin, 1988)은 자율성에 자기결정과 선택하기가 필수적이며 반성적 사고의 과정이 요구된다고 하였다. 카(Carr, 1983)는 자율성 요소 안에 자기결정과 선택뿐 아니라, 선택을 행동으로 이행하는 능력, 즉 결정하고 이를 이행할 능력도 요구된다고 하였다. 데시와 라이언(Deci & Ryan, 1987)은 선택하기, 책임지기와 자기 조절하기가 자율성의 요소에 포함되어야 하며, 김희봉(2005)은 올바른 자율성이 발휘되기 위해서는 자기 생각과 인식이 포함되어야 하므로 자기인식과 조절이 필수적이라고 하였다.

따라서 여러 학자들이 제시하는 자율성의 공통요소에는 인식하기, 조절하기, 결정하기, 표현하기, 책임지기가 포함됨을 알 수 있다.

### (1) 인식하기

'인식하기'는 유아가 자신의 신체와 감정, 욕구와 같은 자신에 대한 인식을 기초로 타인의 감정 및 욕구에 대한 인식, 자신과 타인과의 같은 점과 차이점 인식, 유아 자신이 처한 상황에 대한 인식 등 유아 자신에 대한 인식에서부터 자신을 포함한 상황에 대한 인식으로의 확대를 의미한다. 이때 자아 개념(self-concept)은 자기 자신에 대한 평가로서 자신의 행동 전반에 걸쳐 영향을 미치며, 타인 혹은 상황에 대한 인식 형성에 중요한 요인이 된다. 자아 개념은 긍정적인 판단을 실행하기 위한 행동 전반을 통제하는 의식 혹은 지각이므로 자신과 타인과의 관계 안에서 중요한 변인이 된다. 그러므로 '인식하기'는 신체적 · 정신적 능력에 대한 인식뿐 아니라, 개인과 접촉하고 있는 가정과 친구에 이르기까지 모든 대상에 대한 인식을 포함한다. 자신의 감정과 정서 · 신체에 대한 인식은 타인에 대한 공통점과 차이점 인식, 타인에 대한 공감 능력 형성 등의 기초가 된다. 유아는 이러한 과정에서 타인이 자신을 어떻게 보는가에 대한 지각을 하며 그런 모습에 대해 스스로 자부심을 갖거나 부끄러운 감정을 느끼게 되는 '거울 속의 자아(looking-glass self)'를 형성하며 쿨리(Cooley, 1956)는 '면경자아'로 표현하였다. 유아는 타인이 자신을 어떻게 보고, 생각하는가를 통하여 자신을 바라보며 그러한 사회적 경험과 활동을 통하여 자신과 타인을 인식할 수 있게 된다. 이때 형성된 자아 개념은 의식적으로 혹은 무의식적으로 자신의 행동과 의사결정에 작용하여 유아 자신의 능력이나 가치를 긍정적으로 판단하게 함으로써 문제 상황에서 문제해결을 돕는다. 인식하기는 자기 자신을 긍정적으로 인식하고, 인식을 토대로 주위 환경과 상황 혹은 타인을 인식하게 하고, 이후의 문제 상황에서 올바른 선택과 자기조절 및 결정이 이루어지도록 돕는다.

### (2) 조절하기

'조절하기'는 다양한 사회적 상황에서 외부의 자극에 대한 자신의 행동, 사고, 감정을 다루는 내적 조절 능력 간의 상호작용으로 적응력 있고 융통성 있는 조절 능력이다. 자기통제와 동일한 의미로 사용되기도 하고 구별되어 사용되기도 하는데, 자기통제와 같이 단순한 행동의 억제가 아닌 의식의 개념으로서 스스로 계획하고 평가하며 점검, 조절하는 등 사고의 융통성을 강조하는 상위의 개념이라고 정의된다. 그뿐만 아니라 자기조절은 환경에 따라 자신의 행동과 정서를 조절 · 표현하는 것으로 일반적으로는 외적 통제자가 없을 때도 부정적 행동을 억제하고 사회적으로 승인된 행동을 하는 능력, 혹은 자신의 행동을 계획하고 점검 · 평가하며 자신의 행동을 선택할 수 있는 능력을 말한다.

조절능력이란 유아를 둘러싼 환경과 맥락 안에서의 운동능력과 신체조절 능력, 욕구의 자연스러운 표출과 조절, 기쁨, 우울과 분노, 공포 등등 긍정적, 부정적인 감정의 조절과 같이 사회적으로 용인된 방법으로 정서와 행동을 조절하는 능력이다.

유아기는 자기조절력의 기초가 형성되는 시기로서 유아들은 외적 조절자 없이도 스스로 상황에 대해 사고하고 행동하는 등 자기에게 세운 계획이나 목적, 변화하는 상황에 따라 자신의 행동을 융통성 있게 조절하고 반성하기 시작한다. 유아기는 사회적 관계를 고려하지 않고 자기중심적인 성향을 갖다가 점차 타인과의 관계에 대한 관심이 증대되면서 타인 혹은 상황에 자신의 행동이 미치는 영향을 고려하여 효과적으로 자신을 조절하는 능력이 형성된다. 그러므로 자기조절의 기초를 형성하는 유아기는 자기가 처한 여러 사회문화적 맥락, 즉 주위에 있는 사람들은 물론 주변의 사물들이나 접하고 있는 사건들과도 적절하게 상호작용하여 자신의 흥미와 요구, 관심을 조절할 수 있어야 한다. 그러므로 자율성은 이성과 감성의 자유로운 움직임과 표현을 통하여 잘 조절되고 사회적으로 용인된 조절하기의 과정을 거쳐 발달되된다.

### (3) 결정하기

'결정하기'는 자율성과 같은 의미로 사용되기도 하는데, 인간이 자율적이라고 지각할 때는 외부의 영향력을 지배하고 주도적으로 자신의 행동을 결정하고 표현할 때이다. 자율성은 자기결정력의 정도와 관련성이 높으며 자신이 의지와 행동을 얼마나 잘 조절하고 결정할 수 있다고 느끼는가에 따라 자율성이 높아진다. 자기결정력은 내재적 동기를 포함한 행동조절능력과 밀접한 관계를 가진다. 그러므로 진정한 의미에서의 자율적 선택이 되려면 유아는 선택에 필요한 기본 경험을 가지고 있어야 한다. 유아기에 제한된 경험 안에서 책임을 지고 문제 상황에서 선택을 하도록 조장되지 않으면 자립과 자율을 배울 가능성은 없다. 선택의 경험이 없다면, 자기행동의 결과를 현실성 있게 조절하고 선택할 수 없다는 것이다. 유아들은 예측 가능한 상황에서 현실적인 결정과 선택의 결과를 경험해가며 자율성을 형성하게 된다. 이러한 결정하기는 문제해결능력과 밀접한 관련성을 가진다. 문제해결능력은 다양한 문제에서 적합한 해결책을 찾아내는 능력이다. 유아는 일상생활에서 자신의 욕구를 만족시키기 위해 혹은 갈등을 풀기 위해 자신의 행동을 결정해야 하는 상황에 놓이게 된다. 이때의 결정하기란 이미 생각해 낸 몇 가지 해결책 중에서 최상의 방안을 선택하고 이행하는 과정으로 문제해결능력과 관련된 결정능력을 통하여 유아의 사회적 능력과 자율성이 발달된다.

### (4) 표현하기

'표현하기'란 자신을 알리는 행동으로서, 자신이 느낀 바와 생각하는 바를 언어 혹은 신체, 표정으로 드러내는 것으로 편안하게 자기의 솔직한 감정을 표현하며 타인의 권리를 방해하지 않고 자기의 권리를 행사하는 행동이다. 표현하기는 확신을 가지고 기술적으로 자기의 생각이나 감정을 폭넓게 진단하는 능력이다. 그러므로 인간의 행동은 자기의 표현이며, 자신의 능력을 표현하고 표출하려고 시도함으로써 사회 안에서 유능감을 형성하게 된다.

영유아는 태어나면서부터 주변을 탐색하고, 학습하기 위해 몸을 움직이고, 자신의 욕구를 발산하며 세상을 인식하게 된다. 특히 영유아기의 신체적인 움직임은 의사소통의 중요한 수단인 동시에 욕구를 충족시켜 주고 발달을 촉진시키는 활동이므로 신체적, 정신적, 인지·정서적 능력 형성에도 매우 중요한 영향을 미친다. 유아는 생각과 느낌을 언어와 몸짓으로 자신의 세계를 표현하고 의사소통을 한다. 그러므로 자신의 느낌을 언어적 혹은 비언어적 표현 방식을 사용하여 표현하기 위해서 유아 자신이 처한 사회적 상황에 따라 자신의 느낌이나 원하는 바를 분명하게 이해하는 것이 선행되어야 하며, 상황에 맞게 적절히 표현할 수 있어야 한다.

유아는 자신이 처한 다양한 상황에 따라 적절한 자기표현방법을 인식하고 실행해 보는 경험을 통해 궁극적으로 자신과 타인의 관계 안에서 상대방의 권리나 느낌 등을 고려하여 자기 자신의 권리나 욕구를 원활한 방법으로 표현하게 되고, 유아 자신의 자아인식, 사회적 협동능력 등도 발달할 수 있게 된다.

#### (5) 책임지기

'맡아서 해야 할 임무나 의무를 중히 여기는 마음'이라는 사전적 의미의 책임감은 다른 사람들의 욕구충족 능력을 박탈하지 않는 한도 내에서 자신의 욕구를 충족시킬 수 있는 능력이다(Glasser, 1965). 책임감은 개인적·사회적 권리와 의무를 수행하는 능력으로 권리와 의무의 수행 과정에서 일어날 수 있는 갈등의 평화적 해결과 사회 정의의 실현 등을 통하여 형성된다(박찬옥, 2005). 이러한 책임감은 선천적 능력이 아닌 부모가 자신의 자녀에게 책임감을 가르치고 보호를 통하여 형성되는 것으로, '책임지는 버릇'이라는 홉스(Hobbs, 문용린, 1990 재인용)의 언급처럼, 부모와 형제 혹은 또래와의 관계에서 책임 있는 행동을 하는 습관과 버릇이야말로 유아기에 성취되어야 한다(문용린, 1990).

책임감은 책임감 자체로 키워지는 것이 아닌 '선택에 따른 책임'으로 형성되는 것으로서, 선택의 결과에 대한 책임을 간과한다면 유아는 일시적 충동에 따라 행동하게 되며 순간적 욕구를 위해 행동하게 된다(나은숙, 2005). 그러므로 유아의 주변 성인은 유아와의 사이에서 유대관계를 형성하고 애정과 규율을 적절히 조화시켜 가면서 책임감을 형성하도록 해야 한다(황선희, 1998). 뿐만 아니라 자신이 처한 사회문화적 맥락과 유아의 발달수준에 따른 책임 있는 행동을 경험(양옥승, 2004)하도록 하여 자신의 행동에 대한 책임지기가 습관이 될 수 있도록 해야 한다.

### 3) 자율성의 발달

자율성은 자기조절(self-regulation), 자기지시(self-direction), 자기 동기화(self-motivation) 등의 개념과 긴밀히 연관되어져 왔다(Carolyne, 1979). 자기조절은 외부의 강제에 의해서가 아닌 자아로부터 비롯한 행위(Neill, 1992)로서 영·유아기의 자율적 성장 경험은 이후의 자율성 발달의 선결조건이 된다(Neill, 1987). 이러한 선천적 자율 능력에 대한 설명은 에릭슨의 연구와 그 맥을 같이 한다. 에릭슨은 1~3세 시기의 유아에게 자율성 대 수치감이 형성된다고 하였다. 이 단계의 쟁점은 자율적이고 창의적인 사람이 되느냐 아니면 의존적이고 자기회의로 가득 찬 인간이 되느냐 하는 것이다. 이 시기의 중요 과업인 자기조절 능력이 특정 항문 부위를 넘어 신체 전반의 근육조직에 관한 통제 능력까지 일반화되는 것으로, 신체, 언어, 사회, 정서, 인지 발달 등이 서로 유기적인 영향을 주고받으며, 양적 · 질적 발달이 역동적으로 일어나 자율성 발달의 기틀을 마련한다(정옥분, 2004).

영아기의 선천적 자율 능력 및 자기조절 능력은 유아기에 들어서며 신체 · 운동적 조절 능력에서 의도성과 목적성을 띠기 시작한다. 또한, 신체의 움직임과 욕구 표현 과정을 통하여 삶의 주체가 되고 나아가 자기 스스로를 조절, 통제하는 능력을 획득해 가는 과정에서 자율성이 형성된다(지성애 외, 2006). 그러므로 영 · 유아기의 자율성은, 신체 · 운동적 조절 능력을 기초로 사회적 능력의 형성과 밀접한 관련을 갖는다. 영 · 유아는 사회의 여러 맥락 속에서 일어나는 다양한 상호작용을 통해 세상을 인식하고 자신의 세계를 형성해 간다. 영 · 유아의 사회적 능력은 사회적 맥락에서부터 영향을 받아 어린 연령에서부터 발달하기 시작하여 1세에도 타인의 조망을 수용하고, 감정이입적 행동이 나타나며(Hay, Pderson, & Nash, 1982), 2세의 경우는 또래 간 의사소통이 시작된다(구수연, 1995). 2세부터 타인과의 관계를 맺고자 하는 행위 빈도가 증가하고 연령의 증가에 따라 친사회적 행동 및 타인과의 관계를 맺는 능력과 같은 사회적 능력이 점진적으로 증가한다(Dunn & Munn, 1986; Hoffman, 1984).

이 시기에 영유아는 타인의 감정을 이해하고 자신의 행동과 연결하여 상호조절은 하지 못하나, 의사소통 능력이 급격히 발달하여 사회적 상호작용이 가능해지고 점차 발달하기 시작한다(곽승주, 2003). 이때의 사회적 상호작용은 자신에 대한 자아 개념, 타인에 대한 인식 및 관계에 대한 이해를 돕는 것으로 타인과 구분되는 자기 생각과 욕구를 인식하기 시작하고 유아는 이를 토대로 주변인과의 의존-독립의 갈등을 경험해 가며 자신의 자율성을 추구한다(곽승주, 2003; 이옥임, 2006). 즉, 영아는 여전히 사회적 관계를 고려하기보다는 자기중심적 성향을 갖고 있으나, 점차 타인의 관점과 정서 상태를 고려하게 되고 다양한 갈등상황에서 이를 해결하기 위하여 노력하는 과정에서 사회적 유능감과 자아존중감이 발달하게 된다

(최석란 · 신은수, 1999; Eisenberg-Berg & Hand, 1979). 특히 2세 유아는 영아기 동안의 신체운동능력 발달에 따른 조절능력을 기초로 탐색과 학습, 경험적 지식이 판단의 근거를 형성하고 양육자의 사회 · 정서적 수용에 의한 상황적 인식이 통합되어 자율적 행동 성향을 보이게 됨으로써 자율성이 발달된다. 이러한 2세 유아의 자율성을 '출현하는 자율성(emerging autonomy)'이라고 한다(이옥임, 2006). 자율성은 개인적이면서도 사회적 성격을 가지기 때문에 사회적 관계와 사회적 상호작용 없이는 출현될 수 없다(신득렬, 1997). 그러므로 자율성 교육의 적기를 3세로 보는 이유는 앞서 언급한 바와 같이 첫째, 자율성의 형성에 있어 3세 유아의 신체, 정서, 언어, 인지, 사회성의 발달이 최적의 시기에 있기 때문이다(박찬옥 · 김은희, 1997). 무엇보다 3세 유아는 2세보다 대 · 소근육의 활동이 활발해지며 신체의 움직임과 활동 범위가 증가하고 유연성의 협응력 등 신체운동 능력이 월등해진다. 이를 토대로 자신의 의지와 욕구를 신체가 충분히 수행할 수 있는 발달적 뒷받침이 이루어지므로, 자율적으로 행동할 수 있는 기능적 측면의 준비가 일정 수준에 도달하게 된다(교육부, 1992). 둘째, 3세 유아는 자신의 기능적 준비도를 바탕으로 사회적 관계, 즉 자신과 타인과의 관계 안에서 스스로 한계를 설정해 가며 욕구를 조절하고 표현하는 것이 가능해지기 때문이다. 3세 유아의 신체운동 능력 발달은, 유아의 긍정적 자기효능감과 자기가치(self-worth)의 형성, 타인에 대한 인식과 자신을 둘러싼 상황에 대한 인식 등 상황과 상대에 따른 욕구의 조절과 결정이 가능하게 된다. 뿐만 아니라 자신의 욕구를 조절하고 결정하는 과정에서, 언어를 활용하여 자신의 의지와 생각, 욕구를 자유롭게 표현하는 과정을 경험하고, 그로 인해 자신과 타인에 대한 인식이 이루어지며 나아가 상황에 대한 인식이 이루어지므로(교육부, 1992), 자율성 교육의 결정적 시기에 들어서게 된다. 물론 이 시기 유아들은 자기중심적이기 때문에 또래 간의 갈등이 여전히 존재한다. 그러나 경합하는 목표를 가지게 되는 과정에서 서로 간의 목표나 욕구를 조정하며 균형을 유지하기 시작한다(Bronson, 1974). 자신의 목표를 추구하면서 동시에 타인의 목표를 달성할 수 있도록 타인의 자유를 인정하기 시작(Crokenberg et al., 1957)하며, 갈등상황에서 자신의 주장과 함께 적응과 협상의 과정을 경험(Spitz, 1957)하고 균형을

유지하기 시작한다. 유아들은 또래 간의 갈등을 경험함으로써 타인의 생각이 나와 다름을 인식할 수 있고 그로 인해 자기중심성을 벗어나 사회적 언어의 사용과 부정적 감정의 조절이 이루어지게 된다. 그것은 유아들이 갈등상황에서 인지적 혹은 정서적 불균형을 느끼게 되고 동화와 조절의 기제를 사용하는 것처럼 개인 상호간 혹은 상황에서의 차이를 극복하여 균형을 이루는 것이다(유희정, 2004; 엄정례, 1997; Shaffer, 1994).

요약하면, 3세 유아는 여전히 과도기적 행동특성을 보이나 자신과 타인과의 관계 및 상황을 인식할 수 있는 인지발달 및 신체·언어발달이 이루어지기 때문에 일반적인 자율성의 특성이라 할 수 있는 자신을 인식하고 스스로 조절하며 선택과 표현, 책임을 지기 시작하는 사회적 능력을 형성해간다. 이때 중요한 것은 유아가 자신이 처한 사회적이고 상황적인 맥락을 이해하고 그에 따라 올바른 행동을 선택, 책임을 질 수 있어야 하므로 유아에게 자유로운 선택을 할 수 있는 경험을 제공해 주는 것이 무엇보다 중요하다. 그뿐만 아니라 제한된 경험 안에서 자신의 선택과 행동에 대한 책임을 지도록 지도함으로써 유아가 자립과 자율을 형성할 수 있도록 해야 한다(Peters, 1966).

## 2 자율성의 교육 및 지도방안

### 1) 자율성의 교육내용

자율성은 자아정체감(identity), 타인조망 능력(perspective taking), 대인관계 능력 – 상호작용 능력의 요소로 이루어졌다. 이러한 능력을 기르기 위해서 유아는 스스로 다스리기(자기 자신을 조절하고 통제하여 스스로 자신을 다스리는 것), 스스로 결정하기(어떤 권위나 제재 없이 이성적으로 스스로 판단하고 선택하여 결정), 스스로 주체되기(자신을 독립된 개체로 인식하고 주체적으로 행동하는 역동적인 것)의 경험이 필요하다.

박찬옥과 안은정(2008)은 3세를 자율성 발달에 중요한 시기로 보고 자율성의 특성이라 할 수 있는 자신을 인식하고 스스로 조절하며 선택과 표현, 책임을 지기 시작하는 사회적 능력을 형성해 간다고 보았다. 자율성 교육의 내용은 현대사회에서 요구되는 책임감, 자기조절, 예절, 의사표현 능력과 같은 덕목을 교육내용으로 선정하여 교육내용 안에서 유아가 발달적으로 충분히 가능한 자율적 행동이 이루어질 수 있도록 구성되어야 한다.

#### (1) 교육에서의 자율성의 의의와 준거

자율성은 인간생활을 가치 있게 하는 하나의 규범으로 인간의 사고와 행동의 적절성을 내포하고 있기에, 바람직한 생활에 필요한 마음의 상태와 행동의 변화를 추구하는 학교교육과 관련이 있다. 생활을 포함한 모든 영역에서 합리적 계획과 실천이 있고 지적 권위와 사회적 관습에 대한 합리적 평가 이후에 따르는 복종은 자율성과 같다. 도덕 원리의 반성과 해석을 중심으로 하는 도덕 교육은 자율성의 교육과 양립 가능하다.

#### (2) 학교교육에서 자율성의 개발

자율성이 학교교육에서 타당한 교육적 가치로서 성립하려면 교육의 본질이 추구하는 여러 가치에 적합하고, 민주주의 교육이 지향하는 윤리적 사회적 자유의 조건에 맞는 것이어야 한다. 학교에서 자율성 개발의 의의는 자아 본래성을 상실한 채 사회화된 사고, 감정, 판단을 자동적, 습관적으로 허용하는 것에서 벗어나게 하는 데 있다. 학생들의 자율성은 현재의 행동과 생활방식의 선택보다는 장래에 이를 실행하는 데 초점을 두는 것이기에 학교의 조력과 온정적 간섭은 정당화될 수 있다.

## 2) 자율성의 교육방법

에릭슨은 독립심과 자율성의 기초를 형성하는 주요 요소로 이 시기 유아의 운동성 발달을 강조하고 있다. 이 시기에 유아는 새롭고 보다 행동 지향적인 체험을 추구하게 되는데, 이는 유아에게 이중의 요구를 하게 된다. 하나는 자기조절에 대한 요구이며, 다른 하나는 주변 사람들(주로 부모)로부터 자신의 조절력을 인정받고자 하는 요구이다. 그러나 유아의 독립심과 자율성을 얻고자 하는 노력이 부모에게 인정받지 못하거나 반복적으로 실패하게 되면 기본적인 자기조절감과 자기가치감 대신에 지나친 수치심과 의심을 가져올 수 있다. 또한, 자율성을 향한 추진력은 부분적으로는 성숙에 의해 좌우된다. 이 시기의 유아는 근육발달을 통하여 혼자서 걷고, 먹고, 옷을 입고, 배설하며 자신의 행동 영역을 확장하게 된다(김경중 외, 1988). 따라서 유아의 자율성 신장은 유아의 생리적 · 운동적 조절로부터 시작되며 자율성의 형성은 이미 가정에서부터 시작되므로 부모의 역할이 중요하다. 그러나 현대사회는 가정의 기능이 사회의 책임으로 넘어가고 있으므로 자율성 형성에서도 유아교육기관의 역할이 과거보다 훨씬 커졌다.

자율성 신장 교수 - 학습 활동은 유치원의 생태적 환경, 교사의 일과운영 방침이나 일과운영 전개과정과 같은 교육경험의 전반 과정을 통하여 유아의 자기조절, 자기선택, 자기결정, 자기책임을 격려함으로써 자아 존중감을 키우고 인지적, 도덕적 자율성의 발달을 도모할 수 있도록 하는 잠재적 교육과정의 성격을 띠는 일과운영 지침 및 교수 - 학습 활동방안을 의미한다(최기영 · 우수경 · 이학선, 2004).

자율성은 매일의 상황에서 또래와 성인과의 상호작용에서 형성되므로 교사는 자율성 형성 조력에 관한 기본 철학을 갖고 교육경험의 전반적인 과정에서 유아중심의 교수 - 학습 방법을 적용하여 유아의 자율성 신장을 위해 노력해야 한다. 유아중심의 교수 - 학습 방법은 유아들이 교수학습에 주체가 되는 방법이며, 유아들의 흥미나 호기심을 통해 교육활동이나 방법, 절차들이 선택된다. 교사는 유아들을 돕는 위치에서 역할이 수행된다. 따라서 교사는 안내자이거나 조력자이고 상호작용자이다. 유아 중심의 교수 - 활동 방법은 유아들의 발달수준이나 개인차들이 고려되고 수준에 따른 소집단 활동으로 구성되며 유아들의 놀이를 통한 학습을 강조하고 탐색과 발견의 과정들을 중요하게 생각한다. 유아중심 교육방법은 발견학습, 개별학습법, 협동학습법, 탐구학습법 등으로 생각할 수 있다. 유아중심의 교수학습 방법 중에서 협동학습법은 유아의 자율성 및 협동능력 신장에 도움을 주는 학습방법이다.

집단과 개인의 자율은 특수성과 전문성을 키울 수 있는 가능성을 내포하지만, 지나친 자율은 이기주의로 변질되어 유아의 눈과 귀를 막고 외부로부터의 완전 고립을 초래하게 된다. 때문에 책임이 따르는 자율적이고 더불어 사는 공동체적 삶을 위한 노력이 절실하다. 특히 자율성과 개별성을 바탕으로 하는 교육에서는 진정한 의미의 자율성 교육을 위한 노력에 힘써야 할 것이다. 미완성된 아동을 전인적 인간으로서의 성장을 꾀하기 위해서는 무엇보다 바른 양심이 서야 할 것이다.

우리는 수많은 규정과 규칙 속에서 살고 있다. 그러나 이러한 규정과 규칙이 우리를 위해 합의된 결과물에 불과하다는 사실을 잊어서는 안 될 것이다. 과거의 규칙이 현실과 맞지 않다면 과감히 버리고 새로운 것을 창조해 내는 주체적이고 창의적인 인간 형성이 무엇보다 필요하다. 교사에 의한 주입식 교육에 길들여져서는 결코 자율성의 의지를 펼칠 수 없다. '온고지신'의 의미를 되새기며, 개인의 삶을 주도적이고 개성 있게 이끌어 나아갈 수 있는 자율성 교육이 무엇보다 절실하다.

유아를 위한 자율성 교육 프로그램은, 등원에서부터 귀가시간까지의 일과시간 동안 개별 혹은 소집단활동, 중심활동과 관련 활동의 지도를 통하여 이루어진다. 프로그램의 효과를 높이기 위한 교수방법은 박찬옥과 안은정(2008)에서 제안한 지도방법들을 참고하여 다음과 같이 선정하였다.

### (1) 설명하기

활동의 진행과정에서 유아가 지식이나 기능이 모자라는 경우에 활동의 내용을 제공하기 위해 설명하기가 사용되어야 한다. 유아가 활동을 진행해 가는 과정에서 주제와 활동에 관한 충분한 설명을 듣고, 유아 자기 생각과 느낌을 말하고 스스로 해볼 수 있도록 구성해야 한다. 유아의 발달 특성과 프로그램의 특성으로 인하여 설명하기가 많은 활동의 진행에 있어 중요한 지도방법이 된다.

### (2) 칭찬하기

유아의 자율성 발달을 위한 교사의 상호작용의 가장 중요한 것으로 칭찬하기를 들 수 있다. 유아에게 있어 칭찬하기는 유아 자신의 자존감과 유능감을 형성할 수 있도록 도움으로써 자율성 형성의 핵심이 된다. 신체의 자율적 통제가 가능하고 사회적 자아 개념이 형성되기 시작하는 유아는 행동의 결과를 예상하며 의도적으로 행동하기 시작하는데, 이때 유아의 자율성을 높이기 위하여 교사는 칭찬하기를 사용하는 것이 무엇보다 중요하다.

### (3) 추론하기

행동의 결과에 대한 예측을 통하여 행동의 인과관계를 이해하고 사회적으로 수용되는 행동이 이루어지도록 돕는 추론하기는 책임감을 형성하는 데 영향을 준다. 자율성 교육 프로그램을 진행하는 과정에서 유아는 다양한 상황에서 스스로 조절하고 결정하며, 표현하는 것이 어떠한 결과를 낳을 것인지 추론해 본다. 유아는 자신의 책임과 의무를 이해하는 과정을 통하여 이후의 상황에서 좀 더 나은 결과를 이끌어 내는 능력을 기를 수 있게 된다. 다양한 문제 상황에 대한 추론하기는 실제생활에서의 문제 상황에 대한 대처방법을 유아 스스로 생각해 볼 수 있도록 하는 것이 긍정적이라 하겠다.

### (4) 토의하기

토의하기는 하나의 주제나 갈등의 상황에서 최선의 해결책을 찾기 위해 의견을 나누는 것으로 유아의 토의하기는 친구와의 싸움이 생긴 경우나 주제에 대한 새로운 생각을 이야기 나누어 볼 수 있도록 하는 것이다. 유아의 자율성이 발달할 수 있는 토의하기는 교사 주도적인 교육이 아닌 유아가 스스로 다양한 해결방안을 생각해 보고 자신과 타인의 생각의 공통점과 차이점을 찾아 문제를 이해하고 해결해 가는 과정이다.

### (5) 자기표현하기

표현하기는 타인과의 관계 및 상황에서 사회적 지식을 활용하여 유아 자신의 느낌과 생각을 자발적으로 다양하게 표현하는 전략이다. 자기표현하기는 자신감과 긍정적 자아 개념의 형성뿐 아니라 자신과 타인과의 관계에서 필요한 자기조절 능력과 표현능력을 향상시켜 원만한 대인관계를 발달시킨다. 그러므로 프로그램을 진행해 가는 과정에서 유아가 충분히 자기를 표현할 수 있는 기회를 제공받을 수 있도록 한다.

### (6) 모델링하기

자연스러운 상황에서 유아의 친사회적 행동을 격려하는 데 효과적인 방법이 모델링이다. 모델링 전략은 유아에게 새로운 행동방식을 보여 주어 바람직한 행동양식이 강화되어 기존에 형성된 행동목록 중 필요한 것을 더욱 촉진시키고자 할 때 활용된다. 교사가 보여 주는 친사회적 행동과 바람직한 사회적 행동은 유아에게 지켜야 할 가치를 직접 전달한다는 데 그 의미가 있다.

### (7) 문제해결하기

유아기는 타인에 대한 인식이 더욱 민감해지는 시기로 기관 생활에서 또래나 교사와 많은 문제 상황을 경험하게 된다. 다양한 문제 상황에 대한 접근방법은 문제의 유형에 따라 다르나 토의와 합의 과정을 통하여 유아가 납득할 수 있는 해결책을 도출해 내도록 하는 것이다. 유아의 문제해결은 단순하고 초보적 수준의 해결이지만 점차 이러한 문제해결의 과정을 통하여 유아들 스스로가 토의하기와 추론하기를 활용하게 됨으로써 상위 수준의 문제해결 능력을 얻게 된다. 그러므로 또래 간의 자율적 문제해결하기가 교사의 중재보다 더 중요한 지도방법이다.

### (8) 선택하기

자율성의 안정된 발달을 위해서는 유아의 행동에 결정 권한이 있음을 이해하고 다양한 사회적 상황에 따른 선택의 경험을 하는 것이 중요하다. 그러므로 자율성의 핵심은 유아가 자신의 삶에서 특정 문제에 대해 합리적으로 결정할 권리를 자신이 가지고 있다는 것을 지각할 수 있도록 해야 한다. 교사는 유아가 놀이의 선택, 활동의 참여와 비참여에 대한 선택 등 다양한 상황에서 선택의 기회를 제공함으로써 자율적 행동의 경험이 가능하도록 해야 한다.

### (9) 제한 정하기

제한 정하기는 교사가 유아에게 통제가 아닌 제한을 제시해야 한다는 것이다. 유아는 자율성을 형성해 가는 과정에서 무분별한 방종이 아닌 관계 안에서의 자율적 행동임을 깨달을 수 있는 경계를 인식할 때 안정감을 느끼게 된다. 유아는 이러한 제한 안에서 자기 스스로 특정 상황에 접근하는 방법을 터득하고, 교사로부터 피드백과 격려를 받아 자율성 형성을 위한 지지를 받게 되므로 교사의 제한하기가 중요하다.

### (10) 협력하기

협력하기는 유아가 또래와 함께 서로의 능력을 활용하여 의미 있는 답을 찾아가는 과정이다. 유아는 협력하기의 경험을 통하여 자율성이 형성된다. 이는 단순히 교사의 권위나 명령에 따르기보다는 자신의 욕구와 규칙 사이에서 타인과의 협력과 협상을 경험함으로써 타인의 입장을 이해하게 되므로 자율성 형성에 중요한 교수 전략이 된다.

### (11) 설득하기

교사는 유아에게 성인의 규칙과 요구를 강요하기보다 규칙을 지켜야 하는 이유를 설명하고 설득하는 것이 무엇보다 중요하다. 설득하기는 교사와 유아 모두에게 공평한 방법으로 교사의 권위를 강조하기보다는 상황과 상대에 대한 이해를 토대로 설득을 통한 이해와 동기 유발이 이루어지도록 해야 한다.

#### (12) 시 · 청각 자료 활용하기

시청각 자료의 활용은 활동의 도입에서 유아의 참여에 대한 욕구와 흥미가 생기도록 하며, 활동의 진행과정에서는 주제에 대한 이해와 다양한 사고의 촉진에 도움이 된다. 그 외의 일과활동에서는 놀이의 다양화를 촉진시킨다. 특히 TV나 컴퓨터의 활용은 유아에게 다양한 경험과 이해를 돕도록 하며 지식의 탐구에도 도움이 된다.

이상의 12가지 지도방법은 대 · 소집단의 활동뿐만 아니라, 등원부터 귀가시간까지의 하루 일과에서 융통성 있게 활용된다. 뿐만 아니라 활동의 과정에서 유아에 대한 교사의 일방적인 교수방법이 아닌, 교사 – 유아, 유아 – 유아의 상호작용 과정에서 충분히 사용되어져야 한다.

### 3) 학급에서의 자율성 신장 방안

학급에서 학생의 자율성을 신장시키기 위한 방안은 교사나 학생의 특성 및 학급의 상황에 따라 다양할 수 있을 것이나 다음에서는 모든 학급에서 일반적으로 강조되어야 할 사항을 중심으로 그 방안들을 논의하기로 한다.

#### (1) 개방적 분위기와 학생에 대한 허용적 태도

교사가 학생의 자율성을 신장하기 위해서는 무엇보다도 먼저 허용적 태도와 함께 개방적 분위기를 조성하여야 한다. 이를 통해 구성원 간에 역동적인 인간관계를 유지하고 발전시켜 나갈 수 있도록 해 주어야 학생들은 인간관계에서 자신의 실체를 정확히 깨닫고, 거침없이 자신을 드러낼 수 있는 진실성을 지니게 된다(최희선, 1988). 이를 위해서 교사는 흑백논리나 비판, 일방적인 강요에서 벗어나 대화하고 타협하며 반대 의견에도 귀 기울이고 다른 가치관도 수용할 수 있는 개방적이고 허용적인 자세를 가져야 한다. 즉, 학생들에게 두려움을 주지 않으면서 그들의 감정상태를 수용하고 학생의 행동을 칭찬하거나 격려하며 학생들의 의견과 아이디어를 받아들일 때 학생들은 언제나 자기 생각과 의견을 다양하게 제시할 수 있을 것이며 이를 통해 학생들의 자율성은 신장될 수 있다.

### (2) 학생의 의견 수렴

교사는 학급에서 학생들의 의견을 광범위하게 수렴하면서 토의에 임하게 하고 보다 능동적이고 적극적인 참여로 학급생활의 주요 활동 계획을 학생들 스스로가 수립하여 실천에 옮기도록 하며, 실천사항에 대해서는 스스로 반성과 평가가 이루어지도록 지도해야 한다. 이처럼 학생들의 의견이 수렴되어 학급경영에 반영될 때 학생들은 보람을 느끼고 보다 적극적으로 학급의 일에 참여하여 다양한 의견을 제시하게 되며, 학생 상호 간의 의견조정을 통해 학급의 활동계획을 자율적으로 수립하여 실천하고, 스스로의 평가를 통해 문제를 개선해 나갈 수 있을 것이다.

### (3) 자율적인 참여의식의 고취

학급의 주요 사항 결정에 학생들이 적극적으로 참여할 수 있도록 자율적인 참여의식을 고취하여야 한다. 의사결정과정에서의 참여는, 학생들이 결정된 사항을 보다 잘 이해하게 함으로써 그 내용을 수용하게 하고, 의사결정능력을 신장시킬 뿐만 아니라 학급구성원으로서의 소속감과 만족감 및 학급에의 충성심을 갖도록 하며, 보다 합리적인 결정을 할 수 있고, 자발적인 참여를 유도하여 결정된 내용을 용이하게 수행토록 함으로써 목표달성을 극대화할 수 있다(Vroom & Jago, 1988: 18-28). 특히 학급이 구성원들의 공동체라는 인식을 심어 주어 학생들이 학급생활과 맡은 역할수행에 있어서 자율적 기능을 최대한 발휘할 수 있도록 학급 일에 학생들의 흥미와 관심을 고조시키고, 자율적인 참여의식을 고취한다. 물론 학급경영에 학생의 적극적인 참여는 교사의 권한이 학생들에게 대폭 위임될 때만 가능하다는 점을 고려하여, 교사는 자신이 학생들에게 위임할 수 있는 권한을 구체적인 내용으로 사전에 명확히 하여 학생들에게 알려 줄 필요가 있다.

### (4) 소집단별 역할분담 체제 확립

자율 능력은 개인적으로 개발되어야 할 행동요소이지만 집단생활을 통해서 실천될 때 보다 잘 신장시킬 수 있는 것이므로(현동화, 1988), 집단활동을 통하여 자율의 의미와 효과를 스스로 자각하도록 협동과 질서, 그리고 자기의사의 반영과 봉사를 직접 체험토록 한다. 남이 시켜서 하는 일은 맹목적일 수 있어도 자신의 문제를 인식하고 스스로 필요해서 자발적으로 행하는 일은 뜻 있고 즐거운 것이다. 따라서 학생의 능력, 적성, 흥미, 과업의 성격, 상황 등에 따라 다양한 소집단을 탄력적으로 구성하고, 소집단에 따른 1인 1역의 역할분담체제를 확립하여 공동체 의식 속에서 적극적이고 능동적으로 협력할 수 있도록 유도함으로써 자율성을 신장하도록 한다. 특히 역할분담에 따른 과업의 분담에는 그에 상응하는 권한이 주어지도록 하여야 하며, 아울러 책임도 질 수 있도록 해야 한다.

### (5) 개별화 수업과 학습방법의 다양화

교육의 최종적인 결과는 학생 개개인에게서 드러나는 것으로 교사는 학생 개개인의 적성과 소질, 욕구 및 능력 등을 파악하여 그에 가장 적합한 개별화된 교육을 실시하여야 한다. 이를 위해서는 먼저 학생별로 수업목표를 다양화하고 그에 적합한 교육과정을 개발하도록 노력하여야 한다. 아울러 학습방법도 획일화된 방식에서 탈피하고 과제의 성격이나 학생의 능력과 흥미 등을 고려하여 다양화되어야 한다. 이렇게 될 때에 학생들은 비로소 자기가 누구인지 깨닫게 되는 명확한 자아인식을 하게 될 것이다. 즉, 개별화 수업이 이루어질 때 학생은 자신의 장점과 단점을 보다 정확히 파악할 수 있고, 자신의 잠재능력 계발을 위해 자발적으로 노력하게 되어 자율성을 신장해 나갈 수 있을 것이다.

### (6) 스스로의 계획수립과 실천을 통한 자기규제 능력의 신장

궁극적으로 학생의 자율 능력은 개인이 스스로 결정하고, 통제하며, 스스로 책임을 질 때 개발될 수 있는 행동요소이다. 따라서 학생의 자율성은 학급의 집단생활을 동해서도 개발되어야 하겠지만 보다 근본적으로는 학생이 스스로 노력하여 자율성을 신장할 수 있도록 하여야 한다. 그러므로 교사는 학생이 스스로의 계획하에 자신의 일을 처리해 나갈 수 있도록 지도할 필요가 있다. 예컨대 학습에 있어서도 교사는 학생이 스스로 실천할 수 있고, 자기가 꼭 해결하거나 성취하고 싶은 욕구가 있는 과제나 문제부터 학생이 계획을 세워 실천해 나가도록 지도하여야 한다. 학생이 자신을 보다 정확히 이해하여 자신의 능력에 맞는 목표를 설정한 후 계획을 수립하여 그 목표를 달성하였을 때 학생은 성취의 기쁨을 맛볼 수 있을 뿐만 아니라 자신감을 가지고 새로운 목표를 자율적으로 추구할 수 있기 때문이다.

그리고 학생 자신이 계획한 과제는 끝까지 해결해 나갈 수 있는 끈질긴 인내심과 도전 욕구를 키워 줄 수 있도록 교사는 지속적으로 학생을 격려하고 지도하여야 한다. 또한, 교사는 학생의 자율성을 신장하기 위해서 학생이 자기평가를 습관화할 수 있도록 지도할 필요가 있다. 즉, 학생 자신이 스스로 계획하고 실천해온 일을 스스로 평가함으로써 자신을 반성할 수 있고, 이를 통해 자기자신을 보다 정확히 파악할 수 있는 계기가 되며, 자신의 행동을 스스로 통제할 수 있는 능력을 기를 수 있게 된다.

### (7) 교사의 솔선수범

교사 스스로가 솔선수범함으로써 학생들이 자발적으로 교사의 행동을 본받도록 한다. 교육은 학생의 자발성과 자율성을 전제로 할 때만 성립될 수 있는 것이며, 교사가 동일시 대상일 때 교육의 효과는 극대화될 수 있다. 그러므로 교사들은 민주적·자율적 생활 자세를 몸소 보여 주는 동시에, 학생들의 민주적·자율적인 활동을 강조하고 그러한 풍토를 조성하는 데 힘써야 한다. 결국 학생의 자율성은 교사가 얼마나 자율적으로 학교생활을 영위하느냐에 따라 신장될 수밖에 없기 때문이다. 따라서 교사가 스스로의 결정과 계획하에 학급을 민주적으로 운영하고 그에 대해 책임을 지는 솔선수범과 그것을 보고 학생들이 스스로 느끼고 사제동행하게 될 때 학생의 자율성은 신장될 수 있을 것이다.

### (8) 권위의 내적 근거에 기초한 교사의 지도성 행사

학생의 자율성은 교사의 명령이나 지시와 같은 강압적인 방식으로는 길러질 수 없는 행동특성이다. 따라서 교사는 전문성 및 신뢰성과 같은 권위의 내적 근거에 기초한 지도성을 위주로 학급을 경영하여야 한다(Froyen, 1993: 50-59). 즉, 교사는 권위의 내적 근거에 기초하여 지도성을 발휘할 수 있도록 스스로 전문성 신장에 주력하고, 학생들이 자발적으로 교사를 신뢰하고 존경할 수 있도록 학급경영에서 학생들의 동기를 유발하고, 행동방향을 제시해 주며 구체적인 결정은 학생 스스로 내리게 하고, 그에 대한 책임 또한 학생이 스스로 질 수 있도록 한다. 교사가 이와 같이 권위의 내적 근거에 기초하여 지도성을 발휘하게 될 때 학생은 자율적으로 당면한 문제를 해결할 수 있으며, 아울러 다른 학생들과의 협력학습이 활발해질 수 있다.

교사의 지도성 효과를 극대화하기 위해서는 권위의 외적 근거에 기초한 지도성을 내적 근거에 기초한 지도성과 적절히 결합할 필요가 있다. 예컨대 교사가 전문성 및 신뢰성을 갖고 있어 학생의 존경 대상이 되는데, 교사로부터 칭찬과 인정 등과 같은 보상까지 주어진다면 교사의 지도성은 훨씬 힘을 갖고 학생에게 영향을 미치게 될 것이다. 물론 이때에도 교사의 지도성에서 주가 되는 것은 권위의 내적 근거이다.

## 3 자율성 발달을 돕는 부모와 교사의 역할

자율성을 기르기 위해서는 뭔가를 하겠다는 의욕을 갖고 한번 계획한 일은 끝까지 실천하도록 습관화시키는 일이 중요하다. 또한, 필요하지 않는 일로부터 유혹을 이겨내는 자기억제력도 길러야 한다. 아이들 스스로 선택하고 책임지는 자율적 행동을 위해서 부모와 교사는 아이들을 신뢰하고 격려하는 노력을 게을리해서는 안 된다.

교육적 이상인 '자유인'은 자기지배로서의 자율성을 갖춘 사람이며 이것은 합리성과 도덕성을 포함하고 있는 개념이다. 자율성은 스스로의 의지에 의해 선택하는 것을 의미하지만 타인에게 해가 되지 않는 범위에서 이루어져야 한다. 아동이 자율적 인간으로 성장하기 위해서는 이성적인 선택과 도덕적인 선택을 할 수 있는 능력을 구비하여야 하는데 이는 전통과 문화, 지식, 규범 등을 정당한 권위에 의해 획득함으로써 가능하다. 따라서 자율의 수준에 이르기 위해서는 권위의 단계를 거쳐야 하며 이것은 적극적 자유의 개념인 자율을 이루기 위해서는 권위에 의한 소극적 자유의 제한이 정당하다는 것을 의미한다. 권위를 바탕으로 한 자율성의 개발을 위하여 실제 교육현장에서는 '합리적 대화(rational communication)'를 사용하여 자신이 충분히 깨닫지 못했던 감정과 관심을 알게 하고, 지성이 적절히 작용할 수 있도록 도와주어야 한다. 또한, 교육과정에서 논쟁과 토론을 중요시하여 합리적인 비판 능력을 길러 주는 것이 자율적 사고력 형성에 큰 도움이 된다(여영란, 1992).

의지 없는 행동은 방향을 잃게 된다. 자율성에는 확고한 신념과 강한 의지가 필요하다. 이는 올바른 마음가짐과 주인의식, 자존감을 통해 형성될 수 있다.

삶의 주체성과 자율성, 타인에 대한 이타심은 곧은 마음과 의지에서 비롯되므로 스스로 자율적인 의지를 싹 틔울 수 있는 교육이 무엇보다 절실한 때이다. 이는 서로 신뢰하고 존중하는 믿음 속에서 형성되므로 교사, 학생, 학부모 모두가 교육의 주체자가 되어 적극적인 관심과 노력을 기울이는 것이 무엇보다 중요하다.

### 1) 부모의 역할

아동의 자율성 발달은 개인의 내적인 성숙에 의한 자연적인 과정이며, 개인의 지지적인 환경적 맥락 특성에서 그 과정이 촉진된다. 일반적으로 긍정적인 부모-자녀 관계는 자율성이 발달하는 맥락을 제공한다. 자율성이 정상적으로 발달하고 적절하게 기능하기 위해서 부모와 긍정적인 관계를 유지하는 것이 필수적이다. 부모의 애정적 양육 행동은 아동의 자율성과 정적인 관련이 있으며, 긍정적인 부모-자녀 관계 안에서 아동의 자율성 발달이 촉진될 수 있다. 또한, 부모의 분리불안에 의한 심리적 통제로 자녀의 자율성의 요구를 인정해 주지 않거나 자율적인 행동에 대해 간섭하려 함으로써, 아동의 의존적인 성향이 형성되며, 심리적 통제가 높은 집단의 아동은 자기결정능력이 부족하다. 따라서 지지적이고 적절한 지도 및 감독을 하며, 아동의 영역에 지나치게, 간섭하지 않고 개입하지 않는 양육행동이 아동의 자율성에 긍정적인 영향을 미친다.

부모의 온정적 태도와 자녀의 행동에 대해 제한을 설정하고 감독하는 양육행동은 아동의 사회적 책임감과 자율성 발달에 긍정적인 영향을 미치는 반면, 권위주의적이고 처벌적인 훈육은 아동의 자율성에 부정적인 영향을 미친다. 특히 부모의 심리적 통제는 아동의 자아 형성을 방해하는 양육행동으로써 자기조절능력과 자립심 형성에 부정적인 영향을 미칠 뿐만 아니라, 아동의 의사결정을 하는 데 어려움을 겪게 한다. 자율성을 존중해 주고, 지지적인 표현을 자주 하며, 민감하게 반응하는 민주적 양육 방식은 아동이 학교생활에서 주도적이고 자율적으로 참여하는 데 긍정적인 영향을 미친다.

데시(Deci, 1995)는 자율성을 격려하는 방법의 개념을 부모행동변인으로 사용하여 청소년 자녀의 학업을 지도하는 부모행동 변인을 밝히려고 하였으며, 그 개념을 간략히 기술하면 아래와 같다.

첫째, 무엇을 할지, 어떤 방법으로 할지를 자녀 스스로가 결정하도록 선택권을 부여하는 것이다. 수학숙제를 몇 시까지 마칠 것인지, 어떤 자료를 읽을 것인지, 새로운 책을 언제 구할 것인지 등을 결정하는 과정에 자녀가 참여하도록 하는 것이다. 물론 자녀에게 결정권을 줄 때는 현실성과 자녀의 성숙 수준을 고려해서 주어야 한다. 주어진 여건 내에서 선택의 소재들을 많이 발굴하는 것이 바람직한 부모행동의 관건이다.

둘째, 개개인의 권리와 제한점을 자녀에게 가르치는 것인데, 이때 자녀의 자율성을 해치지 않기 위해 가능한 한 자녀가 스스로 규칙을 설정하게 하고, 통제하는 언어를 피하고 규칙에 대해 자녀가 느끼는 저항을 수용하며, 규칙을 설정하는 것의 중요성이나 유용한 결과를 충분히 알려 주며, 일단 설정된 규칙은 완벽하게 따르게 하는 것이 중요하다.

셋째, 학업의 목표를 설정하는 데 자녀를 참여시켜서 적정한 목표를 유도하고 목표를 달성하기 위한 방법을 스스로 생각해 보게 하며, 실패했을 경우에는 다음번에 어떻게 해야 나아질 수 있을까 하는 문제해결적 관점에서 자녀와 토론한다.

넷째, 자녀에게 자기유능감을 심어 주기 위해 자녀의 수행 성과를 남들의 수행 성과와 비교하지 않고, 자녀의 수행이 지난번보다 나아졌을 때 칭찬한다.

자녀가 어릴 때에는 부모가 자녀의 행동을 보다 확고하게 통제하고, 높은 기준을 세우며 요구하고, 풍부한 지적 자극 자료를 제공하는 등 부모의 적극적인 역할이 자녀의 학업동기 및 성취와 정적 상관관계를 가진다. 그러나 자녀 스스로가 자율적인 동기를 가지고 높은 학업성취를 이루기 위해서는 자녀 스스로가 자신을 통제하도록 하는 것이 중요하다. 또한, 자율성을 증진하는 부모의 행동은 자녀의 학업성취에도 정적인 영향을 미친다.

### 2) 교사의 역할

교사는 다양하고 새로운 관점을 제시하며 학생들을 적극적으로 토론에 입문시킴으로써 상상력과 감정을 풍부하게 하고 사고력을 자극할 수 있다. 교사는 자신의 권위에 합리적인 근거를 제시할 수 있어야 하며 과학적 사고에 의해 스스로 지적 능력을 격려하는 과정에서 함께 진리를 탐구하고 의미를 찾아가는 태도를 취해야 한다.

교육에서는 자기 지배 능력인 자율성을 실현시키기 위하여 교사의 정당한 권위를 인정해 주어야 하며 교사는 권위주의로서가 아닌 권위자로서의 아동을 인격체로 인정해 주고 그들을 지식의 형식에 입문시킴으로써, 아동들이 합리성과 도덕성을 바탕으로 이성적 자기 입법자가 될 수 있도록 도와주어야 할 것이다.

## 4 자율성 교육 프로그램과 활동 사례

### 활동 사례 1

**활 동 명** 거울 속에 비친 내 모습

**대상 연령** 만 1세

**활동 목표**
- 거울에 비쳐진 모습을 통해서 자신에 관해 알도록 한다.
- 시각 - 운동 협응 능력을 기른다.

**활동 자료** 전신이 비치는 크기의 거울, 각종 장난감

**활동 방법**
1. 거울 앞에서 마음껏 놀게 한다.
2. 거울 속에 비친 자신의 머리, 눈, 코, 입 등을 가리키며 만져 보도록 한다.
3. 거울 앞에서 다양한 행동을 해 보도록 한다.
   - 예: 손을 흔든다, 발을 든다 등
4. 다양한 표정을 따라해 보도록 한다.
   - 예: 화난 얼굴, 웃는 얼굴, 찡그린 모습, 한쪽 눈 감은 모습 등

### 활동 사례 2

**활 동 명** 교통규칙을 지켜요

**대상 연령** 만 3세

**활동 목표**
- 안전한 교통 규칙을 안다.
- 차 안에서 스스로 할 수 있는 일들을 알아본다.

**활동 자료** 그림 자료(차 안에서 안전벨트를 하지 않은 그림, 차 안에서 앉아 있지 않고 서 있는 그림, 차창 밖으로 손을 내미는 그림, 차례를 기다리지 않고 차에 타는 그림 등)

**활동 방법**

1 안전한 교통 규칙에 대하여 이야기를 나눈다.

- 건널목을 건널 때 선 안으로 걷는다.
  (예: 뛰지 않는다, 손을 들고 건넌다 등)
- 초록불이 들어오면 하나, 둘, 셋을 센 다음에 건넌다.
- 차를 탈 때는 차례차례 질서를 지키면서 차에 탄다.
- 차에서 내릴 때는 천천히 앞 사람이 내린 다음에 내린다.

2 차 안에서 스스로 할 수 있는 일에 대하여 이야기를 나눈다.

- 할머니, 할아버지께 자리 양보하기
- 몸이 불편하신 분들에게 자리 양보하기
- 차 안에서 뛰어 다니지 않기
- 창밖으로 손 내밀지 않기
- 소리 지르지 않기
- 안전벨트하기

**확장 활동**

- 신호등 그리기, 횡단보도 색칠하기

## 활동 사례 3

**활 동 명** 내가 스스로 할 수 있는 일이 있어요

**대상 연령** 만 3세

**활동 목표**

- 자신이 스스로 할 수 있는 일이 있음을 안다.
- 자신이 하는 일에 대해서 자긍심을 가질 수 있다.
- 서로 도우며 협동하는 것이 즐거운 일임을 이해한다.

**활동 자료** 필기도구, 그림 자료(혼자 할 수 있는 일, 함께 할 수 있는 일, 도와줄 수 있는 일)

**활동 방법**

1. 유치원에서 혼자 하는 일, 다른 사람과 함께할 수 있는 일, 다른 사람들을 돕기 위해 할 수 있는 일에 대해서 이야기한다.
2. 혼자 해냈을 때의 기분, 다른 사람에게 도움을 주었을 때의 기분을 이야기한다.

**확장 활동**

- 수집한 내용을 표나 그래프로 정리한다.

## 활동 사례 4

**활 동 명** 쓰레기를 줄여요

**대상 연령** 만 5세

**활동 목표**

- 자연환경의 소중함을 안다.
- 다른 사람의 의견을 듣고 수용한다.

**활동 자료** 유치원 주변에서 찍어온 사진(쓰레기가 넘쳐나는 모습, 길거리에 버려진 쓰레기 모습, 분리수거 쓰레기통과 분리수거를 하고 있는 모습), 간단한 필기도구

**활동 방법**

1. 유아들과 쓰레기가 넘쳐나는 사진을 보며 느낌을 이야기 나눈다.
2. 어떻게 하면 깨끗한 환경을 만들 수 있을까?
3. 우리 교실에서도 쓰레기를 줄일 수 있는 방법이 있을까?
4. 쓰레기를 줄이는 방법에 대해 이야기를 나눈다.
5. 유아들이 할 수 있는 일들에 대해 목록을 만든다.

**확장 활동**

- 우유갑 등을 이용하여 우리 마을 꾸미기

## 활동 사례 5

**활 동 명** 책을 바르게 꽂아요

**대상 연령** 만 4세

**활동 목표**
- 게임의 규칙을 정확히 알고 지킨다.
- 즐거운 마음으로 게임에 임한다.

**활동 자료** 책상 2개, 작은 책꽂이, 여러 권의 책

**활동 방법**
1. 출발선을 표시하고 양 옆에 책상을 둔다.
2. 책상 위에 각각 책을 쌓아 둔다.
3. 전방 약 15m 앞에 책꽂이를 둔다.
4. 두 팀으로 나눈다.
5. 출발선에서 책을 들고 뛰어가 책꽂이에 바르게 꽂는다.
6. 빨리 돌아오는 사람이 이긴다.
7. 도중에 책을 떨어뜨리거나 책을 잘못 꽂으면 탈락한다.
8. 규칙을 잘 지키고 정당하게 하였는지 유아들과 이야기 나눈다.
9. 게임을 하고 난 느낌을 말해 본다.
10. 다 함께 게임 자료를 정리한다.

**확장 활동**
- 현장학습: 도서관 견학

## 참고 문헌


강계순(1986). 사회적 책임감과 불안이 아동의 친사회적 행동동기에 미치는 영향. 숙명여자대학교 대학원 석사학위논문.

강문희 · 정정옥 · 김승경(2006). 영유아 발달의 이해. 서울: 도서출판 신정.

고미숙(2004). 배려윤리와 배려교육. 한국교육학연구, 10(2), 37-62.

고범서(2001). 신뢰의 윤리적 이해. 신뢰연구, 제11권, 통합호.

교육과학기술부(2008). 유치원교육과정 해설1(총론). 교육과학기술부.

교육인적자원부(2006). 유아의 사회성 발달을 돕는 협동활동 프로그램. 교육인적자원부.

국립국어연구원(1999). 표준국어대사전. 서울: 두산동아.

권석만(2004). 젊은이를 위한 인간관계 심리학. 서울: 학지사.

김경희 · 천인옥(2009). 초등학교 감성교육연구에 대한 비판적 고찰. 교육이론과 실천, 제18권. 경남대학교 교육문제 연구소.

김기종(2004). 공감의 구성요소를 기준으로 한 초등학교 교과서 내용분석-도덕교과서를 중심으로-. 청주교육대학교 교육대학원 초등상담교육전공.

김낙구(1994). 어린이들의 기본예절과 도덕교범의 지도방안. 대구교육대학교 논문집, 29, 63-75.

김낙구 외(1998). 아동의 바른 생활 태도 습관화를 위한 기본 생활예절지도 방안에 대한 연구. 대구교육대학교 초등교육연구논총, 제12집, 297-308.

김명신(1996). 현실요법 프로그램이 아동의 내외통제성 및 책임감에 미치는 효과. 서강대학교 교육대학원 석사학위논문.

김병수(1997). 초등학생이 지각한 교사의 열린교육 수행정도와 학급풍토 및 사회성과의 관계. 한국교원대학교 대학원 석사학위 논문.

김선아(2002). 협동 활동이 유아의 친구관계에 미치는 영향. 충남대학교 교육대학원 유아교육 전공.

김선일 · 신정길(2007). 한국외식산업의 메뉴마케팅 전략에 관한 이론적 고찰. 관광정보연구, 26, 73-87.

김성민(2009). 유아의 대인관계 형성능력에 영향을 미치는 변인에 관한 구조 분석. 덕성여자대학교 대학원 박사학위청구논문.

김수동(2002). Noddings의 도덕교육론에 나타난 배려의 요소와 그 실천양식. 교육철학.

김수동(2005). 배려의 교육. 장서원.

김영옥(2000). 유아의 협동작업을 위한 교수-학습 모형 연구: 대안적 학습형태 설계. 유아교육연구, 제20권, 제2호. 201-221. 한국유아교육학회.

김영옥(2014). 유아인성교육의 이론과 실제. 경기: 공동체.

김영옥 · 송혜린 · 이현미(2007). 21C 변화에 적합한 영유아 인성프로그램. 다음세대.

김영희 · 고태순(2006). (함께 생각해 보는) 아동발달과 육아. 경기: 양서원.

김옥희(1993). 집단 상담과 학급활동이 책임감 및 자아개념에 미치는 효과. 이화여자대학교 교육대학원 석사학위논문.

김윤정(1997). 덕교육의 근거와 한계. 서울대학교 대학원 석사학위논문.

김은영 · 이화도(2017). 영유아 권리에 대한 어린이집 교사의 인식과 경험. 열린유아교육연구, 22(4), 191-214.

김재은(1974). 한국 가족의 심리. 서울: 이화여자대학교 출판부.

김재춘(2012). 실천적 인성교육이 반영된 교육과정 개발 방향 연구(교육과학기술부 정책 2012). 교육과학기술부.

김정률(1989). 대화의 심리. 초등교육연구논총 2, 524호. 대구교육대학초등교육연구소.

김정신 외(2004). 유아예절교육. 경기: 교문사.

김정화(2014). 유아교사의 유아권리인식과 유아권리존중 실행에 관한 연구. 어린이 문학교육연구, 15(3), 343-364.

김중술(2007). 사랑의 의미. 서울대학교출판부.

김진숙(2003). 정의와 배려의 통합을 적용한 고등학교 도덕과 수업 방안. 한국교원대학교 대학원 석사학위논문.

김태훈(2005). 도덕성 발달이론과 교육. 인간사랑.

김현미(2010). 자율성 관련 동화를 활용한 유아 주도적 극화활동이 유아 자율행동에 미치는 영향. 한국교원대학교 교육대학원 석사학위 논문.

김형재 · 최지현 · 현혜정 · 이순애 · 김형숙 · 송민서 · 강현미(2016). 영유아교사 인성론. 서울: 창지사.

김혜경(2002). 효과적인 영아보육을 위한 지침서: 제1권 영아의 발달특성 및 지도. 서울: 다음세대.

김혜리 외(1993). 아동의 심리. 서울: 중앙적성출판사.

김혜숙 외(1999). 여성과 철학. 서울: 철학과 현실사.

김희봉(2013). 교육에서 존중의 재음미. 교육철학, 35(1), 27-45.

나희주(1998). 미술공동작업이 유아의 친사회적 행동에 미치는 영향. 전남대학교 교육대학원 석사학위논문.

데일 카네기(2014). 인간관계는 소통과 설득이다. 서울: 문장.

문용린(1998). 학교 학습에서의 경쟁과 협동. 경기: 교육과학사.

박범실(1987). 아동의 사회적 능력과 그 관련 변인에 관한 연구. 이화여자대학교 대학원 석사학위논문.

박병춘(1995). 도덕교육에서의 도덕적 성숙의 근거연구: 길리간의 보살핌의 이론을 중심으로. 서울대학교 석사학위논문.

박병춘(1998). 나딩스의 배려윤리와 도덕교육. 도덕윤리과 교육연구, 9, 381-198.

박병춘(1999). 보살핌윤리의 도덕교육적 접근연구. 서울대학교 박사학위논문.

박옥희(2000). 유아의 발달수준과 기본생활습관과의 관계. 원광대학교 교육대학원 석사학위 논문.

박병춘(2002). 배려윤리와 도덕교육. 서울: 울력.

박준성(2000). 배려 윤리의 도덕교육적 의의에 관한 연구. 한국교원대학교 대학원 석사학위논문.

박찬옥 · 안은정(2008). 3세 유아에게 적합한 자율성 교육방향 모색. 아동과 권리, 12(3).

박해용(2013). 존중의 도덕적 가치에 대하여. 사회와 철학, 25, 1-27.

박현진(2017). 도덕성 함양과 초월의 관계에 비추어 본 도독과 교육과정의 의의와 한계. 초등도덕교육, 57, 219-264.

박현진 · 김숙자(2012). 유아인성교육 방향 모색을 위한 선행연구 고찰 - 한국적 가치를 기반으로 한 문화적 접근에서의 유아인성교육 프로그램 개발을 위한 기초연구2. 아동교육, 21(2), 5-26.

변영계 · 김광휘(2002). 협동학습의 이론과 실제. 서울: 학지사.

부산광역시육아종합지원센터(2014). 어린이집표준보육과정에 기초한 영유아 인성교육프로그램. 부산: 부산광역시육아종합지원센터.

서봉연 · 유영분 · 강길례(2001). 효과적인 대인관계 노하우 프로그램. 서울: 한국가이던스.

서울특별시 교육청(2001). 교과별 교수핵심지료. 서울: 동양문화사.

성영혜 · 윤혜경 · 민하영(2001). 유아 사회 교육. 서울: 창지사.

손성호(2007). 담임교사와 학생들의 성격유형에 따른 담임교사에 대한 신뢰감 차이. 연세대학교 교육대학원 석사학위논문.

송광용 · 최태규(1999). 학생의 자율성 신장을 위한 학급경영 방안. 학생생활연구, vol. 25.

송명자(1995). 정직성의 본질과 정직성 교육에 관한 고찰. 한국청소년 연구, vol. 21, 33 -44.

송명자(1995). 발달심리학. 서울: 학지사.

송응식(2005). 유아 협동의 개념 확립을 위한 논의. 제주관광대학 논문집, 제11집, 119-129.

송한경(2002). 초등학생의 책임감 증진을 위한 집단상담의 효과. 부산교육대학교 교육대학원 석사학위논문.

신명희 외(2005). 교육 심리학의 이해. 서울: 학지사.

심성보(2015). 민주시민을 위한 도덕교육. 서울: 살림터.

안영진(2010). 유아인성교육. 서울: 창지사.

안은정(2009). 3세 유아를 위한 자율성 교육 프로그램 구성 및 적용. 중앙대학교 대학원 석사학위 논문.

안종선(2008). 기본생활습관 형성을 위한 지도방법.

양광식 · 서원석 · 강병수(2013). 친절요소와 친절인식의 관계분석: 도시 내 서비스 이용자와 종사자를 중심으로. 도시행정학보, 26(2), 1-18.

우봉규(2009). 어린이를 위한 정직(바르게 살아가는 힘). 경기: 위즈덤하우스.

우영효(2010). 영유아 인성교육의 이론과 실제. 경기: 양서원.

유재봉(2002). 현대교육철학탐구. 경기: 교육과학사

유현옥 · 조화태(2002). 여성교육개론. 서울: 한국방송통신대학교 출판부

유현숙(2005). 현실요법 집단상담이 남중생의 책임감, 자아존중감, 내 · 외 통제성에 미치는 효과. 한서대학교 교육대학원 석사학위논문.

유효순 · 최경숙(2006). 아동발달. 서울: 한국방송통신대학교출판부.

유효순 · 홍순정(2006). 유아사회교육. 서울: 한국방송통신대학교 출판부.

이경영(2008). 영유아사회교육의 이론과 실제. 서울: 형설출판사.

이나영(2008). 유아의 협동활동 프로그램 개발 및 효과 검증. 전남대학교 대학원 박사학위 논문.

이나현(1998). 배려의 윤리적 관점에서 분석한 도덕 판단 지향성 연구. 고려대학교 박사학위논문.

이돈희(1994). 도덕교육원론. 경기: 교육과학사.

이돈희(2004). 교육정의론(수정판). 경기: 교육과학사.

이동원(1995). 인간교육과 협동학습. 서울: 성원사.

이동형(2004). 초등학생과 부모의 신뢰에 대한 연구. 인하대학교 교육대학원 석사학위논문.

이미식(2000). 정의와 배려의 윤리적 논쟁과 도덕교육에 대한 함의. 부산대학교 박사학위 논문.

이미정(2010).부모의 통제가 남녀 아동의 자아존중감에 미치는 영향 : 아동의 자율성의 매

개적 역할. 이화여자대학교 대학원 석사학위논문.
이병석 외(2010). 영유아 인성교육. 경기: 양서원.
이병승(2002). 보살핌 윤리의 정당화 논의. 교육철학, 21, 133-151.
이숙정(2008). 신뢰와 학교 교육. 한국학술정보(주).
이승은(1999). 유아를 위한 감성교육프로그램이 유아의 조망수용능력에 미치는 효과. 성균관대학교 대학원 석사학위논문.
이승은 · 이영석(2004). 유아용 감성교육 프로그램 개발 연구. 아동학회지, 제25권, 제6호.
이 영 · 이정희 · 김온기 · 이미란 · 조성연 · 이정림 · 박신진 · 유영미 · 이재선 · 신혜원 · 나종혜 · 정지나 · 문영경. 영유아발달(개정판). 서울: 학지사.
이영숙(2010). 이영숙박사의 행복을 만드는 성품 – 창의로운 인성을 위한 성품 이야기. 두란노.
이영숙(2010). 이영숙의 부모성품코칭 - 정직한 아이로 키우세요(1), (2). 조선일보, 2010. 11. 19.
이영자(2011). 유아언어발달과 지도. 경기: 양서원.
이영자 · 유효순 · 이정욱(2001). 유아사회교육. 경기: 교문사.
이윤수(1975). 한국인 가치관의 구성요인에 관한 연구. 아카데미논집 3. 세계 평화교수 아카데미.
이원영 외(1999). 올바른 보육은 요람에서부터: 영아기의 애착형성. 삼성복지재단 제7회 학술대회 자료집, 78-80.
이은화 · 김영옥(2005). 유아사회교육. 경기: 양서원.
이정화(2002). DAP 신념에 근거한 유아과학 교수 · 학습절차모형 개발연구. 미래유아교육학회지, 9(2), 267-292.
이정화 · 이수련(2008). 유아를 위한 협동학습 모형 개발 연구. 미래유아교육학회지, 15(4). 343-369.
이재환 · 고민경(2007). 21세기 유아를 위한 Wiz 감성교육학. 경기: 공동체.
이창영(2009). 사회인지적 영역이론에 기초한 초등학생의 도덕성 발달 특성 연구: 정직, 도움주기, 공정성을 중심으로. 서울교육대학교 석사학위논문.
이춘희(2009). 유아의 배려적 사고 교육. 서울: 창지사.
이택휘 · 유병렬(2000). 도덕교육론. 경기: 양서원.
이행숙(2000). 어린이집 교사가 인지한 예절 교육 필요도에 대한 연구. 한국여성교양학회지.
이현림 · 김영숙(2005). 새롭게 보는 교육심리학. 경기: 교육과학사.
이형득(1982). 인간관계 훈련의 실제. 서울: 적성출판사.
이혜숙(2010). 교사에 대한 학생의 신뢰와 불신의 요인분석. 한국교원대학교 대학원 석사학위논문.
이희영 · 최영미 · 김문정 · 윤미숙(2016). 유아인성교육의 이론과 실제. 서울: 학지사.
임재택 · 김은주 · 하정연 · 권미량 · 조채영(2016). 생태유아교육프로그램. 경기: 공동체.
임진영(2006). 케르셴슈타이너 노작교육론의 초등교육적 의미. 공주교육대 교육대학원 석사학위논문.
임홍남 · 김은주(2018). 유아생명존중교육의 새로운 방향 고찰: '논어'의 예에 나타난 생명사상을 중심으로. 유아교육학논집, 22(2), 177-200.
장경은 · 송승희(2016). 관계중심의 유아인성교육: 유아교사들의 배려행동 실천 경험과 의미. 20(1), 157-184.
장승희(2016). 인성교육진흥법에서 추구해야 할 인성의 본질과 인성교육의 방향-행복담론을 중심으로-. 윤리교육연구, 37, 75-104.
장해원(2006). 노작교육이 대학생의 정신건강과 스트레스에 미치는 영향. 삼육대 보건복지 대학원 석사학위논문.
장혜순(2006). 유아사회교육의 이론과 실제. 서울: 창지사.
장혜영(2005). 협동학습을 통한 소설교육 방안 연구. 이화여자대학교 교육대학원 석사학위 논문.
전성연 · 최병연 · 이흔정 · 고영남 · 이영미(2007). 협동학습 모형 탐색. 서울: 학지사.
전정민 · 진경희 · 강순미 · 이찬숙 · 공수연(2017). 영유아발달. 서울: 학지사.
정귀진(1985). 근면성 함양을 위한 노작활동의 실천사례. 부산교육, 236, 81-88.
정문성(2002). 협동학습의 이해와 실천. 경기: 교육과학사.
정미라(2013). 유아의 생명존중 소양 증진을 위한 자연친화적 생명존중교육 프로그램 개발 및 적용. 유아교육연구, 33(3), 319-347.
정범모(2002). 정직과 신뢰. 한국사회 신뢰와 불신의 구조: 미시적 접근 (김우택 · 김지희 편). 소화.
정세구 외(1996). 인격교육과 덕교육. 서울: 배영사.
정옥분(2002). 아동발달의 이해. 서울: 학지사.
정옥분(2004). 유아발달의 이해. 서울: 학지사.
정옥분(2008). 사회정서발달. 서울: 학지사.
정윤경(2000). 나딩스의 배려윤리와 도덕교육. 교육학연구, 제27권, 제1호.
정지은 · 김민태 · 오정요 · 원윤선 · 전재국(2009). 아이의 사생활. 지식채널.
정혜정(2008). 일제하 간이학교(1934-1942)와 근대'노작교육'. 한국교육사학, 30(2), 119-145.
조규락 · 이정미(2015). 수업 중에 나타나는 학생의 비언어적 의사소통 행동에 대한 교사의 경험과 감정 · 정서 인식. 한국교원교육연구, 32(1), 89-118.

조복희(2006). 아동발달. 경기: 교육과학사.

조복희(1999). 유아발달. 경기: 교육과학사.

조성연 · 이정희 · 천희영 · 심미경 · 황혜정 · 나종혜(2005). 아동발달의 이해. 서울: 도서출판 신정.

조필례(2003). 소집단 협동학습이 유치원 교육과정의 수준별 학습활동에 미치는 효과. 진주산업대학교 벤처경영대학원 석사학위 청구논문.

주영애 외(2000). 예절이란 무엇일까 프로그램을 통해 본 유아의 예절 행동 연구. 한국전통생활 문화학회지, 제3권, 제1호.

차경수 · 정문성 · 구정화(1997). 유아 사회 교육. 서울: 학문사.

추병완(1997). 미국의 인격교육. 국민윤리연구, 제36호.

추병완(1999). 도덕교육의 이해. 서울: 백의.

추병완(1999). 구성주의와 도덕교육. 한국철학교육연구회 발표문.

최도형 역(2005). 건강한 가정을 꿈꾸는 사람들이 꼭 알아야 할 15가지. 원저: 돌로리스 큐란. 엘맨출판사.

최수호(2006). 근면성 기르기. 굿뉴스피플, 2006. 12. 27.

최외선 · 김갑숙 · 최선남(2001). 편부모가족 자녀의 의사소통과 특성불안에 관한 연구. 재활심리연구, 8(2), 191-207.

최정조(2001). 도덕과 교육에 있어서 정의적 학습강화에 의한 근면성의 내면화 연구. 부산대학교 교육대학원 도덕교육전공 석사학위논문.

트레이시 호그 · 멜린다 블로우(2007). 베이비 위스퍼 골드(노혜숙 역). 서울: 세종서적(주).

한국유아교육학회(1997). 유아교육사전. 한국사전연구사.

허란주(1995). 정의론과 페미니즘적 대안. 현대사회와 정의. 그리스도교철학연구소.

홍경자(2004). 청소년의 인성교육 – 나는 누구인가. 서울: 학지사.

홍순정(2017). 영유아교사론. 경기: 양서원.

홍순정 · 김희태(2009). 유아사회교육. 서울: 한국방송통신대학출판부.

홍용희(2003). 어린이들의 사회적 능력 배양: 교사의 역할. (원저: Lilian G. Katz & Diane E. McClellan). 경기: 양서원.

황희명 · 박찬옥(1997). 유아를 위한 감성교육프로그램. 경기: 양서원.

황희숙 · 이희영 · 이경화 · 이정화 · 신경숙 · 윤경미 · 강승희 · 윤소정 · 황순영(2008). 아동발달과 교육. 서울: 학지사.

EBS 제작팀(2009). 아기성장보고서. 경기: 위즈덤하우스.

Baumrind, D. (1975). *Early socialization and the discipline controversy*. General Learning Press.

Cooper, C. (1980). Development of collaborative problem solving among preschool children. *Developmental Psychology*, *16*, 433-440.

Damon, W. (1977). *The social world of the child*. San Francisco: Josey-Bass.

Darey, J. M. & Lantane, B. (1968). Norms and intervention on emergencies: Diffusion of reponsibility. *Journal of Personality and Social Psychology*.

Deci, E. L. (1995). *Why we do what we do; Understanding self-motivation*. NY: Penquin Books.

Deutsch, M. (1958). Trust and Suspicion. *The Journal of conflict Resolution, vol. 2*.

Devitis, J. L. & Rich, J. M. (1999). 도덕 발달 이론(추병완 역). 서울: 백의.

Ferret-Clermont, A. N., & Brossard, A. (1985). On the interaction of social and cognitive processes. In R. Hinde & A. Perret Clermont (Eds.). *Relationships and cognitive development*. Oxford: Oxford University Press.

Gambetta, D. (1988). "Can We Trust?" Diego Gambetta (Eds.). *Trust: Making and Breaking Cooperative Relations. cambridge*. Massachustees: Basic Blackwell.

Gibbs, R. (2000). *Why ethics?: sign of responsibility*. New Jersey: Princeton University Press.

Gilligan, C. (1993). *In a Different Voice* (2nd ed.). Cambridge: Harvard University Press.

Glasser (1965). *Reality therapy: A new approach to psychiatry*. New York: Harper & Row.

Hartup, W. W. (1985). Relationships and their significance in cognitive development. In R. Hinde & A. Perret-Clermont(Eds.). *Relationships and cognitive development*. Oxford University Press.

Hirst, P. H. (1965). Liberal education and the nature of knowledge. In R. D. Archambault (Eds.). *Philosophical Analysis and Education*. London: Routledge & Kegan Paul.

Hyson, M. C. (1994). *The emotional development of young children building an emotional centered curriculum*. NY: Teachers college, Columbia University press.

Kohlberg, L. (2000). *The Psychology of moral development*. 도덕발달의 심리학(김민남 · 진미숙 역). 경기: 교육과학사.

Kostelnik, M., Whiren, A., Soderman, A., Stein, L., & Gregory, K. (2005). 유아를 위한 사회 · 정서지도(박경자 · 김송이 · 권연희 역). 경기: 교문사. (2002년 원저 발간).

Lipman, M. (1996). Deciding what to do. IAPC.

Lipman, M. (2003). *Thinking in education* (2nd ed.). NY: Cambridge university press.

Martin, J. R. (1981). The ideal of the educated person. *Educational Theory*, *31*(2), 311-327.

Martin, J. R. (1995). *The Schoolhome: Rethinking Schools for Changing Families* (2nd Edition). Cambridge: Harvard University Press.

Martin, J. R. (2002). *Reclaiming a Conversation*. 교육적 인간상과 여성(유현옥 역). 서울: 학지사. (1985년 원저 발간)

Noddings, N. (1984). *Caring: Feminine Approach to Ethics an Moral Education*. LA: University of California Press.

Noddings, N. (1989). *Women and Evil*. LA: University of California Press.

Noddings, N. (1994). An ethics of caring and its implification for instructional arrangements. In L. Ston (Eds.). *The Education Feminism Reader*. NY: Routledge.

Noddings, N. (1995). Care and moral education. In W. Kohli (Eds.). *Critical Conversations in Philoshophy of Education*. NY: Routledge.

Noddings, N. (2002). *Educating Moral People: A Caring alternative Character Education*. NY: Teachers College Press.

Noddings, N. (2003). *Happiness and Education*. Cambridge, UK: Cambridge University Press.

Noddings, N. (2005). *The Challenge to Care in Schools* (2nd ed.). 추병완 외 역(2002). 배려교육론. 서울: 도서출판 다른우리.

O'conner, M., Cuevas, J., & Dollinger, S. (1981). Understanding motivation behind prosocial acts: a developmental analysys. *The Journal of Genetic Pshychology(1981)*, *139*. 267-276.

Piaget, J. (1965). *The moral judgement of the child*. NY: Free Press.

Richardson, B. (1997). Teaching for presence in the Democratic Classroom. *Thinking*, *13*(1). 26-33.

Ryan, K. (1999). *Building character in scholls:practical ways to bring moral instruction to life*. Sanfrancisco: Jossey-Bass Publisher.

Schwartz, S. H. (1973). Normative explanations of helping behavior: A critique proposal, and empirical test. *Journal of Experimental Social Psychology*, *vol. 9*. 349-364.

Selman, R. (1975). Interpersonal thought in childhood & adolescence: A structual analysis of developing conception of peer relationship Annual meeting of the American Psychological Association Chicago. 1975.

Slavin, R. E. ( 2006). *Educational psychology*. 교육심리학 (강갑원 외 역). 서울: 시그마프레스.

Staub, E. (1978). *Positive social behavior and morality: Social and personal influences*. NY: Academic Press.

Sternberg, R. J. (2002). 사랑의 기술 (류소 역). 서울: 사군자.

Swinburne, R. (1989). *Responsibility and atonement*. Oxford: Clarendon Press.

The Journal of Curriculum & Evaluation (2006). vol. 9, no. 2. pp. 181-203.

The Journal of Curriculum & Evaluation (2008). vol. 11. no. 2. pp. 1-21.

Vygotsky, L. (1978), Mind in society: *The development of psychological processes, Cambridge*. MA: Harvard University Press.

## 찾아보기

ㅊ



ㅌ

ㅍ



ㅎ



## 학자



## 로마자

## 저자 소개

**홍순정** 이화여자대학교 사범대학 및 대학원 졸업(석사)
미국 하와이대학교 대학원 졸업(철학박사)
영국 런던대학 및 캐나다 UBC, Univ. of Toronto 교환교수

**현재** 한국방송통신대학교 유아교육과 명예교수
인성교육문화연구소 대표

**저서** 사회 도덕성 발달, 지능과 창의성, 창의성과 감성교육
유아교육과정, 평화교육탐구, 전생애 인성교육(공저) 외 다수

**강경희** 한국방송통신대학교 대학원 유아교육과 졸업(석사)

**현재** 써니맘 어린이집 원장
인성교육문화연구소 수석연구원
한국방송통신대학교 대학원 튜터
한국방송통신대학교 유아교육과 강의
장원사이버평생교육원 강의

**저서** 유아품성지도(공저)
전생애인성교육(공저)
교사와 부모를 위한 유아인성교육(공저)

**박정자** 한양대학교 교육대학원 졸업(석사)
성균관대학교 대학원 박사수료

**현재** 백석문화대학교 사회복지과 강의
한국방송통신대학교 유아교육과 강의
인성교육문화연구소 수석연구원
에듀윌 평생교육원 강의

**저서** 유아품성지도(공저)
전생애인성교육(공저)

**정미자** 한양대학교 교육대학원 졸업(석사)
중앙대학교 대학원 박사 수료

**현재** 동남보건대학교 유아교육과 강의
한국방송통신대학교 유아교육과 강의
인성교육문화연구소 수석 연구원
이누리 평생교육원 강의

**저서** 유아품성지도(공저) 전생애인성교육(공저)
부모교육(공저) 영유아건강교육(공저)

**전방실** 성균관대학교 교육대학원 졸업(석사)
덕성여자대학교 대학원 졸업(교육학박사)

**현재** IBK참!좋은(마들) 어린이집 원장
인성교육문화연구소 수석연구원
한국어린이문학교육학회 이사
한국방송통신대학교 유아교육과 강의
미래인재교육개발원 / 한국보육교사교육원 강의

**저서** 유아품성지도(공저)
전생애인성교육(공저)
교사와 부모를 위한 유아인성교육(공저)

**조경선** 성균관대학교 교육대학원 졸업(아동학박사)

**현재** 경민대학교 아동미술지도과 교수
아이누리교육연구소 소장
한국독서치료학회 이사

**저서** 긍정적 행동지원을 활용한 독서치료(공저)
보육교사를 위한 건강, 안전, 영양교육(공저)
영유아 인성교육(공저)

개정

인성교육의 기초

# 유아 품성 지도

초판 1쇄 발행 2011년 10월 17일
개정 1쇄 발행 2018년 9월 12일

지 은 이 | 홍순정 · 강경희 · 박정자 · 전방실 · 정미자 · 조경선
펴 낸 이 | 김기섭
편 집 인 | 김민수
펴 낸 곳 | 창지사 www.changjisa.com
08589 서울시 금천구 가산디지털 1로 83 파트너스타워 1차 9층
전화 (02)719-2211~3
팩스 (02)701-9386
등 록 | 1977년 4월 28일 · 제1-421호



ISBN 978-89-426-1154-6 (93370)

값 22,000원

KOMCA 승인필

「이 도서의 국립중앙도서관 출판예정도서목록(CIP)은 서지정보유통지원시스템 홈페이지(http://seoji.nl.go.kr)와 국가자료공동목록시스템(http://www.nl.go.kr/kolisnet)에서 이용하실 수 있습니다.(CIP제어번호: CIP2018029042)」